# CONTEÚDO DIGITAL PARA ALUNOS
Cadastre-se e transforme seus estudos em uma experiência única de aprendizado:

Entre na página de cadastro:
www.editoradobrasil.com.br/sistemas/cadastro

Além dos seus dados pessoais e dos dados de sua escola, adicione ao cadastro o código do aluno, que garantirá a exclusividade do seu ingresso à plataforma.

1297252A6568855

Depois, acesse:
www.editoradobrasil.com.br/leb
e navegue pelos conteúdos digitais de sua coleção :D

*Lembre-se de que esse código, pessoal e intransferível, é valido por um ano. Guarde-o com cuidado, pois é a única maneira de você acessar os conteúdos da plataforma.*

CB037106

# SÉRIE BRASIL
Ensino Médio

## ENSINO MÉDIO
# LITERATURA

Volume único

### Graça Sette (Maria das Graças Leão Sette)
Graduada em Letras (Português e Francês) pela Faculdade de Ciências Humanas da Pontifícia Universidade Católica de Minas Gerais (PUC-MG). Licenciada em Letras (Português) pela Faculdade de Educação da Universidade Federal de Minas Gerais (UFMG). Professora de Língua Portuguesa e Redação (Ensino Fundamental e Ensino Médio) em escolas públicas e privadas em Belo Horizonte. Consultora e coautora de projetos, livros didáticos e paradidáticos de várias editoras do país.

### Márcia Travalha (Márcia Antônia Travalha)
Graduada em Letras (Português e Francês) e especialista em Estudos Linguísticos e Literários pela Universidade Federal de Minas Gerais (UFMG). Professora de Língua Portuguesa e Redação (Ensino Fundamental e Ensino Médio) em escolas públicas e privadas de Belo Horizonte. Coautora de vários livros didáticos e paradidáticos.

### Antonio Barreto (Antonio de Pádua Barreto Carvalho)
Escritor, redator e coautor de várias obras didáticas e paradidáticas. Tem mais de 50 obras publicadas e prêmios nacionais e internacionais nos gêneros: poesia, conto, romance, crônica e literatura infantojuvenil. É coordenador do Grupo Didacta/TBH, que produz e assessora, desde 1999, projetos didáticos e pedagógicos de Literatura e Língua Portuguesa para várias editoras do país.

**Dados Internacionais de Catalogação na Publicação (CIP)**
**(Câmara Brasileira do Livro, SP, Brasil)**

Sette, Graça
   Literatura : ensino médio / Graça Sette, Márcia Travalha, Antonio Barreto. -- 1. ed. -- São Paulo : Editora do Brasil, 2022. -- (Série Brasil)

   ISBN 978-85-10-08474-1 (aluno)
   ISBN 978-85-10-08475-8 (professor)

   1. Literatura (Ensino médio) I. Travalha, Márcia. II. Barreto, Antonio. III. Título. IV. Série.

22-110409                                              CDD-807

**Índices para catálogo sistemático:**
1. Literatura : Ensino médio 807
   Cibele Maria Dias - Bibliotecária - CRB-8/9427

1ª edição / 1ª impressão, 2022
Impresso na Hawaii Gráfica e Editora.

Rua Conselheiro Nébias, 887
São Paulo/SP – CEP 01203-001
Fone: +55 11 3226-0211
www.editoradobrasil.com.br

© Editora do Brasil S.A., 2022
Todos os direitos reservados

**Direção-geral**: Vicente Tortamano Avanso

**Diretoria editorial**: Felipe Ramos Poletti
**Gerência editorial de conteúdo didático**: Erika Caldin
**Gerência editorial de produção e design**: Ulisses Pires
**Supervisão de artes**: Andrea Melo
**Supervisão de editoração**: Abdonildo José de Lima Santos
**Supervisão de revisão**: Elaine Cristina da Silva
**Supervisão de iconografia**: Léo Burgos
**Supervisão de digital**: Priscila Ferraz
**Supervisão de controle de processos editoriais**: Roseli Said
**Supervisão de direitos autorais**: Marilisa Bertolone Mendes

**Supervisão editorial**: Carla Felix Lopes
**Edição**: Mariana Almeida e Mariana Muller Cascadan
**Assistência editorial**: Beatriz Pineiro Villanueva
**Auxílio editorial**: Marcos Vasconcelos
**Revisão**: Amanda Cabral, Andréia Andrade, Bianca Oliveira, Fernanda Sanchez, Gabriel Ornelas, Giovana Sanches, Jonathan Busato, Júlia Castello, Luiza Luchini, Maisa Akazawa, Mariana Paixão, Martin Gonçalves, Rita Costa, Rosani Andreani e Sandra Fernandes
**Coordenação de iconografia**: Léo Burgos
**Pesquisa iconográfica**: Odete Ernestina e Priscila Ferraz
**Edição de arte**: Josiane Batista e Mario Junior
**Design gráfico**: Aline Maria, Talita Lima e Triolet Editorial/Arte
**Capa**: Beatriz Marassi e Aline Maria
**Imagem de capa**: Nelson Provazi com uso de imagem autorizado de Conceição Evaristo/Editora Malê
**Ilustrações**: Alessandro Passos da Costa, Bianca Lana, Bianca Particheli, Filipe Rocha, Laura Barrichello, Nelson Provazi, Sergio Ricciuto e Simone Matias
**Editoração eletrônica**: LÓTUS Estúdio e Produção
**Licenciamentos de textos**: Cinthya Utiyama, Jennifer Xavier, Paula Harue e Renata Garbellini
**Controle de processos editoriais**: Bruna Alves, Julia do Nascimento, Rita Poliane, Terezinha de Fátima Oliveira e Valéria Alves

# APRESENTAÇÃO

Caro estudante, cara estudante,

Certamente, durante sua vida escolar, você teve contato com obras artísticas e literárias que o ajudaram a desenvolver seu gosto estético. Já se identificou com diferentes personagens de romances, contos, peças teatrais, novelas, séries, filmes etc.; refletiu sobre questões existenciais presentes em poemas e letras de canções; contemplou e apreciou pinturas, esculturas e instalações... E, por isso, passou a se conhecer melhor e a entender o outro, desenvolvendo empatia, solidariedade, crítica social e fruição estética, esta última ligada intimamente ao prazer despertado pelas criações artísticas mencionadas.

Ao produzir este livro, consideramos que, com seu repertório, você está apto a viver aventuras fantásticas pela literatura brasileira em todas as suas vertentes, como a indígena, a afro-brasileira, a popular (cordel e letras de canção); além das literaturas portuguesa, lusófona e latino-americana.

Aqui você encontrará novos textos de autores que já conhece e outros de autores que lerá pela primeira vez, escolhidos cuidadosamente de acordo com sua faixa etária e com as questões da contemporaneidade. Assim, perceberá o diálogo entre textos escritos em diferentes momentos históricos, mas que apresentam temáticas que continuam atuais, pois tratam de sentimentos humanos sempre presentes.

Assim, esperamos que, ao final do Ensino Médio:
- seu repertório de leituras tenha sido ampliado e você tenha desenvolvido a capacidade de selecionar obras significativas para si e para os outros;
- desenvolva habilidades de leitura compreensiva, assim como sua percepção da visão de mundo dos autores;
- aprecie, com emoção e sensibilidade, a arte e a cultura, bem como as diferentes formas de linguagem;
- expresse-se em obras autorais, individuais e em grupo, por meio de diferentes gêneros e linguagens, com liberdade e criatividade;
- compreenda as novas tecnologias e seus impactos na produção artística e literária contemporânea.

Temos certeza de que você e seus professores se tornarão, também, coautores e protagonistas desta obra.

Com carinho,
**Os autores.**

Filipe Rocha

# CONHEÇA O LIVRO

### Abertura de unidade

Este livro é dividido em **30 capítulos**, quase todos tendo como tema central determinado *período*, *escola* ou *estética literária* do Brasil e/ou de Portugal. Os quatro primeiros retomam e sistematizam conteúdos que você já estudou ao longo do Ensino Fundamental 2. Na abertura de todos eles, são apresentados: número do capítulo, título, imagem relacionada ao título, tema e legenda da imagem.

### Roda de conversa

Seção de pré-leitura e leitura destinada a sondar a recepção, a percepção e a fruição da obra, com questões que farão você focar, lembrar, descrever ou interpretar a imagem apresentada. O objetivo é trocar ideias com os colegas e relacionar a imagem ao conteúdo que será estudado no capítulo.

### Boxes da página de abertura

Abaixo da imagem, há dois boxes:

**Para você...:** são indicados meios para enriquecer seus conhecimentos sobre os assuntos, temas e autores que serão tratados no capítulo:

**... ler:** livros e seus respectivos autores.

**... ouvir:** músicas e seus respectivos compositores e/ou intérpretes principais.

**... assistir:** filmes, documentários, vídeos e seus respectivos diretores, país de origem e data de lançamento.

**... pesquisar/visitar/acessar:** *links* para acessar museus, *sites*, *blogs* e páginas para ampliar seus conhecimentos.

### Glossário

Em alguns casos, os textos são acompanhados da explicação das palavras, termos ou expressões pouco conhecidos, muito específicos ou em desuso, destacados em cor diferente.

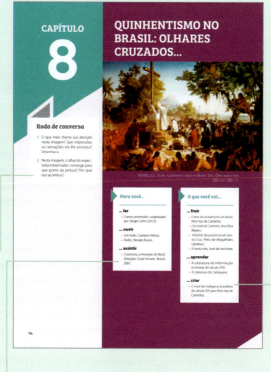

**O que você vai...:** sistematização de textos e autores, além de conteúdos e atividades propostos sobre os temas tratados:

**... fruir:** textos e autores que serão abordados no capítulo.

**... aprender:** conteúdos teóricos e organizados, relacionados à estética literária ou tema em questão.

**... criar:** atividades de produção de texto de vários gêneros e suportes, que você vai desenvolver (individual, em duplas ou coletivamente) no capítulo.

**... retomar:** conteúdos já estudados nos Anos Finais do Ensino Fundamental, e que serão retomados ou reconstruídos nos primeiros capítulos da obra.

### Leitura literária

**Pré-leitura**

Antes da leitura de cada texto, são apresentadas algumas questões para mobilizar os conhecimentos prévios sobre o assunto que será tratado, ou seja, sua bagagem de conhecimentos sobre o tema, período/escola/estética literária e outros aspectos do texto que será lido. Por vezes, são apresentadas também informações prévias que servem para contextualizar autor, personagem, época etc.

**Textos principais**

O livro traz muitos textos verbais, não verbais e multimodais para você enriquecer seu repertório. Textos principais são os que aparecem destacados por título (em azul) e ilustração. Abaixo do texto, há a fonte, ou seja: autor, título da obra, data, editora, página etc.

## Linha do Tempo - Literatura Portuguesa e Brasileira (estéticas literárias)

No início, há também um **encarte** apresentando uma **linha do tempo** da Literatura Portuguesa e Brasileira, com todas as estéticas, movimentos ou escolas literárias aqui estudados, possibilitando que você localize o contexto histórico, suas principais características, seus principais autores e obras.

**Quem é o autor?**

Quase sempre acompanhado de fotografia ou desenho, esse boxe apresenta biodados, ou seja, informações sobre a vida e a obra do autor/autora, seja escritor(a) ou artista de outra linguagem, listando algumas de suas principais obras.

**Boxes informativos**

Entre as questões, seções, textos ou imagens podem aparecer pequenos boxes com informações adicionais e curiosidades que o ajudarão a compreender melhor o que está sendo tratado ou enriquecer seus conhecimentos sobre os assuntos em questão, além de boxes com conceitos e definições com conteúdo temático sobre o capítulo, resumindo aspectos relevantes da estética e da época.

Após esses boxes, são apresentadas uma série de questões e atividades para que você possa construir os sentidos do texto principal e interpretá-lo. São apresentados textos que estabelecem relações intertextuais, interdiscursivas, estruturais e estilísticas, e textos de diferentes gêneros literários. São propostas, ainda, questões de apreciação, análise crítica, leitura comparada entre textos de uma mesma estética, e de estéticas diferentes, e conexões do texto com a realidade contemporânea.

**Seção *Vamos comparar?***

Nessa seção, que ocorre em alguns capítulos, você compara textos contemporâneos com textos de estéticas literárias do passado, percebendo nessa trajetória semelhanças, diferenças, permanências e rupturas estilísticas.

**Seção *Oficina de criação***

Seção que ocorre em alguns capítulos, com orientações e passo a passo para você produzir seu texto, seja ele escrito, oral, seja visual (multimodal).

**Seção *Enem e vestibulares***

Seção de atividades com questões do Enem e vestibulares de várias universidades brasileiras, e, eventualmente, composta também de questões autorais, selecionadas de acordo com os conteúdos que foram objeto de estudo em cada capítulo, de forma que possibilitem que você avalie seu nível de aprendizagem.

# SUMÁRIO

**Linha do Tempo – Literatura Portuguesa e Brasileira (estéticas literárias)**........................................ 00

### CAPÍTULO 1  Literatura: arte, emoção e humanização ........................................ 10

**Abertura –** *Menino subindo a estante à procura de um livro*, 2021. Kobra (grafite) ..................... 10

*Inglesa responde pelo Facebook a mensagem encontrada...* G1 (notícia) ................. 11

*A mensagem chega ao destino,* Moacyr Scliar (crônica)................ 12

*Literatura como direito humano,* Cida Fernandez (artigo) ........................ 15

**Produção –** Crônica/Antologia digital ...................... 17

### CAPÍTULO 2  Elementos da narrativa literária ........................................ 20

**Abertura –** *O homem nu*, 1997. Filme de Hugo Carvana (cartaz)........................ 20

*O homem nu,* Fernando Sabino (conto) .................. 21

### CAPÍTULO 3  Intertextualidade e figuras de linguagem ........................................ 30

**Abertura –** *Torre de Babel de Livros*, 2011. Marta Minujín (instalação) ...................... 30

*Níquel Náusea,* Fernando Gonsales (tirinha)..................... 31

*Bichinhos de Jardim,* Clara Gomes (tirinha)..................... 33

### CAPÍTULO 4  A literatura atravessa o tempo: gêneros, estilos, estéticas literárias .... 42

**Abertura –** *O Senhor dos Anéis: o retorno do rei*, 2003. Filme de Peter Jackson, baseado na obra de J. R. R. Tolkien (cartaz de filme) ............. 42

*A Divina comédia (Canto IV),* Dante Alighieri (poema épico)........................ 43

*A barca de Dante ou Dante e Virgílio nos infernos,* Eugène Delacroix (pintura) ...................... 47

*Auto da barca do inferno,* Gil Vicente (auto medieval) ........................ 48

*Poema 20,* Pablo Neruda (poema)...................... 50

### CAPÍTULO 5  Trovadorismo: o amor entra em cena ........................................ 56

**Abertura –** *Iluminura medieval* de meados do século XIII, de Rudiger e Johannes Manesse (iluminura) ....... 56

*Se eu não a tenho, ela me tem...,* Arnaut Daniel (cantiga provençal)........................ 57

*O fim da canção: Tristão e Isolda,* Edmund Blair Leighton (pintura) ........................ 59

*História da literatura de cordel,* José Antônio dos Santos (cordel) ........................ 60

*A ribeirinha ou Cantiga da guarvaia,* Paio Soares de Taveirós (cantiga de amor) ...................... 62

*Ai flores, ai flores do verde pino,* Dom Dinis (cantiga de amigo)........................ 64

*Proençais soen,* Dom Dinis (cantiga satírica)................. 66

**Produção –** *Playlist* comentada ........................ 67

**Produção –** *Meme*........................ 68

### CAPÍTULO 6  Humanismo: o ser humano em foco ........................................ 70

**Abertura –** *Homem Vitruviano*, 1490. Leonardo Da Vinci (desenho) ...................... 70

*O cerco de Lisboa,* Fernão Lopes (crônica histórica) ......... 71

*Cantiga sua partindo-se,* João Ruiz de Castelo Branco (cantiga) ........................ 73

*Auto de Mofina Mendes,* Gil Vicente (auto natalino medieval) ...................... 74

*Farsa de Inês Pereira,* Gil Vicente (farsa teatral medieval) ...................... 76

*Hagar,* Chris Browne (tirinha)........................ 77

*Morte e vida severina,* João Cabral de Melo Neto (auto natalino contemporâneo) ...................... 78

### CAPÍTULO 7  Renascimento / Classicismo: sementes do mundo moderno ...................... 82

**Abertura –** *O nascimento de Vênus*, 1485. Sandro Botticelli (pintura) ...................... 82

*Comigo me desavim,* Sá de Miranda (poema) ................. 83

*Comigo me desavim,* Laerte (cartum)........................ 84

*Ao desconcerto do mundo,* Luís Vaz de Camões (poema) ........................ 85

*Soneto 11 (Amor é fogo que arde sem se ver),* Luís Vaz de Camões (soneto)........................ 87

*Os Lusíadas (Canto I),* Luís Vaz de Camões (poema épico).. 88

*Mar Português,* Fernando Pessoa (poema) ...................... 89

**Produção –** *Podcast* literário ........................ 91

## CAPÍTULO 8  Quinhentismo no Brasil: olhares cruzados ...... 94

**Abertura** – *A primeira missa no Brasil*, 1861. Victor Meirelles (painel) ...... 94

*Carta do achamento do Brasil*, Pero Vaz de Caminha (relato/carta histórica) ...... 95

*A primeira missa*, Nani (cartum) × *A primeira missa no Brasil*, Victor Meirelles (pintura) ...... 98

*O e-mail de Caminha*, Ana Elisa Ribeiro (e-mail/ficção) ...... 99

*História da província de Santa Cruz*, Pero de Magalhães Gândavo (relato/crônica histórica) ...... 100

*A Santa Inês*, José de Anchieta (poema de catequese) ...... 103

**Produção** – *E-mail* de um indígena brasileiro do século XXI para Pero Vaz de Caminha/Livro digital ...... 105

## CAPÍTULO 9  Barroco: o ser humano dividido ...... 108

**Abertura** – *A conversão de São Paulo, a caminho de Damasco*, (1600-1601). Caravaggio (pintura sobre madeira) ...... 108

*A uma ausência*, António Barbosa Bacelar (soneto) ...... 109

*Sermão do bom ladrão ou da audácia*, Padre Antônio Vieira (sermão) ...... 111

*Torna a definir o poeta...*, Gregório de Matos (poema) ...... 114

*Moraliza o poeta...*, Gregório de Matos (soneto) ...... 116

*Boca do Inferno / A cidade – 1*, Ana Miranda (romance histórico/trecho) ...... 118

## CAPÍTULO 10  Arcadismo: a busca da simplicidade ...... 120

**Abertura** – *Os pastores de Arcádia*, 1638-1640. Nicolas Poussin (pintura) ...... 120

*Recreios campestres na companhia de Marília e A moléstia e a receita*, Manuel M. Bocage (soneto/epigrama ...... 121 e 123

*Marília de Dirceu (Lira I)*, Tomás Antônio Gonzaga (lira) ...... 124

*Soneto XIV*, Cláudio Manuel da Costa (soneto) ...... 127

*O Uraguai*, Basílio da Gama (poema épico) ...... 129

*Caramuru*, Frei José de Santa Rita Durão (poema épico) ...... 130

*Moema*, 1866, Victor Meirelles (pintura) ...... 131

## CAPÍTULO 11  O Romantismo em Portugal ...... 134

**Abertura** – *Cinco artistas em Sintra*, 1855. João Cristino da Silva (pintura) ...... 134

*Não te amo*, Almeida Garrett (poema) ...... 135

*Amores, amores*, João de Deus (poema) ...... 137

*Amor de salvação*, Camilo Castelo Branco (novela/trecho) ...... 140

## CAPÍTULO 12  Os Romantismos no Brasil – Poesia ...... 146

**Abertura** – *Pata Ewa'n, o coração do mundo*, 2016. Jaider Esbell (pintura) ...... 146

*Canção do exílio e I-Juca Pirama*, Gonçalves Dias (poema/poema épico) ...... 147 e 148

*A lágrima de um Caeté*, Nísia Floresta (poema épico) ...... 150

*Se eu morresse amanhã e Dinheiro*, Álvares de Azevedo (poemas) ...... 151 e 152

*O navio negreiro (Canto V)*, Castro Alves (poema épico) ...... 153

*Flash back*, Adão Ventura (poema) ...... 155

*Minha mãe*, Luiz Gama (poema) ...... 156

**Produção** – Do poema ao videominuto ...... 158

## CAPÍTULO 13  Os Romantismos no Brasil – Prosa ...... 160

**Abertura** – *Moça com livro*, sem data. Almeida Júnior (pintura) ...... 160

*Iracema e Senhora*, José de Alencar (romances/trechos) ...... 161 e 168

*Inocência*, Alfredo de Taunay (romance/trecho) ...... 164

*O juiz de paz na roça*, Martins Pena (peça teatral/trecho) ...... 170

## CAPÍTULO 14  O Realismo em Portugal (poesia e prosa) ...... 174

**Abertura** – *O primo Basílio*, 1988. Minissérie baseada na obra de Eça de Queiroz. Direção de Daniel Filho (cartaz/pôster) ...... 174

*O Palácio da Ventura*, Antero de Quental (poema) ...... 175

*O sentimento dum ocidental*, Cesário Verde (poema) ...... 176

*O primo Basílio*, Eça de Queirós (romance/trecho) ...... 178

7

# SUMÁRIO

**CAPÍTULO 15  O Realismo no Brasil: Machado, escritor universal** ............... **182**

**Abertura** – *Largo da Carioca com o Chafariz de 35 bicas*, c. 1890. Marc Ferrez (fotografia) ............... 182

*A carteira,* (conto), *Memórias póstumas de Brás Cubas,* (romance/trechos), Machado de Assis ............... 183 e 188

**CAPÍTULO 16  O Realismo e o Naturalismo no Brasil: retratos sem fantasia** ............... **192**

**Abertura** – *A teoria de Darwin*, 2003. Angeli (cartum) ............... 192

*Plebiscito,* Artur de Azevedo (conto) ............... 193
*O cortiço,* Aluísio de Azevedo (romance/trecho) ............... 196
*Cidade de Deus,* Paulo Lins (romance/trecho) ............... 199
*O Ateneu,* Raul Pompeia (romance/trecho) ............... 201

**CAPÍTULO 17  Parnasianismo: a "arte pela arte"** ............... **204**

**Abertura** – *O Parnaso*, 1509-1511. Rafael Sanzio (afresco) ............... 204

*O camarim,* Gonçalves Crespo (soneto) ............... 205
*Profissão de fé,* Carvalho Júnior (soneto) ............... 207
*Nel mezzo del camin...* , Olavo Bilac (soneto) ............... 208
*Mal secreto,* Raimundo Correia (soneto) ............... 209

**Produção** – Imagem para um poema parnasiano/ Antologia Visual Virtual ............... 210

**CAPÍTULO 18  Simbolismo: melancolia, mistério e música** ............... **212**

**Abertura** – *Absence II*, 2018. Juca Máximo (técnica mista) ............... 212

*Soneto,* Camilo Pessanha (soneto) ............... 213
*A catedral,* Alphonsus de Guimaraens (poema) ............... 214
*O assinalado,* Cruz e Souza (soneto) ............... 215

**CAPÍTULO 19  Pré-Modernismo (poesia): o eu e o outro** ............... **218**

**Abertura** – *EU/TU*, 2001. Ana Cláudia Gruszynski e Sérgio Capparelli (poema visual) ............... 218

*Poema LXVII,* Teixeira de Pascoaes (poema) ............... 219
*Versos íntimos,* Augusto dos Anjos (soneto) ............... 220
*Ser mulher,* Gilka Machado (soneto) ............... 221

**CAPÍTULO 20  Pré-Modernismo (prosa): denúncia social** ............... 224

**Abertura** – Capa da revista *Careta*, 1922. Alfredo Storni (charge) ............... 224

*O pecado* (conto) e *Triste fim de Policarpo Quaresma* (romance/trecho), Lima Barreto ............... 225 e 228
*Os sertões,* Euclides da Cunha (romance/trecho) ............... 231

**CAPÍTULO 21  Vanguardas europeias: os novos rumos da arte** ............... 236

**Abertura** – *Picture of spatial growths – Picture with two small dogs*, 1939. Kurt Schwitters (colagem sobre cartão) ............... 236

*Receita para fazer um poema dadaísta,* Tristan Tzara (poema dadaísta) ............... 237
*Objeto indestrutível,* Man Ray (objeto instalação) ............... 238
*A fonte,* Marcel Duchamp (objeto instalação) ............... 238
*Terraço do café à noite,* Vincent van Gogh (pintura) ............... 239
*Três músicos,* Pablo Picasso (pintura) ............... 239
*Arranha-céus e túneis,* Fortunato Depero (pintura) ............... 240
*O encontro,* Ismael Nery (pintura) ............... 240

**Produção** – Poema dadaísta ............... 241

**CAPÍTULO 22  Modernismo em Portugal: o futuro sobre a mesa** ............... 244

**Abertura** – *Retrato de Fernando Pessoa*, 1964. Almada Negreiros (pintura) ............... 244

*Autopsicografia,* Fernando Pessoa (poema) ............... 245
*Fim,* Mário de Sá-Carneiro (poema) ............... 247
*Cântico negro,* José Régio (poema-manifesto) ............... 248
*Amar!,* Florbela Espanca (poema) ............... 251
*Tenório,* Miguel Torga (conto) ............... 252

**CAPÍTULO 23  Modernismo no Brasil (1ª fase): o futuro chegou?** ............... 258

**Abertura** – *Nós temos talento* (Revista *Dom Quixote*), 1922. Belmonte (cartaz-charge) ............... 258

*Ode ao burguês,* Mário de Andrade (poema) ............... 259
*Brasil,* Oswald de Andrade (poema) ............... 261
*Macunaíma,* Mário de Andrade (romance/trecho) ............... 262
*Lisetta,* Antônio de Alcântara Machado (conto) ............... 266

## CAPÍTULO 24 Modernismo no Brasil (2ª fase): solidariedade & compromisso social .................... 272

Abertura – *Criança morta*, 1944. Cândido Portinari (pintura) ................... 272

*Mãos dadas*, Carlos Drummond de Andrade (poema) ................... 273

*Solidariedade*, Murilo Mendes (poema) ................... 275

*A rosa de Hiroshima*, Vinicius de Moraes (poema) ........ 276

*Vidas secas*, Graciliano Ramos (romance/trecho) ................... 278

*O quinze*, Rachel de Queiroz (romance/trecho) .............. 281

## CAPÍTULO 25 Modernismo no Brasil (3ª fase): Poesia – diversidade e rigor formal ..... 286

Abertura – *Bananal*, 1927. Lasar Segall (pintura) ..... 286

*Função*, Mário Quintana (poema) ................... 287

*O engenheiro*, João Cabral de Melo Neto (poema) ........ 289

## CAPÍTULO 26 Modernismo no Brasil – regionalismo universal e intimismo ................... 292

Abertura – Capa e orelhas de *Grande sertão: veredas* (de João Guimarães Rosa), 1956. Poty (ilustração) .... 292

*Grande sertão: veredas*, Guimarães Rosa (romance/trecho) ................... 293

*Tentação* (conto) e *A hora da estrela* (romance/trecho), Clarice Lispector ................... 299 e 302

## CAPÍTULO 27 Pós-Modernismo: concretismo e outras poéticas ................... 306

Abertura – *Edifício Copan* (Oscar Niemeyer), 1950 .. 306

*A goteira*, Denis Zanin (poema concreto) ................... 307

*Unidade tripartida*, Max Bill (instalação) ................... 308

*Agiotagem*, Mário Chamie (poema-práxis) ................... 309

*Trouxeste a chave?* Mário Alex Rosa (poema-objeto) ....310

*Poema obsceno*, Ferreira Gullar (poema) ................... 311

Produção – Poema-objeto ................... 314

## CAPÍTULO 28 Literatura lusófona contemporânea ................... 316

Abertura – *Sapatos vermelhos* (ou *O vermelho modelo*), 1934. René Magritte (pintura) ................... 316

*A carteira de crocodilo*, Mia Couto (conto) ................... 317

*A jangada de pedra*, José Saramago (romance/trecho) ................... 320

*Grito negro*, José Craveirinha (poema) ................... 324

*Chão*, Ondjaki (poema) ................... 325

## CAPÍTULO 29 Poesia contemporânea brasileira ................... 328

Abertura – *Procuro-me*, 2001. Lenora de Barros (poema visual) ................... 328

*Com licença poética*, Adélia Prado (poema) ................... 329

*Drumundana*, Alice Ruiz (poema) ................... 331

*Vozes-Mulheres*, Conceição Evaristo (poema) ................... 332

*Índio eu não sou*, Márcia Wayna Kambeba (poema) ................... 334

## CAPÍTULO 30 Prosa contemporânea brasileira ................... 338

Abertura – *Microrroteiro*, 2010. Laura Guimarães (fotografia: cartaz/lambe-lambe) ................... 338

*eles eram muitos cavalos*, Luiz Ruffato (romance/trechos) ................... 339

*Sem título*, Laura Guimarães e Acauã Fonseca (microrroteiro) ................... 342

*Capão pecado*, Ferréz (romance/trecho) ................... 344

*Torto arado*, Itamar Vieira Júnior (romance/trecho) ................... 347

Referências ................... 352

**REALISMO/ NATURALISMO** (1881-1893)

**PARNASIANISMO** (1881)

1881 — 1893 — 1902

ROMANTISMO

REALISMO/NATURALISMO

PARNASIANISMO

SIMBOLISMO

## REALISMO/ NATURALISMO
(1881-1893)

### Contexto histórico e principais características
- Campanha abolicionista (séc. XIX-XX).
- Proibição de tráfico nacional de pessoas escravizadas.
- 1888: Abolição da Escravatura.
- Cientificismo, darwinismo.
- Projeto de industrialização e urbanização.
- Objetividade; visão realista; linguagem detalhada e descritiva.
- Denúncia das desigualdades.
- Preocupação com os conflitos existenciais; análise psicológica.
- Temas sociais e urbanos.
- Crítica social (à burguesia e ao clero).
- O **Naturalismo** apresenta, ainda, além do que faz o **Realismo**, linguagem popular, sensualismo e erotismo.
- Zoomorfização: determinismo biológico e ambiental.
- Visão irônica da realidade.

### Principais autores e obras
- Machado de Assis (*Memórias póstumas de Brás Cubas, Dom Casmurro, Quincas Borba*).
- Raul Pompeia (*O Ateneu*).
- Aluísio Azevedo (*O Mulato, O cortiço*).
- Inglês de Sousa (*Contos amazônicos*).
- Em Portugal: Eça de Queirós, Antero de Quental, Cesário Verde.

## PARNASIANISMO
(1881-1893)

### Contexto histórico e principais características
- Arte pela arte; universalismo; positivismo; cientificismo; poemas objetivos, racionais (sem emotividade) e impessoais (séc. XIX-XX).
- Temas baseados no real, na mitologia grega e na cultura clássica.
- Descrição visual de objetos, paisagens e fatos históricos.
- Culto à forma: valorização da estética, busca da perfeição poética (metrificação perfeita, rimas ricas e raras, vocabulário culto com palavras incomuns, preferência por sonetos e por versos alexandrinos e decassílabos).

### Principais autores e obras
- Olavo Bilac (*Via Láctea, Poesias*).
- Raimundo Correia (*As Pombas*).
- Alberto de Oliveira (*Meridionais*).
- Em Portugal: Gonçalves Crespo, Carvalho Júnior.

## SIMBOLISMO
(1893-1902)

### Contexto histórico e principais características
- Subjetivismo; introspecção; mergulho no *eu*; subconsciência; misticismo; cosmos e espiritualidade (fim do séc. XIX).
- Explicação da realidade por meio de símbolos (metáforas, imagens).

### Principais autores e obras
- Cruz e Sousa (*Missal, Broquéis*).
- Alphonsus de Guimaraens (*Ismália, A catedral*).
- Pedro Kilkerry (*É o silêncio*).
- Em Portugal: Camilo Pessanha, Eugênio de Castro.

## PRÉ-MODERNISMO
(1902-1922)

### Contexto histórico e principais características
- Proclamação da República e Guerra do Paraguai (início do séc. XX).
- Chegada de imigrantes europeus e asiáticos.
- Desenvolvimento da agricultura.
- Transição entre a tradição e a modernidade.

### Principais autores e obras
- Augusto dos Anjos (*Eu*). Gilka Machado (*Cristais partidos*).
- Euclides da Cunha (*Os sertões*).
- Lima Barreto (*Clara dos Anjos e Triste fim de Policarpo Quaresma*).
- Monteiro Lobato (*Urupês e Cidades mortas*).
- Graça Aranha (*Canaã*).
- Em Portugal: Teixeira de Pascoaes (*Saudosismo*).

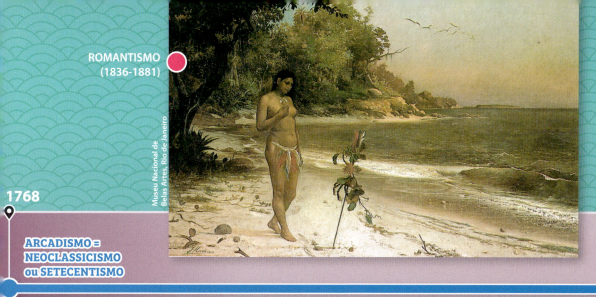

**ROMANTISMO**
(1836-1881)

Museu Nacional de Belas Artes, Rio de Janeiro

**1768**

ARCADISMO = NEOCLASSICISMO ou SETECENTISMO

**1836**

## ARCADISMO = NEOCLASSICISMO ou SETECENTISMO
(em Portugal) - (1768-1836)

**Contexto histórico e principais características**
- Busca do equilíbrio, da harmonia e da simplicidade do Renascimento em oposição ao Barroco. Influência do Iluminismo na Inconfidência Mineira (séc. XVIII).
- Ascensão dos valores burgueses.
- Bucolismo e culto à natureza.
- *Carpe diem* (aproveitar o dia, não se preocupar com o futuro); *Fugere urbem* (fugir da cidade); *Inutilia truncat* (romper com o rebuscamento do Barroco); *Aurea mediocritas* (busca da simplicidade).
- Uso de pseudônimos pelos poetas árcades e nomes de pastoras para suas musas.

**Principais autores e obras**
- Tomás Antônio Gonzaga (*Marília de Dirceu/Cartas Chilenas*).
- Cláudio Manuel da Costa (*Obras Poéticas*).
- Alvarenga Peixoto (*Bárbara Heliodora*).
- Basílio da Gama (*O Uraguai*).
- Santa Rita Durão (*Caramuru*).
- Em Portugal: Manuel Maria du Bocage (poemas) e Marquesa de Alorna (poemas).

Museu do Louvre, Paris

## ROMANTISMO
(1836-1881)

**Contexto histórico e principais características**
- Chegada da família real ao Brasil; Independência do Brasil (séc. XVIII-XIX).
- Espírito idealista e sonhador; retorno ao passado.
- **Geração indianista**: busca pela identidade nacional; patriotismo; valorização dos indígenas. O indígena e a natureza como símbolos nacionais.
- **"Mal do século"**: ultrarromantismo; pessimismo profundo; depressão; individualismo; saudosismo; frustrações.
- **Geração condoreira**: valorização da liberdade; combate ao escravagismo.

**Principais autores e obras**
- Gonçalves de Magalhães (*Suspiros Poéticos e Saudades*).
- Gonçalves Dias (*Canção do exílio, I-Juca-Pirama*).
- Álvares de Azevedo (*Lira dos vinte anos*).
- Casimiro de Abreu (*Meus oito anos*).
- Castro Alves (*O navio negreiro*).
- Nísia Floresta (*A lágrima de um Caeté*).
- José de Alencar (*O Guarani, Iracema*).
- Joaquim Manuel de Macedo (*A Moreninha*).
- Manuel Antônio de Almeida (*Memórias de um Sargento de Milícias*).
- Bernardo Guimarães (*A Escrava Isaura*).
- Maria Firmina dos Reis (*Úrsula*).
- Em Portugal: Almeida Garrett, Camilo Castelo Branco, João de Deus.

# LINHA DO TEMPO - LITERATURA PORTUGUESA E BRASILEIRA
## (Estéticas Literárias)

**1189** — **1417** **1434** — **1500** **1527**

HUMANISMO

TROVADORISMO

CLASSICISMO

QUINHENTISMO

Biblioteca de San Lorenzo de El Escorial/Foto: Oronoz/Album/Fotoarena

## ● TROVADORISMO
### (1189-1417/1434)

**Contexto histórico e principais características**
- Idade Média (séc. XII-XV): Teocentrismo, Feudalismo.
- Influência da poesia provençal (França).
- Surgimento dos **trovadores** (artistas de origem nobre que cantam, criam letras e usam instrumentos musicais) e dos **jograis** e **menestréis**, que compõem cantigas (em galego-português).
- As **cantigas** são classificadas em: **líricas** (de **amor**, em que o eu lírico é masculino, e de **amigo**, em que o eu lírico é feminino) ou **satíricas** (de **maldizer**, de **escárnio**).
- Em 1189, Paio Soares de Taveirós, com *A Ribeirinha*, deu origem à literatura portuguesa

**Principais autores e obras**
- Paio Soares de Taveirós, Dom Dinis, Aires Nunes, João Garcia de Guilhade, Dom Duarte e outros. As obras são reunidas em três **cancioneiros** (livros com as cantigas manuscritas): *Cancioneiro da Ajuda, da Biblioteca Nacional* e *da Vaticana*. Há também as *Cantigas de Santa Maria*, do rei Dom Afonso X, o Sábio.

## ● HUMANISMO
### (1417-1527)

**Contexto histórico e principais características**
- Transição do Feudalismo para o Renascimento (séc. XIV-XV).
- O Teocentrismo dá lugar ao **Antropocentrismo** (o homem é o centro do Universo e do conhecimento).
- Cientificismo e racionalismo; distanciamento dos dogmas religiosos.
- Busca pela beleza e perfeição do corpo.
- Influência do italiano Petrarca (soneto). A literatura reflete as mudanças sociais, econômicas e políticas de Portugal.
- *Poesia palaciana* (mais elaborada que as cantigas trovadorescas).
- Fernão Lopes: crônicas que retratam o povo e a sociedade da época.
- Gil Vicente: o teatro popular e moralizante (autos/farsas).
- A novela de cavalaria (*Amadis de Gaula*). A prosa doutrinária e educativa.

**Principais autores e obras**
- Fernão Lopes (*Crônica d'El Rei D. Fernando*): fundador da prosa e historiografia portuguesas.
- Gil Vicente (*Auto da Barca do Inferno; Farsa de Inês Pereira*).
- Garcia de Resende (*Cancioneiro Geral*); Dom Duarte (*Leal Conselheiro*); João Ruiz de Castelo Branco e outros.

## ● CLASSICISMO*
### (1527-1580)

**Contexto histórico e principais características**
- Início do Renascimento; decadência dos senhores feudais e ascensão da burguesia; expansão marítima; inovações científicas e tecnológicas; criação da imprensa e divulgação de ideias e conhecimentos; aumento da produção literária (séc. XV-XVI).
- Revalorização da Filosofia, das Artes e da cultura clássica greco-romana.
- Na Europa surgem Leonardo Da Vinci, Michelangelo, Botticelli, Dante, Petrarca, Boccaccio, Montaigne, Maquiavel, Cervantes, Shakespeare e outros.
- O Classicismo é o movimento literário do Renascimento. Os poetas seguem a *medida velha* ou a *medida nova*. Sá de Miranda introduz o soneto (por influência de Dante e Petrarca).

**Principais autores e obras**
- Sá de Miranda (obra publicada no *Cancioneiro Geral*, de Garcia de Resende).
- Luís de Camões (*Os Lusíadas*): consolidador do português, com sua poesia lírica e épica.

\* A partir do Classicismo, as estéticas literárias de Portugal seguem com as mesmas denominações brasileiras (com uma ou outra variante de grupos ou características): Quinhentismo, Barroco, Arcadismo ou Neoclassicismo, Romantismo etc.

**HUMANISMO**
(1417-1527)

1580   1601                                                                      1768

BARROCO = SEISCENTISMO

## QUINHENTISMO
(início da literatura brasileira)
(1500-1601)

**Contexto histórico e principais características**
▷ Grandes navegações (séc. XVI).
▷ Chegada dos portugueses ao Brasil; primeiro século da colonização; chegada de várias expedições (de religiosos, historiadores, cientistas) para conhecer a terra e o processo de colonização.
▷ Literatura de informação (relatos dos cronistas viajantes).
▷ Literatura de catequese.

**Principais autores e obras**
▷ Pero Vaz de Caminha (*Carta do achamento do Brasil*).
▷ Américo Vespúcio, Jean de Léry, Hans Staden, Pero de Magalhães Gândavo.
▷ Padre José de Anchieta.
▷ Padre Manuel da Nóbrega.

## BARROCO = SEISCENTISMO
(em Portugal) - (1601-1768)

**Contexto histórico e principais características**
▷ Fim das Grandes Navegações (séc. XVII).
▷ **Reforma** (Protestante) e **Contrarreforma** (Católica).
▷ O Barroco influencia a arquitetura, a pintura, a literatura e a música.
▷ Cultismo (linguagem complexa, jogo de palavras, inversão dos termos na oração, uso de metáforas, antíteses, paradoxos, hipérboles e metonímias).
▷ Conceptismo (jogo de ideias, raciocínio lógico).
▷ Oposições: razão/emoção; fé/razão; corpo/alma; vida/morte; sensualidade/platonismo.
▷ Exagero, rebuscamento, dualismo, contradição.
▷ Nas artes plásticas, destacam-se Antônio Francisco Lisboa, o "Aleijadinho", e Mestre Ataíde.

**Principais autores e obras**
▷ Padre Antônio Vieira (*Sermão do Bom Ladrão* ou *da Audácia*).
▷ Gregório de Matos, o "Boca do Inferno".
▷ Bento Teixeira (luso-brasileiro): *Prosopopeia*.
▷ Em Portugal: António Barbosa Bacelar (poemas) e Sóror Mariana Alcoforado (*Cartas Portuguesas*).

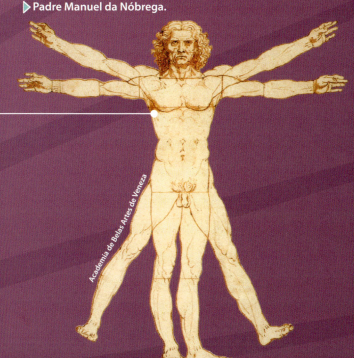

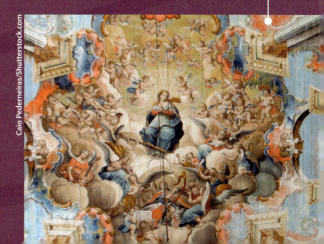

2000 — Aos dias de hoje

CONTEMPORANEIDADE – PAÍSES LUSÓFONOS

CONTEMPORANEIDADE – BRASIL

CONTEMPORANEIDADE – BRASIL (1970-2000)

Infográfico: Alex Argozino

© Photothèque R. Magritte/AUTVIS, Brasil, 2022

## CONTEMPORANEIDADE – BRASIL
(2001- aos dias de hoje)

### Contexto histórico e principais características
- Globalização; fusão entre arte popular e erudita; rompimento de fronteiras entre gêneros (séc. XXI).
- Influência das mídias digitais; temas cotidianos; linguagem coloquial; uso de gírias; linguagens e gêneros híbridos ou multissemióticos; miniconto, microconto; nanoconto; microrroteiro.
- Literatura digital.
- Literatura periférica, *hip-hop* etc.

### Principais autores
- **Prosadores/narradores:** Bartolomeu Campos de Queirós; Maria Valéria Rezende; Antônio Prata; Eucanaã Ferraz; Tatiana Salem Levy; Carol Bensimon; Sérgio Fantini; Patrícia Melo; Ferréz; Elvira Vigna; Carola Saavedra; Tati Bernardi; Verônica Stigger; Itamar Vieira Júnior; João Carrascoza; Ailton Krenak; Daniel Munduruku e outros.
- **Poetas:** Ricardo Aleixo; Marcelo Dolabela; Edmilson de Almeida Pereira; Conceição Evaristo; Antonio Barreto; Ana Martins Marques; Mário Alex Rosa; Bruna Beber; Angélica Freitas; Simone Teodoro; Graça Graúna; Márcia Kambeba e outros.

## CONTEMPORANEIDADE – PAÍSES LUSÓFONOS
(século XX aos dias de hoje)

### Contexto histórico e principais características
- Guerras de libertação de Portugal; guerras civis internas e independência dos países lusófonos africanos (séc. XX e XXI).
- Na prosa: resgate da história do povo africano, denúncia da herança colonial, valorização das origens étnicas, abordagem de questões político-sociais. Influência do realismo fantástico para criticar os processos de colonização e denunciar a realidade social.
- Na poesia: poéticas engajadas, marcadas por combate ao racismo, busca da identidade cultural, denúncia da exploração colonial, defesa das liberdades civis, valorização da oralidade, uso de neologismos e termos dialetais.

### Principais autores
- Em Portugal: José Saramago e Lobo Antunes.
- Em Moçambique: José Craveirinha; Noémia de Sousa; Luís Carlos Patraquim; Rui Knopli, Paulina Chiziane; Mia Couto.
- Em Angola: Agostinho Neto; Luandino Vieira; Pepetela; Arlindo Barbeitos; Gonçalo M. Tavares; José Eduardo Agualusa; Ondjaki; Ana Paula Tavares.
- Em São Tomé e Príncipe: Manuela Margarido e Francisco José Tenreiro.
- Em Cabo Verde: Oswaldo Alcântara; Jorge Barbosa; Corsino Fortes; José Luiz Tavares.
- Em Guiné-Bissau: Vasco Cabral; Odete Semedo; José Carlos Schwarz; Tony Tcheka; Abdulai Silá e outros.

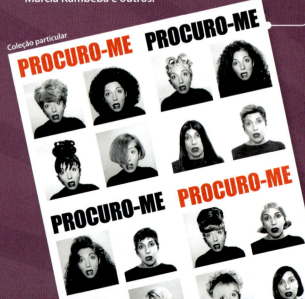

Coleção particular

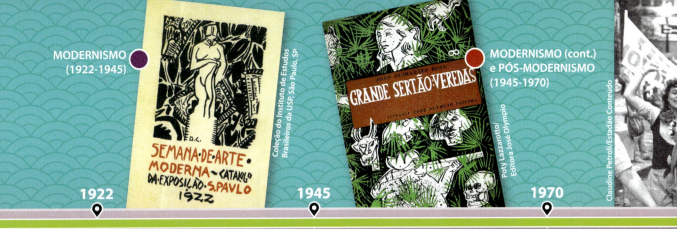

## Linha do tempo

- **PRÉ-MODERNISMO**
- **MODERNISMO** (1922)
- **MODERNISMO e PÓS-MODERNISMO** (1945)
- **CONTEMPORANEIDADE – BRASIL** (1970)

## MODERNISMO
(1922-1945)

**Contexto histórico e principais características**
- Realização da Semana de Arte Moderna de 1922 em São Paulo (séc. XX).
- Geração de 22 (1922-1930): linguagem coloquial; formas livres (poesia sem rima e métrica; temas do cotidiano); poema-piada. Influência das vanguardas europeias e rompimento com o academicismo.
- Geração de 30 (1930-1945): questões socioculturais e prosa regionalista, com linguagem característica de cada região.

**Principais autores e obras**
- Geração de 22: Mário de Andrade (*Macunaíma*); Oswald de Andrade (*Manifesto Pau-Brasil* e *Manifesto antropófago*); Patrícia Galvão "Pagu" (*Parque industrial*); Raul Bopp (*Cobra Norato*); Menotti del Picchia (*Juca Mulato*); Cassiano Ricardo (*Jeremias sem chorar*); Alcântara Machado (*Brás, Bexiga e Barra Funda*); Manuel Bandeira (*A cinza das horas*).
- Geração de 30 (regionalistas): Graciliano Ramos (*Vidas secas*); Jorge Amado (*Capitães da areia*); Rachel de Queiroz (*O Quinze*); José Lins do Rêgo (*Fogo morto*); José Américo de Almeida (*A Bagaceira*); Érico Veríssimo (*O tempo e o vento*).
- Poetas: Carlos Drummond de Andrade (*Alguma poesia*); Cecília Meireles (*Romanceiro da Inconfidência*).

## MODERNISMO (cont.) e PÓS-MODERNISMO
(1945-1970)

**Contexto histórico e principais características**
- Fim da Era Vargas (séc. XX).
- Geração de 45: romances urbanos, regionalistas e intimistas.
- Golpe Civil-Militar de 1964; Ditadura Civil-Militar; AI-5; fechamento do Congresso Nacional; repressão; censura.
- Geração 60: Concretismo/Neoconcretismo e outros movimentos de vanguarda.

**Principais autores e obras**
- Geração de 45: João Guimarães Rosa (*Grande sertão: veredas* e *Sagarana*); João Cabral de Melo Neto (*Pedra do Sono* e *Morte e Vida Severina*); Clarice Lispector (*Perto do coração selvagem*; *Laços de família*); Jorge de Lima (*Invenção de Orfeu*); Murilo Mendes (*As metamorfoses*); Mário Quintana (*Rua dos Cataventos*); Carolina Maria de Jesus (*Quarto de despejo*).
- Concretistas: Augusto e Haroldo de Campos; Décio Pignatari; Ferreira Gullar; Ronaldo Azeredo; Pedro Xisto.
- Outras vanguardas: Geir Campos; Mário Chamie.
- Poesia social/cotidiano: Affonso Ávila; Thiago de Mello; Ferreira Gullar; José Paulo Paes; Silviano Santiago; Solano Trindade; Affonso Romano de Sant'Anna; Moacyr Félix.
- Teatrólogos: Nelson Rodrigues; Dias Gomes; Ariano Suassuna; Plínio Marcos; Leilah Assumpção.
- Cineastas: Glauber Rocha; Cacá Diegues; Arnaldo Jabor e outros.

## CONTEMPORANEIDADE – BRASIL
(1970-2000)

**Contexto histórico e principais características**
- Continuação da Ditadura Militar (até 1985); Movimento Diretas Já; Nova Constituição/1988 (fim do séc. XX).
- Abertura: fim do Regime Militar e da censura; volta dos exilados; eleições: volta da democracia.
- Desdobramentos do Pós-Modernismo no romance e na poesia. *Boom* do conto e da crônica.
- Geração 70: Poesia marginal e alternativa.

**Principais autores**
- Cronistas: Fernando Sabino; Rubem Braga; Otto Lara Resende; Carlos Heitor Cony; Paulo Mendes Campos; Luis Fernando Verissimo; Lourenço Diaféria; Marina Colasanti; Mário Prata; Moacyr Scliar; Humberto Werneck.
- Contistas: Dalton Trevisan; Murilo Rubião; João Antônio; Luiz Vilela; Sérgio Sant'Anna; Vander Piroli; Ivan Ângelo; Caio Fernando Abreu.
- Romancistas: José Cândido de Carvalho; João Ubaldo Ribeiro; Bernardo Élis; Rubem Fonseca; Nélida Piñon; Lygia Fagundes Telles; Antônio Torres; Roberto Drummond; Ruy Castro; Oswaldo França Júnior; Ignácio de Loyola Brandão; Chico Buarque de Hollanda; Milton Hatoum; Raduan Nassar, Luiz Ruffato.
- Poetas: Paulo Leminski; Sebastião Nunes; Adão Ventura; Antônio Risério; Cora Coralina; Adélia Prado; Hilda Hilst, Alice Ruiz; Ana Cristina César; Chacal; Wally Salomão; Francisco Alvim; Glauco Mattoso; Manoel de Barros e outros.

# CAPÍTULO 1

# LITERATURA: ARTE, EMOÇÃO E HUMANIZAÇÃO

*Menino subindo a estante à procura de um livro*, de Kobra, em Sorocaba (SP), 2021.

## Roda de conversa

1. Descreva o mural do artista Eduardo Kobra mostrado na fotografia.
2. Que relação podemos fazer entre a imagem e o tema do capítulo?
3. No contexto do mural, analise a metáfora visual representada pela escada.

### Para você...

#### ... ler
- *O imaginário cotidiano*, Moacyr Scliar.
- *Crônicas para ler na escola*, Luís Fernando Veríssimo.
- *Nu, de botas*, Antônio Prata.

#### ... assistir
- *Um conto chinês*. Direção: Sebastián Borensztein. Argentina, 2011.
- *Sociedade dos poetas mortos*. Direção: Peter Weir. Estados Unidos, 1989.

### O que você vai...

#### ... fruir
- *Inglesa responde pelo Facebook a mensagem encontrada em garrafa*, Portal G1.
- *A mensagem chega ao destino*, Moacyr Scliar.
- *Literatura como direito humano*, Cida Fernandez.

#### ... retomar
- Texto literário e não literário.

#### ... criar
- Crônica.
- Antologia digital.

- Quando você lê um texto, sabe dizer à primeira vista se ele é ou não literário? O que você observa para fazer essa distinção? Explique.
- Que textos você classificaria como literários? Dê alguns exemplos.

Você lerá dois textos. Atente ao objetivo, à linguagem e à forma de organização de cada um.

**TEXTO 1**

TECNOLOGIA E *GAMES*

# Inglesa responde pelo Facebook a mensagem encontrada em garrafa

Garrafa foi jogada no mar quando dono tinha apenas 14 anos. Inglesa encontrou mensagem em praia ao sul da Inglaterra.

Bianca Lana

Quando tinha 14 anos, o belga Olivier Vandevalle escreveu uma mensagem no seu caderno, colocou-a dentro de uma garrafa e jogou ao mar enquanto navegava com a família no sul da Inglaterra. Após 33 anos, a garrafa é encontrada e o homem, com 47 anos, é encontrado por meio do Facebook.

A inglesa Lorraine Yates encontrou a garrafa com a mensagem em uma praia da cidade de Swanage. Em vez de responder a carta utilizando o endereço escrito nela, a mulher conseguiu encontrar Vandevalle utilizando a rede social.

Ao receber uma mensagem, o belga disse que a primeira reação foi negar que a mensagem na garrafa era dele. "Quando coloquei a garrafa no mar, jamais imaginei onde ela poderia parar", contou Vandevalle ao jornal britânico Daily Mail. "Eu nem lembrava mais dela, quando uma mulher me envia um *e-mail* dizendo que havia encontrado minha mensagem. É uma experiência incrível, não consigo nem imaginar por onde a garrafa passou ou se esteve enterrada na areia".

A mensagem colocada na garrafa há 33 anos dizia que Vandevalle era "um garoto de 14 anos e minha casa é na Bélgica. Estou navegando em um barco de 18 metros de comprimento chamado Tamaris. Enquanto escrevo esta carta, passamos por Portland Bill na costa sul da Inglaterra. Partimos nesta manhã".

Vandevalle, hoje pai de dois filhos, contou ter ficado surpreso e emocionado com tudo o que aconteceu.

INGLESA responde pelo Facebook a mensagem encontrada em garrafa. *G1*, São Paulo, 27 abr. 2010. Disponível em: http://g1.globo.com/tecnologia-e-games/noticia/2010/04/inglesa-responde-pelo-facebook-mensagem-encontrada-em-garrafa.html. Acesso em: 9 abr. 2019.

- Em sua opinião, a notícia de um fato real pode se transformar em um texto de ficção? Como? Dê exemplos.

Leia, agora, o segundo texto.

## COTIDIANO

# A mensagem chega ao destino

**Era, na verdade, uma carta escrita para o futuro, uma espécie de declaração de intenções, um plano de vida**

"Sou um garoto de 14 anos e vivo na Bélgica. Não sei se você é uma criança, uma mulher ou um homem. Navego em um barco de 18 metros." Assim o belga Olivier Vanderwalle começou, em 1977, a escrever uma mensagem para colocá-la em uma garrafa, enquanto navegava pela costa sul da Inglaterra. Vanderwalle passava as férias a bordo do barco de sua família quando teve a ideia de escrever o texto. Arrancou uma página de um livro de exercícios e achou uma garrafa de vinho que serviria para seu intento. Mais de três décadas depois, a britânica Lorraine Yates encontrou a garrafa na praia de Swanage, em Dorset, localizou o autor através do Facebook e com ele entrou em contato.

Laura Barrichello

Pacotes pelo correio eram coisas que ele raramente recebia, sobretudo um pacote vindo de outro país e enviado por uma pessoa para ele desconhecida, uma mulher com nome inglês.

Abriu-o, intrigado, e, de imediato, a emoção invadiu-lhe o coração: estava reconhecendo a velha e amarelada folha de papel que ali estava. Era a sua letra: uma carta que tinha escrito décadas antes, quando navegava com o pai num barco ao longo da costa europeia.

Uma **missiva** sem destinatário específico, como essas que os náufragos muitas vezes enviam. Como os náufragos, tinha colocado a carta numa garrafa que jogara ao mar.

Diferente dos náufragos, contudo, não o fizera movido pelo desespero; afinal, não estava numa ilha deserta, lutando pela sobrevivência; estava passeando com o pai e se divertindo bastante. Por que, então, escrevera aquele texto?

Relendo-o, deu-se conta: era, na verdade, uma carta escrita para o futuro, uma espécie de declaração de intenções, um plano de vida.

Aos 14 anos, ele anunciava para seu desconhecido correspondente ("Não sei se você é uma criança, uma mulher ou um homem") seus projetos para o futuro. E eram projetos muito ambiciosos, isso tinha de reconhecer. Naquela época fazia música, tocava guitarra elétrica e dirigia uma banda à frente da qual, disso estava certo, em breve conquistaria o mundo: o grupo seria o sucessor dos Beatles.

Ficaria muito rico, teria um iate gigantesco (muito maior que o do pai) e percorreria os mares dando festas e jogando ao mar garrafas de caro champanhe – mas sem nenhuma mensagem dentro, claro.

Infelizmente isso não tinha ocorrido. O grupo se desfizera; ele, desiludido, acabara por desistir da carreira musical. O pai, malsucedido nos negócios, não lhe deixara herança. Forçado a ganhar a vida, acabara por se tornar garçom, e era disso que vivia. A velhice se aproximava e ele já não tinha qualquer esperança de conquistar fama e fortuna.

Em suma, a carta era o testemunho de seu fracasso. Que culminava com o último parágrafo, no qual falava da mulher de seus sonhos: loira, bonita, olhos claros, covinhas. Mas a moça com quem casara, e da qual estava separado, era muito diferente: morena, olhos escuros, sem covinhas.

Com a carta, vinha uma foto da remetente. E aí de repente sentiu renascer o sonho de sua juventude. Porque era o retrato de uma moça loira, bonita, de olhos claros. Ah, sim, e tinha covinhas.

> **Missiva:** carta, correspondência.

### Quem é o autor?

Médico e escritor, **Moacyr Jaime Scliar** (1937-2011) nasceu em Porto Alegre (RS). Publicou mais de 60 livros de vários gêneros – pelos quais recebeu numerosos prêmios. Escreveu por muito tempo uma coluna intitulada "Cotidiano Imaginário" no jornal *Folha de S.Paulo*, na qual publicava crônicas como essa, baseadas em notícias. Entre seus livros, destacam-se: *Histórias da terra trêmula, Os leopardos de Kafka, Manual da paixão solitária, O tio que flutuava, O imaginário cotidiano* etc.

SCLIAR, Moacyr. A mensagem chega ao destino. *Folha de S.Paulo*, São Paulo, 10 maio 2010. Disponível em: https://www1.folha.uol.com.br/fsp/cotidian/ff1005201004.htm. Acesso em: 3 ago. 2021.

---

**1.** No caderno, faça um quadro com duas colunas, uma para o **Texto 1** e outra para o **Texto 2**. Depois, organize as características a seguir na coluna correta.

**a)** Relato de fatos verídicos de interesse do público.

**b)** Narrativa verossímil, possível de acontecer ou não.

**c)** Ênfase na fruição estética.

**d)** Recriação da realidade.

**e)** Foco narrativo de 3ª pessoa.

**f)** Apropriação e recriação de outro texto.

**g)** Ênfase na informação e na objetividade.

**h)** Apresentação de personagens criados pelo autor.

**i)** Apresentação de pessoas.

**j)** Emprego do recurso da intertextualidade.

2. Todas as alternativas a seguir referem-se às estratégias empregadas pelo autor para construir a crônica, **exceto**:
   a) Baseou-se em uma notícia para narrar fatos ficcionais.
   b) Criou um narrador-personagem que narra em 1ª pessoa.
   c) Criou um narrador em 3ª pessoa e que sabe tudo do personagem.
   d) Criou um personagem inspirado no jovem que escreveu a mensagem.
   e) Apresentou sua visão pessoal sobre o fato por meio do narrador.

3. Por que o narrador afirma que o personagem era "diferente dos náufragos"?

4. A quem a mensagem era dirigida, segundo o narrador?

5. No contexto da crônica, o que pode simbolizar a "garrafa lançada ao mar"?

6. Que analogia é possível estabelecer entre o personagem da crônica, que lança ao mar uma mensagem colocada dentro de uma garrafa, e um escritor?

7. Qual alternativa refere-se diretamente ao título da crônica?
   a) O renascimento dos sonhos de juventude do personagem ao receber a mensagem.
   b) O encontro da mensagem décadas depois de ser colocada na garrafa.
   c) O encontro da mensagem por uma jovem que se assemelha à mulher idealizada.
   d) O retorno da mensagem, anos depois de enviada, ao próprio autor.

8. Escreva uma mensagem que você gostaria que fosse lida daqui a 30 anos.

### Crônica

Originalmente pertencente ao campo jornalístico, a crônica é um gênero fluido, híbrido, que transita na esfera literária e é um dos gêneros literários mais populares no Brasil. As crônicas literárias atuais circulam tanto nas mídias impressas como nas digitais.

A crônica que você leu e analisou é uma narrativa ficcional curta, em que um fato real, noticiado por jornais, foi recriado pela ótica e sensibilidade do cronista, que propôs ao leitor novos ângulos da história.

Laura Barrichello

- Qual é a importância da **literatura** para você?
- Que obra literária marcou sua vida? Em que situação?

Leia o trecho a seguir, retirado de um texto da revista *Emília*, a respeito desse tema.

### CULTURA
# Literatura como direito humano
Por Cida Fernandez | 14 de abril de 2020 | espaços de leitura, formação de leitores |

Ilustração de Anna Cunha para o Festival Literário de Belo Horizonte.

O mestre Antonio Candido, já pelos idos de 1980, nos ensinava que a literatura é um direito humano porque é um bem indispensável à nossa humanização. E é indispensável à nossa humanização porque realiza funções fundamentais para o nosso desenvolvimento enquanto seres humanos. A literatura estimula e alimenta nossa imaginação, que é a essência da nossa humanidade; nos provoca e possibilita o exercício da alteridade, pois nos coloca no lugar de outra pessoa (as personagens); contribui para o desenvolvimento do nosso repertório linguístico, aumentando nossa capacidade de comunicação com o mundo; e, ainda, nos propicia de uma outra maneira conhecer o desenvolvimento do mundo e os conhecimentos produzidos ao longo da história.

Nenhum ser humano vive sem sonhos, sem imaginação. Os sonhos, no sentido da imaginação, são a principal matéria da cultura. Diferentemente de outras espécies – além do polegar opositor e da racionalidade – tudo o que o ser humano constrói, antes de construído, foi imaginado. Quando imaginamos uma casa – a "casa dos nossos sonhos" – a idealizamos e depois a construímos. Quando terminamos de construir já temos outra imagem, outro sonho, já queremos "aperfeiçoar" o que antes era ideal, e assim sucessivamente. Podemos dizer que nossa imaginação e nossos sonhos alimentam a nossa vida, o nosso movimento no mundo.

## A literatura estimula essa imaginação.

À medida que lemos, vamos criando imagens, essas imagens nos transportam para outro tempo e outro espaço. Essa viagem no tempo e no espaço nos ajuda a perceber, ainda que inconscientemente, que a realidade não está dada, não é imutável, não é congelada, assim é porque assim tem que ser. Isso fortalece nossa capacidade de transformar as coisas, as nossas realidades. Esse exercício também nos alimenta a alteridade, quando nos colocamos no lugar de outra pessoa e podemos sentir empatia. [...]

Quando lemos literatura, podemos viver em outras peles, tão diversas! Tão contraditórias! Além de permitir o exercício da imaginação, nos transportando para outros tempos e outros cenários, transporta-nos para peles de gente do bem e gente do mal. Exercita nossa alteridade, nossa compaixão, nossa parte boa e nossa parte má. [...]

O exercício de ler literatura aos poucos vai nos permitindo perceber que nossas múltiplas visões e interpretações da realidade se entrecruzam, dialogam com os textos e se transformam em outras percepções de mundo, ampliado, múltiplo, possível. Com isso, nos desenvolvemos, desenvolvemos nosso olhar, desenvolvemos nossa humanidade, "saímos da caixinha". [...].

FERNANDEZ, Cida. Literatura como direito humano. *Emília*, 14 abr. 2020. Disponível em: https://revista-emilia.com.br/literatura-como-direito-humano/. Acesso em: 19 fev. 2021.

1. O texto que você leu foi publicado na revista *Emília*, publicação digital que tem a finalidade de formar leitores e incentivar práticas de leitura e literatura. A autora inicia o texto citando o professor e sociólogo Antonio Candido, que é um reconhecido estudioso e crítico da literatura do Brasil. Qual é a finalidade dessa citação?

2. De que forma a literatura contribui para a humanização das pessoas?

3. Leia:
   a) "Com isso, nos desenvolvemos, desenvolvemos nosso olhar, desenvolvemos nossa humanidade, 'saímos da caixinha'."
   - Explique a expressão de sentido figurado no trecho "saímos da caixinha".
   b) Explique o sentido da expressão destacada: "Quando lemos literatura, podemos **viver em outras peles**, tão diversas!"

4. Você considera a literatura uma necessidade básica do ser humano? Justifique sua opinião.

### Características do texto literário

Apesar de tomar como matéria-prima elementos da realidade factual, o texto literário não tem o compromisso de ser fiel a eles. Isso abre espaço para algumas das principais características (ou possibilidades) do texto literário:

- recriação da realidade, mantendo a verossimilhança;
- experiência lúdica e o prazer estético proporcionados;
- plurissignificação, ou seja, a multiplicidade de sentidos;
- linguagem artística marcada pela inventividade;
- predomínio das funções poética, estética e emotiva da linguagem.

# Oficina de criação

**Texto escrito**

▶ **Crônica: da realidade para a ficção/Antologia digital**

Você vai produzir uma crônica baseada em uma notícia ou um fato real. Ela fará parte de uma **antologia** que será publicada no *blog* da turma e pode ter uma versão impressa, que será doada à biblioteca da escola.

> **Antologia:** coleção de textos em prosa e/ou em verso organizados por autoria, tema, época ou outro critério.

## Pesquisa

Como "aquecimento", pesquise cronistas brasileiros antigos, modernos e contemporâneos.

1. Escolha e leia uma crônica do cronista selecionado e, em seguida, pesquise os dados biográficos mais interessantes sobre ele e anote-os.

2. Compartilhe com a turma as informações e impressões que você teve sobre o texto e seu autor/sua autora.

## Preparação e realização

1. Escolha como ponto de partida uma notícia que considere interessante, um fato do dia a dia que lhe desperte interesse especial. Pode ser também algo que tenha acontecido com você ou com alguém que você conheça.

2. Imagine como será narrada sua crônica: Qual é a sequência dos acontecimentos? Que personagens participarão deles? Em que local esse fato ocorreu?

3. Escolha o efeito que você deseja criar no leitor: Suspense? Humor? Solidariedade?

4. Redija sua crônica.

## Revisão e reescrita

1. Você escreveu a primeira versão da crônica, mas a produção ainda não está finalizada. Como todo escritor, você deve revisá-la e fazer os ajustes necessários.

2. Releia a crônica ou peça a um colega que a leia observando os aspectos a seguir.
   - A situação narrada é desencadeada por um acontecimento do dia a dia?
   - A linguagem é adequada à situação, assim como às características dos personagens?
   - Os travessões ou as aspas foram usados adequadamente para indicar a mudança de interlocutores?
   - O texto está claro? O leitor vai entendê-lo?

3. Reescreva o que for necessário, digite e edite a versão final da crônica.

## Versão final e compartilhamento

1. Vocês podem ilustrar as crônicas e a capa, caso desejem.

2. Façam o sumário da antologia com os títulos das crônicas, nome de cada autor e número da página.

3. Compartilhem a antologia nas redes sociais da escola.

# Enem e vestibulares

1. Leia esta notícia publicada no portal *G1*.

### Fuvest debate o que é literatura ao incluir diário em lista de obras, diz professor

**Lista sofreu uma mudança em relação às obras do vestibular de 2017. A novidade é o livro "Minha vida de menina", de Helena Morley.**

Minha vida de menina é um relato confessional publicado em 1942 por Helena Morley, pseudônimo de Alice Dayrell Caldeira Brant.

A Fuvest anunciou nesta segunda-feira (15) uma mudança na lista de leituras obrigatórias para o vestibular 2018 da Universidade de São Paulo (USP). O romance "Capitães da areia", de Jorge Amado, foi retirado da lista. Em seu lugar, a Fuvest escolheu a obra "Minha vida de menina", de Helena Morley, pseudônimo de Alice Dayrell Caldeira Brant.

Professor de português do Anglo, Fernando Marcilio Lopes Couto diz que o novo livro guarda diferenças significativas em relação à obra de Jorge Amado.

"Em primeiro lugar, porque se distancia um pouco da ficção, já que se trata do diário de uma garota do interior de Minas Gerais, escrito entre 1893 e 1895. Em segundo lugar, porque a autora não é conhecida do grande público hoje em dia, embora sua obra tenha feito grande sucesso quando da publicação, em 1942", diz o professor.

Além disso, Couto afirma que é preciso conhecer qual o debate que a Fuvest levanta com a inclusão da obra.

"Com isso, o que a Fuvest promove é uma reflexão muito saudável a respeito do que é literatura. Diários escritos por garotas podem ser considerados literatura? A resposta é: sim. Nomes desconhecidos podem fazer parte de uma lista que conta com monstros sagrados como Machado de Assis e José de Alencar? A resposta, mais uma vez, é sim. Mas essas respostas não precisam ser fechadas. A discussão está aberta, e é bom que seja travada", avalia Couto.

O professor lembra que quando Helena Morley escreveu seu diário havia o domínio da arte parnasiana, que privilegiava a linguagem ornamental e erudita. "A menina escreve de modo livre, antecipando alguma coisa do Modernismo do século XX. Isso quer dizer que, precocemente, ela feria os cânones estabelecidos. A inclusão de seu livro na lista da Fuvest tem o mesmo efeito. Ponto para a Fuvest", afirmou.

O professor lembra ainda que a Unicamp já anunciou sua lista para os vestibulares de 2019 e nele incluiu a obra "Quarto de despejo", publicado em 1960. "A autora é Carolina Maria de Jesus, uma favelada que registrou em um diário os problemas que enfrentava em seu cotidiano. Há uma foto famosa, tirada na época do lançamento do livro, em que Carolina de Jesus aparece ao lado de Clarice Lispector, já então uma escritora consagrada. Agora, as duas aparecem na mesma lista (a da Unicamp). Ponto para a Unicamp."

FUVEST debate o que é literatura ao incluir diário [...]. *G1*, [São Paulo], 17 maio 2017. Disponível em: https://g1.globo.com/educacao/noticia/fuvest-debate-o-que-e-literatura-ao-incluir-diario-em-lista-de-obras-diz-professor.ghtml. Acesso em: 3 maio 2019.

A escritora Carolina Maria de Jesus, em novembro de 1960.

a) Para o professor Fernando Marcilio Lopes Couto, quais são as diferenças entre a obra de Jorge Amado e a de Helena Morley?

b) Por que o professor elogia a Fuvest e a Unicamp por incluírem obras de Helena Morley e Carolina de Jesus entre as leituras para seus vestibulares?

c) Segundo o professor, por que, provavelmente, a obra *Minha vida de menina*, de H. Morley, foi inserida na lista de leituras literárias obrigatórias do vestibular da Fuvest?

**2. (PUC-PR)** Considere o texto a seguir.

### O cantor na biblioteca

Bob Dylan realmente merece um Prêmio Nobel? E por quê?

A pergunta foi feita a Sara Danius, secretária da Academia Sueca, instituição responsável pelo Prêmio Nobel de Literatura, depois do anúncio, na quinta-feira 13, de que o vencedor deste ano não era um poeta, romancista ou dramaturgo, mas um cantor, uma estrela do *rock*. Na sua formulação seca e direta, o questionamento quase soa agressivo. Onde já se viu duvidar dos méritos do premiado? No entanto, trata-se de uma entrevista oficial, divulgada no próprio *site* do Nobel. Está claro que os acadêmicos suecos não só tinham plena consciência de que a premiação de um mestre do cancioneiro popular poderia incitar crítica e oposição: eles desejavam instigar essas reações.

Veja, ed. 2500, 19/10/16, p. 69. (Excerto).

Os propósitos discursivos podem ser alcançados pelo emprego de diferentes estratégias, de acordo com os contextos de circulação e comunicação. Considerando essas informações, é possível constatar que a Academia Sueca:

a) procura, com base em uma afirmação incisiva, aplacar qualquer crítica à premiação de Dylan.

b) sugere abertamente uma revisão dos critérios empregados para a concessão do prêmio.

c) estabelece um contraste entre as intenções da divulgação de entrevista e o anúncio de premiação.

d) estimula, por meio de uma pergunta retórica, a reflexão sobre a concessão do prêmio.

e) contesta o fato de o prêmio de literatura ter sido entregue a um músico e não a um escritor.

**3. (FUVEST)** Leia:

Os textos literários são obras de discurso, a que falta a imediata referencialidade da linguagem corrente; poéticos, abolem, "destroem" o mundo circundante, cotidiano, graças à função irrealizante da imaginação que os constrói. E prendem-nos na teia de sua linguagem, a que devem o poder de apelo estético que nos enleia; seduz-nos o mundo outro, irreal, neles configurado [...].

No entanto, da adesão a esse "mundo de papel", quando retornamos ao real, nossa experiência, ampliada e renovada pela experiência da obra, à luz do que nos revelou, possibilita redescobri-lo, sentindo-o e pensando-o de maneira diferente e nova. A ilusão, a mentira, o fingimento da ficção, aclara o real ao desligar-se dele, transfigurando-o; e aclara-o já pelo *insight* que em nós provocou.

Benedito Nunes, "Ética e leitura", de *Crivo de Papel*.

O que eu precisava era ler um romance fantástico, um romance besta, em que os homens e as mulheres fossem criações absurdas, não andassem magoando-se, traindo-se. Histórias fáceis, sem almas complicadas. Infelizmente essas leituras já não me comovem.

Graciliano Ramos, *Angústia*.

Romance desagradável, abafado, ambiente sujo, povoado de ratos, cheio de podridões, de lixo. Nenhuma concessão ao gosto do público. Solilóquio doido, enervante.

Graciliano Ramos, *Memórias do Cárcere*, em nota a respeito de seu livro *Angústia*

O argumento de Benedito Nunes, em torno da natureza artística da literatura, leva a considerar que a obra só assume função transformadora se:

a) estabelece um contraponto entre a fantasia e o mundo.

b) utiliza a linguagem para informar sobre o mundo.

c) instiga no leitor uma atitude reflexiva diante do mundo.

d) oferece ao leitor uma compensação anestesiante do mundo.

e) conduz o leitor a ignorar o mundo real.

# CAPÍTULO 2

# ELEMENTOS DA NARRATIVA LITERÁRIA

Cartaz do filme *O homem nu*, de Hugo Carvana (Brasil, 1997).

### Roda de conversa

1. Descreva a cena de forma concisa.

2. Pela expressão do personagem e pelo cenário, qual seria a complicação enfrentada por ele?

3. Este cartaz motivaria você a ver o filme ou ler o conto do mesmo nome?

### Para você...

**... ler**
- *Os melhores contos*, Fernando Sabino.

### O que você vai...

**... fruir**
- *O homem nu*, Fernando Sabino.

**... retomar**
- Elementos das narrativas literárias.

- Você gosta de ler, ouvir e contar histórias? Poderia citar um conto, romance, filme marcante ou algum personagem que considera inesquecível?
- Em sua opinião, que elementos são necessários para a construção de um enredo interessante, de uma boa trama?

**TEXTO 1**

Você lerá agora o **conto** do escritor Fernando Sabino, que inspirou o filme cujo cartaz você viu na página anterior.

**Lanço:** parte de uma escada compreendida entre dois patamares ou andares.

### O homem nu

Ao acordar disse para a mulher:

— Escuta, minha filha: hoje é dia de pagar a prestação da televisão, vem aí o sujeito com a conta, na certa. Mas acontece que ontem eu não trouxe dinheiro da cidade, estou a nenhum.

— Explique isso ao homem — ponderou a mulher.

— Não gosto dessas coisas. Dá um ar de vigarice, gosto de cumprir rigorosamente as minhas obrigações. Escuta: quando ele vier a gente fica quieto aqui dentro, não faz barulho, para ele pensar que não tem ninguém. Deixa ele bater até cansar – amanhã eu pago.

Pouco depois, tendo despido o pijama, dirigiu-se ao banheiro para tomar um banho, mas a mulher já se trancara lá dentro. Enquanto esperava, resolveu fazer um café. Pôs a água a ferver e abriu a porta de serviço para apanhar o pão. Como estivesse completamente nu, olhou com cautela para um lado e para outro antes de arriscar-se a dar dois passos até o embrulhinho deixado pelo padeiro sobre o mármore do parapeito. Ainda era muito cedo, não poderia aparecer ninguém. Mal seus dedos, porém, tocavam o pão, a porta atrás de si fechou-se com estrondo, impulsionada pelo vento.

Aterrorizado, precipitou-se até a campainha e, depois de tocá-la, ficou à espera, olhando ansiosamente ao redor. Ouviu lá dentro o ruído da água do chuveiro interromper-se de súbito, mas ninguém veio abrir. Na certa a mulher pensava que já era o sujeito da televisão. Bateu com o nó dos dedos.

— Maria! Abre aí, Maria. Sou eu — chamou, em voz baixa.

Quanto mais batia, mais silêncio fazia lá dentro.

Enquanto isso, ouvia lá embaixo a porta do elevador fechar-se, viu o ponteiro subir lentamente os andares... Desta vez, *era* o homem da televisão!

Não era. Refugiado no lanço de escada entre os andares, esperou que o elevador passasse, e voltou para a porta de seu apartamento, sempre a segurar nas mãos nervosas o embrulho de pão:

> **Encetando:** do verbo encetar, o mesmo que "iniciar", "começar".

— Maria, por favor! Sou eu!

Desta vez não teve tempo de insistir: ouviu passos na escada, lentos, regulares, vindos lá de baixo... Tomado de pânico, olhou ao redor, fazendo uma pirueta, e assim despido, embrulho na mão, parecia executar um *ballet* grotesco e mal-ensaiado. Os passos na escada se aproximavam, e ele sem onde se esconder. Correu para o elevador, apertou o botão. Foi o tempo de abrir a porta e entrar, e a empregada passava, vagarosa, **encetando** a subida de mais um lanço de escada. Ele respirou aliviado, enxugando o suor da testa com o embrulho do pão. Mas eis que a porta interna do elevador se fecha e ele começa a descer.

— Ah, isso é que não! — fez o homem nu, sobressaltado.

E agora? Alguém lá embaixo abriria a porta do elevador e daria com ele ali, em pelo, podia mesmo ser algum vizinho conhecido... Percebeu, desorientado, que estava sendo levado cada vez para mais longe de seu apartamento, começava a viver um verdadeiro pesadelo de Kafka, instaurava-se naquele momento o mais autêntico e desvairado Regime do Terror!

— Isso é que não! — repetiu, furioso.

Agarrou-se à porta do elevador e abriu-a com força entre os andares, obrigando-o a parar. Respirou fundo, fechando os olhos, para ter a momentânea ilusão de que sonhava. Depois experimentou apertar o botão de seu andar. Lá embaixo continuavam a chamar o elevador. Antes de mais nada: "Emergência: parar". Muito bem. E agora? Iria subir ou descer? Com cautela desligou a parada de emergência, largou a porta, enquanto insistia em fazer o elevador subir. O elevador subiu.

— Maria! Abre esta porta! — gritava, desta vez esmurrando a porta, já sem nenhuma cautela. Ouviu que outra porta se abria atrás de si. Voltou-se, acuado, apoiando o traseiro no batente e tentando inutilmente cobrir-se com o embrulho de pão. Era a velha do apartamento vizinho:

Filipe Rocha

— Bom dia, minha senhora — disse ele, confuso. — Imagine que eu...

A velha, estarrecida, atirou os braços para cima, soltou um grito:

— Valha-me Deus! O padeiro está nu!

E correu ao telefone para chamar a radiopatrulha:

— Tem um homem pelado aqui na porta!

Outros vizinhos, ouvindo a gritaria, vieram ver o que se passava:

— É um tarado!

— Olha, que horror!

— Não olha não! Já pra dentro, minha filha!

Maria, a esposa do infeliz, abriu finalmente a porta para ver o que era. Ele entrou como um foguete e vestiu-se precipitadamente, sem nem se lembrar do banho. Poucos minutos depois, restabelecida a calma lá fora, bateram na porta.

— Deve ser a polícia! — disse ele, ainda ofegante, indo abrir.

Não era: era o cobrador da televisão.

SABINO, Fernando. O homem nu. *In*: MORICONI, Ítalo (org.). *Os cem melhores contos brasileiros do século*. Rio de Janeiro: Objetiva, 2001. p. 249-251.

### Quem é o autor?

O escritor mineiro **Fernando Sabino** (1923-2004) estreou na literatura aos 13 anos. Foi escoteiro, locutor de programa infantil, nadador, baterista amador e adido cultural da Embaixada do Brasil em Londres. Achava que sua vocação talvez fosse a de músico de jazz. Criou fama por suas histórias curtas, muitas delas inspiradas em fatos corriqueiros. Algumas de suas obras são *O encontro marcado*, *O grande mentecapto* e *Os movimentos simulados*.

1. Releia a fala a seguir.

   — Não gosto dessas coisas. Dá um ar de vigarice, gosto de cumprir rigorosamente as minhas obrigações. Escuta: quando ele vier a gente fica quieto aqui dentro, não faz barulho, para ele pensar que não tem ninguém. Deixa ele bater até cansar – amanhã eu pago.

   **a)** O que essa fala revela a respeito do personagem principal?

   **b)** Qual é a importância dessa fala na construção do conto?

2. Como vimos, nesse conto o personagem principal enfrenta vários problemas ou complicações.

   **a)** Quais são eles?

   **b)** Como o protagonista tenta solucionar esses problemas?

# Conto

**Conto** é uma narrativa literária curta que apresenta número restrito de personagens, situação inicial, complicação, suspense, desfecho e, geralmente, diálogos. A ação ocorre usualmente em apenas um cenário e em um curto período de tempo.

"O homem nu" foi publicado inicialmente como crônica na revista *Manchete*. Posteriormente foi publicado em diversas antologias como conto. Isso é justificado porque o texto tem a linguagem das crônicas literárias, mas apresenta também elementos da narrativa literária conto.

O **enredo** (ou **trama**) de um conto, romance, novela, história em quadrinhos etc. geralmente é caracterizado pelo conjunto ou sucessão de acontecimentos, descrições e situações de uma história contada por um narrador em determinado espaço e em determinado tempo.

### Elementos do enredo

- **Apresentação (exposição ou introdução):** ambientação, introdução de alguns personagens e informações de com quem, onde e quando aconteceu o fato.
- **Estado inicial:** ausência de conflito, estabilidade da situação.
- **Conflito:** qualquer elemento da história que se opõe a outro e cria tensão. Pode ser uma oposição entre o protagonista e o antagonista ou entre o protagonista e a natureza, a sociedade, os valores morais etc. Os conflitos podem ser morais, religiosos, sociais, psicológicos etc.
- **Complicação ou desenvolvimento:** é a parte do enredo na qual se desenvolve o conflito ou os conflitos (pode haver mais de um conflito em uma narrativa de romance ou novela, por exemplo). Pode ser um incidente que vem quebrar a estabilidade, impulsionar a ação e intensificar o conflito.

**3.** Há no conto um personagem que não participa diretamente dos acontecimentos narrados, das ações. Trata-se do antagonista.

**a)** Que personagem é esse?

**b)** Qual é a importância desse personagem no desenvolvimento dos acontecimentos, ou seja, na trama ou no enredo do conto?

### Ação

É a sequência de acontecimentos que ocorrem em determinado tempo e espaço (cenário, local).

**4.** O leitor fica sabendo o nome de algum personagem do conto? De qual deles? Por que isso acontece?

**5.** O protagonista vive momentos de grande tensão. Quais são os momentos de maior tensão?

### Personagens

São pessoas, animais, coisas ou seres criados pelo narrador e que agem, pensam, falam e se relacionam com outros personagens. Os personagens centrais, ou **protagonistas**, enfrentam obstáculos criados pelos **antagonistas**, seus opositores. Já os personagens secundários, ou **coadjuvantes**, contracenam ou auxiliam os principais.

Capítulo 2 Elementos da narrativa literária

**6.** Classifique os trechos a seguir assinalando (**A**) para momentos de tensão e (**B**) para momentos de quebra de tensão (ou distensão).

**a)** " — Deve ser a polícia!"

**b)** "Os passos na escada se aproximaram, e ele sem onde se esconder."

**c)** "Não era."

**d)** "Foi o tempo de abrir a porta e entrar, e a empregada passava vagarosa, [...]."

**e)** "Maria, esposa do infeliz, abriu finalmente a porta para ver o que era."

**7.** Entre as características das obras de Fernando Sabino, destacam-se o humor e a ironia. Que elementos desse conto constroem essas características?

### Clímax

É o estágio em que as ações atingem maior tensão ou suspense no enredo/trama.

**8.** Onde, em que espaço, ocorrem as ações narradas no conto?

### Espaço

É o cenário, o lugar onde se desenvolve a ação. O espaço pode ser geográfico ou social.

- **Espaço geográfico ou físico:** determinado lugar onde a história se passa, como uma região, uma cidade ou até outro planeta (em histórias de ficção científica, por exemplo).

- **Espaço sociocultural ou social:** lugar que o personagem ocupa na sociedade, caracterizado pela forma de vida, estilo, princípios, linguagem, atitudes etc.

**9.** O tempo tem grande importância na composição do conto de Fernando Sabino. Identifique a única alternativa que **não** se refere ao conto corretamente.

**a)** É difícil determinar com precisão o tempo cronológico, o tempo de duração das ações.

**b)** Não é possível determinar com exatidão o tempo histórico, mas alguns fatos dão indícios da época.

**c)** O tempo psicológico não é relevante no conto "O homem nu".

**d)** Não há *flashback*, volta ao passado, digressões ou avanços na narrativa.

### Tempo

É um elemento relevante do enredo. Ele indica quando os fatos acontecem e a duração das ações. O tempo é muito importante na composição da narrativa literária conto. O narrador pode avançar no tempo, antecipar os fatos ou voltar ao passado (técnica de *flashback* ou regressão). O tempo pode ser histórico, cronológico, psicológico ou narrativo.

- **Tempo histórico:** indica a época em que os fatos acontecem.

- **Tempo cronológico:** indica a duração das ações que constituem a narrativa.

- **Tempo psicológico ou metafísico:** é o tempo interior dos personagens, composto de emoções, conflitos e medos vivenciados consciente ou inconscientemente.

- **Tempo narrativo:** é a ordem em que os fatos são narrados. A narrativa pode ser:

  - linear: quando os fatos estão narrados em ordem cronológica.

  - não linear: quando os fatos não são narrados em sequência cronológica.

  Para romper a linearidade do tempo, o narrador pode:

  - antecipar a narrativa dos acontecimentos que ainda virão;

  - apresentar acontecimentos do passado, alternando-os com outros narrados em sequência cronológica.

**10.** Responda:

**a)** Em "O homem nu", quem narra os fatos participa das ações?

**b)** O conto é narrado em primeira ou em terceira pessoa? Justifique sua resposta com trechos do texto.

# Estratégias narrativas

Ponto de vista ou foco narrativo: para contar uma história, o autor escolhe um **ponto de vista** ou **foco narrativo**.

## Narrador-observador

O autor cria um narrador para contar a história, como se fosse seu porta-voz. Esse narrador não participa das ações. Ele pode ser **onisciente** e **onipresente**, isto é, saber tudo o que os personagens dizem, pensam, fazem e estar presente em todos os cenários onde se passam as ações. Esse narrador também pode fazer comentários favoráveis ou desfavoráveis a respeito dos personagens. Nesse foco narrativo, usa-se a terceira pessoa, por isso é chamado de **narrador em terceira pessoa**.

## Narrador-personagem

O narrador é um dos personagens da história e costuma não ter acesso a todas as informações, emoções e pensamentos dos outros personagens. Como não tem uma visão geral dos fatos narrados, o narrador-personagem pode desconhecer o desfecho da história. Esse recurso contribui para aumentar o suspense, pois narrador e leitor podem desvendar um mistério ao mesmo tempo. É chamado de **narrador em primeira pessoa**, e pode ser o personagem principal – o protagonista – ou um personagem secundário. O narrador-personagem pode imprimir subjetividade e emoção à narrativa.

# Formas do discurso: diferentes vozes da narração

Para apresentar o que os personagens dizem, pensam e fazem, o autor pode escolher diferentes formas de narrar os fatos. Veja a seguir.

- **Discurso direto:** o narrador reproduz a fala dos personagens. Em geral, as falas são introduzidas por um verbo de dizer (também chamado de verbo *dicendi* ou verbo de elocução) seguido de dois pontos, parágrafo, travessão ou aspas. Exemplo:

    — Maria! Abre aí, Maria. Sou eu — **chamou**, em voz baixa.
    ↓
    verbo *dicendi*

- **Discurso indireto**: o narrador conta o que o personagem diz, pensa e faz. No discurso indireto, o exemplo anterior ficaria assim:

    Em voz baixa, ele pediu a Maria que abrisse a porta.

- **Discurso indireto livre:** é um cruzamento dos discursos direto e indireto, mesclando a fala do personagem com a do narrador. Exemplo:

Agarrou-se à porta do elevador e abriu-a com força entre os andares, obrigando-o a parar. Respirou fundo, fechando os olhos, para ter a momentânea ilusão de que sonhava. Depois experimentou apertar o botão de seu andar. Lá embaixo continuavam a chamar o elevador. *Antes de mais nada: "Emergência: **parar**".*

Filipe Rocha

11. Releia o conto e encontre exemplos de discurso direto. Registre-os.

12. Identifique trechos de "O homem nu" em que aparece o **discurso indireto livre**.

13. Desfecho é a volta à estabilidade, a resolução do conflito. O **desfecho** das narrativas, portanto, pode consistir na volta do equilíbrio. O desfecho desse conto está de acordo com essa afirmação?

14. Alguns elementos dos contos do gênero **suspense** (como cortinas balançando, sombras, ruídos estranhos etc.) estão presentes no conto "O homem nu".

    • Que detalhes do ambiente ajudam a construir o suspense nesse enredo? Cite trechos do conto para exemplificar.

15. No conto, o narrador se posiciona a respeito dos fatos? Explique.

16. A história narrada em "O homem nu" nos possibilita perceber os seguintes temas e subtemas, exceto:

    **a)** preocupação em preservar a própria imagem.

    **b)** tensão da vida cotidiana.

    **c)** medo do ridículo.

    **d)** fuga da rotina.

17. Em alguns momentos, o conto que você leu é caracterizado por uma linguagem mais coloquial, enquanto em outros é usada linguagem formal.

    **a)** Em que situação é usado o registro coloquial? Dê exemplos.

    **b)** Em que situação é usado o registro formal? Exemplifique.

18. Releia o trecho a seguir.

    > "Era a **velha** do apartamento vizinho:
    > — Bom dia, **minha senhora** — disse ele, confuso. — Imagine que eu…"

    • O autor se refere à vizinha como **velha** e **minha senhora**. O que esses usos revelam?

---

### O diálogo na construção de um conto

Em contos, crônicas, romances, textos teatrais, filmes etc., o **diálogo** desempenha diferentes funções:

• torna as situações e os personagens mais reais para o leitor/espectador;

• dá aos personagens expressão própria, como se estivessem falando;

• levam o leitor a inferir características dos personagens.

---

19. Leia o quadro a seguir.

**Gradação** é um recurso linguístico que consiste em **aumento** ou **diminuição** gradual na apresentação de ideias.

• Agora explique o efeito de sentido provocado pela gradação dos adjetivos **aterrorizado**, **sobressaltado**, **desorientado** e **acuado** na construção do conto.

# Enem e vestibulares

**1. (ENEM)** Leia:

Certa vez minha mãe surrou-me com uma corda nodosa que me pintou as costas de manchas sangrentas. Moído, virando a cabeça com dificuldade, eu distinguia nas costelas grandes lanhos vermelhos. Deitaram-me, enrolaram em panos molhados com água de sal – e houve uma discussão na família. Minha avó, que nos visitava, condenou o procedimento da filha e esta afligiu-se. Irritada, ferira-me à toa, sem querer. Não guardei ódio a minha mãe: o culpado era o nó.

(RAMOS, G. *Infância*. Rio de Janeiro: Record, 1998).

Num texto narrativo, a sequência dos fatos contribui para a progressão temática. No fragmento, esse processo é indicado pela:

**a)** alternância das pessoas do discurso que determinam o foco narrativo.

**b)** utilização de formas verbais que marcam tempos narrativos variados.

**c)** indeterminação dos sujeitos de ações que caracterizam os eventos narrados.

**d)** justaposição de frases que relacionam semanticamente os acontecimentos narrados.

**e)** recorrência de expressões adverbiais que organizam temporalmente a narrativa.

**2. (ENEM)** Leia:

### Texto I

Correu à sala dos retratos, abriu o piano, sentou-se e espalmou as mãos no teclado. Começou a tocar alguma coisa própria, uma inspiração real e pronta, uma polca, uma polca buliçosa, como dizem os anúncios. Nenhuma repulsa da parte do compositor; os dedos iam arrancando as notas, ligando-as, meneando-as; dir-se-ia que a musa compunha e bailava a um tempo. [...] Compunha só, teclando ou escrevendo, sem os vãos esforços da véspera, sem exasperação, sem nada pedir ao céu, sem interrogar os olhos de Mozart. Nenhum tédio. Vida, graça, novidade, escorriam-lhe da alma como de uma fonte perene.

ASSIS, M. *Um homem célebre*. Disponível em: www.biblio.com.br. Acesso em: 2 jun. 2019.

### Texto II

Um homem célebre expõe o suplício do músico popular que busca atingir a sublimidade da obra-prima clássica, e com ela a galeria dos imortais, mas que é traído por uma disposição interior incontrolável que empurra implacavelmente na direção oposta. Pestana, célebre nos saraus, salões, bailes e ruas do Rio de Janeiro por suas composições irresistivelmente dançantes, esconde-se dos rumores à sua volta num quarto povoado de ícones da grande música europeia, mergulha nas sonatas do classicismo vienense, prepara-se para o supremo salto criativo e, quando dá por si, é o autor de mais uma inelutável e saltitante polca.

WISNIK, J.M. Machado maxixe: o caso Pestana. *Teresa*: revista de literatura brasileira, 2004. (adaptado).

O conto de Machado de Assis faz uma referência velada ao maxixe, gênero musical inicialmente associado à escravidão e à mestiçagem. No Texto II, o conflito do personagem em compor obras do gênero é representativo da:

**a)** pouca complexidade musical das composições ajustadas ao gosto do grande público.

**b)** prevalência de referências musicais africanas no imaginário da população brasileira.

**c)** incipiente atribuição de prestígio social a músicas instrumentais feitas para a dança.

**d)** tensa relação entre o erudito e o popular na constituição da música brasileira.

**e)** importância atribuída à música clássica na sociedade brasileira do século XIX.

**3.** Com relação ao **narrador-personagem**, pode-se afirmar que:

**a)** busca narrar com objetividade.

**b)** participa dos fatos narrados.

**c)** tem posição de neutralidade.

**d)** distancia-se dos fatos narrados.

**e)** narra em terceira pessoa.

# CAPÍTULO 3
# INTERTEXTUALIDADE E FIGURAS DE LINGUAGEM

Marta Minujín. *Torre de Babel de Livros*, 2011. Instalação em aço coberta de livros, 28 m de altura. Buenos Aires, Argentina.

## Roda de conversa

1. Que impressões e sentimentos esta imagem desperta em você? Descreva-a.

2. Esta obra dialoga com o episódio bíblico da Torre de Babel. Faça uma pesquisa a respeito dessa narrativa bíblica e responda: O que pode representar, nesse contexto, a obra de Marta Minujín?

### Para você...

**... ler**
- *O homem que sabia javanês – Antologia*, Lima Barreto.

### O que você vai...

**... fruir**
- *Níquel Náusea*, Fernando Gonsales.
- *Bichinhos de Jardim*, Clara Gomes.

**... retomar**
- Intertextualidade e figuras de linguagem.

- Você sabe o que é intertextualidade?
- Já percebeu que um mesmo texto pode ter muitas referências a outros textos, outras vozes?

Leia a tirinha a seguir para saber mais sobre o tema deste capítulo.

**TEXTO 1**

### Há males que vêm para o bem

1. Selecione a alternativa que interpreta adequadamente a fala do personagem. A fala do peru revela:

   a) ironia, pelo fato de os outros perus estarem indo no ônibus que os levaria ao sacrifício.

   b) inocência, por acreditar que estava sendo prejudicado ao perder o ônibus.

   c) desprezo pelos outros perus, que estavam sendo iludidos quando levados no ônibus.

   d) indignação, por não ter sido esperado pelos outros perus.

   e) revolta, por ter sido preterido pelos colegas que foram para a comemoração.

**Quem é o autor?**

**Fernando Gonsales** nasceu em 1961, em São Paulo. Além de cartunista/quadrinista é também ilustrador e roteirista de TV.

2. Provérbios, ditos populares e frases feitas são de domínio público e têm origem na cultura popular. O cartunista usou um provérbio para dar título ao quadrinho.

- Em sua opinião, com que objetivo ele usou esse recurso intertextual como título?

## Intertextualidade

Textos quase sempre retomam ou dialogam com outros textos, reproduzindo-os, criticando-os, satirizando-os ou negando-os por meio de um recurso chamado **intertextualidade**.

A identificação desse recurso auxilia a leitura e a compreensão de textos escritos e orais, pinturas, filmes etc. Muitas vezes, o leitor precisa ter conhecimentos prévios para perceber a citação intertextual e ampliar sua compreensão do texto. A intertextualidade pode ocorrer de diferentes formas, e duas delas são a paráfrase e a paródia.

- **Paráfrase:** recurso intertextual que consiste na retomada de um texto por outro, sem alterar seus efeitos de sentido. O ato de reescrever e recontar histórias é uma forma de paráfrase. A paráfrase distingue-se do plágio porque explicita a fonte e o objetivo da remissão a outro texto. Já o plágio consiste em assinar ou publicar uma obra (inteira ou trechos dela) de outro autor e é crime.

- **Paródia:** é a retomada de outro texto com o objetivo de questionar, criticar, ironizar, negar, confrontar, romper com as características do texto original. Algumas vezes a paródia consiste, por exemplo, no deslocamento de um texto para outro suporte, voltado para outro público, com o objetivo de prestar homenagem à obra.

Na paródia há um desvio, um afastamento da obra retomada, pois o objetivo é propor outra abordagem, frequentemente humorística, rompendo com a seriedade do original. Muitos artistas se apropriam de temas de obras e de autores clássicos substituindo as imagens da obra original. Veja a seguir uma paródia da *Mona Lisa*, de Leonardo da Vinci, como uma jovem com máscara de proteção contra a pandemia de covid-19.

**Obra original**

Leonardo da Vinci. *Mona Lisa*, 1503. Óleo sobre tela, 77 cm × 53 cm.

**Paródia**

*Paródia de Mona Lisa*, do ilustrador e *designer* gráfico tcheco iku4.

- Você já percebeu que uma mesma palavra pode ser empregada com sentidos diferentes?
- Como podemos produzir novos sentidos na língua brincando com a sonoridade das palavras, com seu significado e sua organização nos enunciados?

Leia a tira a seguir.

**Quem é o autor?**

**Clara Gomes** nasceu em Petrópolis (RJ). É formada em design gráfico e arte-educação. Já participou de exposições em Recife, São Paulo e Rio de Janeiro.

1. Em que consiste o humor dessa tira?
2. Em qual dos quadrinhos há uma expressão empregada em sentido figurado? Explique.

# Linguagem denotativa e linguagem conotativa

Faz parte da natureza da linguagem ser **polissêmica**, ou seja, produzir sentidos múltiplos. Chamamos de:

- sentido **literal**, **denotativo** ou **referencial** o sentido mais comumente atribuído às palavras;
- sentido **conotativo** ou **figurado** o novo sentido criado em um contexto específico.

No domínio do sentido figurado, é possível explorar a sonoridade, o significado e a ordenação das palavras nos enunciados para produzir figuras de linguagem. Há muitas formas de classificação e denominação dessas figuras. Apresentaremos, a seguir, algumas delas, classificadas em figuras de palavra, de pensamento, sonoras e de sintaxe.

# Figuras de linguagem

## Figuras de palavra

### Comparação

Leia os versos.

> Teus olhos são negros, negros
> **Como** as noites sem luar...
>
> ALVES, Castro. O gondoleiro do amor. *In*: ALVES, Castro. *Castro Alves – Poesia*. 4. ed. Rio de Janeiro: Agir, 1972. p. 27.

Houve nesses versos uma comparação: olhos negros = noites sem luar.

A comparação consiste em atribuir características de um ser a outro devido a semelhanças entre eles, usando termos comparativos (como, igual a, tal qual, feito).

### Metáfora

Figura de linguagem construída a partir de uma comparação entre termos e ideias semelhantes, mas sem o uso de termos comparativos. Leia estes versos:

> poesia
> minha única escadaria
> meu único corrimão.
>
> RIBEIRO, Ana Elisa. Ruir. *In*: RIBEIRO, Ana Elisa. *Poesinha*. Belo Horizonte: Pandora, 1997. p. 12.

Compreenda a construção da metáfora:

escadaria → desafio

corrimão → apoio

poesia → escadaria, corrimão

poesia → desafio, apoio

### Catacrese

É uma metáfora já incorporada ao uso comum da língua, que supre a falta de uma palavra apropriada para nomear determinado objeto ou determinada ação, parte do corpo, elemento, local, localização etc.

Leia alguns exemplos: asa de xícara, barriga da perna ou batata da perna (panturrilha), cabelo do milho, boca do túnel, braço de poltrona, céu da boca (palato), coroa do abacaxi, pé da mesa, corpo do texto, pé da página, orelha do livro.

### Clichê

O clichê é uma metáfora que, por ser muito usada, torna-se banal, lugar-comum, chavão. Exemplos: *tapete verde* — campo de futebol, gramado; *coração de ouro* — pessoa muito boa.

# Metonímia

Figura de linguagem que consiste no emprego de uma palavra no lugar de outra, ambas partilhando uma relação de contiguidade ou proximidade de sentido.

### Tipos de metonímia

- Efeito pela causa ou vice-versa.

  Venceu na vida **com suor e lágrimas**. → Venceu na vida **com muito trabalho**.

- Matéria-prima pelo objeto.

  Comprei **uma porcelana** para ele. → Comprei um jogo de **pratos de porcelana para ele**.

- Parte pelo todo.

  **Minhas pernas** correram em sua direção. → **Eu** corri em sua direção.

- Autor pela obra.

  Ele já leu **muito Machado**. → Ele já leu **muitas obras do escritor Machado de Assis**.

- Concreto pelo abstrato.

  Jurou pela **bandeira**. → Jurou pela **pátria**.

- Marca pelo produto.

  Limpei as panelas com **bombril**. → Limpei as panelas **com esponja de aço**.

- Continente (recipiente) pelo conteúdo.

  Comi **um prato** delicioso. → Comi **uma refeição** deliciosa/**um alimento** delicioso.

- Singular pelo plural.

  **O brasileiro** é considerado cordial. → **Os brasileiros** são considerados cordiais.

Leia este anúncio publicitário da campanha Minas Solidária:

É HORA DE DAR UM TETO [...]. *Estado de Minas*, Belo Horizonte, p. 6, 16 abr. 2003. Caderno Política.

Nesse exemplo, a metonímia está na substituição da parte pelo todo: **teto** (parte da casa), nesse caso, representa **casa** (o todo). Note o efeito expressivo obtido pela contraposição dessa metonímia com a metáfora "perder o chão" (estar em uma situação de profundo desamparo).

## Antonomásia ou perífrase

Consiste na substituição de um nome por outro ou por uma expressão que o represente. Muitos exemplos de antonomásia costumam ser criados pela mídia e acabam fazendo parte da linguagem popular, transformando-se em lugares-comuns.

Alguns exemplos de antonomásia já incorporados à linguagem popular:
- *Rei da Jovem Guarda* → Roberto Carlos
- *Peixe* → Santos Futebol Clube
- *Cidade Maravilhosa* → Rio de Janeiro

*Cidade Luz* → Paris

## Sinestesia

Consiste em estabelecer uma relação entre sensações percebidas por sentidos diferentes. Veja alguns exemplos.

Capa do álbum *Transe total*, da banda A Cor do Som.

Uma coisa **branca**
**Doce** e profunda.
Nesta noite funda,
**fria** e sem Deus.

*branca* → visão
*doce* → paladar
*fria* → tato

MILANO, Dante. Imagem. *In*: MORICONI, Ítalo (org.). *Os cem melhores poemas brasileiros do século*. Rio de Janeiro: Objetiva, 2001. p. 125-126.

# Figuras sonoras

## Aliteração

Recurso expressivo que consiste na repetição intencional de sons consonantais para conferir ritmo e melodia ao texto. Exemplo:

> As luas cresc**entes**,
>
> de espelhos luz**entes**,
>
> colares e p**entes**,
>
> queixares e d**entes**
>
> de maracajás...

FERREIRA, Ascenso. Maracatu. *In*: FIGUEIREDO, José Valle de. *Antologia da poesia brasileira*. Lisboa: Editorial Verbo, 1975. p. 153. (Biblioteca Básica Verbo, 24).

## Assonância

Consiste na repetição de sons vocálicos para construir a melodia e o ritmo do texto. Observe a seguir a repetição da vogal **i**. Leia o texto em voz alta.

> Valera o mesmo na ar**eia**
>
> Rija am**eia**,
>
> Rija am**eia** construir;
>
> Chega o mar e vai a am**eia**
>
> Como a ar**eia**,
>
> Como a ar**eia** confundir. [...].

ASSIS, Machado de. As ventoinhas. *In*: ASSIS, Machado de. *Crisálidas*. Ministério da Educação e Cultura. Domínio público.

## Paronomásia

Figura de linguagem que faz um jogo de palavras com grafia e som semelhante e sentidos diferentes. É presença marcante na poética atual, dos séculos XX e XXI. Leia o ditado popular e observe as palavras destacadas:

> Quem **conta** um **conto** aumenta um **ponto**.

Domínio público.

Esse provérbio faz um jogo com os vocábulos **conta**, **conto**, **ponto**.

## Onomatopeia

Figura sonora que procura reproduzir sons. É muito usada em tiras, histórias em quadrinhos, por exemplo. Leia a tirinha a seguir e observe o emprego da onomatopeia que imita o som do galo.

## Figuras de pensamento

### Antítese

Figura de pensamento por meio da qual se destaca a oposição entre duas palavras ou ideias. Leia o verso:

> Morrer de **frio** quando o peito é **brasa** [...]
>
> ALVES, Castro. Canção do boêmio. In: ALVES, Castro. *Castro Alves – Poesia*. 4. ed. Rio de Janeiro: Agir, 1972. p. 33.

A antítese **frio/brasa** expressa a contradição dos sentimentos do eu poético.

### Paradoxo

O paradoxo ou oxímoro é uma figura de pensamento que se constrói com a associação de termos excludentes em um mesmo enunciado, rompendo uma lógica aparente. Leia os versos:

> Amor é fogo que arde sem se ver; / É ferida que dói e não se sente; / É um contentamento descontente; / É dor que desatina sem doer.
>
> CAMÕES, Luís de. *Luís de Camões - Lírica*. 5. ed. São Paulo: Cultrix, 1976, p. 123.

No soneto de Camões, ocorrem paradoxos em "fogo que arde sem se ver", "ferida que dói e não se sente", "contentamento descontente", "dor que desatina sem doer".

### Personificação ou prosopopeia

Consiste em atribuir características humanas a seres inanimados ou animais. Leia os versos.

> Diz-me o relógio cinicando a um canto
> "Onde está ela que não veio ainda?"
> Diz-me a poltrona "por que tardas tanto?
> Quero aquecer-te, rapariga linda."
>
> ALVES, Castro. Canção do boêmio. In: ALVES, Castro. *Castro Alves – Poesia*. 4. ed. Rio de Janeiro: Agir, 1972. p. 34.

Aqui, a prosopopeia é usada para ilustrar o diálogo do eu poético com os objetos da casa (o relógio, a poltrona): o eu poético sofre com a ausência da amada.

### Ironia

A ironia é uma forma de expressão que consiste em dizer o contrário daquilo que se pensa ou sente, geralmente com intenção depreciativa ou sarcástica. Na fala, ela é marcada pela entonação da voz e pela expressão corporal. É um recurso muito empregado em textos humorísticos e uma das marcas das obras literárias de Machado de Assis, por exemplo.

No contexto acima, Helga ironiza o desconhecimento e o desinteresse de Hagar em relação à moda. O balão de pensamento "Mais grandes dicas do 'Sr. Moda'!" expressa o contrário do que ela realmente acha do marido.

# Gradação

Consiste na enumeração de ideias ou imagens de intensidade crescente ou decrescente.

> Em cada porta um frequentado olheiro,
>
> Que a vida do vizinho, e da vizinha,
>
> **Pesquisa**, **escuta**, **espreita** e **esquadrinha**,
>
> Para o levar à Praça e ao Terreiro.

> MATOS, Gregório de. Descreve o que era realmente naquele tempo a cidade da Bahia de mais enredada por menos confusa. *In: Literatura Comentada – Gregório de Matos*. Org. Antônio Dimas. 2. ed. São Paulo: Nova Cultural, 1988, p. 29.

Observe a gradação expressada pelo emprego das palavras **pesquisa**, **escuta**, **espreita** e **esquadrinha**.

# Hipérbole

É o uso intencional de palavras com o objetivo de exagerar uma afirmação ou intensificar uma ideia. Leia os versos e observe o emprego de hipérboles.

> Romperam-se enfim as **cataratas do céu**.
> (Padre Antônio Vieira)

> Desenganos da vida humana metaforicamente
> É a vaidade, Fábio, nesta vida,
> Rosa, que da manhã lisonjeada,
> Púrpuras mil, com ambição dourada,
> Airosa rompe, arrasta presumida.
> É planta, que de abril favorecida,
> Por **mares de soberba desatada** (...).
> (Gregório de Matos)

Nos versos acima, há o emprego de hipérbole, pois os sentimentos expressos pelo eu lírico são intensos e exacerbados.

Na linguagem popular cotidiana, é comum o uso de hipérbole em expressões como "morri de medo", "chorei litros de lágrimas", "já falei um milhão de vezes".

# Eufemismo

Consiste na suavização, na atenuação de ideias consideradas tabus, desagradáveis, negativas, ofensivas etc. Leia:

> — E seu irmão Dito é o dono daqui?
>
> — Não, meu senhor. O Ditinho **está em glória**.

> GUIMARÃES ROSA, João. Campo Geral. *In*: GUIMARÃES ROSA, João. *Manuelzão e Miguilim*. Rio de Janeiro: José Olympio, 1976. p. 12. (Coleção Sagarana, 12).

O eufemismo, nesse exemplo, se encontra na expressão **está em glória**, que significa: morreu, faleceu. Veja outros eufemismos que também costumam ser incorporados à fala cotidiana:

Ele se enganou. → Forma polida de dizer "ele errou".

Ele descansou. → Forma que busca suavizar a expressão "ele morreu".

## Disfemismo

É o uso de expressões grosseiras no lugar de outras de sentido mais neutro. Exemplos:

Ele bateu as botas. → Faleceu.

Ele empacotou. → Faleceu.

## Figuras de sintaxe

### Anáfora

Consiste na repetição de uma ou mais palavras no início de frases ou em versos para destacar uma ideia. Observe a anáfora na repetição do verso "Uma coisa branca":

**Uma coisa branca**,

Eis o meu desejo.

**Uma coisa branca**

De carne, de luz, [...]

MILANO, Dante. Imagem. *In*: MORICONI, Ítalo (org.). *Os cem melhores poemas brasileiros do século*. Rio de Janeiro: Objetiva, 2001. p.135-136.

### Pleonasmo

O pleonasmo consiste em utilizar um termo que repete uma ideia já expressa. Os pleonasmos, muito usados na linguagem popular, dão ênfase ao que se quer falar ou escrever; por isso, têm forte carga argumentativa.

# Enem e vestibulares

1. Leia o cartum "A evolução do homem", de Adão Iturrusgarai, reproduzido a seguir. Identifique e explique as figuras de linguagem empregadas em sua construção.

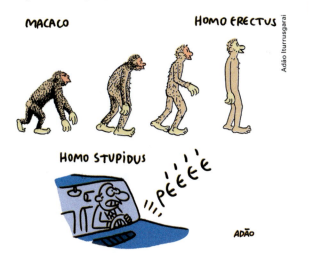

2. **(ENEM)** Leia:

### Metáfora

Gilberto Gil

Uma lata existe para conter algo,
Mas quando o poeta diz: "Lata"
Pode estar querendo dizer o incontível

Uma meta existe para ser um alvo,
Mas quando o poeta diz: "Meta"
Pode estar querendo dizer o inatingível

Por isso não se meta a exigir do poeta
Que determine o conteúdo em sua lata
Na lata do poetatudonada cabe,
Pois ao poeta cabe fazer

Com que na lata venha caber
O incabível

Deixe a meta do poeta não discuta,
Deixe a sua meta fora da disputa
Meta dentro e fora, lata absoluta
Deixe-a simplesmente metáfora.

A metáfora é a figura de linguagem identificada pela comparação subjetiva, pela semelhança ou analogia entre elementos. O texto de Gilberto Gil brinca com a linguagem remetendo-nos a essa conhecida figura. O trecho em que se identifica a metáfora é:

a) "Uma lata existe para conter algo".
b) "Mas quando o poeta diz: 'Lata'".
c) "Uma meta existe para ser um alvo".
d) "Por isso não se meta a exigir do poeta".
e) "Que determine o conteúdo em sua lata".

3. **(IFPE)** Leia o texto para responder à questão.

### O AMOR COMEU MEU NOME

O amor comeu meu nome, minha identidade, meu retrato.
O amor comeu minha certidão de idade, minha genealogia, meu endereço.
O amor comeu meus cartões de visita.
O amor veio e comeu todos os papéis onde eu escrevera meu nome.
O amor comeu minhas roupas, meus lenços, minhas camisas.
O amor comeu metros e metros de gravatas.
O amor comeu a medida dos meus ternos, o número de meus sapatos, o tamanho de meus chapéus. [...]
Faminto, o amor devorou os utensílios de meu uso: pente, navalha, escovas, tesouras de unhas, canivete. [...]
O amor comeu minha paz e minha guerra. Meu dia e minha noite. Meu inverno e meu verão. Comeu meu silêncio, minha dor de cabeça, meu medo da morte.

MELO NETO, J.C. Disponível em: <https://www.culturagenial.com/maiores-poemas-de-amor-literatura-brasileia/>. Acesso em: 04 out. 2018.

A principal figura de linguagem utilizada na construção do poema de João Cabral de Melo Neto reproduzido, em parte, no texto é

a) eufemismo, uma vez que os objetos devorados pelo amor são representações da realidade.
b) hipérbole, já que o amor devora, de forma exagerada, vários objetos que fazem parte do cotidiano do eu lírico.
c) prosopopeia, pois ao amor são atribuídas ações humanas.
d) sinestesia, como se pode perceber pela repetição do verbo "comer" associado ao substantivo abstrato "amor".
e) metonímia, a qual é marcada pela relação entre "nome, identidade e retrato" (primeiro verso), pois há uma gradação entre esses termos.

# CAPÍTULO 4

# A LITERATURA ATRAVESSA O TEMPO: GÊNEROS, ESTILOS, ESTÉTICAS LITERÁRIAS

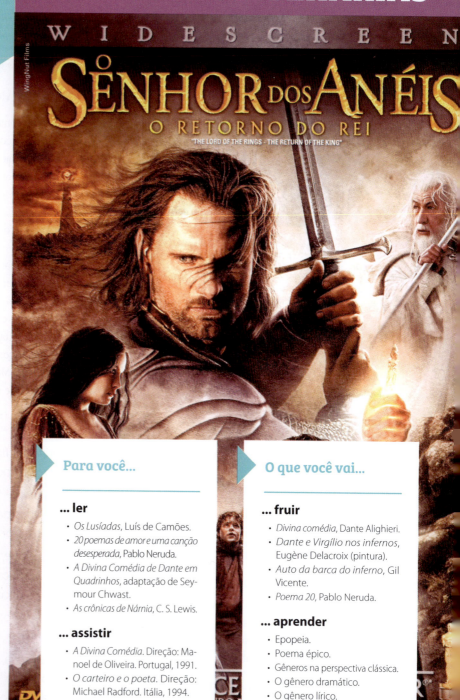

Cartaz do terceiro filme da trilogia *O Senhor dos Anéis*, de Peter Jackson (2001, 2002 e 2003), baseada na obra homônima do escritor britânico J. R. R. Tolkien (1954-1955).

## Roda de conversa

1. Que sensações ou sentimentos esta imagem provoca em você? Por quê?

2. Que relação esta imagem pode ter com o tema deste capítulo?

### Para você...

**... ler**
- *Os Lusíadas*, Luís de Camões.
- *20 poemas de amor e uma canção desesperada*, Pablo Neruda.
- *A Divina Comédia de Dante em Quadrinhos*, adaptação de Seymour Chwast.
- *As crônicas de Nárnia*, C. S. Lewis.

**... assistir**
- *A Divina Comédia*. Direção: Manoel de Oliveira. Portugal, 1991.
- *O carteiro e o poeta*. Direção: Michael Radford. Itália, 1994.
- *As crônicas de Nárnia* (série de filmes). Estados Unidos, 2005, 2008, 2010.
- *O Hobbit* (série de filmes). Direção: Peter Jackson. Estados Unidos, 2012, 2013 e 2014.

### O que você vai...

**... fruir**
- *Divina comédia*, Dante Alighieri.
- *Dante e Virgílio nos infernos*, Eugène Delacroix (pintura).
- *Auto da barca do inferno*, Gil Vicente.
- *Poema 20*, Pablo Neruda.

**... aprender**
- Epopeia.
- Poema épico.
- Gêneros na perspectiva clássica.
- O gênero dramático.
- O gênero lírico.
- Estilo individual e estilo de época.
- Estilos de época, estéticas ou movimentos literários (Portugal e Brasil).

- Você sabe o que é um poema épico?
- Já leu obras literárias que narram fatos grandiosos de um povo mesclando mitos, lendas e fatos históricos?
- Um homem comum também poderia ser um herói épico? Como?

Leia trechos do "Canto IV", de um dos mais famosos **poemas épicos** do mundo, *Divina Comédia*, de Dante Alighieri.

**TEXTO 1**

Dante é despertado por um trovão e acha-se na orla do **primeiro círculo**. Entra depois no Limbo, onde estão os que não foram batizados, crianças e adultos. Mais adiante, num recinto luminoso, vê os sábios da Antiguidade, que, embora não cristãos, viveram virtuosamente. Os dois poetas, Dante e Virgílio, descem depois ao **segundo círculo**.

### [...] CANTO IV

DESSE profundo sono fui tirado
Por **hórrido estampido**, estremecendo
3   Como quem é por força despertado.

Ergui-me, e, os olhos quietos já **volvendo**,
**Perscruto** por saber onde me achava,
6   E a tudo no lugar sinistro **atendo**.

A verdade é que então na **borda** estava
Do vale desse abismo doloroso,
9   Donde **brado** de infindos ais **troava**.

Tão escuro, profundo e nebuloso
Era, que a vista lhe **inquirindo** o fundo,
12  Não distinguia no **antro** temeroso.

"Eia! Baixemos, pois, da treva ao mundo!" –
O Poeta então disse-me **enfiando** –
15  "Eu descerei primeiro, tu segundo". –

Tornei-lhe, a palidez sua notando:
"Como hei-de ir, se és de espanto dominado,
18  Quando conforto estou de ti esperando?" –

Filipe Rocha

---

**Primeiro círculo:** é o primeiro estágio da parte inicial da obra: o Inferno (as outras duas são o Purgatório e o Paraíso). O primeiro círculo corresponde ao Limbo: habitado por pessoas que não agiram mal na vida, mas não foram batizadas na fé católica. Seu destino é vagar sem esperança, com desejo de alcançar o Paraíso, sabendo que nunca chegarão lá.
**Segundo círculo:** corresponde à Luxúria, onde estão as pessoas que cometeram esse pecado.
**Hórrido estampido:** som horripilante e repentino.

**Volvendo:** virando(-se), revirando, voltando (os olhos) para.
**Perscruto:** examino minuciosamente.
**Atendo:** examino.
**Borda:** à beira (do abismo).
**Brado:** grito, urro, berro, clamor.
**Troava:** trovejava, estrondava, retumbava.
**Inquirindo:** indagando, perguntando, procurando.
**Antro:** lugar escuro, sombrio, profundo, perigoso.
**Enfiando:** conduzindo.

43

"Dos que lá são o angustioso estado
Causa a que vês no rosto meu impressa,
21  Piedade, medo não, **como hás cuidado**.

Vamos: longa a jornada exige pressa".
Entrou, e eu logo, o círculo primeiro
24  Em que o abismo a estreitar-se já começa,

Escutei: não mais pranto **lastimeiro**
Ouvi; suspiros só, que murmuravam,
27  Vibrando do ar eterno o espaço inteiro.

Pesares sem martírio os motivavam
De **varões** e de **infantes**, de mulheres
30  Nas multidões, que ali **se apinhoavam**.

"Conhecer" – meu bom Mestre diz – "não queres
Quais são os que assim vês ora sofrendo?
33  Antes de avante andar convém saberes

Que não pecaram: boas obras tendo
Acham-se aqui; faltou-lhes o batismo,
36  Portal da fé, em que és ditoso crendo.

Na vida antecedendo o Cristianismo,
Devido culto a Deus nunca prestaram:
39  Também sou dos que penam neste abismo." [...]

ALIGHIERI, Dante. *A Divina Comédia – Inferno*.
Tradução: José Pedro Xavier Pinheiro. São Paulo: eBooksBrasil.org, 2003.
Disponível em: http://www.ebooksbrasil.org/eLibris/inferno.html.
Acesso em: 4 ago. 2021.

---

**"Como hás cuidado":** como tem notado, observado.
**Lastimeiro:** lastimoso, choroso, lamentoso.
**Varões:** masculino, homens viris, másculos, fortes, corajosos.
**Infantes:** meninos, crianças; título dado aos filhos de reis que não eram herdeiros do trono (o trono cabia ao primeiro filho).
**Se apinhoavam:** se aglomeravam, se juntavam, se reuniam.

### Quem é o autor?

**Dante Alighieri** (1265-1321) nasceu em Florença (Itália). Foi um autor fundamental para a formação da língua e da literatura italianas, pois sua maior obra (a *Divina Comédia*) foi escrita em dialeto toscano, uma das variedades populares da região da Toscana, com o objetivo de se aproximar do público. Isso porque era comum, à época, o uso da escrita apenas em latim. A obra de Dante é, até hoje, uma grande referência para a literatura ocidental.

### Divina Comédia

A *Divina Comédia* é considerada por alguns especialistas um poema épico, uma epopeia, ainda que não narre feitos históricos grandiosos da vida de um herói que luta por seu povo. Outros a classificam como obra didática e alegórica, pois ensina ou apresenta símbolos, ideias com sentido figurado, forte teor moral e espiritual, focando a importância de seguir o caminho da ética e do bem. Dante é o personagem principal e o narrador do poema em 1ª pessoa. O enredo se baseia na viagem ultraterrena de um indivíduo comum, um cristão, com suas dúvidas e tentações, ao caminho de Deus. É dividido em três partes: "Inferno", "Purgatório" e "Paraíso". As três partes, por sua vez, são divididas em círculos e esferas, que apresentam uma "Introdução" e 33 cantos, perfazendo um total de 14 223 versos escritos em tercetos (três versos).

1. No trecho que você leu, Dante se encontra no primeiro círculo do Inferno, o Limbo, onde estão pessoas que não agiram mal em vida, mas não passaram pelo batismo cristão (como Platão, Sócrates, o próprio Virgílio, que o conduz, entre outras personalidades, poetas e filósofos). A punição dos que estão no Limbo é vagar sem esperança, apenas com o desejo de chegar ao Paraíso sabendo que isso não acontecerá.

   Baseando-se nas informações acima e no "Canto IV", responda:

   **a)** Que fato é narrado nos dois primeiros tercetos?

   **b)** O que as palavras e expressões do quadro a seguir sugerem?

   > hórrido estampido – estremecimento – lugar sinistro – abismo doloroso
   > antro temeroso – escuro – profundo – nebuloso

   **c)** Que vozes se manifestam nesse trecho da *Divina Comédia*?

   **d)** Explique o locutor, o interlocutor e o objetivo desta fala:

   > "Eu descerei primeiro, tu segundo".

   **e)** Explique o sentido da metáfora em destaque:

   > Que não pecaram: boas obras tendo
   > Acham-se aqui; faltou-lhes o batismo,
   > **Portal da fé**, em que és ditoso crendo.

   **f)** Qual é o sentimento do poeta Virgílio diante das cenas que vê?

45

### A primeira parte: o Inferno

Essa parte narra a entrada de Dante no Inferno, guiado pelo poeta romano Virgílio (autor de *Eneida*). Isso se dá através de nove círculos (cada um corresponde a um tipo de pecado grave): o Limbo, a Luxúria, a Gula, a Ganância, a Ira, a Heresia, a Violência, a Fraude e a Traição.

**2.** Releia:

Que não pecaram: boas obras tendo
Acham-se aqui; faltou-lhes o batismo,
Portal da fé, em que és ditoso crendo.

Na vida antecedendo o Cristianismo,
Devido culto a Deus nunca prestaram:
Também sou dos que penam neste abismo. [...]

**a)** Considerando que a *Divina Comédia* foi produzida no período do Renascimento, em que se criticava o comportamento místico e religioso medieval (teocentrismo); e se priorizava o "homem como centro do Universo" (antropocentrismo), o que podem sugerir essas falas do personagem Virgílio a Dante?

**b)** Nesse contexto, podemos dizer que essa obra, escrita em 1300, traz questões ainda atuais? Quais? Explique.

**c)** Em sua opinião, quais são os "pecados capitais" do mundo contemporâneo?

**3.** Leia e explique os versos:

**a)** "Donde brado de infindos ais troava."

**b)** "Escutei: não mais pranto lastimeiro
Ouvi; suspiros só, que murmuravam,
Vibrando do ar eterno o espaço inteiro."

### A segunda parte: o Purgatório

Narra a passagem de Dante pelo local intermediário entre Inferno e Paraíso, composto de sete círculos onde estão as almas que cometeram os sete pecados capitais (Orgulho, Inveja, Avareza, Preguiça etc.). Ali aguardam julgamento, arrependidas e passando pelo sentimento da culpa. Nesse ponto, Virgílio (que era pagão, não batizado) não pode mais seguir caminho com Dante. Mas, no final desse trajeto, Dante é recebido por sua amada Beatriz para a travessia.

**4.** O que pode simbolizar a viagem ficcional de Dante pelo Inferno, Purgatório e Paraíso?

### A terceira parte: o Paraíso

Narra o encontro de Dante com sua musa, Beatriz, seu amor platônico, que o conduz ao local para onde vão as pessoas não pecadoras quando morrem. Esse local é formado por sete céus, cada um correspondente a uma das esferas espaciais (Lua, Mercúrio, Vênus, Sol, Marte, Júpiter, Saturno). Por fim, abençoado em sua passagem pelos sete céus, Dante se encontra com Deus.

5. Observe a reprodução desta imagem e leia o quadro depois dela.

Pintada em 1822, essa tela é considerada a primeira obra de Eugène Delacroix (1798-1863), pintor francês do **Romantismo** (estética artística predominante na época). Ela é inspirada, claramente, em uma passagem da *Divina Comédia* (1300), de Dante Alighieri (1265-1321).

Eugène Delacroix. *A barca de Dante ou Dante e Virgílio nos infernos* (*La barque de Dante ou Dante et Virgile aux enfers*), 1822. Óleo sobre lona, 1,89 m × 2,41 m.

- Baseando-se na imagem e nas informações que obteve até aqui, estabeleça uma relação entre ela e o trecho do "Canto IV" que você leu.

# Epopeia e poema épico

A palavra **epopeia** refere-se à narrativa em forma de versos (também chamada de poema épico), que aborda, quase sempre, eventos históricos, viagens e aventuras extraordinárias, mescladas também aos mitos e às lendas de um determinado povo. Os heróis épicos, na maioria das vezes, destacam-se por sua honradez, coragem e comportamento exemplar, cumprindo missões perigosas para defender e representar os valores de sua gente. Exemplos: Gilgamesh, rei de Uruk na Mesopotâmia – hoje Iraque – (2700 a.C.); Odisseu ou Ulisses (na *Odisseia*), herói de Homero na Grécia Antiga; Eneias, herói da *Eneida*, de Virgílio, na Roma Antiga; ou ainda Vasco da Gama, em *Os Lusíadas*, de Camões (Portugal). No caso da *Divina Comédia*, Dante (o narrador) não é propriamente um herói corajoso que se envolve em lutas para salvar seu povo, mas um homem comum que, por seu caráter, honradez e princípios éticos, morais e cristãos, empreende (e narra) uma viagem alegórica, metafísica: sua própria jornada espiritual em busca do caminho da ética e do bem para chegar ao Paraíso.

### Gêneros na perspectiva clássica

A palavra **gênero** é usada para nomear obras literárias que apresentam semelhanças em relação à forma e ao conteúdo. O filósofo grego Aristóteles, observando a literatura produzida na época em que viveu (entre 384 a.C. até 322 a.C.), dividiu os gêneros literários em: **épico** (ou narrativo) e **dramático** (ou teatral). Mais tarde, incluiu-se nessa classificação o gênero **lírico**.

## TEXTO 2

- Você tem o hábito de ir ao teatro? Quais peças teatrais já assistiu?
- Sabe o que é gênero dramático?
- Já ouviu falar em autos e farsas?

Agora você vai ler um texto do **gênero teatral**, ou **dramático**, e se posicionar a respeito dele.

### Auto da barca do inferno

[...] (*Vem um Sapateiro carregado de formas e diz na barca do inferno*):
**Sapateiro** – Ou da barca!
**Diabo** – Quem vem i?
    Santo sapateiro honrado,
    como vens tão carregado!
**Sapateiro** – Mandaram-me vir assi.
    Mas para onde é a viagem?
**Diabo** – Para a terra dos **danados**.
**Sapateiro** – E os que morrem confessados,
    onde tem sua passagem?
**Diabo** – Não cures de mais linguagem,
    qu'esta é tua barca – esta.
**Sapateiro** – Renegaria eu da festa,
    e da barca, e da barcagem!
    Como **pod'rá** isso ser,
    confessado e comungado?
**Diabo** – Tu morreste excomungado,
    e não no quiseste dizer:
    esperavas de viver,
    calaste dez mi enganos.
    Tu roubaste, bem trinta anos,
    o povo com teu **mister**.
    Embarca, hora má pra ti;
    que há já muito que t'espero.
**Sapateiro** – Digo-te que **renão** quero.
**Diabo** – Digo-te que si, **ressi**.
**Sapateiro** – Quantas missas eu ouvi
    **não m'hão** elas de prestar?
**Diabo** – Ouvir missa, então roubar,
    é caminho para aqui.
**Sapateiro** – **E as ofertas, que darão?**
    **E as horas dos finados?**
**Diabo** – **E os dinheiros mal levados,**
    **que foi da satisfação?**
**Sapateiro** – Oh, não praza ao **cordovão**,
    nem à peta da **badana**,
    se é esta boa **traquitana**,
    em que se vê **João Antão**!
    Ora juro a Deus que é graça! [...]

VICENTE, Gil. Auto da barca do inferno. In: VICENTE, Gil. *Três autos e uma farsa*. Lisboa: Editorial Verbo, 1971. p. 51-53. (Biblioteca Básica Verbo, 60).

---

**Danados:** condenados, amaldiçoados.
**Pod'rá:** verbo poder, poderá.
**Mister:** ofício, profissão.
**Renão:** o mesmo que "não e não".
**Ressi:** o mesmo que "sim e sim".
**"Não m'hão":** não me haverão.
**"E as ofertas, que darão?":** oferendas que se faziam aos santos, em razão de.
**"E as horas dos finados?":** promessas e orações por sua alma.
**"E os dinheiros mal levados que foi da satisfação?":** algo como "Que tipo de satisfação receberam aqueles a quem você explorou?".
**Cordovão:** couro de cabra curtido para fazer sapatos.
**Badana:** pele de animal curtida e macia.
**Traquitana:** carro desconjuntado: a barca do inferno.
**João Antão:** na forma atual, João Antônio (nome do Sapateiro).

Filipe Rocha

**Quem é o autor?**

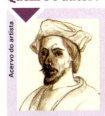

**Gil Vicente**, considerado um dos principais nomes do Humanismo, nasceu na cidade de Guimarães (Portugal), provavelmente em 1465. Animador da corte portuguesa, escreveu, encenou e até representou mais de 40 autos e farsas. Alguns foram impressos em folhetos, outros proibidos pela Inquisição. Entre eles, destacam-se: *Monólogo do Vaqueiro*, *Auto da barca do inferno*, *Farsa de Inês Pereira*, *Auto de Mofina Mendes*, *Auto da Lusitânia*, *Floresta de enganos* etc.

1. No *Auto da barca do inferno*, de Gil Vicente, as almas chegam a um braço de mar onde estão ancoradas as barcas que as conduzirão ao Céu ou ao Inferno após um julgamento. Que características desse texto o identificam como um **texto teatral**?

2. Releia:
   (*Vem um Sapateiro carregado de formas e diz na barca do inferno*):
   a) Qual é a função dessa rubrica?
   b) Quem é o personagem e como se apresenta ao Diabo?
   c) Para onde ele vai ser conduzido e por quê?
   d) Explique o efeito de sentido desta fala do Diabo: "Santo sapateiro honrado".

3. Qual das alternativas está incorreta no que se refere às temáticas tratadas por Gil Vicente nesse trecho do *Auto da barca do inferno*? Justifique sua resposta.
   a) Crítica à crença de comprar a salvação.
   b) Crítica ao exercício desonesto da profissão.
   c) Crítica à ingenuidade, à boa fé do sapateiro.
   d) Crítica à contradição: frequentar missa, mas roubar.
   e) Crítica aguda amenizada pelo tom humorístico.

4. Responda:
   a) O que as ações e os argumentos do Diabo revelam?
   b) Por que o Diabo usa argumentos relacionados à moral católica, à qual ele faz oposição, para condenar o Sapateiro ao Inferno?

5. Explique o diálogo intertextual entre os textos do poema *Divina Comédia* e do *Auto da barca do inferno*.

6. O *Auto da barca do inferno*, escrito há séculos, poderia ser considerado atual? Justifique sua resposta.

## O gênero dramático

Segundo Aristóteles, o termo **drama** faz referência ao fato de, nesses textos, as pessoas estarem "em ação". Assim, textos dramáticos são produzidos para serem representados. Comumente, não há narrador. Os personagens narram a história por meio de ações, diálogos ou monólogos. Há outros elementos que compõem a encenação, como luz, sonoplastia, gestos, expressão corporal dos atores etc.

## TEXTO 3

- Você sabe o que é **gênero lírico** ou **poema lírico**? Gosta de ler poemas e ouvir músicas que falam de amor, de sentimentos?
- O que pode haver em comum entre um poema épico medieval e um poema lírico escrito por um autor contemporâneo?

O texto que você vai ler é um **poema** de Pablo Neruda, um dos grandes autores da América Latina. O poema faz parte do livro *Vinte poemas de amor e uma canção desesperada*, lançado em 1924, quando o poeta tinha apenas 20 anos.

### Poema 20

Posso escrever os versos mais tristes esta noite.

Escrever, por exemplo: "A noite está estrelada,
e tiritam, azuis, os astros, ao longe".

O vento da noite gira no céu e canta.

Posso escrever os versos mais tristes esta noite.
Eu a amei, e às vezes ela também me amou.

Em noites como esta, tive-a entre meus braços.
Beijei-a tantas vezes sob o céu infinito.

Ela me amava, e às vezes eu também a amava.
Como não ter amado os seus grandes olhos fixos.

Posso escrever os versos mais tristes esta noite.
Pensar que não a tenho. Sentir que a perdi.

Ouvir a noite imensa, mais imensa sem ela.
E o verso cai na alma como no pasto o orvalho.

Que importa que o meu amor não pudesse guardá-la?
A noite está estrelada e ela não está comigo.

Isso é tudo. Ao longe alguém canta. Ao longe.
Minha alma não se contenta por havê-la perdido.

Como que para aproximá-la, meu olhar a procura.
O meu coração a procura, e ela não está comigo.

A mesma noite que faz branquejar as mesmas árvores.
Nós, os de então, já não somos os mesmos.

Já não a amo, é verdade, mas como a amei...
Minha voz buscava o vento para tocar seu ouvido.

De outro. Será de outro. Como antes dos meus beijos.
Sua voz, seu corpo claro. Seus olhos infinitos.

Já não a amo, é verdade, mas talvez a ame...
É tão curto o amor, e tão longo o esquecimento...

Porque em noites como esta tive-a entre meus braços,
minha alma não se contenta com tê-la perdido.

Ainda que esta seja a última dor que ela me causa,
e estes sejam os últimos versos que eu lhe escrevo.

NERUDA Pablo. *Vinte poemas de amor e uma canção desesperada*.
Rio de Janeiro: José Olympio, 1974. p. 52-54.

**Quem é o autor?**

**Pablo Neruda** (1904-1973) é o pseudônimo literário de Ricardo Eliécer Neftalí Reyes Basoalto, nascido em Parral, no Chile. Considerado um dos mais importantes poetas de língua espanhola no século XX, foi também diplomata e recebeu o Prêmio Nobel de Literatura em 1971. Foi imortalizado no filme *O carteiro e o poeta*. Entre suas obras, destacam-se *Canto geral*, *Tentativa do homem infinito*, *Residência na terra*, *Espanha no coração* etc.

1. Com relação ao poema, só **não** é correto afirmar:
   a) Expressa nostalgia provocada pela ausência da amada.
   b) Associa o cenário noturno ao momento do amor vivido.
   c) Apresenta sintonia entre a natureza e os sentimentos do eu lírico.
   d) Expressa desesperança por ter sido traído pela amada.
   e) Expressa dúvida a respeito de seus próprios sentimentos.

2. Explique os sentimentos expressos nestes versos:
   a) "Eu a amei, e às vezes ela também me amou."
      "Já não a amo, é verdade, mas talvez a ame..."
   b) "É tão curto o amor, e tão longo o esquecimento…"
   c) "minha alma não se contenta com tê-la perdido."

3. Você se identificou com os sentimentos do eu lírico? Comente.

4. Você percebe a expressão de um sentimento lírico semelhante ao manifestado nesse poema em poesias e letras de canções contemporâneas? Em quais? Comente com os colegas.

5. O *Poema 20* apresenta rimas ou os versos são brancos?

6. No poema, foi empregado o recurso da **repetição** de versos. Que efeitos esse recurso produziu?

7. Explique a repetição do verso "Posso escrever os versos mais tristes esta noite".

8. Explique o efeito de sentido provocado pelas expressões de sentido figurado destacadas nos versos.
   a) Personificação ou prosopopeia em "A noite está estrelada, / e tiritam, azuis, os astros, ao longe".
   b) Personificação ou prosopopeia em "O vento da noite gira no céu e **canta**".
   c) A antítese em "É tão **curto** o amor, e tão **longo** o esquecimento....".

9. Explique o recurso da **comparação** no verso "E o verso cai na alma como no pasto o orvalho".

10. Explique o recurso da metonímia no verso:
    Como não ter amado os seus grandes olhos fixos.

## O gênero lírico

O gênero lírico abrange textos literários geralmente escritos em versos. O termo é originado do nome do instrumento musical lira, pois até o fim da Idade Média, os poemas eram cantados ao som desse instrumento. A desvinculação entre a poesia e a música, no século XV, originou o gênero literário poema.

Bianca Lana

51

# Vamos comparar?

- Você já percebeu que os textos literários, mesmo quando abordam um mesmo tema, variam muito se forem escritos em diferentes épocas? De que maneira isso ocorre?
- Que mudanças sociais, históricas, econômicas e políticas da sociedade os textos refletem na passagem de uma época para outra? Exemplifique.

Leia, a seguir, dois poemas. O primeiro é do escritor brasileiro Álvares de Azevedo (do século XIX), e o segundo, de Fernando Pessoa (do século XX), sob o heterônimo Álvaro de Campos.

▶ **Texto 1**

## Amor

Amemos! Quero de amor
Viver no teu coração!
Sofrer e amar essa dor
Que desmaia de paixão!
Na tu'alma, em teus encantos
E na tua palidez
E nos teus ardentes prantos
Suspirar de languidez!

Quero em teus lábios beber
Os teus amores do céu,
Quero em teu seio morrer
No enlevo do seio teu!

Quero viver d'esperança,
Quero tremer e sentir!
Na tua cheirosa trança
Quero sonhar e dormir!

Vem, anjo, minha donzela,
Minha'alma, meu coração...
Que noite, que noite bela!
Como é doce a viração!
E entre os suspiros do vento
Da noite ao mole frescor,
Quero viver um momento,
Morrer contigo de amor!

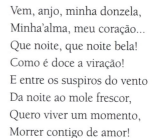

AZEVEDO, Álvares de. *Lira dos vinte anos*. Belém: Unama. Domínio público. *ebook*.
Disponível em: http://www.dominiopublico.gov.br/download/texto/ua00025a.pdf. Acesso em: 27 out. 2020.

▶ **Texto 2**

## Todas as cartas de amor...

Todas as cartas de amor são
Ridículas.
Não seriam cartas de amor se não fossem
Ridículas.

Também escrevi em meu tempo cartas de amor,
Como as outras,
Ridículas.

As cartas de amor, se há amor,
Têm de ser
Ridículas.

Mas, afinal,
Só as criaturas que nunca escreveram
Cartas de amor
É que são
Ridículas.

Quem me dera no tempo em que escrevia
Sem dar por isso
Cartas de amor
Ridículas.

A verdade é que hoje
As minhas memórias
Dessas cartas de amor
É que são
Ridículas.

(Todas as palavras esdrúxulas,
Como os sentimentos esdrúxulos,
São naturalmente
Ridículas.)

PESSOA, Fernando. *Poesias de Álvaro de Campos*. Lisboa: Ática, 1944 (imp. 1993).
Disponível em: http://arquivopessoa.net/textos/2492. Acesso em: 27 out. 2020.

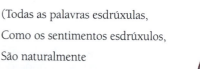

Capítulo 4  A literatura atravessa o tempo: gêneros, estilos, estéticas literárias

1. O que há em comum entre os dois poemas, escritos em épocas literárias distintas (século XIX e século XX)?

2. Esses poemas estão inseridos em duas estéticas literárias diferentes. O poema de Álvares de Azevedo filia-se ao Romantismo (século XIX), e o de Álvaro de Campos (um dos heterônimos de Fernando Pessoa) representa o Modernismo em Portugal (a partir da segunda década do século XX).

   Em que eles se distinguem quanto

   a) ao tratamento do tema?

   b) à estrutura formal?

   c) à linguagem?

# Estilo individual e estilo de época

## Estilo individual

Na literatura, o estilo individual é o modo pessoal, singular, empregado pelo autor/escritor para criar sua obra. O escritor usa de forma nova os recursos da língua, recriando a linguagem. Ainda que traga marcas da época em que se passa ou de outras épocas, a obra sempre expressa características do estilo individual de seu autor.

## Estilo de época

A literatura, como toda atividade humana, transforma-se ao longo do tempo devido a mudanças históricas, sociais, culturais, tecnológicas etc. A história da literatura estuda essas transformações e, para fins didáticos, organiza-as em períodos. Cada período pode ser chamado de estilo literário, estética literária, movimento literário, escola literária ou ainda estilo de época.

É importante perceber que os estilos literários mantêm entre si um permanente diálogo: obras produzidas em uma época podem subverter formas hegemônicas de períodos anteriores, retomar temáticas e características de outro período.

A sequência cronológica ou histórica dos estilos de época, estéticas ou movimentos literários de Portugal é esta: Trovadorismo (1189-1418); Humanismo (1418-1527); Classicismo (1527-1601). No Brasil, essa cronologia é: Quinhentismo (1500-1601); Barroco (1601-1768); Arcadismo (1768-1836); Romantismo (1836-1881); Realismo/Naturalismo (1881); Parnasianismo (1881-1893); Simbolismo (1893-1902); Pré-Modernismo (1902-1922); Modernismo (1922-1945); Pós-Modernismo (1945-1970); Contemporaneidade (1970-2000)... até os dias de hoje.

A obra de Fernando Pessoa se situa no Modernismo português.

53

# Enem e vestibulares

Para resolver as questões a seguir, leia o texto.

---

**COTIDIANO**

## Poemas de Homero, "Ilíada" e "Odisseia" continuam a influenciar a cultura pop

Público consome esquemas dos argumentos de sagas gregas por meio das séries como "Game of Thrones"

Os poemas épicos gregos "Ilíada" e "Odisseia", atribuídos a Homero (século 8 a.C.), servem de modelo às sagas que se seguiram e hoje compõem a base da vida civilizada. Antes do Novo Testamento, "Senhor dos Anéis" e "Game of Thrones", lá estão eles. Se as colunas do Pártenon em Atenas se despedaçaram, os versos das epopeias homéricas resistem firmes e pulsantes. Eles ainda fazem e produzem sentido.

Mesmo sem saber, o público de cultura *pop* consome esquemas dos argumentos das sagas gregas por meio das séries de *streaming* e canais pagos, como "Game of Thrones", nos romances seriados de autores de pecados literários seriais, nas histórias em quadrinhos e as superproduções cinematográficas com seus super-heróis ou a nova genealogia dos guerreiros *hipsters*, iniciada por Brad Pitt no papel de Aquiles em "Troia" (2004).

A moda (ou virou hábito?) alcança o teatro, gênero restrito a um tempo e a um local que vem levando ao palco a "Odisseia". Um exemplo é a Cia. Hiato, que completou dez anos representando sua adaptação. A prova do apelo popular é a constante edição de traduções dos textos homéricos. Em língua portuguesa, as duas obras são vertidas desde o Renascimento de forma indireta, especialmente do francês. [...]

O que explica a permanência das duas obras? A resposta rende teses. Basta afirmar que os homens vivos as leem, assim como elas espelham e transfiguram o que se passa agora, filtradas por inúmeras interpretações, leituras e versões. Em cultura, os mortos valem tanto quanto os vivos. Por isso, a fome de narrativas ultrapassa as noções fixas de tempo.

Da mesma forma, a vida diária não envolve apenas entretenimento, mas um acervo de discursos que norteia as ações humanas. Ele aponta tanto para o que aconteceu como o que virá, apesar das mudanças e perturbações que têm regido o chamado progresso da civilização.

As sagas homéricas fornecem uma régua lógica, mítica e ética para um mundo tão ou mais precário que o dos tempos remotos. Acima de tudo, elas contam grandes histórias enquanto ensinam a narrá-las.

GIRON, Luís Antônio. Poemas de Homero, 'Ilíada' e 'Odisseia' continuam a influenciar a cultura pop. *Folha de S.Paulo*, São Paulo, 2 dez.2018. Disponível em: https://www1.folha.uol.com.br/ilustrada/2018/12/poemas-de-homero-iliada-e-odisseia-continuam-a--influenciar-a-cultura-pop.shtml. Acesso em: 14 out. 2021.

---

**1.** Todas as afirmativas abaixo podem ser confirmadas pelo texto, **exceto**:
a) Uma das provas de que os textos de Homero continuam atuais são suas reedições.
b) O público costuma consumir obras da cultura *pop* que têm o mesmo molde das sagas gregas.
c) Na vida diária, o entretenimento representa a principal atividade das ações humanas.
d) As epopeias de Homero são mais resistentes que edificações gregas antigas.
e) "Ilíada" e "Odisseia" são predecessoras de obras como "O Senhor dos Anéis" e "Game of Thrones".

**2.** Releia o trecho e explique o significado da expressão grifada: "nos romances seriados de autores de **pecados literários seriais**...".

**3.** Releia o último parágrafo do texto e responda: Segundo o autor, o que faz com que as epopeias escritas por Homero permaneçam atuais?

**4. (ENEM)** Leia:

**Gênero dramático** é aquele em que o artista usa como intermediária entre si e o público a representação. A palavra vem do grego *drao* (fazer) e quer dizer ação. A peça teatral é, pois, uma composição literária destinada à apresentação por atores em um palco, atuando e dialogando entre si. O texto dramático é complementado pela atuação dos atores no espetáculo teatral e possui uma estrutura específica, caracterizada: 1) pela presença de personagens que devem estar ligados com lógica uns aos outros e à ação; 2) pela ação dramática (trama, enredo), que é o conjunto de atos dramáticos, maneiras de ser e de agir das personagens encadeadas à unidade do efeito e segundo uma ordem composta de exposição, conflito, complicação, clímax e desfecho; 3) pela situação ou ambiente, que é o conjunto de circunstâncias físicas, sociais, espirituais em que se situa a ação; 4) pelo tema, ou seja, a ideia que o autor (dramaturgo) deseja expor, ou sua interpretação real por meio da representação.

COUTINHO, A. *Notas de teoria literária*. Rio de Janeiro: Civilização Brasileira, 1973 (adaptado).

Considerando o texto e analisando os elementos que constituem um espetáculo teatral, conclui-se que:

**a)** a criação do espetáculo teatral apresenta-se como um fenômeno de ordem individual, pois não é possível sua concepção de forma coletiva.

**b)** o cenário onde se desenrola a ação cênica é concebido e construído pelo cenógrafo de modo autônomo e independente do tema da peça e do trabalho interpretativo dos atores.

**c)** o texto cênico pode originar-se dos mais variados gêneros textuais, como contos, lendas, romances, poesias, crônicas, notícias, imagens e fragmentos textuais, entre outros.

**d)** o corpo do ator na cena tem pouca importância na comunicação teatral, visto que o mais importante é a expressão verbal, base da comunicação cênica em toda a trajetória do teatro até os dias atuais.

**e)** a iluminação e o som de um espetáculo cênico independem do processo de produção/recepção do espetáculo teatral, já que se trata de linguagens artísticas diferentes, agregadas posteriormente à cena teatral.

**5. (ENEM)** Leia:

**Texto 1**

"Mulher, Irmã, escuta-me: não ames,

Quando a teus pés um homem terno e curvo

jurar amor, chorar pranto de sangue,

Não creias, não, mulher: ele te engana!

As lágrimas são gotas da mentira

E o juramento manto da perfídia."

(Joaquim Manoel de Macedo)

**Texto 2**

"Teresa, se algum sujeito bancar o

sentimental em cima de você

E te jurar uma paixão do tamanho de um

bonde

Se ele chorar

Se ele ajoelhar

Se ele se rasgar todo

Não acredite não Teresa

É lágrima de cinema

É tapeação

Mentira CAI FORA"

(Manuel Bandeira)

Os autores, ao fazerem alusão às imagens da lágrima sugerem que:

**a)** há um tratamento idealizado da relação homem/mulher.

**b)** há um tratamento realista da relação homem/mulher.

**c)** a relação familiar é idealizada.

**d)** a mulher é superior ao homem.

**e)** a mulher é igual ao homem.

**6.** Identifique a alternativa que apresenta característica do gênero lírico.

**a)** Ações extraordinárias.

**b)** Encenação e diálogos.

**c)** Subjetividade e emoção.

**d)** Heroísmo dos personagens.

## CAPÍTULO 5

# TROVADORISMO: O AMOR ENTRA EM CENA

Biblioteca da Universidade de Heidelberg/Foto: Prisma/Album/Easypix Brasil

Rudiger e Johannes Manesse. *Iluminura medieval*, meados do século XIII. 35,5 cm × 25 cm. Presente no Codex Manesse, fol. 82v. Representa um cavaleiro medieval despedindo-se de sua senhora.

### Roda de conversa

1. Comente a cena. Que impressões ela lhe causa?

2. É possível descrever o sentimento que envolve as figuras retratadas? Explique.

3. Faça uma relação entre a imagem e o tema do capítulo.

### ▶ Para você...

**... ler**
- *A história de amor entre Fernando e Isaura* (inspirada na lenda de Tristão e Isolda), Ariano Suassuna.

**... assistir**
- *Rei Arthur*. Direção: Antoine Fuqua. Estados Unidos, 2004.
- *Romance*. Direção: Guel Arraes. Brasil, 2008.
- *As aventuras de Merlin* (série). Criação: J. Jones, J. Michie, J. Capps, J. Murphy. Inglaterra, 2008.

### ▶ O que você vai...

**... fruir**
- *Se eu não a tenho, ela me tem*, Arnaut Daniel (tradução-recriação de Augusto de Campos).
- *O fim da canção – Tristão e Isolda*, Edmund Blair (pintura).
- *História da literatura de cordel*, José Antônio dos Santos.
- *A ribeirinha* ou *Cantiga de guarvaia*, Paio Soares de Taveirós.
- *Ai flores, ai flores*, Dom Dinis.
- *Proençais soen*, Dom Dinis.

**... aprender**
- As cantigas trovadorescas em Portugal: classificação.
- Influências da poesia trovadoresca na literatura brasileira.
- Cantigas de amor.
- Cantigas de amigo (a cantiga de amigo paralelística).
- Cantigas satíricas.

**... criar**
- *Playlist* comentada.
- Meme.

56

## TEXTO 1

- Você já leu romances de cavalaria? Já assistiu a filmes ou séries ambientados na Idade Média, em que os personagens eram cavaleiros, reis, rainhas, príncipes e princesas que se amavam?
- De quais você mais gostou? Por quê?

As **cantigas provençais** surgiram no século XII, na região da Provença, sul da França. Leia o trecho de uma cantiga provençal dessa época, do trovador Arnaut Daniel. Ela foi traduzida e recriada pelo poeta Augusto de Campos no século XX.

### Se eu não a tenho, ela me tem

Se eu não a tenho, ela me tem
o tempo todo preso, Amor,
e tolo e sábio, alegre e triste,
eu sofro e não dou o troco.
É indefeso quem ama.
Amor comanda
à escravidão mais branda
e assim me rendo,
sofrendo,
à dura lida
que me é deferida.
Se calo, é porque mais convém
calar, em mim, o meu calor.
A língua hesita, o corpo existe
e, doendo, acha pouco,
sofre mas não reclama.
A sombra vã da
memória me demanda
e eu me surpreendo
mexendo
nesta ferida
sempre revolvida.

CAMPOS, Augusto de. *Mais provençais* – Arnaut Daniel/Raimbaut D'Aurenga. São Paulo: Companhia das Letras, 1987. p. 79.

Filipe Rocha

### Quem é o autor?

**Arnaut Daniel** de Ribérac nasceu em Périgord (França) entre 1150-1160 e foi um trovador muito conhecido pelo seu estilo de poesia trovadoresca, chamado *trobar clus*. Foram conservadas 18 composições suas, duas delas com música, tratando quase sempre de temas amorosos. Atribui-se a ele a criação da *sextina* (canção com estrofes de seis versos). Foi chamado por Dante (o autor da *Divina Comédia*) de "o melhor criador" e, por Petrarca, de "o melhor entre todos". No século XX, redescoberto por Ezra Pound, o interesse por sua obra foi retomado. No Brasil, o poeta Augusto de Campos o traduziu.

### Quem é o tradutor?

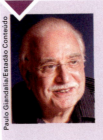

Paulo Giandalia/Estadão Conteúdo

**Augusto** Luís Browne **de Campos**, poeta, ensaísta, tradutor e autor de estudos sobre a poesia provençal, nasceu em São Paulo (SP) em 1931. É um dos criadores do Concretismo no Brasil, com o irmão, Haroldo de Campos, e Décio Pignatari. Em 1952, eles lançaram a revista *Noigandres*, palavra tirada de uma cantiga de Arnaut Daniel que significa "perfume para afugentar o tédio". Entre suas obras, estão as autorais *Viva Vaia, Despoesia, Teoria da poesia concreta* e *O anticrítico*, e as traduções de Mallarmé, Joyce, Maiakovski, Pound, Raimbaut d'Aurenga e Arnaut Daniel (esses dois últimos no livro *Mais provençais*, de 1987).

1. Que alternativa **não** se relaciona à cantiga? Explique.

    a) Eu lírico masculino.

    b) Submissão do amado.

    c) Amor inatingível.

    d) Aceitação do sofrimento.

    e) Consumação do amor.

2. Explique o verso:

    Se eu não a tenho, ela me tem

    o tempo todo preso, Amor, [...]

3. Que sentimento o eu lírico expressa nestes versos:

    [...] e, doendo, acha pouco,

    sofre mas não reclama. [...]

    [...] e eu me surpreendo

    mexendo

    nesta ferida

    sempre revolvida.

4. Leia os versos:

    [...] **Amor comanda**

    **à escravidão mais branda**

    e assim me rendo,

    sofrendo,

    à dura lida

    que me é deferida. [...]

    a) Explique o efeito de sentido provocado pelo recurso da personificação.

    b) Que palavra desses versos resume melhor a ideia de submissão amorosa?

5. Leia:

    É indefeso quem ama.

    • Faça um comentário a respeito desse verso baseando-se em sua vivência.

6. Leia os versos e observe as palavras destacadas.

    Se eu não a tenho, ela me tem

    o tempo todo preso, Amor,

    e **tolo** e **sábio**, **alegre** e **triste**,

    eu **sofro** e não dou o **troco**.

    a) Explique: Por que o poeta usou o recurso da antítese nos versos acima?

    b) O que sugere o verso "eu **sofro** e não dou o **troco**"?

    c) A palavra **Amor** foi grafada com letra inicial maiúscula. Como você interpreta isso?

7. Observe a imagem a seguir e a respectiva legenda.

Edmund Blair Leighton. *O fim da canção* – Tristão e Isolda, 1902. Óleo sobre tela, 1,28 m × 1,47 m.

- Que relação pode-se fazer entre a imagem, o título, a legenda, a cantiga que você leu e o tema deste capítulo?

8. Descreva a cena. Que sensações ela lhe causa? É possível descrever o sentimento que envolve o casal? Explique.

9. Pelo espaço e as roupas dos personagens, você é capaz de determinar a época da cena retratada e a condição social deles?

## As cantigas trovadorescas em Portugal: classificação

Em Portugal, as cantigas trovadorescas são classificadas em cantigas **líricas** (cantigas de amor e de amigo) e cantigas **satíricas** (cantigas de escárnio e de maldizer). Cada cantiga tinha sua pauta musical. Além de cantada ou entoada, era também instrumentada. Os instrumentos eram de corda, de sopro e de percussão: viola (o mais comum), órgão, cítara, harpa, sanfona (sinfonia), alaúde, flauta, trompa, tambor, pandeiro, gaita, entre outros.

## TEXTO 2

- Você sabe o que é **literatura de cordel** e suas características?
- Sabia que essa forma de expressão artística foi influenciada pela literatura medieval e se originou no **Trovadorismo**?

Leia o texto a seguir.

### História da literatura de cordel

[...]
Na Europa Medieval
Surgiram os menestréis
Por serem bons trovadores
Às musas eram fiéis
E prendiam seus livrinhos
Pendurados em cordéis.

Pois a palavra cordel
Significa cordão
Onde o Cordel era exposto
No meio da multidão
O trovador andarilho
Fazia declamação.

E o povo sempre gostava
De poemas de bravezas
Contando muitas histórias
De encantadas princesas
Também de príncipes valentes
E suas grandes proezas.

Na Europa Medieval
Juntava-se a multidão
De pessoas que saíam
Para a peregrinação
Rumo aos lugares santos
Com fé e com devoção.

De Provença, sul da França,
Iam pra Jerusalém.
Da Lombardia pra Roma
Saíam dizendo: Amém!
E o terceiro lugar
Agora cito também.

Saíam lá da Galícia
Rezando no breviário
E lá da Península Ibérica
Para o grande santuário
Santiago de Compostela
Seguindo o itinerário.

O bom poeta andarilho
Do povo seguia a pista
E funcionava como
Verdadeiro jornalista.
Seus poemas de aventuras
Cantava como um artista.

Eis a origem da nossa
Poesia Popular [...]

SANTOS, José Antônio dos. *História da literatura de cordel*. Fortaleza: Tupynanquim, 2007. p. 2-3.

### Quem é o autor?

**José Antônio dos Santos**, nascido em 1956 em Moita Bonita, interior de Sergipe, faz literatura de cordel desde a juventude e tem mais de 700 títulos publicados. Versa sobre quase tudo: amor, política, problemas sociais, religião etc.

Capítulo 5 — Trovadorismo: o amor entra em cena

1. A que se referem os seguintes versos de *História da literatura de cordel*?

   a) "Na Europa Medieval / Surgiram os menestréis / Por serem bons trovadores / Às musas eram fiéis."

   b) "Na Europa Medieval
   Juntava-se a multidão
   De pessoas que saíam
   Para a peregrinação
   Rumo aos lugares santos
   Com fé e com devoção.
   [...]
   Saíam dizendo: Amém!
   [...]
   Rezando no breviário
   E lá da Península Ibérica
   Para o grande santuário
   Santiago de Compostela
   Seguindo o itinerário".

   c) "Contando muitas histórias / De encantadas princesas / Também de príncipes valentes / E suas grandes proezas."

   d) "Eis a origem da nossa / Poesia Popular."

   • e) "O bom poeta andarilho / Do povo seguia a pista / E funcionava como / Verdadeiro jornalista."

### Influências da poesia trovadoresca na literatura brasileira

A poesia trovadoresca exerceu e exerce forte influência na literatura brasileira, em obras de cordel (como a de Patativa do Assaré e José Limeira); em obras de Ariano Suassuna e João Cabral de Melo Neto; na poesia de Bráulio Bessa (com grande visibilidade na TV e redes sociais); nos desafios e batalhas de rimas, entre poetas de *rap*, nas grandes periferias urbanas; e na música popular brasileira, por exemplo.

Homenageado durante o Carnaval de Recife, Ariano Suassuna foi a Olinda marcar presença no encontro dos maracatus rurais. Olinda, PE, 2006.

## TEXTO 3

- Qual teria sido a cantiga mais antiga da Língua Portuguesa?
- Do que ou de quem ela falaria?

Leia a **cantiga** a seguir.

### A ribeirinha ou Cantiga da guarvaia

| | |
|---|---|
| No mundo **non me sei parelha**, | Não conheço ninguém igual a mim |
| **mentre me for'como me vai**, | enquanto (as coisas) estiverem como estão |
| ca já **moiro** por vós – e ai | morro |
| **mia senhor branca e vermelha**, | minha senhora clara, de faces coradas |
| queredes que vos **retraia** | descreva, retrate |
| quando vos eu vi **en saia**! | na intimidade |
| **Mao** dia me levantei, | Mau, infeliz |
| **que vos enton non vi fea**! | que então vos vi bela (não feia) |
| | |
| E, mia senhor, **dês quel di**, ai! | Desde aquele dia |
| **me foi a mi muin mal**, | foi muito mal/ruim para mim |
| e vós, filha de **don Paai** | Dom Paio |
| **Moniz**, e bem vos **semelha** | Muniz / parece |
| **d'aver** eu por vós **guarvaia**, | possuir / manto (roupa luxuosa da corte) |
| pois eu, mia senhor, **d'alfaia** | de um presente |
| nunca de vós **houve nen ei** | tive nem terei |
| valía d'ũa **correa**. | tira de couro (objeto sem valor) |

TAVEIRÓS, Paio Soares de. A ribeirinha. *In*: LINS, Álvaro; HOLLANDA, Aurélio Buarque de. *Roteiro literário de Portugal e do Brasil:* antologia da Língua Portuguesa. 2. ed. Rio de Janeiro: Civilização Brasileira, 1966. v. 1.

### Quem é o autor?

**Paio Soares de Taveirós** nasceu, provavelmente, na primeira metade do século XII, e não se sabe onde faleceu. De uma família da pequena nobreza da Galiza (ou Galícia, hoje território espanhol), é considerado um dos mais antigos trovadores da língua galaico-portuguesa (que deu origem ao português).

1. A palavra **guarvaia** ou **garvaia** é um arcaísmo, uma palavra em desuso, que nomeia um luxuoso manto de lã. O que o uso dessa vestimenta e outras informações da cantiga revelam a respeito da amada?

2. Como o eu lírico se sente?

3. Releia:

   | | |
   |---|---|
   | **Mao** dia me levantei, | Mau, infeliz |
   | **que vos enton non vi fea**! | que então vos vi bela (não feia) |
   | E, mia senhor, **dês quel di**, ai! | Desde aquele dia |
   | **me foi a mi muin mal**, | foi muito mal/ruim para mim |

   O que esses versos expressam?

4. Que alternativa **não** se relaciona a essa cantiga?
   a) Eu lírico masculino.
   b) Submissão do amado.
   c) Amor inatingível.
   d) Aceitação do sofrimento.
   e) Amor carnal.

5. Todas as alternativas interpretam adequadamente a cantiga acima, exceto:
   a) O nome da amada não é revelado pelo eu lírico.
   b) A dama é identificada por suas características físicas.
   c) A cantiga é composta em redondilhas maiores.
   d) A temática da cantiga é a saudade.

6. Em sua opinião, ainda há relações amorosas como essa? Explique.

### Cantigas de amor

As cantigas de amor têm as características formais e temáticas descritas a seguir.

- Eu lírico masculino.
- Sensualidade contida.
- Impossibilidade da consumação do amor físico.
- Idealização da mulher, elevada à perfeição.
- Presença de um modelo a ser seguido.
- Vassalagem amorosa (amor cortês) própria do sistema feudal.

Filipe Rocha

## TEXTO 4

- Como seriam as cantigas de amigo no Trovadorismo? Em que aspectos elas seriam diferentes das cantigas de amor?

Leia esta **cantiga de amigo** escrita por um rei-trovador.

### Ai flores, ai flores do verde pino

– Ai flores, ai flores do verde **pino**,
**se sabedes novas do meu amigo**?
Ai Deus, **e u é**?

Ai flores, ai flores do verde ramo,
se sabedes novas do meu amado?
Ai Deus, e u é?

Se sabedes novas do meu amigo,
**aquel** que mentiu do que pôs conmigo?
Ai Deus, e u é?

Se sabedes novas do meu amado,
aquel que mentiu do que mi há jurado?
Ai Deus, e u é?

– Vós me **preguntades polo** voss'amigo
e eu bem vos digo que é san'e vivo,
Ai Deus, e u é?

– Vós me preguntades polo voss' amado
e eu bem vos digo que é viv'e sano.
Ai Deus, e u é?

– E eu bem vos digo que é san'e vivo
e **será vosco ant'o prazo saído**.
Ai Deus, e u é?

– E eu bem vos digo que é viv'e sano
e será vosc[o] ant'o prazo passado.
Ai Deus, e u é?

DOM DINIS. Ai flores, ai flores do verde pino. *In:* CANTIGAS MEDIEVAIS GALEGO-PORTUGUESAS. Lisboa, c2011-2012. Disponível em: https://cantigas.fcsh.unl.pt/cantiga.asp?cdcant=592&tr=4&pv=sim. Acesso em: 5 ago. 2021.

**Pino:** pinho, pinheiro.
**"Se sabedes novas do meu amigo":** se sabeis notícias do meu namorado.
**"E u é":** onde ele está.
**Aquel:** aquele.
**"Preguntades polo":** perguntastes pelo.
**"Será vosco ant'o prazo saído":** estará convosco antes do prazo/tempo determinado.

### Quem é o autor?

**Dom Dinis I** (1261-1325) nasceu provavelmente em Lisboa e morreu em Santarém. Foi o sexto rei de Portugal e ficou conhecido como o "Rei-Trovador" por suas várias cantigas de amor e de amigo. Por ser um dos primeiros reis letrados, contribuiu muito para a cultura poética galego-portuguesa.

1. Quem é o eu lírico e com quem dialoga?

2. Explique o diálogo.

3. Identifique a alternativa que **não** caracteriza a cantiga de D. Dinis.

    a) O eu lírico é feminino.
    b) O eu lírico é masculino.
    c) O eu lírico pede notícias de seu amigo.
    d) O eu lírico expressa ansiedade.
    e) A natureza é personificada.

4. O que expressa o refrão "Ai Deus, e u é", que se repete em todas as estrofes?

5. Os primeiros versos das estrofes se repetem, mas as últimas palavras mudam:

    "pino"/"ramo"; "amigo"/"amado"; "e será vosco ant'o prazo saído"/ "será vosc[o] ant'o prazo passado"

    • Qual é o efeito de sentido provocado por esse recurso poético?

### Cantigas de amigo

As cantigas de amigo são originárias da Península Ibérica. Apesar de mais antigas que as cantigas de amor, só foram registradas depois. Conheça a seguir suas características formais e temáticas.

- Poesia de caráter mais popular.
- O ambiente não é mais a corte, mas a zona rural.
- Autoria masculina, mas o eu lírico é feminino (uma camponesa de hábitos simples).
- O eu lírico se dirige ora à mãe, ora à irmã, ora a algum elemento personificado da natureza, ora a si mesmo, para se queixar da ausência de alguém amado.
- As cantigas seguem um modelo, mas são mais variadas quanto à forma e ao tema em relação às cantigas de amor.
- Temas predominantes: conflitos vivenciados pelo eu lírico (feminino) por causa da ausência do amado que partiu para a guerra, para uma peregrinação ou viagem marítima.
- O eu lírico refere-se ao amado (forma de tratamento) como amigo ("amico").

Quanto à forma, uma das classificações das cantigas de amigo é chamada de **paralelística**. Ela ocorre quando a mesma ideia, um pouco alterada, se repete em estrofes de dois versos, em número par, seguidas de um refrão (fórmula vocal ou instrumental que, regularmente, se repete em uma composição).

Bianca Lana

## TEXTO 5

- O que seriam cantigas satíricas ou cantigas de escárnio e maldizer?
- Se você fosse fazer um texto satírico nos tempos atuais, quem ou o que criticaria? Como?

Leia a **cantiga** a seguir.

### Proençais soen

**Proençais soen:** provençais (poetas) sabem.
**Na tan gran coita:** na tão grande dor.
**Frol sazon:** estação das flores.
**Van e no:** vão e no.
**Color:** cor, coloração.
**Oj:** hoje.

**Proençais soen** mui ben trobar
e dizen êles que é con amor,
mais os que troban no tempo da flor
e non en outro, sei eu bem que non
**na tan gran coita** no seu coraçon
qual m'eu por mia senhor vejo levar.

Pero que troban e saben loar
Sas senhores o mais e o melhor
que eles poden, são sabedor
que os que troban quand'a **frol sazon**
á, e non ante, se Deus mi perdon,
non an tal coita qual eu ei sen par.

Ca os que troban e que s'alegrar
**van e no** tempo que ten a **color**
a frol consigu' e, tanto que se fôr
aquel tempo, logu' en trobar razon
non an, non viven en qual perdiçon
**oj** eu vivo, que pois m'á de matar.

DOM DINIS. Cantiga. *In*: LINS, Álvaro; FERREIRA, Aurélio Buarque de H. *Roteiro literário de Portugal e do Brasil*: antologia da língua portuguesa. 2. ed. Rio de Janeiro: Civilização Brasileira, 1966. v. 1.

1. A quem o eu lírico se dirige na cantiga? Essa sátira é direta ou genérica?
2. Qual é o motivo da sátira?
3. Você conhece canções e outras manifestações artísticas com temática semelhante à dessa cantiga? Explique.
4. Essa cantiga é metalinguística. Explique essa afirmação.
5. Que oposição o eu lírico estabelece entre sua criação poética e a dos trovadores provençais em geral?

### Cantigas satíricas

As cantigas satíricas são classificadas em cantigas de **escárnio** e cantigas de **maldizer**. Elas criticavam o clero, os vilões, a decadência de alguns nobres, os costumes, a covardia e o adultério, entre outros temas. Por meio dessas cantigas, podemos conhecer um pouco da vida social e política da época.

# Oficina de criação
**Texto escrito**

▶ *Playlist comentada*

Você e os colegas do grupo vão produzir uma *playlist* comentada sobre o seguinte tema: "Nossas dez canções de amor". Preparem-se para a atividade pesquisando, na internet, exemplos de *playlists* comentadas.

## Pesquisa

A turma formará grupos. Com seus grupos, segundo o que vocês leram e aprenderam neste capítulo, pesquisem e comparem letras de canções contemporâneas que tenham marcas de cantigas de amor ou de amigo, semelhantes às que leram, e identifiquem as semelhanças: eu lírico feminino ou masculino; vassalagem amorosa; saudade da pessoa amada ausente; diferença de posição social entre o eu lírico e a pessoa amada; amor inatingível; aceitação do sofrimento etc.

## Curadoria e produção

1. Cada componente do grupo deve escolher suas canções preferidas, de acordo com a pesquisa feita.

2. Reúnam todas as canções selecionadas para escolher, de comum acordo, as dez canções que irão compor a *playlist* do grupo.

3. Façam uma *playlist* por escrito, com a classificação das dez escolhidas (do 1º ao 10º lugar).

4. Registrem o título de cada canção, o nome do compositor e do intérprete e o contexto histórico em que ela foi produzida.

5. Façam comentários sobre cada canção selecionada. Esses comentários podem ser a respeito das características de cantigas trovadorescas de amor e de amigo encontradas nas letras de canção contemporâneas selecionadas; relatos de lembranças, de curiosidades; avaliações, pequenos depoimentos, apreciações. Se quiserem, façam também dedicatórias (oferecimento da canção para alguém especial).

# Gravação, montagem e compartilhamento

1. Antes da gravação, preparem um roteiro da ordem em que as canções serão tocadas, com as apresentações, os títulos, os compositores, intérpretes e os comentários sobre cada uma. Esse roteiro servirá de guia para a gravação.

2. Elejam colegas para fazer a locução dos comentários a respeito de cada música escolhida.

3. Baixem as canções sobre o amor selecionadas.

4. Gravem os comentários sobre cada canção da *playlist* com uma ferramenta de gravação de voz.

5. Usem um editor de áudio gratuito e organizem, linearmente, cada canção na faixa de áudio, seguida de seu comentário, para montar assim o *podcast* com a *playlist* comentada, que será chamada de "Nossas dez canções de amor".

6. Exportem o resultado para os computadores da escola (caso o *podcast* vá circular apenas na escola) ou, com a concordância do professor, para uma rede social ou um aplicativo de *streaming*.

## Avaliação

Avaliem o trabalho segundo os aspectos a seguir.

1. A curadoria foi bem-feita? As canções escolhidas estão adequadas à proposta?

2. A seleção, organização, apresentação e os comentários (textos escritos e locuções) sobre as canções agradaram a todos? Há detalhes a serem corrigidos?

3. Todos participaram das atividades em todas as etapas do trabalho?

▶ *Meme* **(pesquisa/curadoria/compartilhamento)**

Antes de iniciar a produção do seu *meme*, pesquise e leia vários *memes* e preste atenção nos recursos que foram utilizados para produzir humor. Em primeiro lugar, a relação entre a imagem e o texto verbal é de complementaridade, não se entende uma sem o outro. Uma parte do que se pretende expressar é compreendida apenas pela leitura conjunta de texto e imagem.

1. Forme dupla com um colega e, juntos, criem um *meme* satirizando alguma situação social contemporânea.

2. Vocês devem, primeiro, fazer uma curadoria, ou seja, pesquisar e escolher, nas mídias, uma imagem e um verso de *rap* (ou de poema/letra de canção satíricos) que dialoguem com o fato a ser criticado.

3. Utilizem um aplicativo de produção de *meme* ou façam colagens.

4. Após a avaliação do professor e dos colegas, compartilhem o *meme* nas redes sociais da escola.

Capítulo 5   Trovadorismo: o amor entra em cena

# Enem e vestibulares

1. **(ESPM)** O *amor cortês* é um conjunto de comportamentos para exaltar o amor praticado desde a época dos trovadores medievais europeus. Essa devoção masculina por uma figura feminina inacessível foi uma atitude constante. A opção cujos versos confirmam o exposto é:

a) "Eras na vida a pomba predileta [...] / Eras o idílio de um amor sublime. / Eras a glória, - a inspiração, - a pátria, / O porvir de teu pai!" (Fagundes Varela)

b) "Carnais, sejam carnais tantos desejos, / Carnais sejam carnais tantos anseios, / Palpitações e frêmitos e enleios / Das harpas da emoção tantos arpejos..." (Cruz e Sousa)

c) "Quando em meu peito rebentar-se a fibra, / Que o espírito enlaça à dor vivente, / Não derramem por mim nenhuma lágrima / Em pálpebra demente." (Álvares de Azevedo)

d) "Em teu louvor, Senhora, estes meus versos / E a minha Alma aos teus pés para cantar-te, / E os meus olhos mortais, em dor imersos, / Para seguir-lhe o vulto em toda a parte." (Alphonsus de Guimaraens)

e) "Que pode uma criatura senão, / entre criaturas, amar? / amar e esquecer / amar e malamar, / amar, desamar, amar?" (Carlos Drummond de Andrade)

2. **(UNIFESP)** Leia:

### Senhor feudal

> Se Pedro Segundo
> Vier aqui
> Com história
> Eu boto ele na cadeia.

(Oswald de Andrade)

O título do poema de Oswald remete o leitor à Idade Média. Nele, assim como nas cantigas de amor, a ideia de poder retoma o conceito de:

a) fé religiosa.

b) relação de vassalagem.

c) idealização do amor.

d) saudade de um ente distante.

e) igualdade entre as pessoas.

3. **(UEG)** Leia:

> Senhora, que bem pareceis!
> Se de mim vos recordásseis
> que do mal que me fazeis
> me fizésseis correção,

> quem dera, senhora, então
> que eu vos visse e agradasse.

> Ó formosura sem falha
> que nunca um homem viu tanto
> para o meu mal e meu quebranto!
> Senhora, que Deus vos valha!
> Por quanto tenho penado
> seja eu recompensado
> vendo-vos só um instante.

> De vossa grande beleza
> da qual esperei um dia
> grande bem e alegria,
> só me vem mal e tristeza.
> Sendo-me a mágoa sobeja,
> deixai que ao menos vos veja
> no ano, o espaço de um dia.

(Rei D. DINIS. CORREIA, Natália. "Cantares dos trovadores galego-portugueses". Seleção, introdução, notas e adaptação de Natália Correia. 2. ed. Lisboa: Estampa, 1978. p. 253).

### Quem te viu, quem te vê

> Você era a mais bonita das cabrochas dessa ala
> Você era a favorita onde eu era mestre-sala
> Hoje a gente nem se fala, mas a festa continua
> Suas noites são de gala, nosso samba ainda é na rua

> Hoje o samba saiu procurando você
> Quem te viu, quem te vê
> Quem não a conhece não pode mais ver pra crer
> Quem jamais a esquece não pode reconhecer
> [...]

(Chico Buarque)

A cantiga do rei D. Dinis, adaptada por Natália Correia, e a canção de Chico Buarque de Holanda expressam a seguinte característica trovadoresca:

a) a vassalagem do trovador diante da mulher amada que se encontra distante.

b) a idealização da mulher como símbolo de um amor profundo e universal.

c) a personificação do samba como um ser que busca a plenitude amorosa.

d) a possibilidade de realização afetiva do trovador em razão de estar próximo da pessoa amada.

# CAPÍTULO 6

# HUMANISMO: O SER HUMANO EM FOCO

DA VINCI, Leonardo. *Homem Vitruviano*, 1490. Lápis e tinta sobre papel, 34 cm × 24 cm.

## Roda de conversa

1. Que impressões estéticas o desenho *Homem Vitruviano* lhe provoca? Que detalhes mais chamaram sua atenção?

2. Pelo que você percebeu, por que essa obra simbolizaria o Humanismo? Qual teria sido a intenção de Leonardo da Vinci ao fazê-la?

### Para você...

**... ler**
- *História do Cerco de Lisboa*, José Saramago.
- *Auto da Compadecida*, Ariano Suassuna.
- *Autos e farsas*, de Gil Vicente.

**... assistir**
- *O auto da Compadecida*. Direção: Guel Arraes. Brasil, 2000.
- *Morte e vida Severina* (Animação/TV Escola). Direção: Afonso Serpa. Brasil, 2012.

### O que você vai...

**... fruir**
- *O cerco de Lisboa*, Fernão Lopes.
- *Cantiga sua partindo-se*, João Ruiz de Castelo Branco.
- *Auto de Mofina Mendes*, Gil Vicente.
- *Farsa de Inês Pereira*, Gil Vicente.
- *Hagar*, Chris Browne.
- *Morte e vida severina*, João Cabral de Melo Neto.

**... aprender**
- O Humanismo.
- A Poesia Palaciana.
- Auto/Farsa.
- O teatro de Gil Vicente: Humanismo × contemporaneidade.

- A palavra **humanismo**, em sentido amplo, está relacionada à solidariedade, compaixão e valorização do ser humano. Em sua opinião, a sociedade atual valoriza o ser humano? Justifique a resposta.

Leia o trecho a seguir, em que o cronista Fernão Lopes descreve uma cena passada na época da Revolução de Avis: guerra entre Portugal e Castela, no final do século XIV (1383-1385).

### TEXTO 1

### O cerco de Lisboa

[...] Andavam os moços de três e de quatro anos pedindo pão pela cidade pelo amor de Deus, como lhes ensinavam suas madres; e muitos não tinham outra cousa que lhes dar senão lágrimas que com eles choravam, que era triste cousa de ver; e se lhes davam tamanho pão como uma noz, haviam-no por grande bem.

Desfalecia o leite àquelas que tinham crianças a seus peitos, por míngua de mantimento; e vendo lazerar seus filhos a que acorrer não podiam, choravam amiúde sobre eles a morte, antes que os a morte privasse da vida; muitos esguardavam as preces alheias com chorosos olhos, por cumprir o que a piedade manda; e, não tendo de que lhes acorrer, caíam em cobrada tristeza. [...]

Ora esguardai, como se fôsseis presentes, uma tal cidade assim desconfortada e sem nenhuma certa fiúza de seu livramento, como viveriam em desvairados cuidados quem sofria ondas de tais aflições! Ó geração que depois veio, povo bem-aventurado, que não soube parte de tantos males nem foi quinhoeiro de tais padecimentos!

LOPES, Fernão. *Chronica de El-Rei D. João I*. Lisboa: Escriptório, 1897-1898. 7 v. Disponível em: https://purl.pt/416. Acesso em: 16 jan. 2021.

**Moços:** crianças.
**Madres:** mães.
**Desfalecia:** diminuía, minguava; faltava.
**Lazerar:** fazer sofrer; danificar; expiar.
**Acorrer:** socorrer.
**"Choravam amiúde sobre eles a morte, antes que os a morte privasse da vida":** choravam a morte de seus filhos mesmo antes que eles morressem.
**Esguardavam:** olhavam, observavam.
**Fiúza:** confiança.
**Quinhoeiro:** aquele que tem quinhão (pedaço) na partilha de um todo; participante.

### Quem é o autor?

**Fernão Lopes** nasceu em Lisboa, provavelmente no final do século XIV, e morreu no século XV. Era filho de uma família de camponeses. Foi guarda-mor da Torre do Tombo (o maior arquivo de registros históricos portugueses), tabelião geral do reino e cronista dos grandes reis de Portugal: D. João I, D. Duarte e do infante D. Fernando. É considerado o mais importante cronista e historiador da época do Humanismo e nomeado o "pai da História de Portugal".

1. As obras literárias trovadorescas do Medievalismo costumavam narrar fatos heroicos da vida da nobreza, cantar o amor idealizado e impossível entre cavaleiros e damas da corte, satirizar o clero e os nobres.

   a) Em que diferem os temas e personagens desse trecho da crônica de Fernão Lopes daqueles das obras trovadorescas?

   b) A escolha do tema e dos personagens revela o posicionamento social do cronista Fernão Lopes a respeito do que narra? Explique.

2. Com relação ao **narrador-observador**, só não é correto afirmar que:

   a) descreve a cena com sensibilidade e realismo.

   b) expressa tristeza e inconformismo com a situação.

   c) demonstra imparcialidade em relação aos fatos.

   d) denuncia a situação miserável do povo.

   e) dirige-se às gerações futuras.

3. Pelo trecho de *O cerco de Lisboa* que você leu, é possível afirmar que a obra de Fernão Lopes tem caráter predominantemente:

   a) científico, pelo tratamento documental da matéria histórica.

   b) ficcional, com recriação de fatos reais.

   c) histórico, pela objetividade e fidelidade aos fatos.

   d) histórico-literário: pesquisa histórica e tratamento literário.

   e) literário, aproximando-se do moderno romance histórico.

4. Responda:

   a) Que sentimentos a leitura desse trecho lhe provocou?

   b) Atualmente, cenas semelhantes às descritas por Fernão Lopes são veiculadas diariamente nos meios de comunicação e são presenciadas em nosso cotidiano. Por que essas situações persistem no século XXI?

   c) Que ações os jovens podem realizar para ajudar a construir um novo "humanismo"?

### O Humanismo

Por volta do século XIV, mudanças sociais e econômicas fizeram com que novas formas de pensar e viver se desenvolvessem na Europa. Essas mudanças já vinham se configurando anos antes, até se apresentarem com novos traços no pensamento e na cultura. Uma nova mentalidade se concretizou, então, com reflexos na economia, na organização do poder e na arte em geral. Esse período, germinado na Itália (especialmente nas artes e na literatura), recebeu o nome de **Humanismo** e teve como objetivo a valorização do ser humano na sua essência mais pura, real e verdadeira. Assim, o Humanismo já continha as sementes da Idade Moderna, que, paradoxalmente, no campo cultural, buscou inspiração nos modelos da cultura clássica. Nesse período, em Portugal, destacaram-se as crônicas historiográficas de Fernão Lopes, a poética dos nobres (ou poesia palaciana), a prosa doutrinária e educativa, a novela de cavalaria e a produção teatral de Gil Vicente.

72  Capítulo 6  Humanismo: o ser humano em foco

• Qual seria o tema de uma cantiga com o título de "Cantiga sua partindo-se"?
Leia, a seguir, uma das cantigas mais conhecidas do *Cancioneiro Geral*.

**TEXTO 2**

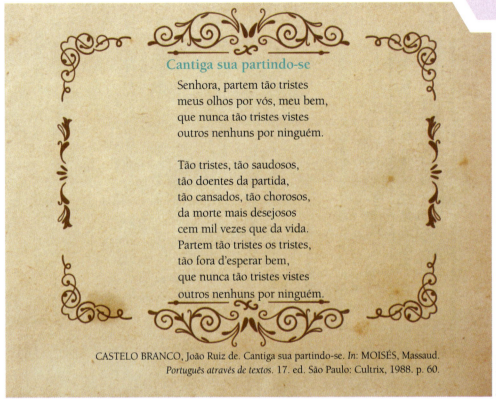

**Cantiga sua partindo-se**

Senhora, partem tão tristes
meus olhos por vós, meu bem,
que nunca tão tristes vistes
outros nenhuns por ninguém.

Tão tristes, tão saudosos,
tão doentes da partida,
tão cansados, tão chorosos,
da morte mais desejosos
cem mil vezes que da vida.
Partem tão tristes os tristes,
tão fora d'esperar bem,
que nunca tão tristes vistes
outros nenhuns por ninguém.

CASTELO BRANCO, João Ruiz de. Cantiga sua partindo-se. *In*: MOISÉS, Massaud. *Português através de textos*. 17. ed. São Paulo: Cultrix, 1988. p. 60.

1. Com relação à cantiga, todas as alternativas estão corretas, **exceto**:
   a) Uso de palavras de sentido negativo para descrever o sofrimento.
   b) Indiferença da amada pelo sofrimento do eu lírico.
   c) Semelhança com cantigas de amor trovadorescas.
   d) O discurso poético dirige-se a um destinatário ("Senhora", "meu bem").
   e) Anáfora: repetição da palavra "tão" expressando intensidade e comparação.

2. Explique os versos observando o efeito de sentido provocado pelo emprego dos seguintes recursos da linguagem figurada:
   a) Hipérbole: "**cem mil vezes** que da vida."
   b) Metonímia: "Senhora, partem tão tristes / **meus olhos** por vós, meu bem"
   c) Gradação: "Tão tristes, tão saudosos, / tão doentes da partida, / tão cansados, tão chorosos, / da morte mais desejosos"?

### A Poesia Palaciana

Ganhou esse nome porque era feita por nobres e fidalgos nos palácios da Corte portuguesa, mas ainda mantinha grande influência do Trovadorismo, a estética anterior. "Cantiga sua partindo-se" é um bom exemplo. No Humanismo português, a poesia também trata do amor-sofrimento, como no Trovadorismo, mas tem características formais e temáticas diferentes.

**Quem é o autor?**

**João Ruiz de Castelo Branco** foi poeta, militar e fidalgo da corte portuguesa. Celebrizou-se como poeta no *Cancioneiro geral*, de Garcia de Resende (1516). "Cantiga sua partindo-se" é um poema de amor possivelmente dedicado a uma dama da corte.

## TEXTO **3**

- Você já assistiu a algum **auto natalino**?
- Que características teria esse gênero dramático?

Leia, a seguir, o trecho de um auto de Gil Vicente.

### Auto de Mofina Mendes

**Pegureira:** pastora; aquela que guarda o gado.
**Ataviada:** enfeitada.
**Escarlate:** vermelha.
**Fado:** sorte.

[...]

**Paio Vaz –** Dos carneiros que ficaram,
as cabras, que se fizeram?
**Mofina –** As ovelhas recolheram,
de sarna as cabras encheram,
os carneiros se afogaram
e os cães de guarda morreram.
**Pessival –** Paio Vaz, se queres gado
manda ao diabo essa pastora.
Paga-lhe o seu, e vá embora,
e em boa hora
põe teus haveres a salvo.
**Paio Vaz –** Pois Deus quer que o
que é devido
se pague a tal **pegureira**.
Em paga desta canseira
toma este pote de azeite
e vai vendê-lo na feira.
e talvez prosperes tu,
o que eu contigo não posso.
**Mofina –** Vou-me à feira do Trancoso
logo, e em nome de Jesus,
que farei dinheiro grosso.
  Do que este azeite render
    comprarei ovos de pata,
      que é a coisa mais barata

que de lá posso trazer.
E estes ovos chocarão;
cada ovo dará um pato,
e cada pato um tostão,

que passará de um milhão
e meio, a vender barato.

Casarei rica e honrada
por estes ovos de pata,
e o dia que for casada
sairei **ataviada**
com túnica de **escarlate**.
E diante o desposado,
que me estará namorando:
virei de dentro bailando
esta forma de bailado
e esta cantiga cantando.

*(Estas coisas diz Mofina Mendes com o pote de azeite à cabeça. Andando enlevada no baile, cai-lhe o pote, e diz Paio Vaz):*

**Paio Vaz –** Agora posso dizer
e jurar, por teu azar,
que és Mofina Mendes toda.
**Pessival –** A que bailava na boda
que está ainda a sonhar,
e os patos por nascer,
e o azeite por vender,
e o noivo por achar.
E esta Mofina a bailar,
que podia acontecer?

*(Vai-se a Mofina Mendes cantando):*
**Mofina –** Por mais que o **fado** me enjeite,
pastores, não me deis guerra;
que todo o humano deleite,
como o meu pote de azeite,
há de ao fim cair por terra. [...]

VICENTE, Gil. Auto de Mofina Mendes. *In:* VICENTE, Gil. *Três autos de Gil Vicente.* Adaptação de Walmir Ayala. Rio de Janeiro: Ediouro, 1995. p. 171-173. Disponível em: http://www.dominiopublico.gov.br/download/texto/ua00114a.pdf. Acesso em: 4 fev. 2022.

Laura Barrichello

74 Capítulo 6 Humanismo: o ser humano em foco

## Auto natalino

É um texto dramático, de caráter popular, que costuma apresentar cantos e danças que tematizam o Natal e é encenado na rua ou em praça pública.

O *Auto de Mofina Mendes* (ou *Mistérios da Virgem*) abre com um sermão cômico de um frade. Em seguida, é encenada a visita do Anjo Gabriel à Nossa Senhora para anunciar sua gravidez. A Virgem Maria está acompanhada pelos personagens alegóricos: Pobreza, Humildade, Fé e Prudência. Entre a Anunciação e o nascimento de Jesus, há um ato (cujo trecho você leu) que encena a história cômica da pastora Mofina Mendes, que cuidava dos animais do pastor Paio Vaz. A jovem perde os animais, mas, mesmo assim, ele paga por seu trabalho com um pote de azeite. O desfecho retoma o tema natalino: o nascimento do Menino Jesus.

1. Releia:

    *(Estas coisas diz Mofina Mendes com o pote de azeite à cabeça. Andando enlevada no baile, cai-lhe o pote, e diz Paio Vaz):*

    *(Vai-se a Mofina Mendes cantando):*

    - Explique a função desses trechos.

2. Leia a explicação a seguir.

    **Mofina** significa "desgraça". **Mendes** significa "mesma".
    **Mofina Mendes** ou "Própria Desgraça" é a personificação do azar.

    - A passagem lida justifica o apelido da personagem?

3. Os personagens dos autos de Gil Vicente não representam indivíduos (ou seres humanos individualizados), mas tipos sociais. Nesse contexto, explique a representação social dos personagens Mofina Mendes, Paio Vaz e Pessival.

4. Na cena final deste trecho, Mofina Mendes faz uma citação de cunho filosófico:

    **Mofina –** Por mais que o fado me enjeite,
    pastores, não me deis guerra;
    que todo o humano deleite,
    como o meu pote de azeite,
    há de ao fim cair por terra. [...]

    - Qual é a finalidade dessa citação?

5. Que provérbios poderiam ilustrar a reação da personagem Mofina no final da cena?

6. Que características podem ser atribuídas à personagem Mofina pelo seu comportamento no final da cena?

## Auto

É uma composição dramática originária da Idade Média, com personagens geralmente alegóricas (como pecados, virtudes) e entidades (como santos, demônios). Caracteriza-se pela simplicidade da construção, ingenuidade da linguagem, exacerbações e intenção moralizante, podendo, contudo, comportar também elementos cômicos e jocosos.

## TEXTO 4

- Uma mulher do século XIV seria passiva e resignada ou rebelde e insatisfeita com sua condição?
- Algumas situações do cotidiano de uma mulher da Idade Média ainda estariam presentes na vida das mulheres contemporâneas?

No trecho da *Farsa de Inês Pereira* que você vai ler, Inês Pereira está trabalhando. Ela vive em uma espécie de cativeiro familiar. Está sempre em casa, costurando e bordando, enquanto sua mãe está na igreja, rezando. É uma farsa de caráter profano que muitos consideram a obra-prima de Gil Vicente.

Bianca Particheli

**Farsa de Inês Pereira**

**Lavrar:** costurar, bordar.
**"Mao he d'aturar":** mal é de aturar.
**Jesu:** Jesus.
**Enfadamento:** tédio, fadiga.
**Aviamento:** expediente, trabalho.
**Desfiados:** costura em travesseiros.
**Sam:** Sou.
**Sae:** sai.
**"Lh'eu dei":** eu lhe dei.
**Unheiro:** inflamação debaixo da unha.
**Quebranto:** feitiço, mau-olhado.
**"Mao pesar":** injúria.

[...]

**Inês** – Renego deste **lavrar**
  E do primeiro que o usou;
  O diabo qu'eu o eu dou,
  Que tão **mao he d'aturar**.
  Oh **Jesu**! que **enfadamento**,
  E que raiva e que tormento,
  Que cegueira e que canseira!
  Eu hei-de buscar maneira
  D'algum outro **aviamento**.
  Coitada, assi hei-de estar
  Encerrada nesta casa
  Como panela sem asa,
  Que sempre está num lugar?
  E assi hão-de ser logrados
  Dous dias amargurados,
  Que eu possa durar viva?
  E assim hei-de estar cativa
  Em poder de **desfiados**?

[...]

Hui! e que peccado he o meu,
Ou que dor de coração?

Esta vida he mais que morta.
**Sam** eu coruja ou corujo,
Ou sam algum caramujo
Que não **sae** senão à porta?
[...]

*Vem a Mãe, e diz:*
**Mãe** – Logo eu adivinhei
  Lá na missa onde eu estava,
  Como a minha Ines lavrava
  A tarefa que **lh'eu dei**.
  Acaba esse travesseiro!
  Hui! Nasceu-te algum **unheiro**?
  Ou cuidas que he dia sancto?
**Inês** – Praza a Deos que algum
  **quebranto**
  Me tire do cativeiro.

[...]

**Mãe** – Olhade ali o **mao pesar**!
  Como queres tu casar
  Com fama de preguiçosa?

GIL VICENTE. *Farsa de Inês Pereira*. Porto: Porto Editora, [20--]. (Coleção Clássicos da Literatura Portuguesa). Disponível em: http://cvc.instituto-camoes.pt/conhecer/biblioteca-digital-camoes/literatura-1/1056-1056/file.html. Acesso em: 4 fev. 2022.

1. Como o autor caracteriza a personagem Inês em relação à autoridade materna, considerando o contexto histórico medieval?
2. Que sentimentos Inês Pereira expressa por meio de suas falas?
3. Que diferenças podem ser percebidas quanto à representação feminina da mãe e da filha Inês Pereira?
4. A obra de Gil Vicente deu atenção também às condições sociais da mulher portuguesa da época. Pelos trechos que você leu, como o dramaturgo trata dessas questões?

### Farsa

É uma peça de teatro cômica, cuja origem remonta à Idade Média, no século XIV. Costuma ter curta duração e número reduzido de atores, com a ação centrada em fatos da vida cotidiana, às vezes irreais ou inverossímeis. Os personagens são normalmente estereotipados, como a alcoviteira, a donzela casadoura, o amante, o pai feroz, o marido traído etc. A intenção principal é a diversão cômica. No aspecto formal, é uma peça cômica em um ato, com estrutura rítmica e rimas, enredo curto, poucos atores e ação intensa, apresentando tema profano.

5. Leia a tirinha a seguir.

a) Qual é a relação entre a tirinha e a *Farsa de Inês Pereira*?
b) Considerando os conhecimentos que tem, explique: O que é feminismo? Que avanços você percebe nos direitos da mulher brasileira contemporânea? Em que a legislação ainda deve avançar?

### O teatro de Gil Vicente: Humanismo × Contemporaneidade

Cristão convicto, nem por isso Gil Vicente poupou os desacertos de seus contemporâneos ligados à Igreja, fossem padres ou fiéis. Também teve um olhar crítico para os corruptos, corruptores, agiotas, maus profissionais e uma legião de tipos ou estereótipos sociais da época. A galeria de personagens, a variedade de situações e ações exploradas, o colocam como um dos observadores mais argutos do comportamento humano. No aspecto estrutural e linguístico, o valor documental de sua obra é inestimável: constitui grande fonte de informação sobre o período. Cinco séculos depois, ela permanece atual. Caracterizada por essa grande percepção das fraquezas humanas, seja na ação individual, social ou coletiva, a influência de Gil Vicente se percebe até hoje em obras de escritores contemporâneos como: Ariano Suassuna (*Auto da Compadecida*), João Cabral de Melo Neto (*Morte e vida severina*) e Carlos Drummond de Andrade (*Todo mundo e ninguém*).

## TEXTO 5

- Como seria, séculos depois dos autos de Gil Vicente, um auto de Natal com um cenário como as terras nordestinas, no sertão pernambucano?
- Quem seriam os personagens?

Leia um trecho do auto *Morte e Vida Severina*, de João Cabral de Melo Neto.

### Morte e vida severina
*(Auto de Natal pernambucano)*

O RETIRANTE EXPLICA AO LEITOR QUEM É E A QUE VAI

— O meu nome é **Severino**,
não tenho outro de pia.
Como há muitos Severinos,
que é santo de **romaria**,
deram então de me chamar
Severino de Maria;
como há muitos Severinos
com mães chamadas Maria,
fiquei sendo o da Maria
do finado Zacarias.

Mas isso ainda diz pouco:
há muitos na **freguesia**,
por causa de um coronel
que se chamou Zacarias
e que foi o mais antigo
senhor desta **sesmaria**.
Como então dizer quem fala
ora a Vossas Senhorias?
Vejamos: é o Severino
da Maria do Zacarias,
lá da serra da Costela,
limites da Paraíba.

**Severino:** de severo; duro, áspero, ríspido.
**Romaria:** peregrinação, jornada a um local religioso.
**Freguesia:** povoação; lugar, vila.
**Sesmaria:** terra abandonada; lote, pedaço de terra para ser cultivado (por sesmeiros).

Filipe Rocha

78  Capítulo 6  Humanismo: o ser humano em foco

Mas isso ainda diz pouco:
se ao menos mais cinco havia
com nome de Severino
filhos de tantas Marias
mulheres de outros tantos,
já finados, Zacarias,
vivendo na mesma serra
magra e ossuda em que eu vivia.

Somos muitos Severinos
iguais em tudo na vida:
na mesma cabeça grande
que a custo é que se equilibra,
no mesmo ventre crescido
sobre as mesmas pernas finas,
e iguais também porque o sangue
que usamos tem pouca tinta.

E se somos Severinos
iguais em tudo na vida,
morremos de morte igual,
mesma morte severina:
que é a morte de que se morre
de velhice antes dos trinta,
de emboscada antes dos vinte,
de fome um pouco por dia
(de fraqueza e de doença
é que a morte severina
ataca em qualquer idade,
e até gente não nascida).

Somos muitos Severinos
iguais em tudo e na sina:
a de abrandar estas pedras
suando-se muito em cima,
a de tentar despertar
terra sempre mais extinta,
a de querer arrancar
algum roçado da cinza.

Mas, para que me conheçam
melhor Vossas Senhorias
e melhor possam seguir
a história de minha vida,
passo a ser o Severino
que em vossa presença emigra.
[...]

MELO NETO, João Cabral de. Morte e vida severina. In: MELO NETO, João Cabral de. *Obra completa* – Volume único. Rio de Janeiro: Nova Aguilar, 1999, p. 171-172.

## Quem é o autor?

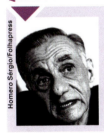

**João Cabral de Melo Neto** (1920-1999) nasceu em Recife (PE). Foi poeta, diplomata e ensaísta. Considerado um dos expoentes do Modernismo no Brasil, seu trabalho ficou conhecido quando, em 1965, o grupo Teatro da Universidade Católica (Tuca) encenou, em São Paulo, a peça *Morte e vida severina*, baseada no poema homônimo musicado por Chico Buarque. Em 1968, foi eleito para a Academia Brasileira de Letras e, em 1990, recebeu o Prêmio Camões. Algumas obras do autor são: *Pedra do sono; O engenheiro; O cão sem plumas; A educação pela pedra; Museu de tudo; A escola das facas.*

1. No contexto, quais são os sentidos do adjetivo **severina** caracterizando o substantivo **vida**?

2. Esse trecho de *Morte e vida severina* é um monólogo.

   a) O que o personagem Severino expressa nesse monólogo?

   b) A quem ele se dirige?

3. Em seu caderno, faça um quadro, relacionando, em colunas:

   a) as formas usadas por Severino para se identificar (nome, filiação, geografia, biótipo, destino/sina);

   b) a dificuldade encontrada em cada forma de identificação.

   Siga o modelo que será sugerido pelo professor.

4. Como Severino se apresenta ao leitor no final do texto?

**5.** Registre em seu caderno os elementos que **não** são constitutivos da identidade do personagem Severino.

**a)** Religião.  **c)** Espaço geográfico.  **e)** Oligarquia rural.

**b)** Educação formal.  **d)** Família.

**6.** Em sua opinião, a realidade vivida por Severino permanece ou foi alterada?

**7.** Explique a **metonímia** usada em:

> — O meu nome é Severino,
>
> não tenho outro de pia.

**8.** Qual é a forma de tratamento usada pelo personagem para se dirigir ao interlocutor? O que essa forma de tratamento revela?

**9.** Explique o uso da 1ª pessoa do singular e da 1ª pessoa do plural nesse trecho do auto. O que essas formas de tratamento revelam?

**10.** Leia agora esta cena que faz parte do mesmo auto.

[...] UMA MULHER, DA PORTA DE ONDE SAIU O HOMEM, ANUNCIA-LHE O QUE SE VERÁ

> — Compadre José, compadre,
> que na relva estais deitado:
> conversais e não sabeis
> que vosso filho é chegado?
>
> Estais aí conversando
> em vossa prosa entretida:
>
> não sabeis que vosso filho
> saltou para dentro da vida?
>
> Saltou para dento da vida
> ao dar seu primeiro grito;
> e estais aí conversando;
> pois sabei que ele é nascido. [...]

COMEÇAM A CHEGAR PESSOAS TRAZENDO PRESENTES PARA O RECÉM-NASCIDO

> — Minha pobreza tal é
> que não trago presente grande:
> trago para a mãe caranguejos
> pescados por esses mangues;
> mamando leite de lama
> conservará nosso sangue.
> — Minha pobreza tal é
> que coisa não posso ofertar:
> somente o leite que tenho
>
> para meu filho amamentar;
> aqui são todos irmãos,
> de leite, de lama, de ar.
> — Minha pobreza tal é
> que não tenho presente melhor:
> trago papel de jornal
> para lhe servir de cobertor;
> cobrindo-se assim de letras
> vai um dia ser doutor. [...]

MELO NETO, João Cabral de. Morte e vida severina. *In:* MELO NETO, João Cabral de. *Obra completa* – Volume Único. Rio de Janeiro: Nova Aguilar, 1999, p. 195-197.

**a)** Essa cena justifica o subtítulo "Auto de Natal pernambucano"? Explique.

**b)** Considerando os versos acima, qual é o posicionamento social do autor frente à situação das personagens?

# Enem e vestibulares

1. **(FUVEST)** Leia com atenção os seguintes versos de João Cabral de Melo Neto em "Morte e vida Severina":

> — E belo porque com o novo
> todo o velho contagia.
> — Belo porque corrompe
> com sangue novo a anemia.
> — Infecciona a miséria
> com vida nova e sadia.
> — Com oásis, o deserto,
> com ventos, a calmaria.

(MELO NETO, João Cabral de. *Morte e vida severina*.
*In*: "*Obra Completa*, Volume Único".
Rio de Janeiro: Nova Aguilar, 1999, p. 201.)

Que significado ou valor o poeta atribuiu, nesse trecho, aos verbos **contagiar**, **corromper** e **infeccionar**? Explique.

2. **(ENEM)** Leia:

### Das irmãs

> os meus irmãos sujando-se
> na lama
> e eis-me aqui cercada
> de alvura e enxovais
> eles se provocando e provando
> do fogo
> e eu aqui fechada
> provendo a comida
> eles se lambuzando e arrotando
> na mesa
> e eu a temperada
> servindo, contida
> os meus irmãos jogando-se
> na cama
> e eis-me afiançada
> por dote e marido

(QUEIROZ, Sonia. *O sacro ofício*. Belo Horizonte: Comunicação, 1980).

O poema de Sonia Queiroz apresenta uma voz lírica feminina que contrapõe o estilo de vida do homem ao modelo reservado à mulher. Nessa contraposição, ela conclui que:

a) A mulher deve conservar uma assepsia que a distingue de homens, que podem se jogar na lama.

b) A palavra "fogo" é uma metáfora que remete ao ato de cozinhar, tarefa destinada às mulheres.

c) A luta pela igualdade entre os gêneros depende da ascensão financeira e social das mulheres.

d) A cama, como sua "alvura e enxovais", é um símbolo da fragilidade feminina no espaço doméstico.

e) Os papéis sociais destinados aos gêneros produzem efeitos e graus de autorrealização desiguais.

3. **(UFRGS)** Leia o fragmento da canção *Funeral de um lavrador*, feita por Chico Buarque de Holanda, em 1968, a partir da obra *Morte e vida Severina* (Auto de Natal pernambucano), de João Cabral de Melo Neto.

> É uma cova grande pra tua carne pouca
> Mas a terra dada, não se abre a boca
> É a conta menor que tiraste em vida
> É a parte que te cabe neste latifúndio
> É a terra que querias ver dividida
> Estarás mais ancho que estavas no mundo
> Mas a terra dada, não se abre a boca

Considere as informações abaixo, sobre o fragmento.

I. O tema da reforma agrária, recuperado por Chico Buarque de Holanda, também está presente no Auto de João Cabral de Melo Neto.

II. A magreza do lavrador faz a cova parecer um latifúndio.

III. A morte, para o lavrador pobre, parece ser mais vantajosa do que a miséria em vida.

Quais estão corretas?

a) Apenas I.

b) Apenas II.

c) Apenas III.

d) Apenas II e III.

e) I, II e III.

4. Leia um trecho da *Farsa de Inês Pereira*.

> Quero tomar por esposo
> quem se tenha por ditoso
> de cada vez que me veja.
> Meu desejo eu retempero:
> Asno que me leve quero,
> não cavalo valentão:
> antes lebre que leão,
> antes lavrador que Nero.

VICENTE, Gil. *Farsa de Inês Pereira*. 22. ed. São Paulo: Brasiliense, 1989.

Baseando-se nessa fala de Inês Pereira, explique o ditado popular "Mais vale um asno que me carregue que cavalo que me derrube".

81

# CAPÍTULO 7
# RENASCIMENTO/CLASSICISMO: SEMENTES DO MUNDO MODERNO

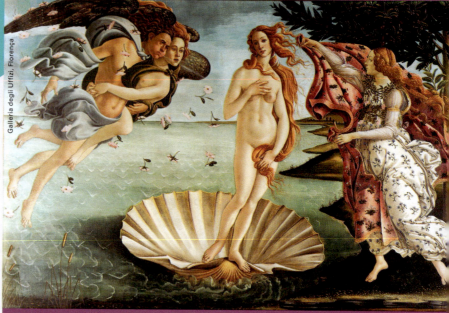

BOTTICELLI, Sandro. *O nascimento de Vênus*, 1485. Têmpera sobre tela, 172,5 cm × 278,5 cm.

## Roda de conversa

1. Que sensações esta imagem lhe causa? Descreva-a.

2. Em sua opinião, por que esta obra poderia simbolizar um "renascimento"?

3. Pela sua observação da obra *O nascimento de Vênus*, de Botticelli, imagine: qual teria sido a visão do indivíduo renascentista sobre si mesmo e sobre seu corpo?

### Para você...

**... ler**
- *Os Lusíadas em quadrinhos*, Fido Nesti.

**... ouvir**
- *Monte Castelo*, Renato Russo.
- *Comigo me desavim*, Leoni.

**... assistir**
- Documentários/TV Escola: *A Renascença e a era das descobertas* e *A Renascença e o Novo Mundo*, de A. Annenberg, 1989.

### O que você vai...

**... fruir**
- *Comigo me desavim*, Sá de Miranda.
- *Comigo me desavim*, Laerte (cartum).
- *Ao desconcerto do mundo*, Luís Vaz de Camões.
- *Soneto 11 (Amor é fogo que arde sem se ver)*, Luís Vaz de Camões.
- *Os Lusíadas* (Canto I), Luís Vaz de Camões.
- *Mar Português*, Fernando Pessoa.

**... aprender**
- O Renascimento.
- O Classicismo: o século XVI na literatura de Portugal.
- A poesia épica de Camões.
- *Os Lusíadas* e sua estrutura.

**... criar**
- *Podcast* literário.

- Qual teria sido o modelo e a fonte de inspiração da literatura no período do Renascimento?

Leia estes versos de Sá de Miranda, um dos mais importantes poetas do Cancioneiro Geral (de Garcia de Resende) e do Classicismo em Portugal.

**TEXTO 1**

### Comigo me desavim

Comigo me desavim,
sou posto em todo perigo;
não posso viver comigo
nem posso fugir de mim.

Com dor, da gente fugia,
antes que esta assi crescesse;
agora já fugiria
de mim, se de mim pudesse.
Que meio espero ou que fim
do vão trabalho que sigo,
pois que trago a mim comigo,
tamanho imigo de mim?

**Desavim:** do verbo desavir: pôr(-se) em desavença, brigar; indispor(-se), discordar, dividir(-se).
**Assi:** assim, desse modo, dessa maneira.
**Imigo:** inimigo.

### Quem é o autor?

Francisco **Sá de Miranda** (1481-1558) nasceu em Coimbra (Portugal) e viveu alguns anos na Itália, cuja literatura estudou a fundo. Regressando à pátria, introduziu na poesia portuguesa os versos de **estilo novo** (também conhecidos como "medida nova", que já era usada pelos grandes poetas italianos do Renascimento), além do soneto, dos tercetos, da oitava rima etc.

MIRANDA, Francisco Sá de. Comigo me desavim. *In*: MOISÉS, Massaud. *A literatura portuguesa através dos textos*. 28. ed. São Paulo: Cultrix, 2002. p. 109.

1. Você já se sentiu como o eu lírico do poema "Comigo me desavim"? Em qual situação? Comente com os colegas.

2. Qual é o sentido do verso "Comigo me desavim"?

3. Que sentimentos o eu lírico expressa?

4. Qual é a causa desses sentimentos? Explique.

5. Explique o paradoxo nos seguintes versos: "não posso viver comigo/ nem posso fugir de mim".

6. Explique: esse poema é mais emotivo ou mais racional e reflexivo?

7. Por que o poema "Comigo me desavim" rompe com o teocentrismo e expressa valores do antropocentrismo?

83

## TEXTO 2

- Que reflexões seriam propostas em um cartum inspirado no poema "Comigo me desavim", de Sá de Miranda?

Leia este cartum da Laerte, publicado em 2010 no caderno Folhateen, do jornal *Folha de S.Paulo*.

LAERTE. *Folha de S.Paulo*, São Paulo, 22 mar. 2010. Folhateen, p. 12.

### Quem é o autor?

**Laerte** Coutinho nasceu em São Paulo em 1951. É considerada uma das principais cartunistas e chargistas do país, publicando seus trabalhos em vários veículos importantes da imprensa, como *O Pasquim*, *Balão*, *Veja*, *IstoÉ*, *Folha de S.Paulo*, *O Estado de S. Paulo* etc. Com os amigos Angeli, Glauco e Adão Iturrusgarai, desenhou as tiras de *Los Três Amigos*. Criou diversos personagens de sucesso, como os *Piratas do Tietê*, *Suriá* e *Overman*, entre outros.

1. Explique as relações intertextual e interdiscursiva presentes no cartum.
2. Que linguagens foram empregadas na construção do cartum?
3. A quem é atribuída a voz que se expressa por meio desses versos? Justifique.
4. O que esse "sujeito" exprime por meio dos versos e de sua expressão facial?
5. Em sua opinião, o que gera esse sentimento?

### Pintura corporal

Os povos indígenas fazem pinturas no rosto e outras partes do corpo para expressar várias situações de seu cotidiano: vivências, sentimentos, papel e posição social no grupo étnico; seu estado de espírito (alegria, prazer, medo, tristeza, dor) etc. A pintura corporal também pode ser usada na preparação de um ritual. A diversidade de linhas, pontos, formas e cores que usam é também uma maneira de expressão artística.

- O que você conhece da obra de Luís de Camões?
- A que gêneros literários e temáticas ele teria se dedicado?

Durante a leitura deste poema, perceba qual é o tema e quais são os sentimentos expressos pelo eu lírico.

**TEXTO 3**

### Ao desconcerto do mundo

Os bons vi sempre passar
No mundo graves tormentos;
E para mais me espantar,
Os maus vi sempre nadar
Em mar de contentamentos.

Cuidando alcançar assim
O bem tão mal ordenado,
Fui mau, mas fui castigado.
Assim que, só para mim
Anda o mundo concertado.

CAMÕES, Luís de. *Luís de Camões – Lírica*. 5. ed. São Paulo: Cultrix, 1976. p. 90.

**Quem é o autor?**

**Luís Vaz de Camões** (1524-1580) nasceu em Coimbra e sua vida foi cheia de aventuras e adversidades. Em 1572, foi publicada a primeira edição de *Os Lusíadas*. Escreveu também os autos *El-rei Seleuco*, *O Anfitrião e Filodemo*; várias elegias, sátiras, sonetos e poesias bucólicas.

85

1. Responda:

    a) Qual é o tema do poema de Camões que você leu?

    b) Que sentimentos são vivenciados pelo eu lírico?

2. Identifique a alternativa **incorreta** no que se refere ao poema e registre-a, fazendo as correções necessárias.

    a) O eu lírico analisa o mundo de aparências e contradições.

    b) O poeta emprega o recurso da antítese para mostrar as incoerências nos julgamentos.

    c) No poema, há um diálogo entre a experiência individual e a reflexão filosófica.

    d) Trata-se de um poema em que a experiência vivenciada pelo eu lírico confirma a reflexão feita na primeira estrofe.

3. Pelo contexto, qual é o sentido das palavras **desconcerto** e **concertado**, no poema?

4. Explique o efeito de sentido provocado:

    a) pela metáfora "nadar/ Em mar de contentamentos."

    b) pela anáfora ou repetição de "vi sempre" (1º e 4º versos).

    c) pela antítese "No mundo graves tormentos;" / "Em mar de contentamentos."

    d) pelo paradoxo "O bem tão mal ordenado".

5. Como você leu, a voz que fala no poema se sentiu injustiçada ao ser punida por um erro que outros cometeram, e não foram castigados. Faça um comentário por escrito, em um ou dois parágrafos, respondendo:

    a) Vale a pena agir bem, mesmo que os outros não o façam? Apresente argumentos para defender seu ponto de vista.

    b) Quando você percebe que está tentando culpar alguém (ou alguma situação) por seus erros e frustrações, o que faz para reverter essa situação?

    Leia em voz alta seu comentário para os colegas.

VINCI, Leonardo da. *Monalisa*, 1503-1506. Óleo sobre tela, 77 cm × 30,3 cm. *Mona Lisa* é uma das mais notáveis e conhecidas obras de Leonardo da Vinci, um dos grandes representantes do Renascimento italiano.

## O Renascimento

O **Renascimento** (**Renascença** ou **Renascentismo**) difundiu-se na Europa a partir da Itália, desde meados do século XIV (segundo alguns historiadores) até a Revolução Francesa (1789-1799). Foi um movimento artístico, científico e filosófico que pregava o retorno aos ideais da Antiguidade greco-latina, principalmente a valorização do ser humano e de suas capacidades diante do mundo que o rodeava. Nesse período, houve grande desenvolvimento tecnológico, econômico e científico. Muitas conquistas da época repercutem até os dias atuais.

## Classicismo

É o nome dado ao movimento literário que ocorreu durante o Renascimento, a partir do século XVI. A palavra **classicismo** é derivada de **clássico**, que se refere às manifestações artísticas que procuram seguir os modelos dos antigos gregos e romanos.

- Você conseguiria definir o amor?
- O amor causa sofrimento ou alegria? Por quê?

Leia, a seguir, um soneto de Luís de Camões.

**TEXTO 4**

## Soneto 11 (Amor é fogo que arde sem se ver)

Amor é fogo que arde sem se ver;
É ferida que dói e não se sente;
É um contentamento descontente;
É dor que desatina sem doer.

É um não querer mais que bem querer;
É solitário andar por entre a gente;
É nunca contentar-se de contente;
É cuidar que se ganha em se perder.

É querer estar preso por vontade;
É servir a quem vence, o vencedor;
É ter com quem nos mata lealdade.

Mas como causar pode seu favor
Nos corações humanos amizade,
Se tão contrário a si é o mesmo Amor?

CAMÕES, Luís de. *Luís de Camões – Lírica.* 5. ed. São Paulo: Cultrix, 1976. p. 123.

1. Responda: O soneto consegue definir o amor? Em sua opinião, há distinção entre amor e amizade? Justifique.

2. Explique o emprego:
   **a)** das metáforas, na 1ª estrofe.
   **b)** do paradoxo, ou oxímoro, em "É ferida que **dói** e **não se sente**"; "É um **contentamento descontente**"; "É dor que **desatina sem doer**".
   **c)** Qual é o efeito de sentido provocado pela repetição da forma verbal **é** no soneto?

3. Explique o último terceto do poema.

4. Explique o uso do ponto de interrogação no último verso.

5. Como você sabe, as estéticas literárias fazem movimentos de ruptura, mas mantêm alguns traços de estéticas anteriores. Identifique um traço das cantigas de amor trovadorescas nesse soneto do Classicismo.

6. Leia a informação:

   Na Antiguidade, o sentimento amoroso era considerado uma espécie de cegueira, uma "enfermidade da razão", que causava dor e sofrimento. Nas cantigas de amor medievais, os trovadores expressavam seu sofrimento provocado pelo amor inacessível. Já no Renascimento/Classicismo, o desencontro amoroso e as contradições do amor costumam ser analisados de forma racional, intelectual.

   - Nos poemas e letras de canção de que você gosta, qual dessas visões de amor predomina? Explique.

## TEXTO 5

- Você sabe do que trata a obra *Os Lusíadas*, de Camões? Qual seria a ideia central expressa num texto com esse título?
- Quem seriam os Lusíadas?

Leia agora alguns versos do "Canto I" de *Os Lusíadas*, poema épico de Camões, obra considerada uma das mais importantes da língua e da literatura portuguesa.

### Os Lusíadas (Canto I)

[...]

As **armas** e os **barões assinalados**
Que da **Ocidental praia Lusitana**,
Por mares nunca de antes navegados
Passaram ainda além da **Taprobana**,
Em perigos e guerras esforçados
Mais do que prometia a força humana,
E entre gente remota edificaram
**Novo Reino**, que tanto sublimaram;
E também as memórias gloriosas
Daqueles Reis que foram dilatando
A Fé, o Império, e as terras viciosas
De África e de Ásia andaram devastando,
E aqueles que por obras valerosas
Se vão da lei da Morte libertando;
Cantando espalharei por toda parte,
Se a tanto me ajudar o engenho e arte.
Cessem do **sábio Grego** e do **Troiano**
As navegações grandes que fizeram;
Cale-se de **Alexandro** e de **Trajano**
A fama das vitórias que tiveram;
Que eu canto o peito ilustre Lusitano,
A quem **Netuno** e **Marte** obedeceram.
Cesse tudo o que a **Musa antiga** canta,
Que outro valor mais alto se alevanta.
[...]

CAMÕES, Luís de. *Os Lusíadas*. Porto: Porto Editora, 1975. p. 69.

**Armas:** feitos militares, proezas.
**Barões assinalados:** varões, homens fortes.
**Ocidental praia Lusitana:** Portugal.
**Taprobana:** antigo nome da ilha de Ceilão.
**Novo Reino:** novas conquistas, novo império; a Índia portuguesa.
**Sábio Grego:** referência a Ulisses, personagem da *Ilíada* e herói grego da *Odisseia*, poemas épicos de Homero (Grécia).
**Troiano:** alusão a Eneias, herói troiano protagonista da *Eneida*, poema épico de Virgílio (Grécia).
**Alexandro:** referência a Alexandre, o Grande, rei da Macedônia.
**Trajano:** imperador romano.
**Netuno:** deus do mar.
**Marte:** deus da guerra.
**Musa antiga:** a antiga poesia épica.

Bianca Lana

### Canto

É a maior unidade de composição da epopeia (ou do poema épico). Ele está para a epopeia como o capítulo está para o romance.

Capítulo 7 Renascimento/Classicismo: sementes do mundo moderno

1. Pelo que você já estudou no Capítulo 4 (e agora, nesse "Canto I"), explique: Por que *Os Lusíadas* – que narra a viagem em que Vasco da Gama descobre o caminho marítimo para as Índias – é um poema épico, uma epopeia?

2. Como o povo português é apresentado no poema?

3. Explique a metonímia "Que da **Ocidental praia Lusitana**".

4. Explique os versos:

   > Cessem do sábio Grego e do Troiano
   > As navegações grandes que fizeram;
   > Cale-se de Alexandro e de Trajano
   > [...]
   > Cesse tudo o que a Musa antiga canta,
   > Que outro valor mais alto se alevanta.

5. Leia agora "Mar Português", de Fernando Pessoa, importante poeta do Modernismo português. Este poema foi publicado no livro *Mensagem* (1934).

   ### Mar Português

   > Ó mar salgado, quanto do teu sal
   > São lágrimas de Portugal!
   > Por te cruzarmos, quantas mães choraram,
   > Quantos filhos em vão rezaram!
   >
   > Quantas noivas ficaram por casar
   > Para que fosses nosso, ó mar!
   >
   > Valeu a pena? Tudo vale a pena
   > Se a alma não é pequena.
   >
   > Quem quer passar além do Bojador
   > Tem que passar além da dor.
   > Deus ao mar o perigo e o abismo deu,
   > Mas nele é que espelhou o céu."

   PESSOA, Fernando. Mar Português. *In*: PESSOA, Fernando. *Mensagem*. Rio de Janeiro: Cia. José Aguilar, 1972, p. 82.

   - Em grupos, façam uma análise comparativa do poema "Mar Português" (de Fernando Pessoa) com o trecho de *Os Lusíadas* (de Camões) que você leu. Registrem as conclusões a que chegaram e, em uma data agendada pelo professor, exponham oralmente à turma o resultado dessa análise.

# A poesia épica de Camões – *Os Lusíadas*

*Os Lusíadas* é um longo poema épico composto de dez cantos. Seus 8 816 versos estão distribuídos em 1 102 estrofes de oito versos cada. No poema, Camões narra e exalta a história do povo português em sua aventura pelos mares. Essa obra, que influenciou a literatura portuguesa (e a brasileira), é a mais expressiva epopeia do Renascimento europeu. Para escrevê-la, Camões seguiu o modelo das epopeias da Antiguidade, inspirando-se nas obras de Homero, Virgílio e Ovídio. *Os Lusíadas* é organizado da seguinte forma:

| A estrutura de *Os Lusíadas* | | |
|---|---|---|
| **I – Introdução** | **Proposição**<br>(da 1ª à 3ª estrofe) | • Apresentação do tema do poema: os feitos dos navegantes portugueses, que enfrentaram "mares nunca de antes navegados" a fim de dilatar o Império e espalhar a fé cristã.<br><br>• Apresentação do herói da epopeia: o povo "ilustre lusitano". |
| | **Invocação**<br>(4ª e 5ª estrofes) | • O poeta pede inspiração às ninfas do Rio Tejo (Tágides) para auxiliá-lo na missão de contar a aventura do povo português.<br> |
| | **Dedicatória**<br>(da 6ª à 18ª estrofe) | • Camões oferece o poema a Dom Sebastião, rei de Portugal.<br> |
| **II – Narração** | (1 072 estrofes) | • O poeta desenvolve o tema: narra a viagem de Vasco da Gama em direção às Índias e conta a história de Portugal. Destacam-se, nessa parte, o comovente episódio do assassinato de Inês de Castro (Canto III), versos líricos de grande beleza; a oratória do Velho do Restelo (Canto IV), que critica a cobiça humana e os meios usados para alcançar a fama e o poder; o episódio do Gigante Adamastor (Canto V); e as artimanhas dos deuses (pagãos) que desafiam os navegantes portugueses. Os navegantes contam com a ajuda de Vênus, que os defende dos ataques de Baco, temeroso de perder seu domínio no Oriente. |
| **III – Epílogo** | (12 últimas estrofes) | • Camões lamenta o sofrimento do humilde povo lusitano e queixa-se ao rei. Fala também de sua desilusão com a pátria. |

## Oficina de criação
### Texto oral

▶ *Podcast* literário

Reúna-se com alguns colegas para produzir um episódio de *podcast* da turma, com poemas e letras de canção que dialogam com "Comigo me desavim", de Sá de Miranda, e "Soneto 11 (Amor é fogo que arde sem se ver)", de Luís de Camões.

### Pesquisa

Pesquisem um poema lírico de Camões e uma letra de canção, conforme as orientações acima. É importante que cada grupo faça escolhas diferentes.

### Preparação: produção do roteiro

1. A gravação do *podcast* se baseará em um **roteiro** do que será gravado. Ele deve conter:
   - texto de apresentação;
   - comentários sobre as obras;
   - nome dos autores, estética literária a que se filia (no caso do poema); contexto sócio-histórico da obra (isso exigirá pesquisas em fontes que podem ser previamente discutidas com o professor); escolha da trilha sonora;
   - texto de encerramento do *podcast*.

2. O roteiro servirá de base para a locução, mas ele deve ser conciso, apenas um esquema.

3. Vocês podem dar outras informações, fazer comentários, interagir com o público do *podcast* para atrair os ouvintes e mostrar que a literatura e a música (nas letras de canções) são uma arte viva e acessível.

4. A linguagem pode ser informal, porém adequada ao contexto (escolar).

### Realização: ensaio e gravação

1. Depois de ensaiar algumas vezes, gravem o episódio com um celular para verificar se está informativo, claro e fluente. Façam ajustes, se necessário.

2. No dia agendado, em local silencioso (se possível, na sala de informática), comecem as gravações, um grupo de cada vez.

### Edição e publicação

1. Iniciem a edição reunindo todos os episódios e incluindo fundo musical ou vinhetas que tenham ligação com o tema. Para isso, usem um *software* de edição digital de áudio. O áudio montado e editado deve ser exportado para um arquivo de áudio em formato MP3.

2. Escolham um nome para o episódio de vocês e ajudem a criar um nome para o *podcast* da turma, que conterá os episódios de todos os grupos.

3. Quando o *podcast* estiver pronto, divulguem-no nas redes sociais da escola ou por meio de cartazes afixados em lugares com grande circulação de pessoas.

# Enem e vestibulares

**1. (FUVEST)** Leia este soneto de Camões:

### Soneto

Tanto de meu estado me acho incerto,
Que em vivo ardor tremendo estou de frio;
Sem causa, juntamente choro e rio,
O mundo todo abarco, e nada aperto.

É tudo quanto sinto um desconcerto:
Da alma um fogo me sai, da vista um rio;
Agora espero, agora desconfio;
Agora desvario, agora acerto.

Estando em terra, chego ao Céu voando;
Num'hora acho mil anos, e é de jeito
Que em mil anos não posso achar um'hora.

Se me pergunta alguém porque assi ando,
Respondo que não sei, porém suspeito
Que só porque vos vi, minha Senhora.

(CAMÕES, Luís de. Luís de Camões – Lírica. 5. ed.
São Paulo: Cultrix, 1976. p. 117).

**a)** Em qual verso desse soneto há um diálogo intertextual com as cantigas de amor?

**b)** Quais alternativas apresentam versos em que foram empregadas imagens antitéticas, ou seja, antíteses. O que elas representam?

I - "Que em vivo ardor tremendo estou de frio;"

II - "Sem causa, juntamente choro e rio,"

III - "O mundo todo abarco, e nada aperto."

IV - "É tudo quanto sinto um desconcerto:"

V - "Da alma um fogo me sai, da vista um rio;"

**c)** Leia os versos de Camões e explique o recurso da **hipérbole**:

Estando em terra, **chego ao Céu voando**;

**Num'hora acho mil anos**, e é de jeito

Que **em mil anos** não posso achar um'hora.

**d)** Você já experimentou essa sensação vivenciada pelo eu lírico? Faça um comentário a respeito disso.

**2. (ENEM)** Leia:

### Texto I

#### XLI

Ouvia:
Que não podia odiar
E nem temer
Porque tu eras eu.
E como seria
Odiar a mim mesma
E a mim mesma temer

(HILST, H. Cantares. São Paulo: Globo. 2004 – fragmento)

### Texto II

Transforma-se o amador na cousa amada

Transforma-se o amador na cousa amada,
por virtude do muito imaginar;
não tenho, logo, mais que desejar,
pois em mim tenho a parte desejada.

(Camões. Sonetos. Disponível em:
http://www.jornaldepoesia.jor.br)

Nesses fragmentos de poemas de Hilda Hilst e de Camões, a temática comum é:

**a)** o "outro" transformado no próprio eu lírico, o que se realiza por meio de uma espécie de fusão de dois seres em um só.

**b)** a fusão do "outro" com o eu lírico, havendo, nos versos de Hilda Hilst, a afirmação do eu lírico de que odeia a si mesmo.

**c)** o "outro" que se confunde com o eu lírico, verificando-se, porém, nos versos de Camões, certa resistência do ser amado.

**d)** a dissociação entre o "outro" e o eu lírico, porque o ódio ou o amor se produzem no imaginário, sem a realização concreta.

**e)** o "outro" que se associa ao eu lírico, sendo tratados, nos Textos I e II, respectivamente, o ódio e o amor.

92 Capítulo 7 Renascimento/Classicismo: sementes do mundo moderno

3. **(ENEM)** Leia:

### LXXVIII (Camões, 1525? -1580)

Leda serenidade deleitosa,
Que representa em terra um paraíso;
Entre rubis e perlas doce riso;
Debaixo de ouro e neve cor-de-rosa;

Presença moderada e graciosa,
Onde ensinando estão despejo e siso
Que se pode por arte e por aviso,
Como por natureza, ser fermosa;

Fala de quem a morte e a vida pende,
Rara, suave; enfim, Senhora, vossa;
Repouso nela alegre e comedido:

Estas as armas são com que me rende
E me cativa Amor; mas não que possa
Despojar-me da glória de rendido.

(CAMÕES, L. Obra completa. Rio de Janeiro: Nova Aguilar, 2008)

SANZIO, R. (1483-1520) *A mulher com o unicórnio*. Roma, Galleria Borghese. Disponível em: www.arquipelagos.pt. Acesso em: 29 fev. 2012. (Foto: Reprodução/Enem)

A pintura e o poema, embora sendo produtos de duas linguagens artísticas diferentes, participaram do mesmo contexto social e cultural de produção pelo fato de ambos:

a) apresentarem um retrato realista, evidenciado pelo unicórnio presente na pintura e pelos adjetivos usados no poema.

b) valorizarem o excesso de enfeites na apresentação pessoal e na variação de atitudes da mulher, evidenciadas pelos adjetivos do poema.

c) apresentarem um retrato ideal de mulher marcado pela sobriedade e o equilíbrio, evidenciados pela postura, expressão e vestimenta da moça e os adjetivos usados no poema.

d) desprezarem o conceito medieval da idealização da mulher como base da produção artística, evidenciado pelos adjetivos usados no poema.

e) apresentarem um retrato ideal de mulher marcado pela emotividade e o conflito interior, evidenciados pela expressão da moça e pelos adjetivos do poema.

4. **(UNIFESP)** Leia o soneto do poeta Luís Vaz de Camões (1525? – 1580) para responder à(s) questão(ões).

Sete anos de pastor Jacob servia
Labão, pai de Raquel, serrana bela;
mas não servia ao pai, servia a ela,
e a ela só por prêmio pretendia.

Os dias, na esperança de um só dia,
passava, contentando-se com vê-la;
porém o pai, usando de cautela,
em lugar de Raquel lhe dava Lia.

Vendo o triste pastor que com enganos
lhe fora assi negada a sua pastora,
como se a não tivera merecida,

começa de servir outros sete anos,
dizendo: "Mais servira, se não fora
para tão longo amor tão curta a vida".

(Luís Vaz de Camões. *Sonetos*, 2001.)

Uma das principais figuras exploradas por Camões em sua poesia é a antítese. Neste soneto, tal figura ocorre no verso:

a) "mas não servia ao pai, servia a ela."
b) "passava, contentando-se com vê-la;"
c) "para tão longo amor tão curta a vida."
d) "porém o pai, usando de cautela,"
e) "lhe fora assi negada a sua pastora,"

# CAPÍTULO 8

# QUINHENTISMO NO BRASIL: OLHARES CRUZADOS...

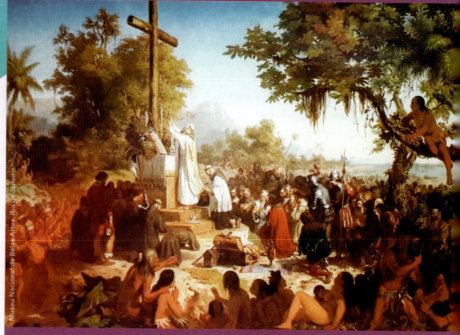

MEIRELLES, Victor. *A primeira missa no Brasil*, 1861. Óleo sobre tela, 268 cm × 356 cm.

## Roda de conversa

1. O que mais chama sua atenção nesta imagem? Que impressões ou sensações ela lhe provoca? Descreva-a.

2. Nesta imagem, o olhar do espectador/observador converge para que ponto da pintura? Por que isso acontece?

## Para você...

**... ler**
- *Cantos ameríndios*, organizado por Sérgio Cohn (2012).

**... ouvir**
- *Um índio*, Caetano Veloso.
- *Índios*, Renato Russo.

**... assistir**
- *Caramuru, a invenção do Brasil*. Direção: Guel Arraes. Brasil, 2001.

## O que você vai...

**... fruir**
- *Carta do achamento do Brasil*, Pero Vaz de Caminha.
- *O e-mail de Caminha*, Ana Elisa Ribeiro.
- *História da província de Santa Cruz*, Pero de Magalhães Gândavo.
- *A Santa Inês*, José de Anchieta.

**... aprender**
- A Literatura de Informação (cronistas do século XVI).
- A Literatura de Catequese.

**... criar**
- *E-mail* de indígena brasileiro do século XXI para Pero Vaz de Caminha.

- O que você sabe a respeito da vida dos nativos antes da ocupação do Brasil pelos portugueses?
- Já leu textos de cronistas que davam informações a respeito das primeiras impressões que tiveram sobre a "nova terra" e seus habitantes?

Leia o início da *Carta do achamento do Brasil*, escrita por Pero Vaz de Caminha ao rei de Portugal, Dom Manuel I.

### TEXTO 1

### Carta do achamento do Brasil

Senhor:

Posto que o Capitão-mor desta vossa frota, e assim os outros capitães escrevam a Vossa Alteza a nova do **achamento** desta vossa terra nova, que nesta navegação agora se achou, não deixarei também de dar minha conta disso a Vossa Alteza, o melhor que eu puder, ainda que – para o bem contar e falar –, a saiba fazer pior que todos.

[...] À quinta-feira, pela manhã, fizemos vela e seguimos até meia légua da terra, onde todos lançamos âncoras em direito da boca dum rio. E dali houvemos vista de homens, que andavam pela praia, **obra de** sete ou oito. E o capitão mandou no **batel**, à terra, Nicolau Coelho, para ver aquele rio. E tanto que ele começou para lá ir, acudiram pela praia homens, de maneira que, quando o batel chegou à boca do rio, eram ali dezoito ou vinte homens, pardos, todos nus, sem nenhuma coisa que lhes cobrisse suas **vergonhas**. Traziam arcos nas mãos e suas setas. Vinham todos rijos para o batel e Nicolau Coelho lhes fez sinal que pusessem os arcos; e eles os puseram. Ali não pôde deles haver fala nem entendimento que aproveitasse, por o mar quebrar na costa. Somente deu-lhes um **barrete** vermelho e uma carapuça de linho, que levava na cabeça, e um sombreiro preto. E um deles lhe deu um sombreiro de penas de aves compridas com uma copazinha pequena de penas vermelhas e pardas, como de papagaio. E outro lhe deu continhas brancas, miúdas.

• • •

A feição deles é serem pardos, maneira de avermelhados, de bons rostos e bons narizes, bem feitos. Andam nus, sem nenhuma cobertura, nem estimam nenhuma coisa cobrir nem mostrar suas vergonhas. E estão acerca disso com tanta inocência como têm em mostrar o rosto. Traziam ambos os beiços debaixo furados e metidos por eles ossos de osso branco. Os cabelos seus são corredios, de boa grandura e rapados até por cima das orelhas. E um deles trazia uma maneira de cabeleira de penas de ave amarela, **mui basta** e mui cerrada. O capitão, quando eles vieram, estava sentado em uma cadeira e uma **alcatifa** aos pés por estrado, e bem vestido, com um colar de ouro mui grande ao pescoço. E nós outros, que aqui na nau **com ele imos**, assentados no chão por essa alcatifa. Entraram e não fizeram nenhuma menção de cortesia nem de falar ao capitão nem a ninguém. Porém, um deles pôs olho no colar do capitão e começou de acenar com a mão para a terra e depois para o colar, como que nos dizia que havia em terra ouro. E também viu um castiçal de prata e assim mesmo acenava para a terra e então para o castiçal, como que havia também prata. [...]

• • •

**Achamento:** a palavra "descobrimento" já existia no século XVI, mas "achamento" era uma forma mais corrente na época.
**Obra de:** cerca de.
**Batel:** bote, escaler; a maior das embarcações miúdas (a remo) que serviam e acompanhavam os navios antigos; usada para serviços de transporte e reconhecimento.
**Vergonhas:** genitálias.
**Barrete:** gorro.
**Mui basta:** muito espessa.
**Alcatifa:** tapete grande.
**Com ele imos:** com ele fomos/ estávamos.

Ilustrações: Filipe Rocha

À terça-feira, depois de comer, fomos em terra **dar guarda de lenha** e lavar roupa. Estavam na praia, quando chegamos, obra de sessenta ou setenta, sem arcos e sem nada. Tanto que chegamos, vieram-se logo para nós, sem se esquivarem. E depois acudiram muitos, que seriam bem duzentos, todos sem arcos. E, enquanto nós fazíamos a lenha, faziam dois carpinteiros uma grande cruz dum pau que se ontem para isso cortou. Muitos deles vinham ali estar com os carpinteiros e creio que o faziam mais por verem a ferramenta de ferro, com que a faziam, que por verem a cruz, porque eles não têm coisa que de ferro seja. [...]

Quando saímos do batel, disse o capitão que seria bom irmos direitos à cruz, e que nos puséssemos todos em joelhos e a beijássemos, para eles verem o **acatamento** que lhe tínhamos. E assim o fizemos. E esses dez ou doze que aí estavam, acenaram-lhes que fizessem assim e foram logo todos beijá-la. Parece-me gente de tal inocência que, se os homens entendessem e eles a nós, seriam logo cristãos, porque eles não têm nem entendem em nenhuma crença, segundo parece. Eles não lavram, nem criam, nem há aqui boi, nem vaca, nem cabra, nem ovelha, nem galinha, nem outra nenhuma **alimária**, que costumada seja ao viver dos homens; nem comem senão desse inhame que aqui há muito e dessa semente e frutos que a terra e as árvores de si lançam. E com isto andam tais e tão rijos e tão **nédios**, que o não somos nós tanto com quanto trigo e legumes comemos.

[...]

Esta terra, Senhor, me parece que será tamanha, que haverá nela bem vinte ou vinte e cinco léguas por costa; traz ao longo do mar grandes barreiras, e a terra muito cheia de grandes arvoredos; é toda praia muito formosa. Nela até agora não pudemos saber que haja ouro, nem prata, nem nenhuma coisa de metal, nem de ferro. Porém, a terra, em si, é de muito bons ares. Águas são muitas, infindas. E em tal maneira é graciosa que, querendo-a aproveitar, dar-se-á nela tudo por bem das águas que tem. Porém, o melhor fruto que nela se pode fazer me parece que será salvar esta gente.

Beijo as mãos de Vossa Alteza.

Deste Porto Seguro, de vossa ilha da Vera Cruz, hoje sexta-feira, primeiro de maio de 1500.

GRYZINSKI, Vilma (coord.). *Veja*: A aventura do Descobrimento (500 anos de Brasil). *Veja* São Paulo, ano 33, n. 1 646, jul. 2001. p. 36-39. Edição especial.

**Dar guarda de lenha:** procurar e guardar lenha em algum depósito.
**Acatamento:** respeito.
**Alimária:** qualquer animal quadrúpede que pudesse servir como meio de transporte; montaria, besta de carga.
**Nédios:** brilhantes, lustrosos.

### Quem é o autor?

Supõe-se que **Pero Vaz de Caminha** tenha nascido em 1450 na cidade do Porto (Portugal). Exerceu o cargo de escrivão da armada de Cabral durante sua viagem – posto de prestígio e confiança junto à Corte. Antes de fixar-se na Índia como escrivão da feitoria portuguesa em Calecute, houve hostilidade e afrontamento entre sua frota e os habitantes locais. No final de 1500, morreu em combate.

1. A carta de Caminha pode ser considerada um texto literário?

2. Em sua opinião, as palavras **descobrimento** e **achamento** têm sentidos diferentes? Explique sua resposta.

3. Qual é o papel social de Caminha ao escrever essa carta ao rei de Portugal?

4. Das alternativas abaixo, qual **não** descreve adequadamente o ponto de vista que o escrivão Pero Vaz de Caminha deixa transparecer na carta?

    a) Ele descreve as novas terras, revelando-se surpreso com a exuberância da natureza.

    b) Demonstra repulsa aos comportamentos dos nativos e explicita a necessidade de catequizá-los, mudar sua cultura.

    c) Desconsidera a possibilidade de os nativos possuírem crenças religiosas e se dispõe a salvá-los pelo cristianismo.

    d) Faz descrição condescendente dos nativos, considerando-os bem afeiçoados, pacíficos e acolhedores.

    e) Atribui a dificuldade inicial de fala e entendimento não à diferença entre as línguas, mas ao ruído das ondas.

5. De acordo com o relato de Caminha, os portugueses foram bem-sucedidos na tentativa inicial de se entenderem com os indígenas? Justifique com trechos da carta.

6. O culto à natureza, presente em vários momentos da literatura brasileira, tem sua origem nos textos que falam da chegada dos portugueses à nossa terra, denominados **Literatura de Informação**.

    Em qual dos fragmentos a seguir, da carta de Caminha, essa característica aparece?

    a) "[...] um deles pôs olho no colar do capitão e começou de acenar com a mão para a terra e depois para o colar, como que nos dizia que havia em terra ouro."

    b) "[...] quando o batel chegou à boca do rio, eram ali dezoito ou vinte homens pardos, todos nus, sem nenhuma coisa que lhes cobrisse suas vergonhas."

    c) "[...] Porém, o melhor fruto que nela se pode fazer me parece que será salvar esta gente."

    d) "[...] Porém, a terra, em si, é de muito bons ares. Águas são muitas, infindas. E em tal maneira é graciosa que, querendo-a aproveitar, dar-se-á nela tudo por bem das águas que tem."

7. Como você leu, o cronista empregou termos e expressões em desuso, mas que podem ser compreendidos pelo contexto. Explique o sentido dos termos ou expressões destacados a seguir.

    a) "À quinta-feira, pela manhã, **fizemos vela** e seguimos até meia légua da terra, onde todos **lançamos âncoras em direito da boca dum rio**."

    b) "E tanto que ele começou para lá ir, **acudiram** pela praia homens, de maneira que, quando o batel chegou à boca do rio, eram ali dezoito ou vinte homens, pardos, todos nus, sem nenhuma coisa que lhes cobrisse suas **vergonhas**."

8. Por que, ainda hoje, é importante ler a carta de Caminha?

9. Observe a imagem e a legenda a seguir.

NANI. A primeira missa. *Revista Palavra*, Belo Horizonte, ano 1, n. 12, abr. 2000. p. 120.

MEIRELLES, Victor. *A primeira missa no Brasil*, 1861. Óleo sobre tela, 268 cm × 356 cm.

a) Relacione o cartum à pintura de Victor Meirelles indicada também na imagem de abertura.
b) Em que consiste o humor do cartum de Nani? Que crítica o cartunista faz?

## Vamos comparar?

- Você já leu algum texto ficcional que dialoga com a carta de Caminha?
- Como seria a releitura dessa carta na era digital?

Leia um trecho da obra ficcional *O e-mail de Caminha*, de Ana Elisa Ribeiro.

### O *e-mail* de Caminha

DE: pvcaminha@gmail.com
PARA: elreidigital@hotmail.pt
ASSUNTO: Achamos!
DATA: 14 de março de 1500, sábado

Senhor,
    Desculpe aí qualquer coisa porque não sou quem escreve melhor nesta frota, mas vão aí as notícias. Achamos terra! Tentarei contar exatamente o que aconteceu, nem mais nem menos. Não vou falar da viagem, do atravessamento do caminho, porque os pilotos podem fazer isso melhor. Não rolou dizer antes porque estávamos sem wi-fi, mas vou começar pela partida de Belém.
    Té +
    _Caminha

DE: elreidigital@hotmail.pt
PARA: pvcaminha@gmail.com
ASSUNTO: Re: Achamos!
DATA: 14 de março de 1500, sábado

Caminha,
    Pois bem. Manda ver. Conte logo. Tenho informações desencontradas pelas redes sociais. Enquanto não sabemos direito o que está acontecendo, mande aí umas fotos pelo Instagram pra a gente ver como são essas terras, vá. No aguardo.
    _ Manuel

RIBEIRO, Ana Elisa. *O e-mail de Caminha*. Belo Horizonte: RHJ, 2014. p. 9-10.

### Quem é o autor?

**Ana Elisa Ribeiro** nasceu em Belo Horizonte em 1975. Formou-se professora na área de Letras pela UFMG, onde fez mestrado e doutorado. É também autora de livros infantojuvenis e poeta. Entre suas obras, destacam-se: *Por um triz* (2016), *Álbum* (2018), *Dicionário de Imprecisões* (2019), *Romieta & Julieu – tecnotragédia amorosa* (2021) e *Doida pra escrever* (2021).

1. O texto que você leu é uma **paráfrase** ou uma **paródia** da *Carta do achamento do Brasil*? Explique.

2. Que elementos nesses trechos provocam humor?

3. Releia:
   > Tenho informações desencontradas pelas redes sociais.
   - O que seriam essas "informações desencontradas"?

4. Compare a linguagem usada na carta original com a do texto ficcional. Quais são as principais diferenças?

5. Comente a linguagem empregada pelo rei Manuel (personagem) na resposta a Caminha (personagem) no *e-mail*.

6. Leia outro trecho:
   > Vamos por *e-mail* mesmo, longe dos olhos dos **espiões**. **Será**?
   - Explique o sentido do substantivo **espiões** e da forma verbal **Será?** nesse contexto.

**TEXTO 2**

- Além da *Carta do Achamento*, você já ouviu falar em outros relatos de viajantes a respeito da cultura dos povos nativos, da língua e da natureza da "nova terra"?

Leia agora um trecho da *História da província de Santa Cruz*, de Pero de Magalhães Gândavo, considerado o primeiro "historiador" do Brasil.

## História da província de Santa Cruz

"[...] Estes índios são de **cor baça**, e cabelo corredio; têm o rosto amassado, e algumas feições dele **à maneira de chinês**. Pela maior parte são bem dispostos, rijos e de boa estatura; gente mui esforçada, e que estima pouco morrer, temerária na guerra, e de muito pouca consideração: são desagradecidos em grande maneira, e mui desumanos e cruéis, inclinados a **pelejar**, e vingativos por extremo. Vivem todos mui descansados sem terem outros pensamentos senão de comer, beber e matar gente, e por isso engordam muito, mas com qualquer desgosto pelo conseguinte tornam a emagrecer, e muitas vezes **pode deles tanto a imaginação** que se algum deseja a morte, ou alguém lhe mete em cabeça que há de morrer tal dia ou tal noite **não passa daquele termo** que não morra. São mui inconstantes e mudáveis: creem de ligeiro tudo aquilo que lhes persuadem por dificultoso e impossível que seja, e com qualquer dissuasão facilmente o tornam logo a negar. São mui desonestos e dados à sensualidade, e assim se entregam aos vícios como se neles não houvera razão de homens: ainda que todavia em seu ajuntamento os machos e fêmeas têm o devido resguardo, e nisto mostram ter alguma vergonha.

A língua de que usam, toda pela costa, é uma: ainda que em certos vocábulos difere n'algumas partes mas não de maneira que se deixem uns aos outros de entender; e isto **até altura de vinte e sete graus**, que daí por diante há outra **gentilidade**, de que nós não temos tanta notícia, que falam já outra língua diferente. Esta de que trato, que é geral pela costa, é **mui branda**, e a qualquer nação fácil de tomar. Alguns vocábulos há nela de que não usam senão as fêmeas, e outros que não servem senão para os machos: carece de três letras, convém a saber, não se acha nela F, nem L, nem R, coisa digna de espanto porque assim não têm Fé, nem Lei, nem Rei e desta maneira vivem desordenadamente sem terem além disto conta, nem peso, nem medida. [...]"

GÂNDAVO, Pero de Magalhães. História da província de Santa Cruz. *In*: VOGT, Carlos; LEMOS, J. A. Guimarães de. *Cronistas e viajantes*. São Paulo: Abril Educação, 1982. p. 24. (Literatura Comentada).

---

**Cor baça:** de pele morena.
**À maneira de chinês:** de olhos puxados, orientais.
**Pelejar:** guerrear, brigar, discutir.
**"Pode deles tanto a imaginação":** o mesmo que "a imaginação/a fantasia se apodera tanto deles".
**"Não passa daquele termo":** não passa daquela hora/daquele dia ou noite.
**Até altura de vinte e sete graus:** expressão referente à localização geográfica, latitude/longitude.
**Gentilidade:** de "gentio" (da mesma família, raça ou nação não civilizada, selvagem); paganismo.
**Mui branda:** (língua) muito sonora, melodiosa, suave.

Laura Barrichello

### Quem é o autor?

O cronista **Pero de Magalhães Gândavo** (1540?-1580) nasceu em Braga (Portugal). O conjunto de sua obra é considerado a melhor fonte primária dos primeiros 70 anos da história brasileira. Humanista, gramático e professor de latim em escolas, publicou, em 1574, uma obra sobre língua portuguesa. Era amigo de Camões.

Biblioteca Nacional de Portugal, Lisboa

100 Capítulo 8 Quinhentismo no Brasil: olhares cruzados...

1. Das alternativas a seguir, qual **não** se refere ao trecho da obra de Pero de Magalhães Gândavo que você leu? Explique sua escolha.

    a) Expressa juízo de valor semelhante à Caminha nos trechos acima.

    b) Manifesta opinião de que os indígenas são contraditórios.

    c) Expressa uma visão de superioridade da cultura europeia.

    d) Ressalta atributos físicos do povo nativo.

    e) Analisa as ações dos indígenas de forma depreciativa.

2. O autor faz comentários a respeito da língua falada pelos habitantes nativos.

    a) Que relação ele estabelece entre a língua indígena e a questão de gênero?

    b) Que visão de mundo revela a observação do cronista Gândavo ao empregar as metonímias "não se acha nela **F**, nem **L**, nem **R**"?

3. Leia:

    **Eurocentrismo** é a influência política, econômica, social e cultural exercida pela Europa sobre outros continentes e culturas.

    • Com base no conceito acima, analise as avaliações de Gândavo a respeito dos nativos.

4. Segundo o autor, a língua falada pelos nativos era comum a todos? Justifique.

5. As avaliações a respeito dos indígenas feitas por Gândavo ainda têm reflexo na sociedade brasileira atual?

6. Leia outro trecho de Gândavo.

    Finalmente que como Deus tenha de muito longe esta terra dedicada à cristandade, e o interesse seja o que mais leva os homens trás si que nenhuma outra coisa haja na vida, parece manifesto querer entretê-los na terra com esta riqueza do mar até chegarem a descobrir aquelas grandes minas que a mesma terra promete, para que assim desta maneira tragam ainda toda aquela bárbara gente que habita nestas partes ao lume e ao conhecimento da nossa santa fé católica, que será descobrir-lhe outras minas maiores no céu, o qual nosso Senhor permita que assim seja, para glória sua, e salvação de tantas almas.

    GÂNDAVO, Pero de Magalhães. *História da Província de Santa Cruz*. Org. Ricardo Martins Valle. Introd. e notas Ricardo Martins Valle e Clara Carolina Souza Santos. São Paulo: Hedra, 2008. p. 115.

    • Pelo trecho lido, qual era o projeto do colonizador português?

    O monstro marinho Ipupiara é uma figura mítica que ilustrava o livro de Gândavo, escrito em 1576.

## A Literatura de Informação: cronistas do século XVI

Viajantes europeus que aqui estiveram no século XVI registraram suas observações sobre a terra na forma de cartas, diários, tratados e crônicas. Esses textos tinham a finalidade de apresentar aos compatriotas um panorama do chamado Novo Mundo.

BRY, Theodor de. *Dança dos Tupinambá*, 1592. Gravura.

Entre esses cronistas, destacaram-se:

- **Pero Lopes de Sousa** – com o *Diário de navegação da armada* que foi à terra do Brasil, em que narra minuciosamente a expedição de Martin Afonso, em 1532.

- **Gabriel Soares de Sousa** – senhor de engenho, com o *Tratado descritivo do Brasil* em 1587, que procura traçar um amplo panorama da colônia em seus aspectos históricos, geográficos e econômicos.

- **Pero de Magalhães Gândavo** – o mais importante desse período, considerado o primeiro historiador do Brasil, que escreveu *História da província de Santa Cruz* e *Tratado da terra do Brasil*, em que descreve a fauna e a flora aqui encontradas. Boa parte das espécies descritas era desconhecida aos europeus, como o tamanduá, o tatu, as aves, os insetos e os peixes exóticos, descritos com espanto, estranheza e encantamento.

- **Hans Staden** – europeus de outras nacionalidades que estiveram aqui também deixaram documentos importantes sobre o Brasil. É o caso de *Duas viagens ao Brasil* (1557), do alemão Hans Staden, em que ele descreve pormenorizadamente o modo de vida dos índios tupinambás, dos quais foi prisioneiro em 1554.

- Você sabe o que é catequizar? O que seria a Literatura de Catequese?
- Quais teriam sido o objetivo e o público-alvo desses textos logo após a ocupação do Brasil? Quem os escrevia?

**TEXTO 3**

Leia um poema de catequese escrito pelo padre José de Anchieta, e preste atenção à imagem poética que ele faz de uma santa da igreja católica em seus versos.

### A Santa Inês

Cordeirinha linda,
como **folga** o povo
porque vossa vinda
lhe dá **lume** novo!

Cordeirinha santa,
de **Iesu** querida,
vossa santa vinda
o diabo espanta.

Por isso vos canta,
com prazer, o povo,
porque vossa vinda
lhe dá lume novo.

Nossa culpa escura
fugirá depressa,
pois vossa cabeça
vem com luz tão pura.

Vossa formosura
honra é do povo,
porque vossa vinda
lhe dá lume novo.

Virginal cabeça
p'ela fé cortada,
com vossa chegada,
já ninguém **pereça**.

Vinde mui depressa
ajudar o povo,
pois com vossa vinda
lhe dais lume novo.

Vós sois, cordeirinha,
de Iesu formoso,
mas o vosso esposo
já vos fez rainha.

Também padeirinha
sois de nosso povo,
pois, com vossa vinda,
lhe dais lume novo.

ANCHIETA, José de. A Santa Inês. *In*: MOISÉS, Massaud. *A literatura brasileira através dos textos*. São Paulo: Cultrix, 1991. p 24-25.

### Quem é o autor?

**José de Anchieta** (1534-1597), conhecido como "o apóstolo do Brasil", nasceu em Tenerife (Ilhas Canárias, Espanha) e faleceu em Reritiba (ES). Veio para o Brasil aos 19 anos e aqui viveu por 44 anos. Escreveu poemas religiosos que expressam a visão teocêntrica do Universo. A partir do teatro medieval ibérico (como o de Gil Vicente), escreveu autos para catequizar os indígenas da chamada "nova terra" e os europeus colonizadores. Empregou, em seus textos, a língua tupi, o português, o espanhol e o latim. Valorizava o canto e a dança dos nativos. É considerado o primeiro estudioso da cultura tupi-guarani do Brasil.

**Folga:** diz, brinca.
**Lume:** luz, esperança.
**Iesu:** Jesus.
**Pereça:** morra, faleça.

### Contextualização do poema *A Santa Inês*

O poema lido foi escrito para comemorar a chegada da imagem de Santa Inês a um povoado. Na tradição cristã, "cordeiro de Deus" é uma designação dada a Jesus Cristo por ter sido sacrificado pelo perdão dos pecados da humanidade. Santa Inês é nomeada "cordeirinha" (palavra originada do latim *agnus* = cordeiro). Aos 13 anos, recusou-se a casar com um oficial romano, no século III. Por isso, foi colocada em uma casa de prostituição, mas mesmo assim permaneceu virgem e se manteve fiel à fé cristã. Como punição maior, foi condenada à fogueira. No entanto, inexplicavelmente, as chamas se apagaram, e mais tarde foi decapitada. Nas pinturas, é representada junto a um lírio, símbolo de pureza, e a um cordeiro, símbolo de sacrifício.

DOMENICHINO, Zampieri. Santa Inês, 1620.
Óleo sobre tela, 127 cm × 152,4 cm.

1. Explique o sentido dos versos:

    Virginal cabeça / p'ela fé cortada, / com vossa chegada, / já ninguém pereça.

2. Qual é o papel social do autor ao criar esse poema?

3. Explique o emprego da **antítese** expressa nos versos a seguir:

    Nossa culpa **escura** / fugirá depressa, / pois vossa cabeça / vem com **luz** tão pura.

4. Pelo contexto, analise o efeito de sentido provocado pelas metáforas "cordeirinha", "padeirinha" e "lume novo".

5. Explique o efeito de sentido provocado pela repetição dos versos "porque vossa vinda / lhe dá lume novo".

6. Todas as alternativas abaixo interpretam adequadamente o texto, **exceto:**

    a) Apresenta aos índios conceitos religiosos cristãos, como diabo, pecado, santidade.

    b) Promete conforto físico e espiritual por intermédio da devoção à santa.

    c) Usa linguagem simples, conteúdo ingênuo e musicalidade.

    d) Nega e critica os mitos e as crenças religiosas dos povos nativos.

    e) Usa diminutivos para expressar afetividade em relação à santa.

### A Literatura de Catequese

Missionários jesuítas pertencentes à congregação religiosa denominada Companhia de Jesus estiveram no Brasil a partir do primeiro governo-geral. Seu principal objetivo era catequizar os indígenas, convertendo-os ao cristianismo, mas seu trabalho acabou ultrapassando os limites religiosos e interferiu em diversos aspectos da vida colonial, particularmente com a criação de escolas e de vilas. Os jesuítas deixaram obras sobre o período, como os **poemas** e **textos dramáticos** do padre José de Anchieta e as **cartas** do padre Manuel da Nóbrega.

## Oficina de criação
**Texto escrito**

▶ *E-mail* de um indígena brasileiro do século XXI para Pero Vaz de Caminha / Livro digital

Em duplas, conforme a orientação do professor, e inspirando-se no texto *O e-mail de Caminha*, de Ana Elisa Ribeiro, vocês vão escrever um **e-mail** endereçado a Pero Vaz de Caminha contando-lhe sobre a realidade atual brasileira, mas do ponto de vista de um indígena brasileiro.

### Preparação

1. Façam pesquisas a respeito da realidade atual dos indígenas brasileiros para embasar a ficção. Vocês podem pedir orientação aos professores de História, Geografia e Sociologia.

2. Após as pesquisas, selecionem – com a mediação do professor – os fatos que a dupla vai narrar, entre eles: sociais, políticos, ambientais ou culturais, que podem ter sido causados ou agravados pelo processo de colonização. Vocês podem também selecionar ações de superação, formas de resistência e protagonismo de cientistas, antropólogos, professores, artistas plásticos, músicos e escritores indígenas que buscam preservar a cultura de seus povos.

### Realização

1. Por ser um texto ficcional, vocês devem empregar os recursos da linguagem literária, como recriação da realidade e da linguagem, inventividade, emprego de linguagem figurada etc.

2. Escolham que tom vocês vão dar ao texto: humorístico, irônico, poético, satírico, de acordo com a abordagem e os fatos narrados.

3. Os fatos ficcionais narrados devem ter verossimilhança, ou seja, conexão com os fatos históricos.

4. Dependendo dos fatos que escolheram narrar, vocês podem usar linguagem formal ou informal, com emprego de *emoticons*, gírias e outros sinais próprios da linguagem da internet.

5. O texto deve ser narrado na 1ª pessoa do singular (eu).

6. Escrevam a primeira versão do *e-mail*.

### Avaliação e reescrita

1. Avaliem ou peçam a outra dupla para avaliar o texto.

2. Após a revisão, digite e edite o *e-mail*, dando atenção para os seguintes aspectos:
   - O cabeçalho deve ser preenchido adequadamente.
   - O título do assunto deve ser atraente.
   - O texto deve estar de acordo com a revisão feita e conforme a orientação do professor.

### Socialização

1. Os *e-mails* serão reunidos em um **livro digital**.

2. Escolham um título para a obra e elejam colegas para fazer a capa e as ilustrações.

3. O livro será publicado nas redes sociais da escola.

# Enem e vestibulares

**1. (ENEM)** Murilo Mendes, em um de seus poemas, dialoga com a carta de Pero Vaz de Caminha:

> "A terra é mui graciosa,
> Tão fértil eu nunca vi.
> A gente vai passear,
> No chão espeta um caniço,
> No dia seguinte nasce
> Bengala de castão de oiro.
> Tem goiabas, melancias,
> Banana que nem chuchu.
> Quanto aos bichos, tem-nos muito,
> De plumagens mui vistosas.
> Tem macaco até demais
> Diamantes tem à vontade
> Esmeralda é para os trouxas.
> Reforçai, Senhor, a arca,
> Cruzados não faltarão,
> Vossa perna encanareis,
> Salvo o devido respeito.
> Ficarei muito saudoso
> Se for embora daqui".
>
> (MENDES, Murilo. *Murilo Mendes – poesia completa e prosa*. Rio de Janeiro: Nova Aguilar, 1994)

Arcaísmos e termos coloquiais misturam-se nesse poema, criando um efeito de contraste, como ocorre em:

**a)** A terra é mui graciosa / Tem macaco até demais.

**b)** Salvo o devido respeito / Reforçai, Senhor, a arca.

**c)** A gente vai passear / Ficarei muito saudoso.

**d)** De plumagens mui vistosas / Bengala de castão de oiro.

**e)** No chão espeta um caniço / Diamantes tem à vontade.

**2. (ENEM)**

> "[...] De ponta a ponta, é tudo praia-palma, muito chã e muito formosa. Pelo sertão nos pareceu, vista do mar, muito grande, porque, a estender olhos, não podíamos ver senão terra com arvoredos, que nos parecia muito longa. Nela, até agora, não pudemos saber que haja ouro, nem prata, nem coisa alguma de metal ou ferro; nem lho vimos. Porém a terra em si é de muito bons ares [...]. Porém o melhor fruto que dela se pode tirar me parece que será salvar esta gente."
>
> (Carta de Pero Vaz de Caminha. *In*: MARQUES, A.; BERUTTI, F.; FARIA, R. *História moderna através de textos*. São Paulo: Contexto, 2001.)

A carta de Pero Vaz de Caminha permite entender o projeto colonizador para a nova terra. Nesse trecho, o relato enfatiza o seguinte objetivo:

**a)** Valorizar a catequese a ser realizada sobre os povos nativos.

**b)** Descrever a cultura local para enaltecer a prosperidade portuguesa.

**c)** Transmitir o conhecimento dos indígenas sobre o potencial econômico existente.

**d)** Realçar a pobreza dos habitantes nativos para demarcar a superioridade europeia.

**e)** Criticar o modo de vida dos povos autóctones para evidenciar a ausência de trabalho.

**3. (UFV)** Leia a estrofe abaixo e faça o que se pede.

> "Dos vícios já desligados
> nos pajés não crendo mais,
> nem suas danças rituais,
> nem seus mágicos cuidados."
>
> (ANCHIETA, José de. *O auto de São Lourenço* [tradução e adaptação de Walmir Ayala]. Rio de Janeiro: Ediouro [s.d.], p. 110).

Assinale a afirmativa verdadeira, considerando a estrofe acima, pronunciada pelos meninos índios em procissão:

**a)** Os meninos índios representam o processo de aculturação em sua concretude mais visível, como produto final de todo um empreendimento do qual participaram com igual empenho a Coroa Portuguesa e a Companhia de Jesus.

**b)** A presença dos meninos índios representa uma síntese perfeita e acabada daquilo que se convencionou chamar de literatura informativa.

**c)** Os meninos índios estão afirmando os valores de sua própria cultura, ao mencionar as danças rituais e as magias praticadas pelos pajés.

**d)** Os meninos índios são figuras alegóricas cuja construção como personagens atende a todos os requintes da dramaturgia renascentista.

**e)** Os meninos índios representam a revolta dos nativos contra a catequese trazida pelos jesuítas, de quem querem libertar-se tão logo seja possível.

4. **(ENEM)** Leia:

Texto I

Andaram na praia, quando saímos, oito ou dez deles; e daí a pouco começaram a vir mais. E parece-me que viriam, este dia, à praia, quatrocentos ou quatrocentos e cinquenta. Alguns deles traziam arcos e flechas, que todos trocaram por carapuças ou por qualquer coisa que lhes davam. [...] Andavam todos tão bem-dispostos, tão bem-feitos e galantes com suas tinturas que muito agradavam.

CASTRO, S. A carta de Pero Vaz de Caminha.
Porto Alegre: L&PM, 1996 (fragmento).

Texto II

PORTINARI, C. *O descobrimento do Brasil*. 1956. Óleo sobre tela, 199 × 169 cm. Disponível em: www.portinari.org.br. Acesso em: 12 jun. 2013. (Foto: Reprodução)

Pertencentes ao patrimônio cultural brasileiro, a carta de Pero Vaz de Caminha e a obra de Portinari retratam a chegada dos portugueses ao Brasil. Da leitura dos textos, constata-se que:

a) a carta de Pero Vaz de Caminha representa uma das primeiras manifestações artísticas dos portugueses em terras brasileiras e preocupa-se apenas com a estética literária.

b) a tela de Portinari retrata indígenas nus com corpos pintados, cuja grande significação é a afirmação da arte acadêmica brasileira e a contestação de uma linguagem moderna.

c) a carta, como testemunho histórico-político, mostra o olhar do colonizador sobre a gente da terra, e a pintura destaca, em primeiro plano, a inquietação dos nativos.

d) as duas produções, embora usem linguagens diferentes – verbal e não verbal –, cumprem a mesma função social e artística.

e) a pintura e a carta de Caminha são manifestações de grupos étnicos diferentes, produzidas em um mesmo momento histórico, retratando a colonização.

5. **(UDESC)** O movimento literário que retrata as manifestações literárias produzidas no Brasil à época de seu descobrimento, e durante o século XVI, é conhecido como Quinhetismo ou Literatura de Informação.

Analise as proposições em relação a este período.

I. A produção literária no Brasil, no século XVI, era restrita às literaturas de viagens e jesuíticas de caráter religioso.

II. A obra literária jesuítica, relacionada às atividades catequéticas e pedagógicas, raramente assume um caráter apenas artístico. O nome mais destacado é o do padre José de Anchieta.

III. O nome Quinhetismo está ligado a um referencial cronológico – as manifestações literárias no Brasil tiveram início em 1500, época da colonização portuguesa – e não a um referencial estético.

IV. As produções literárias neste período prendem-se à literatura portuguesa, integrando o conjunto das chamadas literaturas de viagens ultramarinas, e aos valores da cultura greco-latina.

V. As produções literárias deste período constituem um painel da vida dos anos iniciais do Brasil colônia, retratando os primeiros contatos entre os europeus e a realidade da nova terra.

Assinale a alternativa **correta**.

a) Somente as afirmativas I, IV e V são verdadeiras.
b) Somente a afirmativa II é verdadeira.
c) Somente as afirmativas I, II, III e V são verdadeiras.
d) Somente as afirmativas III e IV são verdadeiras.
e) Todas as afirmativas são verdadeiras.

# CAPÍTULO 9
# BARROCO: O SER HUMANO DIVIDIDO

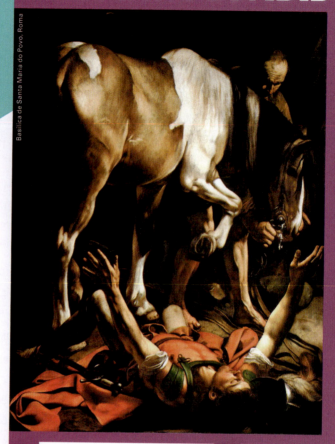

Basílica de Santa Maria do Povo, Roma

CARAVAGGIO. *A Conversão de São Paulo, a caminho de Damasco*, 1600-1601. Óleo sobre madeira de cipreste, 237 cm × 189 cm.

## Roda de conversa

1. Que emoções e sensações estéticas a observação desta obra pode gerar?

2. A pintura retrata a conversão de São Paulo (ou Saulo) ao cristianismo, a caminho de Damasco, na Síria. Descreva a imagem que você vê.

3. Na representação dessa cena bíblica, o que você observou com relação ao jogo de luz e sombra? O que isso pode revelar?

4. Segundo especialistas, essa pintura gerou polêmica porque a representação realista de uma cena bíblica foi considerada grosseira e inadequada na época. Você identifica algum elemento da obra que possa ter causado essa reação?

## Para você...

### ... ler
- *Antologia da Poesia Barroca Brasileira*, organização de Tenório Telles.
- *Gregório de Matos – Poemas escolhidos*, seleção, prefácio e notas de José Miguel Wisnik.
- *Boca do Inferno*, Ana Miranda.

### ... ouvir
- *Triste Bahia*, Caetano Veloso.
- *Feito pra acabar*, Marcelo Jeneci/Paulo Neves/José Miguel Wisnik.
- *Verdade Vergonha do Boca do Inferno*, Rappin Hood.

### ... assistir
- *Gregório de Mattos*. Direção: Ana Carolina. Brasil, 2002.
- *O Aleijadinho: Paixão, Glória e Suplício*. Direção: Geraldo Santos Pereira. Brasil, 2003.

## O que você vai...

### ... fruir
- *A uma ausência*, António Barbosa Bacelar.
- *Sermão do bom ladrão ou da Audácia*, Padre Antônio Vieira.
- *Torna a definir o poeta os maus modos [...]*, Gregório de Matos.
- *Moraliza o poeta nos ocidentes do sol [...]*, Gregório de Matos.
- *Boca do Inferno*, Ana Miranda.

### ... aprender
- O Barroco em Portugal.
- O Barroco no Brasil.
- Padre Antonio Vieira: contexto histórico de produção.
- O Barroco da cana-de-açúcar, no Nordeste.
- Gregório de Matos: uma obra dividida.
- Tendências estéticas do Barroco literário: o Conceptismo e o Cultismo.

- Apesar de pouco conhecido ou divulgado, António Barbosa Bacelar é um dos poetas mais importantes do Barroco português. Em sua opinião, a quem seria endereçado um poema intitulado "A uma ausência"?
- Qual seria essa ausência?

Leia o soneto a seguir, publicado na antologia *Fênix Renascida*, a mais importante dessa época em Portugal.

## TEXTO 1

### A uma ausência

Sinto-me, sem sentir, todo abrasado
No rigoroso fogo que me alenta;
O mal que me consome me sustenta,
O bem que me entretém me dá cuidado.

Ando sem me mover, falo calado,
O que mais perto vejo se me ausenta,
E o que estou sem ver mais me atormenta;
Alegro-me de ver-me atormentado,

Choro no mesmo ponto em que me rio,
No mor risco me anima a confiança,
Do que menos se espera estou mais certo.

Mas, se de confiado desconfio,
É porque, entre os receios da mudança,
Ando perdido em mim como em deserto.

BACELAR, António Barbosa. A uma ausência. *In*: MOISÉS, Massaud. *A literatura brasileira através dos textos*. São Paulo: Cultrix, 1991. p 191-192.

**Quem é o autor?**

António Barbosa Bacelar (1610-1663) nasceu e morreu em Lisboa (Portugal). Após doutorar-se em Leis pela Universidade de Coimbra, dedicou-se ao magistério e à magistratura. Alguns de seus poemas foram reunidos na *Fênix Renascida*, uma antologia de poetas dessa época, em 5 volumes, na qual se destaca o soneto "A uma ausência" – pelo qual se notabilizou à época. Entretanto, a maior parte de sua obra, em verso e em prosa, nunca foi publicada.

1. Você leu, em unidades anteriores, poemas portugueses renascentistas. Esse soneto está inserido na estética barroca. Você percebe a influência da poesia lírica de Camões em "A uma ausência"? Justifique sua resposta.

2. Qual é o tema do poema?

3. Explique os sentimentos expressos por estes versos:

   a) "Alegro-me de ver-me atormentado,"

   b) "Choro no mesmo ponto em que me rio,"

4. Explique o emprego dos **paradoxos** nos versos:

   a) "Sinto-me, sem sentir, todo abrasado"

   b) "Ando sem me mover, falo calado,"

   c) "Ando perdido em mim como em deserto."

   d) "Choro no mesmo ponto em que me rio"

# O Barroco em Portugal: cronologia, características, autores

O **Barroco** teve início em Portugal coincidentemente no começo da colonização do Brasil e, assim, influenciou a literatura produzida aqui. Nessa época, a Europa enfrentava momentos de crise entre o Humanismo renascentista e o Medievalismo religioso. Pode-se dizer, então, que o Barroco foi um momento de transição em que diversas teorias e descobertas científicas incitaram muitas dúvidas, sobretudo no campo religioso, mas também na cultura e nas artes. Cronologicamente, costuma-se indicar que o **Barroco português** (lá nomeado também de Seiscentismo) teve início em 1580, quando Camões morreu e Portugal perdeu sua autonomia para a Espanha. Seu término, por sua vez, ocorreu em 1756, com a fundação da Arcádia Lusitana. Entre os principais autores do Barroco português, além de António Barbosa Bacelar, podemos citar sóror Mariana Alcoforado, padre Manuel Bernardes, frei Luís de Sousa, D. Francisco Manuel de Melo, Cavaleiro de Oliveira, Matias Aires, Francisco Rodrigues Lobo e padre Antônio Vieira, que será estudado a seguir.

**Características do Barroco português no soneto**

Esse soneto de António Bacelar apresenta algumas marcas características do estilo ou da estética barroca (século XVII) em Portugal, como:

- a dramaticidade do discurso amoroso;

- a dualidade e a complexidade do sentimento amoroso;

- os contrastes e conflitos;

- o exagero e a minúcia nos detalhes;

- o uso de figuras de linguagem;

- o uso de paradoxo.

- Quais foram os principais representantes do Barroco no Brasil?
- Você sabe o que é um sermão? Já ouviu falar nos sermões do padre Antônio Vieira?

Leia o fragmento de um de seus sermões mais famosos, no qual padre Antônio Vieira procura transmitir, através de sua poderosa retórica, valores éticos e religiosos. Este sermão foi pregado em Lisboa (Portugal), na Igreja da Misericórdia, no ano de 1655.

## TEXTO 2

### Sermão do bom ladrão ou da audácia

[...] Suponho, finalmente, que os ladrões de que falo não são aqueles miseráveis, a quem a pobreza e **vileza** de sua fortuna condenou a este gênero de vida, porque a mesma, sua miséria ou escusa, ou alivia o seu pecado, como diz Salomão: **Non grandis est culpa, cum quis furatus fuerit: furatur enim ut esurientem impleat animam** (*). O ladrão que furta para comer não vai nem leva ao inferno: os que não só vão, mas levam, de que eu trato, são os ladrões de maior calibre e de mais alta esfera, os quais debaixo do mesmo nome e do mesmo **predicamento** distingue muito bem S. Basílio Magno: [...] Não são só ladrões, diz o Santo, os que cortam bolsas, ou espreitam os que se vão banhar, para lhes colher a roupa: os ladrões que mais própria e dignamente merecem este título são aqueles a quem os reis encomendam os exércitos e legiões, ou o governo das províncias, ou a administração das cidades, os quais já com manha, já com força, roubam e despojam os povos. Os outros ladrões roubam um homem, estes roubam cidades e reinos; os outros furtam debaixo do seu risco, estes sem temor, nem perigo; os outros, se furtam, são enforcados, estes furtam e enforcam. Diógenes, que tudo via com mais aguda vista que os outros homens, viu que uma grande tropa de **varas** e ministros de justiça levavam a enforcar uns ladrões, e começou a bradar: "Lá vão os ladrões grandes enforcar os pequenos". **Ditosa** Grécia, que tinha tal pregador! E mais ditosas as outras nações, se nelas não padecera a justiça as mesmas afrontas!

(*) **Provérbios, VI: 30.**

VIEIRA, Padre Antônio. *Sermões escolhidos*. São Paulo: Martin Claret, 2003. p. 119.

### Quem é o autor?

**Padre Antônio Vieira** (1608-1697) nasceu em Lisboa. Com 6 anos, veio para a Bahia e estudou no Colégio Jesuíta de Salvador. Ainda jovem, já sacerdote da Companhia de Jesus, estreou no púlpito e alcançou fama de pregador eloquente e culto. Destacou-se também como missionário, defendendo incansavelmente os direitos dos povos indígenas. Era chamado por eles de Paiaçu ("Grande Padre" ou "Pai" em tupi).

**Vileza:** caráter ou comportamento do que é vil ou infame; maldade, canalhice; degradação, indignidade, indecência; vilania.
**Predicamento:** que tem predicados, qualidades, distinção, classe.
**Vara:** circunscrição judicial ou área de atuação (julgamento) dos juízes.
**Ditosa:** que tem boa dita; venturosa, feliz, afortunada.

> **(\*) Gastando o latim**
>
> Citações em latim eram uma forma de trazer credibilidade e força argumentativa aos sermões. "*Non grandis est culpa, cum quis furatus fuerit: furatur enim ut esurientem impleat animam*" quer dizer "Não é grande o furto quando alguém furta para saciar sua alma esfomeada", frase de Salomão na Bíblia (Provérbios, capítulo 6, versículo 30).

1. Pelo trecho lido, qual é o objetivo do sermão?

2. A quem se dirigem habitualmente os sermões e qual é o objetivo desse gênero?

3. Quem é o bom ladrão, de acordo com o trecho lido? Se, para Vieira, existe um *bom* ladrão, quem seria, para ele, o *mau* ladrão? Justifique.

4. O *Sermão do bom ladrão* foi pronunciado em Lisboa, na Igreja da Misericórdia, e diante da nobreza, de juízes e ministros. Comente esse fato considerando o alvo da crítica feita no sermão e o público que o ouvia.

> **Sermão ou pregação**
>
> É o discurso religioso expositivo-argumentativo em que se busca convencer a audiência a respeito de certas condutas e valores religiosos. A palavra **sermão** origina-se do latim *sermo*, que tem o sentido de "maneira de falar". Os sermões de Vieira são considerados peças literárias porque o tema é exposto de forma racional e lógica, com retórica primorosa e emprego de recursos estilísticos e literários. Os sermões podem ter registro escrito antes de ser apresentados, lidos ou pregados ao público.

5. Todas as alternativas comentam adequadamente o trecho lido, **exceto**:

   a) Para sustentar o ponto de vista (tese) defendido, são invocadas as palavras de Santo Basílio Magno e do filósofo Diógenes.

   b) Defende a punição de quem comete pequenos furtos.

   c) Busca atingir a elite, denunciando a impunidade dos poderosos.

   d) Usa como argumento o recurso da comparação.

> **Argumento de autoridade**
>
> No *Sermão do bom ladrão ou da audácia*, ao citar as palavras de um santo e de um filósofo, Vieira utiliza o chamado argumento de autoridade. Nesse tipo de argumento, o leitor/ouvinte é levado a aceitar a validade do que se afirma pela credibilidade que atribui a alguém que é autoridade no assunto.

6. Leia mais um trecho de *Sermão do bom ladrão ou da audácia*:

   > De um chamado Seronato disse com discreta contraposição Sidônio Apollinar [...].

   a) O que você percebe quanto à ordem dos termos nesse trecho?

   b) Qual é o efeito de sentido que essa inversão provoca?

7. Que efeito de sentido a antítese produz no trecho a seguir?

   > Lá vão os ladrões grandes enforcar os pequenos.

112 Capítulo 9 Barroco: o ser humano dividido

### A Arte da Retórica e a "Retórica Aristotélica"

Retórica é a arte de se expressar bem por meio das palavras, com o objetivo de persuadir os ouvintes. Para convencer a audiência de seus posicionamentos, o orador pode usar recursos da retórica , tais como:

1. a sua autoridade pessoal, suas virtudes, seu caráter (*ethos*);
2. a sua capacidade de comover e sensibilizar o público-alvo (*pathos*);
3. os seus conhecimentos, com o emprego de argumentos lógicos e convincentes (*logos*).

A expressão "retórica aristotélica" refere-se ao filósofo grego Aristóteles (384-322 a.C.), autor da *Retórica*, na qual deu um tratamento filosófico à arte da persuasão pela palavra. Segundo ele, retórica é a capacidade do locutor de identificar, na situação comunicativa, o que é adequado para persuadir seu interlocutor.

# Contexto histórico em que padre Antônio Vieira produziu suas obras

## Reforma Protestante × Contrarreforma

Padre Antônio Vieira viveu em um tempo marcado pelos desdobramentos da Reforma Protestante e da Contrarreforma. No século XVI, as novas classes burguesas, enriquecidas pelo comércio, sentiam-se tolhidas pelos dogmas católicos: enriquecer era pecado. Além disso, a Igreja participava do controle administrativo dos reinos, o que incomodava os reis. Já os camponeses estavam descontentes com religiosos que viviam às suas custas. Dessas e de outras críticas nasceu a **Reforma Protestante**, que se opunha ao poder papal e originou novas igrejas. A **Contrarreforma** foi a resposta católica a esse movimento, o que resultou em disputas violentas. Nesse contexto, os sermões foram um importante instrumento da Igreja Católica para defender seus princípios.

Os sermões de Vieira eram feitos para ser ouvidos pelo público e tinham a finalidade de persuadir sua audiência para que agisse conforme os verdadeiros valores cristãos, visando criticar os setores sociais dominantes e combatendo a corrupção, defendendo os pobres, os indígenas e os explorados em geral.

## Tendências estéticas do Barroco literário: o Conceptismo

No Barroco literário, tanto na Europa quanto no Brasil, predominaram duas tendências estéticas: o **Conceptismo** ou Quevedismo; e o **Cultismo** ou Gongorismo (que vamos estudar mais à frente).

### O Conceptismo ou Quevedismo

O Conceptismo preocupa-se em trabalhar as ideias, os temas e os conceitos. Influenciado pelo poeta espanhol Luís de Quevedo, está mais presente na prosa, especialmente nos sermões do padre Antônio Vieira. Algumas das características formais do Conceptismo são:

- a racionalização dos conflitos;
- o uso de relações de causa, consequência e condição na construção da argumentação;
- a repetição de ideias e palavras que reforçam o conceito apresentado;
- o uso frequente da função da linguagem apelativa ou conativa para convencer os ouvintes/leitores;
- o uso de analogias, comparações, antíteses e metáforas, recursos linguísticos também comuns ao Cultismo;
- a valorização do raciocínio, do discurso e da lógica;
- a argumentação por meio do uso de ideias e conceitos baseados na retórica aristotélica.

## TEXTO 3

- Pode-se pensar em uma literatura genuinamente brasileira no século XVII?
- Você já leu ou ouviu falar no poeta Gregório de Matos?

Alguns críticos de literatura, como Antonio Candido, afirmam não ser possível considerar que na colônia, até o século XVIII, houvesse um sistema literário, pois não havia autores, obras, público letrado e gráficas para a impressão de livros. Os autores que publicaram antes desse período (como os cronistas viajantes e catequistas) eram estrangeiros, ou seja, a maioria nascida em Portugal, inclusive o padre Antônio Vieira. O próprio termo "barroco" refere-se a movimentos culturais e literários ocorridos na Europa.

Leia, a seguir, um poema de Gregório de Matos.

### Torna a definir o poeta os maus modos de obrar na governança da Bahia, principalmente naquela universal fome, que padecia a cidade.

Que falta nesta cidade?..............Verdade
Que mais por sua desonra?.........Honra
Falta mais que se lhe ponha........Vergonha.

O demo a viver se exponha,
por mais que a fama a exalta,
numa cidade, onde falta
Verdade, Honra, Vergonha.

Quem a pôs neste **socrócio**?..........Negócio
Quem causa tal perdição?............Ambição
E o maior desta loucura?...............**Usura**.

Notável desaventura
de um povo **néscio**, e **sandeu**,
que não sabe, que o perdeu
Negócio, Ambição, Usura.

Quais são os seus doces objetos?........Pretos
Tem outros bens mais maciços?..........Mestiços
Quais destes lhes são mais gratos?......Mulatos

Dou ao demo os insensatos,
dou ao demo a gente asnal,
que estima por cabedal
Pretos, Mestiços, Mulatos. [...]

MATOS, Gregório de. Torna a definir o poeta os maus modos de obrar na governança da Bahia [...]. *In*: DIMAS, Antônio. *Gregório de Matos – Literatura comentada*. 2. ed. São Paulo: Nova Cultural, 1988. p. 30

---

**Socrócio:** palavra não dicionarizada que para alguns estudiosos significa emplastro, alívio, bálsamo, socorro ou salvação; e, para outros: um neologismo derivado do verbo socrestar (de furtar, rapinar).
**Usura**: avareza, exploração.
**Néscio**: estúpido, ignorante.
**Sandeu**: simplório, ingênuo.

### Quem é o autor?

**Gregório de Matos Guerra** (1636-1696) nasceu na Bahia, filho de família rica, condição que lhe permitiu estudar com os jesuítas em Salvador e, depois, em Coimbra (Portugal). Voltou a Salvador e se desentendeu com o clero, as autoridades e as pessoas da alta sociedade baiana, a quem criticava e ironizava em seus poemas. Em função disso, foi exilado em Luanda (Angola). Em 1694, voltou para o Brasil e estabeleceu-se em Recife (PE), onde faleceu.

1. No poema, são apresentadas perguntas e respostas. Qual é o objetivo dessa estratégia?

2. Responda:
   a) Que aspectos da cidade da Bahia são criticados nas estrofes 1 e 2?
   b) Consulte o sentido de **socrócio** no glossário e explique o recurso da ironia no verso "Quem a pôs neste socrócio?".
   c) Que aspectos da cidade da Bahia são problematizados pelo eu lírico nas estrofes 3 e 4 e a que conclusão ele chega?
   d) Que denúncia é feita pelo eu lírico nas estrofes 5 e 6?

3. Qual é o efeito de sentido produzido pela repetição dos substantivos abstratos **Verdade**, **Honra** e **Vergonha** (nos versos finais da segunda estrofe); **Negócio**, **Ambição** e **Usura** (nos versos finais da quarta estrofe); e **Pretos**, **Mestiços** e **Mulatos** (nos versos finais da sexta estrofe)?

4. No poema, foram usadas:
   - **rimas horizontais** (cidade/Verdade); (desonra/Honra); (ponha/Vergonha); (socrócio/Negócio); (perdição/Ambição); (loucura/Usura); (objetos/Pretos); (maciços/Mestiços); (gratos/Mulatos);
   - e **rimas verticais** (exponha/Vergonha); (exalta/falta); (desaventura/Usura); (sandeu/perdeu); (insensatos/Mulatos); (asnal/cabedal).

   Qual é o efeito de sentido produzido por essas rimas no contexto do poema?

5. O poeta Gregório de Matos ficou conhecido como "Boca do Inferno". Que elementos do poema lido podem justificar essa alcunha?

6. Discuta com a turma: essas denúncias, feitas no século XVII, continuam atuais? Dê sua opinião e justifique-a, apontando ações para resolver as questões denunciadas por Gregório de Matos.

115

## TEXTO 4

- Apesar da alcunha de "Boca do Inferno" por sua poesia satírica e irônica, Gregório também criou sonetos, poemas lírico-amorosos e religiosos. Quais seriam as temáticas desses poemas e a quem eles se dirigiam?

Leia, a seguir, um dos seus sonetos.

### Moraliza o poeta nos ocidentes do sol a inconstância dos bens do mundo

Bianca Particheli

Nasce o Sol, e não dura mais que um dia,
Depois da Luz se segue a noite escura,
Em tristes sombras morre a formosura,
Em contínuas tristezas a alegria.

Porém se acaba o Sol, por que nascia?
Se formosa a Luz é, por que não dura?
Como a beleza assim se transfigura?
Como o gosto da pena assim se fia?

Mas no Sol, e na Luz, falte a firmeza,
Na formosura não se dê constância,
E na alegria sinta-se tristeza.

Começa o mundo enfim pela ignorância,
E tem qualquer dos bens por natureza
A firmeza somente na inconstância.

MATOS, Gregório de. Moraliza o poeta nos ocidentes do sol a inconstância dos bens do mundo. *In*: DIMAS, Antônio. *Gregório de Matos – Literatura comentada*. 2. ed. São Paulo: Nova Cultural, 1988. p. 157.

1. Algumas **figuras de linguagem** são muito recorrentes nos poemas barrocos. Explique o efeito de sentido produzido pelas figuras de linguagem a seguir.

    a) Aliteração, que é a repetição de consoantes: "Nasce o Sol, e não dura mais que um dia, / Depois da Luz se segue a noite escura".

    b) Antítese: [...] "Depois da Luz se segue a noite escura" / [...] "Em contínuas tristezas a alegria." / [...] "Porém, se acaba o Sol, por que nascia?"

    c) Inversão ou hipérbato: "Nasce o Sol, e não dura mais que um dia" / [...] "Em tristes sombras morre a formosura." / [...] "Se formosa a Luz é, por que não dura?"

    d) Paradoxo: "E na alegria sinta-se tristeza, / A firmeza somente na inconstância."

2. Responda:

    a) No soneto, que sentido é dado aos substantivos **dia** e **noite**?

    b) A que estão associadas as palavras **nasce**, **Sol**, **Luz**, **formosura**, **alegria**, **formosa**, **beleza**?

    c) A que estão associadas as palavras e expressões **não dura**, **escura**, **tristes sombras**, **morre**, **tristeza**, **acaba**?

3. Você conhece manifestações artísticas atuais que guardem relação com as temáticas de Vieira e Gregório? Comente e dê exemplos.

# O Barroco da cana-de-açúcar, manifestações literárias no Nordeste: literatura

Segundo alguns estudiosos, o chamado Barroco da cana-de-açúcar, que se deu principalmente na literatura da Região Nordeste, não teve a mesma magnitude do chamado Barroco do ouro (que se expressa na arquitetura e nas artes plásticas, principalmente em Minas Gerais). Isso pode ser explicado por vários motivos, entre os quais estão a ausência de um público urbano e alfabetizado e o fato de a impressão tipográfica e de livros ter sido proibida na então colônia portuguesa. Nessa época, os livros eram impressos na Europa, o que dificultava sua difusão entre a população da colônia.

Basílica Nossa Senhora do Pilar. Ouro Preto, MG, 2019.

## Gregório de Matos: uma obra dividida

A obra poética de Gregório de Matos Guerra – considerado o primeiro escritor genuinamente brasileiro, pois nasceu na Bahia – reflete a divisão do indivíduo barroco. Em tom irônico e humorístico, o **eu lírico profano** desmoraliza o clero e a sociedade, o que fez com que ele recebesse o apelido de "Boca do Inferno". Contrito, humilde e arrependido, seu **eu lírico religioso** dirige-se a Jesus. Já o **eu lírico amoroso** lamenta a efemeridade da vida e do amor.

## Tendências estéticas do Barroco literário: o Cultismo

Influenciado pelo poeta espanhol Luis de Góngora, o Cultismo caracterizou-se pela preocupação com a forma, com aspectos de construção da linguagem e com o emprego de recursos de ornamentação do texto, muito presentes na obra do poeta Gregório de Matos.

Podemos citar como características do Cultismo:

- o uso de metáforas, antíteses, metonímias, hipérboles etc., recursos por meio dos quais o autor procura atrair o leitor/ouvinte atingindo seus sentidos;
- o exotismo, que consiste no uso de linguagem culta, extravagante, com vocábulos raros e rebuscamento de forma;
- o jogo de palavras;
- o hipérbato, que consiste no uso de termos invertidos na oração;
- o uso frequente da função emotiva da linguagem.

## O Barroco na obra de padre Antônio Vieira e Gregório de Matos

Assim, o Barroco literário teve sua maior expressão com o ciclo da cana-de-açúcar, uma dinâmica social e econômica que possibilitou esse movimento. Os nomes em destaque na literatura foram o padre Antônio Vieira (1608-1697) e o poeta Gregório de Matos (1636-1696).

A literatura barroca produzida na colônia é caracterizada por temáticas e formas de expressão que buscam uma arte voltada para aspectos da cultura nascente, para interesses ligados à terra e à gente que aqui vivia. Soma-se a isso a temática predominante no Barroco europeu: o conflito do ser humano, dividido entre Céu e Terra, matéria e espírito, salvação e perdição, sensualismo e platonismo, entre outros dilemas.

## Vamos comparar?

- Você sabe o que é um **romance histórico**?
- Seria possível, quatro séculos depois, Gregório de Matos se tornar personagem de um livro que falasse sobre ele mesmo? Como?

Leia um trecho do romance histórico *Boca do Inferno* (1990), da escritora contemporânea, cearense, Ana Miranda.

### A Cidade – 1

"Esta cidade acabou-se", pensou Gregório de Matos, olhando pela janela do sobrado no terreiro de Jesus. "Não é mais a Bahia. Antigamente havia muito respeito! Hoje, até dentro da praça, nas barbas da infantaria, nas bochechas dos **granachas**, na frente da forca fazem assaltos à vista."

Veio à sua mente a figura de Góngora y Argote, o poeta espanhol que tanto admirava, vestido como nos retratos em seu **hábito** eclesiástico de capelão do rei: o rosto longo e duro, o queixo partido ao meio, as têmporas rapadas até detrás das orelhas. Góngora tinha-se ordenado sacerdote aos cinquenta e seis anos. Usava um anel de rubi no dedo anular da mão esquerda, que todos beijavam. Gregório de Matos queria, como o poeta espanhol, escrever coisas que não fossem vulgares, alcançar o **culteranismo**. Saberia escrever assim? Sentia dentro de si um abismo. Se ali caísse aonde o levaria? Não estivera Góngora tentando unir a alma elevada do homem à terra e seus sofrimentos carnais? Gregório de Matos estava no lado escuro do mundo, comendo a parte podre do banquete. Sobre o que poderia falar? Goza, goza el color, da luz, el oro. Teria sido bom para Gregório se tivesse nascido na Espanha? Teria sido diferente? [...]

MIRANDA, Ana. *Boca do Inferno*. São Paulo: Companhia das Letras, 1990, p. 13.

**granachas:** soldados, recrutas; granadeiros.
**hábito:** roupa, vestimenta (dos monges, padres e religiosos em geral).
**culteranismo:** o mesmo que "cultismo", uma das tendências estéticas do Barroco, influenciada por Góngora (Gongorismo).

1. Nesse trecho que você leu o narrador imagina reflexões de Gregório de Matos a respeito dos seguintes temas, **exceto**:

   a) impossibilidade de escrever como Góngora, por viver na cidade da Bahia.
   b) admiração pelo estilo do escritor espanhol Góngora y Argote: o cultismo (ou culteranismo).

### Quem é o autor?

**Ana** Maria de Nóbrega **Miranda** (1951), atriz, poeta, roteirista e romancista, nasceu em Fortaleza (CE) e vive no Rio de Janeiro. Além de *Boca do Inferno*, é autora reconhecida por seus romances históricos, que associam ficção com pesquisa documental minuciosa.

### Romance histórico

É uma narrativa ficcional que se relaciona a fatos históricos, de modo que os acontecimentos, costumes e personagens são reconstruídos em concordância com fontes históricas.

   c) degradação e devassidão dos costumes da cidade da Bahia.
   d) capacidade de Góngora em conseguir unir o espiritual e o carnal.
   e) crítica ao governo arbitrário e militar tirânico da cidade da Bahia.

2. Com relação à narrativa só é **correto** afirmar que:

   a) o narrador oscila entre a referência histórica e a perspectiva contemporânea.
   b) o narrador apresenta a visão de mundo de alguém do século XVII.
   c) o narrador narra, de forma objetiva, as angústias do poeta em relação ao estilo.
   d) o narrador conjectura que Gregório teria sido melhor escritor se não morasse na Bahia.
   e) o narrador faz críticas ao estilo de Gregório de Matos.

118  Capítulo 9  Barroco: o ser humano dividido

# Enem e vestibulares

1. Leia este trecho de um sermão de Vieira, pregado na Bahia à irmandade dos escravos de um engenho de açúcar, no dia de São João Evangelista, em 1633:

## Sermão XIV (trecho)

[...] Eles mandam, e vós servis; eles dormem, e vós velais; eles descansam, e vós trabalhais; eles gozam o fruto de vossos trabalhos, e o que vós colheis deles é um trabalho sobre outro. Não há trabalhos mais doces que os das vossas oficinas, mas toda essa doçura para quem é? Sois como abelhas... as abelhas fabricam o mel, sim; mas não para si. [...]

> (NEVES, João Alves das. Pe. Antônio Vieira – o profeta do Novo Mundo. São Paulo: Aquariana, 1998. p. 63.)

Responda:

a) Qual é a temática central desse trecho do sermão?

b) A quem se refere os pronomes **eles** e **vós**?

c) O padre Antônio Vieira emprega antíteses. Veja alguns exemplos: "mandam/servis"; "dormem/velais"; "descansam/trabalhais". Com que finalidade elas são usadas?

d) Releia o trecho: "Não há trabalhos mais doces que os das vossas oficinas, mas toda essa doçura para quem é?". O que o autor expressa usando o recurso da ironia, nesse caso?

2. Leia um trecho do *Sermão do Mandato*, de Padre Antônio Vieira:

## Sermão do Mandato (1643) – Capítulo III:

[...] Tudo cura o tempo, tudo faz esquecer, tudo gasta, tudo digere, tudo acaba. Atreve-se o tempo a colunas de mármore, quanto mais a corações de cera! São as afeições como as vidas, que não há mais certo sinal de haverem de durar pouco, que terem durado muito. São como as linhas que partem do centro para a circunferência, que, quanto mais continuadas, tanto menos unidas. Por isso os antigos sabiamente pintaram o amor menino, porque não há amor tão robusto, que chegue a ser velho. De todos os instrumentos com que o armou a natureza o desarma o tempo. Afrouxa-lhe o arco, com que já não tira, embota-lhe as setas, com que já não fere, abre-lhe os olhos, com que vê o que não via, e faz-lhe crescer as asas, com que voa e foge. A razão natural de toda esta diferença, é porque o tempo tira a novidade às coisas, descobre-lhes os defeitos, enfastia-lhes o gosto, e basta que sejam usadas para não serem as mesmas. Gasta-se o ferro com o uso, quanto

mais o amor? O mesmo amar é causa de não amar, e o ter amado muito, de amar menos. [...]

> (Disponível em: http://www.dominiopublico.gov.br/download/texto/fs000018pdf.pdf)

Que alternativa **não** se relaciona corretamente com o trecho que você leu?

a) O tema desse sermão é o efeito negativo do tempo.

b) A argumentação é construída com o uso de hipérbatos, comparações, antíteses, metáforas.

c) O tema do sermão é o conflito entre a fragilidade do amor e a força da paixão.

d) A argumentação é baseada principalmente em ideias e conceitos e não na preocupação formal.

e) O sermão faz referência à mitologia greco-romana (Eros-Cupido).

3. **(ENEM)** Leia:

[...] Em um engenho sois imitadores de Cristo crucificado porque padeceis em um modo muito semelhante o que o mesmo Senhor padeceu na sua cruz e em toda a sua paixão. A sua cruz foi composta de dois madeiros, e a vossa em um engenho é de três. Também ali não faltaram as canas, porque duas vezes entraram na Paixão: uma vez servindo para o cetro de escárnio, e outra vez para a esponja em que lhe deram o fel. A Paixão de Cristo parte foi de noite sem dormir, parte foi de dia sem descansar, e tais são as vossas noites e os vossos dias. Cristo despido, e vós despidos; Cristo sem comer, e vós famintos; Cristo em tudo maltratado, e vós maltratados em tudo. Os ferros, as prisões, os açoites, as chagas, os nomes afrontosos, de tudo isto se compõe a vossa imitação, que, se for acompanhada de paciência, também terá merecimento de martírio.

> (VIEIRA, A. Sermões. Tomo XI. Porto: Lello & Irmão, 1951, adaptado.)

O trecho do sermão do Padre Antônio Vieira estabelece uma relação entre a Paixão de Cristo e:

a) a atividade dos comerciantes de açúcar nos portos brasileiros.

b) a função dos mestres de açúcar durante a safra de cana.

c) o sofrimento dos jesuítas na conversão dos ameríndios.

d) o papel dos senhores na administração dos engenhos.

e) o trabalho dos escravos na produção de açúcar.

# CAPÍTULO 10

# ARCADISMO: A BUSCA DA SIMPLICIDADE

POUSSIN, Nicolas. *Os pastores de Arcádia*, (1638-1640). Óleo sobre tela, 85 cm × 121 cm.

## Roda de conversa

1. Que sensações essa imagem lhe provoca? Que elementos dela mais chamam sua atenção?
2. O que você vê no centro da imagem?

## Para você...

### ... ler

- *Marília de Dirceu*, Tomás Antônio Gonzaga.
- *A Barca dos Amantes*, Antônio Barreto.
- *Romanceiro da Inconfidência*, Cecília Meireles.

### ... ouvir

- *Vilarejo*, Marisa Monte/Pedro Baby/Carlinhos Brown/Arnaldo Antunes.

### ... assistir

- *Os inconfidentes*. Direção: Joaquim Pedro de Andrade. Brasil 1972.
- *Tiradentes*. Direção: Oswaldo Caldeira. Brasil, 1999.
- *Ligações Perigosas*. Direção: Stephen Frears. Estados Unidos, 1989.
- *Danton – O processo da Revolução*. Direção: Andrzej Wajda. França/Polônia, 1983.

## O que você vai...

### ... fruir

- *Recreios campestres na companhia de Marília* e *A moléstia e a receita*, Manuel M. Bocage.
- *Marília de Dirceu (Lira I)*, Tomás Antônio Gonzaga.
- *Soneto XIV*, Cláudio Manuel da Costa.
- *O Uraguai*, Basílio da Gama.
- *Caramuru*, Santa Rita Durão.
- *Moema*, Victor Meirelles (pintura).

### ... aprender

- Arcadismo em Portugal.
- Arcadismo no Brasil.
- A poesia lírica, satírica e épica do Arcadismo brasileiro.

- Depois do Barroco, a corrente literária predominante no século XVIII – também conhecido como "o Século das Luzes" – foi o Arcadismo. O Arcadismo, em Portugal, também é chamado de Neoclassicismo ou Setecentismo. Que mudanças poderiam ter impulsionado o nascimento dessa nova estética?
- Pela imagem que você apreciou na abertura deste capítulo, é possível inferir os temas mais característicos dessa estética literária?

Leia, a seguir, o soneto de Bocage, importante representante do Arcadismo em Portugal.

### TEXTO 1

### Recreios campestres na companhia de Marília

Olha, Marília, as flautas dos pastores
Que bem que soam, como estão cadentes!
Olha o Tejo a sorrir-se! Olha, não sentes
Os Zéfiros brincar por entre as flores?

Vê como ali beijando-se os Amores
Incitam nossos ósculos ardentes!
Ei-las de planta em planta as inocentes,
As vagas borboletas de mil cores!

Naquele arbusto o rouxinol suspira,
Ora nas folhas a abelhinha pára,
Ora nos ares suspirando gira:

Que alegre campo! Que manhã tão clara!
Mas ah! Tudo o que vês, se eu não te vira,
Mais tristeza que a morte me causara.

BOCAGE, Manuel M. Barbosa du. *Obras de Bocage*. Porto: Lello & Irmão, 1968. p. 134.

### Quem é o autor?

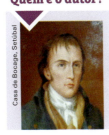

Casa de Bocage, Setúbal

**Bocage** ou Manuel Maria de Barbosa l'Hedois du Bocage (1765-1805) nasceu em Setúbal e faleceu em Lisboa (Portugal). Sob o pseudônimo de Elmano Sadino, escreveu ferozes sátiras contra os companheiros. Na época da Inquisição, sua irreverência diversas vezes lhe custou a liberdade.

121

### Musas ou pastoras imaginárias

No Arcadismo, alguns poetas elegiam as mesmas musas ou pastoras imaginárias, que recebiam nomes fictícios, como Márcia, Nice, Circe, Glaura. Marília, por exemplo, é uma delas: destinatária dos versos e louvores de Bocage. Como veremos depois, também inspirou o poeta Tomás Gonzaga no Brasil.

POUSSIN, Nicolas. *Os pastores de Arcádia*, 1628. Óleo sobre tela, 85 cm × 121 cm.

1. Que proposta o eu lírico faz à sua musa, Marília?

2. Que verbos estão associados aos elementos da natureza e qual é o efeito de sentido provocado por essas escolhas vocabulares?

3. Como você interpreta estes versos do soneto?

    > Que alegre campo! Que manhã tão clara!
    > Mas ah! Tudo o que vês, se eu não te vira,
    > Mais tristeza que a morte me causara.

4. Com relação ao soneto de Bocage, só **não** é correto afirmar que:

    a) considera a natureza como o cenário do amor.

    b) exalta a singeleza e a alegria do campo.

    c) faz referência a figuras da mitologia greco-romana.

    d) lastima a fugacidade do momento.

    e) emprega a aliteração /s/-/z/.

5. Releia:

    > Olha o Tejo a sorrir-se! Olha, não sentes
    > Os Zéfiros brincar por entre as flores?

    • Por esses versos, que relação pode ser estabelecida entre o Tejo e a Arcádia?

6. Explique o uso do recurso da personificação ou prosopopeia nos versos:

    • "Olha o Tejo a **sorrir-se**!"

    • "o rouxinol **suspira**"

7. É possível estabelecer alguma relação entre esse soneto de Bocage e a pintura de Nicolas Poussin na abertura deste capítulo, *Os pastores de Arcádia*? Explique.

### Epigramas

São pequenas composições poéticas, frequentemente de caráter satírico e humorístico, que expressam uma crítica a algo ou alguém. É um substantivo do grego formado por **epí-**, que tem o sentido de "sobre", e **-gramma**, que tem o sentido de "escrever".

8. Leia agora um epigrama de Bocage.

### A moléstia e a receita

Para curar febres podres
Um doutor se foi chamar,
Que, feitas as cerimónias,
Começou a receitar.

A cada penada sua
O enfermo arrancava um ai!
– "Não se assuste (diz Galeno),

Que inda desta se não vai."

– Ah! senhor! (torna o coitado,
Como quem seu fado espreita)
Da moléstia não me assusto,
"Assusto-me da receita."

BOCAGE, M. A moléstia e a receita. *In*: GOMES, Álvaro Cardoso. *Poemas escolhidos de Bocage*. São Paulo: Cultrix, 1974. p. 32

a) Qual é o objetivo desse epigrama? Justifique citando versos.
b) Esse tema ainda tem relevância na atualidade? Explique.
c) Em dupla, faça um *meme* sobre o tema e, após avaliação do professor e dos colegas, publique-o nas redes sociais da escola.

## Arcádia e Arcadismo em Portugal

O termo **Arcadismo**, usado para denominar o movimento literário europeu do século XVIII, deriva de **Arcádia**, região da Grécia que, segundo uma visão mítica idealizada, constituía um paraíso habitado por pastores que viviam em harmonia com a natureza. Assim, Arcádia passou a nomear as sociedades literárias que se reuniam, buscando retomar, em poemas, a sobriedade, o equilíbrio, os gêneros, as formas e as regras da poesia clássica renascentista. Surgido na França, estendeu-se a vários países europeus. Em Portugal, recebeu o nome de Neoclassicismo. O maior representante lusitano desse movimento foi o poeta Manuel Maria du Bocage, que participava de uma academia denominada Nova Arcádia e adotava o pseudônimo de Elmano Sadino.

## TEXTO 2

- Quais eram as características ou as vertentes poéticas do século XVIII no Brasil Colonial?
- Quais eram os poetas desse período? Quais eram suas temáticas e suas musas inspiradoras?

Você vai ler uma das liras mais conhecidas do século XVIII. Ela faz parte do livro *Marília de Dirceu*, escrito pelo poeta inconfidente Tomás Gonzaga (que adotava o pseudônimo árcade de Dirceu). Essa obra – também inspirada na pastora árcade Marília – é dedicada à jovem Maria Doroteia Joaquina de Seixas, de 17 anos, por quem Gonzaga (Dirceu) se apaixonou aos 40 anos.

### Marília de Dirceu (Lira I)

**"Tenho próprio casal e nele assisto":** Casal aqui significa pequena propriedade rural e assistir está no sentido (hoje em desuso) de habitar, morar.
**Alceste:** referência a Cláudio Manoel da Costa (poeta, amigo mais velho e "mestre" de Gonzaga), cujo pseudônimo arcádico era Alceste (ou Glauceste, ou Glauceste Satúrnio).
**Ventura:** prosperidade, boa sorte, felicidade.
**Bálsamo:** perfume; líquido aromático, perfumado.
**Vapora:** exala ou lança vapores (no ar, no ambiente).

Eu, Marília, não sou algum vaqueiro,
que viva de guardar alheio gado,
de tosco trato, de expressões grosseiro,
dos frios gelos e dos sóis queimado.
**Tenho próprio casal e nele assisto**;
dá-me vinho, legume, fruta, azeite;
das brancas ovelhinhas tiro o leite
e mais as finas lãs, de que me visto.
 Graças, Marília bela,
 graças à minha Estrela!

Eu vi o meu semblante numa fonte:
dos anos inda não está cortado;
os pastores que habitam este monte
respeitam o poder do meu cajado.
Com tal destreza toco a sanfoninha,
que inveja até me tem o próprio **Alceste**:
ao som dela concerto a voz celeste,
nem canto letra que não seja minha.
 Graças, Marília bela,
 graças à minha Estrela!

Mas tendo tantos dotes da **ventura**,
só apreço lhes dou, gentil pastora,
depois que o teu afeto me segura
que queres do que tenho ser senhora.
É bom, minha Marília, é bom ser dono
de um rebanho, que cubra monte e prado;
porém, gentil pastora, o teu agrado
vale mais que um rebanho e mais que um trono.
 Graças, Marília bela,
 graças à minha Estrela!

Os teus olhos espalham luz divina,
a quem a luz do sol em vão se atreve;
papoula ou rosa delicada e fina
te cobre as faces, que são cor da neve.
Os teus cabelos são uns fios d'ouro;
teu lindo corpo **bálsamos vapora**.

Bianca Particheli

124 Capítulo 10 Arcadismo: a busca da simplicidade

Ah! não, não fez o céu, gentil pastora,
para glória de amor igual tesouro!
    Graças, Marília bela,
       graças à minha Estrela!

Leve-me a sementeira muito embora
o rio, sobre os campos levantado;
acabe, acabe a peste matadora,
sem deixar uma rês, o **nédio** gado.
Já destes bens, Marília, não preciso
nem me cega a paixão, que o mundo arrasta;
para viver feliz, Marília, basta
que os olhos movas, e me dês um riso.
    Graças, Marília bela,
       graças à minha Estrela!

Irás a divertir-te na floresta,
sustentada, Marília, no meu braço;
aqui descansarei a quente **sesta**,
dormindo um leve sono em teu **regaço**;
enquanto a luta jogam os pastores,
e emparelhados correm nas campinas,
**toucarei** teus cabelos de **boninas**,
nos troncos gravarei os teus louvores.
    Graças, Marília bela,
       graças à minha Estrela!

Depois que nos ferir a mão da Morte,
ou seja neste monte, ou noutra serra,
nossos corpos terão, terão a sorte
de consumir os dois a mesma terra.
Na **campa**, rodeada de **ciprestes**,
lerão estas palavras os pastores:
"Quem quiser ser feliz nos seus amores,
siga os exemplos que nos deram estes".
    Graças, Marília bela,
       graças à minha Estrela!

GONZAGA, Tomás Antônio. Marília de Dirceu, Lira I. *In*: EULÁLIO, Alexandre (sel.). *Tomás Antônio Gonzaga*. 5. ed. São Paulo: Global, 2000. p. 116-119.

**Nédio:** brilhante.
**Sesta:** hora de descanso/sono após o almoço.
**Regaço:** colo; lugar de repouso.
**Toucarei:** do verbo toucar: adornar, enfeitar; cobrir (os cabelos).
**Bonina:** margarida; flor do campo, branca, rósea etc.
**Campa:** sepultura, lápide.
**Cipreste:** planta ornamental da família dos pinheiros.

## Quem é o autor?

**Tomás Antônio Gonzaga** (1744-1810) nasceu em Porto (Portugal). Passou a infância no Recife e na Bahia e formou-se em Direito em Portugal. De volta ao Brasil, foi ouvidor-geral na comarca de Vila Rica (atual Ouro Preto). Aos 40 anos, dedicava à Maria Doroteia Joaquina de Seixas, de 17 anos, os poemas que fariam parte do livro *Marília de Dirceu*. Em 1789, foi acusado de participar da Conjuração Mineira. Detido, foi enviado para a Ilha das Cobras, no Rio, e depois condenado ao exílio em Moçambique, na África, onde morreu.

1. As afirmativas a seguir descrevem corretamente o eu poético, **exceto**:
   a) Revela a contradição: o ideal de uma vida simples *versus* valores associados à posse e à riqueza.
   b) Gaba-se de suas posses e quer, desse modo, conquistar o amor de Marília.
   c) Considera o amor de Marília superior aos bens materiais.
   d) Revela sensualismo sutil ao descrever a amada, tendo como pano de fundo a natureza.
   e) Expressa uma visão idílica, sem conflitos, integrada à natureza.

2. Explique os versos da "Lira I" reproduzidos a seguir:
   a) "Leve-me a sementeira muito embora / o rio, sobre os campos levantado; / acabe, acabe a peste matadora, / sem deixar uma rês, o nédio gado. / Já destes bens, Marília, não preciso [...]"
   b) "Eu vi o meu semblante numa fonte: / dos anos inda não está cortado;"
   c) "Tenho próprio casal e nele assisto; / dá-me vinho, legume, fruta, azeite;"
   d) "Já destes bens, Marília, não preciso / nem me cega a paixão, que o mundo arrasta;"
   e) "É bom, minha Marília, é bom ser dono / de um rebanho, que cubra monte e prado; / porém, gentil pastora, o teu agrado / vale mais que um rebanho e mais que um trono."

3. O **refrão** ou **estribilho** caracteriza-se como um verso ou agrupamento de versos que se repete ao final de cada estrofe. Encontra-se presente em canções e em criações literárias como os poemas.
   - Como você interpreta a metáfora "Estrela", empregada no 2º verso do refrão, apresentado a seguir?

   > Graças, Marília bela,
   >
   > graças à minha **Estrela**!

## O Arcadismo no Brasil

No fim do século XVII, houve um deslocamento do centro econômico do Nordeste para o Sudeste (região de Minas Gerais e Rio de Janeiro). O centro do poder e da cultura desloca-se para Vila Rica. Tudo isso interferiu na política, na sociedade e na produção artístico-literária do país. Alguns intelectuais brasileiros que estudavam na Europa, ao voltar, influenciados pelas ideias liberais e iluministas, indignaram-se com os desmandos da Coroa portuguesa. Assim, o Arcadismo coincidiu com o movimento de libertação política contra a censura, a perseguição e a prisão daqueles que se opunham à opressão, conhecido como Conjuração Mineira.

O gênero literário mais cultivado no Arcadismo brasileiro foi a **poesia**, com três vertentes:

- **lírica**: apresenta temas como a vida no campo, contrapondo-se à vida urbana, o amor, a valorização da simplicidade e da natureza, a confissão do sentimento a uma musa;
- **satírica**: crítica à política colonialista portuguesa, em especial à cobrança abusiva de impostos (tematizada nas *Cartas Chilenas*, que vamos estudar mais adiante).
- **épica**: poemas narrativos longos, abordando as relações entre colonos portugueses e os indígenas. A temática indianista será retomada no Romantismo.

Os principais nomes da poesia lírica e satírica são Tomás Antônio Gonzaga, Alvarenga Peixoto, Cláudio Manuel da Costa e Silva Alvarenga. Na poesia épica, destacam-se Basílio da Gama e Santa Rita Durão.

Na poesia lírica, há uma revalorização da cultura clássica greco-romana. Daí o uso retórico de figuras da mitologia, como ninfas, zéfiros, deuses, musas etc. Os tópicos mais presentes são: *Aurea mediocritas* (simplicidade e idealização de uma vida modesta e feliz, em oposição à vida luxuosa da cidade); *fugere urbem* ("fuga da cidade", valorização da vida campestre, da verdade, da inocência e da simplicidade); *inutilia truncat* ("cortar o inútil", ou seja, as formas rebuscadas do Barroco); bucolismo (exaltação da vida campestre); *locus amoenus* (presença de lugares amenos, agradáveis); *carpe diem* ("colher o dia", aproveitar o momento); *tempus fugit* (fugacidade do tempo); *sequere naturam* ("seguir a natureza").

- Você conhece alguma obra do poeta Cláudio Manuel da Costa?
Leia, a seguir, o soneto desse representante do Arcadismo no Brasil.

**TEXTO 3**

### Soneto XIV

Quem deixa o trato pastoril amado
Pela ingrata, civil correspondência,
Ou desconhece o rosto da violência,
Ou do retiro a paz não tem provado.

Que bem é ver nos campos transladado
No gênio do pastor, o da inocência!
E que mal é no trato, e na aparência
Ver sempre o cortesão dissimulado!

Ali respira amor sinceridade;
Aqui sempre a traição seu rosto encobre;
Um só trata a mentira, outro a verdade.

Ali não há fortuna, que soçobre;
Aqui quanto se observa, é variedade:
Oh ventura do rico! Oh bem do pobre!

COSTA, Cláudio Manuel da. *Sonetos*. Rio de Janeiro: Nova Fronteira, 1997. p. 20.

**Quem é o autor?**

**Cláudio Manuel da Costa** (1729-1789) nasceu em Ribeirão do Carmo (atual Mariana-MG) e faleceu em Vila Rica. Cursou Filosofia no Rio e formou-se em Cânones em Lisboa e Coimbra, onde entrou em contato com os ideais iluministas. No Brasil, foi secretário de governo e juiz medidor de terras da Câmara de Vila Rica. Participou da Inconfidência Mineira. Preso e interrogado, foi encontrado enforcado numa cela em Vila Rica. Criou uma academia de poetas, a Colônia Ultramarina.

1. Qual é o tema do soneto?

2. Que alternativa **não** interpreta adequadamente esse soneto?
   a) Relação entre o "viver justo", a bondade, a inocência e a vida no campo.
   b) Exaltação da inocência do pastor e condenação do cortesão dissimulado.
   c) Afastamento dos tópicos do Arcadismo para expressar aversão à vida na Corte.
   d) Contraposição entre a vida do campo (**ali**) e a da cidade (**aqui**).
   e) Reafirmação de um dos temas do Arcadismo: *fugere urbem* (fugir da cidade).

3. Que advertência o eu lírico faz nestes versos?

> Quem deixa o trato pastoril amado
>
> Pela ingrata, civil correspondência,
>
> Ou desconhece o rosto da violência,
>
> Ou do retiro a paz não tem provado.

4. Que consequências a vida na cidade traz ao amor? Por quê?

5. Quem é descrito nestes versos?

> Que bem é ver nos campos transladado
>
> No gênio do pastor, o da inocência!
>
> E que mal é no trato, e na aparência
>
> Ver sempre o cortesão dissimulado!

6. Leia:

- "**Ali** respira amor sinceridade; / **Aqui** sempre a traição seu rosto encobre."

- "**Ali** não há fortuna, que soçobre; / **Aqui** quanto se observa, é variedade:"

a) A que se referem os advérbios de lugar **ali** e **aqui**?

b) Explique o emprego da antítese "sinceridade/traição".

7. No plano econômico, a Revolução Industrial, ocorrida na Inglaterra, gerou o processo de urbanização e o êxodo rural, que motivaram a idealização do campo como um local ameno e favorável ao amor.

a) No século XXI, a vida no campo continua idealizada? O campo continua a ser considerado um local ameno, livre das perturbações e hipocrisias? O que motiva isso?

b) *Carpe diem*, ou seja, "aproveitar o dia", é uma das temáticas mais conhecidas do Arcadismo. Comente: O que os jovens devem fazer para aproveitar essa fase da vida de forma saudável?

c) *Inutilia truncat* tem o sentido de "cortar o inútil"; no caso, cortar as formas rebuscadas do Barroco. Comente: Você percebe essa tendência à concisão nos textos literários contemporâneos que lê? Gosta desse estilo? Por quê?

### A poesia lírica do Arcadismo brasileiro

Na produção poética desse período, destacam-se Tomás Antônio Gonzaga, Cláudio Manuel da Costa, Alvarenga Peixoto e Silva Alvarenga. A vida no campo contrapõe-se à vida urbana. O amor, a valorização da simplicidade e a natureza são seus temas recorrentes. Com relação ao estilo, a lírica do Arcadismo se opõe à estética do Barroco. Busca uma linguagem simples e objetiva, o equilíbrio e a perfeição da forma, por exemplo, a preferência por sonetos. Retoma valores da Antiguidade clássica, empregando figuras mitológicas. O eu lírico idealiza a beleza da mulher amada e o cenário que está em sintonia com seus sentimentos.

- O que seria tratado em um poema intitulado *O Uraguai*?

Leia a seguir um trecho desse poema épico, gênero que também foi cultivado no Arcadismo brasileiro.

TEXTO 4

## O Uraguai

[...]
As campinas que vês e a nossa terra
Sem o nosso suor e os nossos braços,
De que serve ao teu rei? Aqui não temos
Nem altas minas, nem caudalosos
Rios de areias de ouro. Essa riqueza
Que cobre os templos dos benditos padres,
Fruto da sua história e do comércio
Da **folha** e peles, é riqueza sua.
Com o **arbítrio** dos corpos e das almas
O céu lha deu em sorte. A nós somente
Nos toca arar e cultivar a terra,
Sem outra paga mais que o repartido
Por mãos escassas mísero sustento.
Podres choupanas, e algodões tecidos,
E o arco, e as setas, e as vistosas penas
São as nossas fantásticas riquezas. [...]

GAMA, Basílio da. *O Uraguai*. 3. ed. Rio de Janeiro: Record, 1999. p. 41-43.

**Folha:** no poema, refere-se à erva-mate, produto natural da região, muito importante economicamente na época.

**Arbítrio:** poder de decidir, escolher, determinar, julgar; resolução, vontade, desejo; juízo, arbitragem.

### O eu lírico de *O Uraguai*

Em *O Uraguai*, a voz do eu lírico é a de um indígena guarani dos Sete Povos das Missões – nome que se deu ao conjunto de sete aldeamentos indígenas fundados pelos jesuítas, na região do atual Rio Grande do Sul, a leste do Rio Uruguai (ou Uraguai). Mais tarde, com o ataque de bandeirantes, os jesuítas fugiram da área. Nesse poema épico, o eu poético fala aos colonizadores, manifestando seu estranhamento pelo fato de os portugueses terem interesse pela terra que não tinha ouro. Mas, erroneamente, os indígenas acreditavam que o ouro era o único interesse dos conquistadores.

### Quem é o autor?

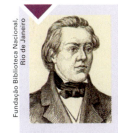

**José Basílio da Gama** (1741-1795) nasceu em São José do Rio das Mortes (atual Tiradentes-MG) e faleceu em Lisboa. Sua poesia lírica e, especialmente, épica, destacou-se no Arcadismo.

1. De que modo o eu poético se refere aos jesuítas? Justifique.

2. Como o eu poético descreve o papel de seu povo na sociedade colonial?

3. A que os versos a seguir fazem referência?

> [...] Aqui não temos / Nem altas minas, nem caudalosos / Rios de areias de ouro. [...]

4. A que outra região brasileira essa se contrapõe, exatamente pela existência de muito ouro nela?

5. Leia um trecho de *Caramuru*, outro famoso poema épico do Arcadismo, escrito por frei José de Santa Rita Durão e publicado em 1781.

### Caramuru

Aqui, do grão Tupá no amado seio
Conversam, dançam, jogam sem fastio;
Uns dos males passados sem receio
Cantam da crua guerra o caso ímpio:
Outros da própria morte o golpe feio,
Recordam sem pavor, contam com brio [...]

Não são menos que as outras saborosas
As várias frutas do Brasil campestres;
Com gala de ouro e púrpura vistosas
Brilha a **mangaba** e os **mocujés** silvestres.
[...]

Choraram da Baía as ninfas belas,
Que, nadando, a Moema acompanhavam;
[...]
Nem pode o claro herói sem pena vê-las,
Com tantas provas que de amor lhe davam;
Nem mais lhe lembra o nome de Moema,
Sem que ou amante a chore, ou grato gema.

Voava entanto a nau na azul corrente,
Impelida de um zéfiro sereno,
E do brilhante mar o espaço **ingente**
Um campo parecia igual, e ameno.
[...]

> **Mangaba:** fruto da mangabeira, pequena árvore da América do Sul e do Brasil.
> **Mocujés:** frutos da árvore de mesmo nome, semelhante à maçã, comestível.
> **Ingente:** enorme, grande, desmedido.

SANTA RITA DURÃO, Frei José de. Cantos III e V. *In*: FIGUEIREDO, José Valle de (org.). *Antologia da poesia brasileira*. Lisboa: Editorial Verbo, [20--]. p. 30-32. (Biblioteca Básica Verbo, 24).

• A que se referem os versos a seguir?

a) "Uns dos males passados sem receio / Cantam da crua guerra o caso ímpio: / Outros da própria morte o golpe feio, / Recordam sem pavor, contam com brio".

b) "Brilha a mangaba e os mocujés silvestres";

"E do brilhante mar o espaço ingente / Um campo parecia igual, e ameno."

6. A obra *Caramuru* mescla as mitologias cristã (elogio à catequese jesuítica) e pagã (representada por deuses indígenas e seres mitológicos gregos). Leia os versos apresentados a seguir e responda: eles fazem referência a quais dessas mitologias?

a) "Aqui, do grão **Tupá** no amado seio
Conversam, dançam, jogam sem fastio".

b) "Choraram da Baía as **ninfas** belas,
Que, nadando, a Moema acompanhavam"

c) "Voava entanto a nau na azul corrente,
Impelida de um **zéfiro** sereno".

130 Capítulo 10 Arcadismo: a busca da simplicidade

7. Agora, observe esta pintura de Victor Meirelles (de 1866). Leia a legenda com atenção.

MEIRELLES, Victor. *Moema*, 1866. Óleo sobre tela, 129 cm × 190 cm.

• Com base em *Caramuru*, na legenda e na observação da imagem, responda:

a) É possível afirmar que Victor Meirelles se inspirou no poema épico para criar sua pintura?

b) Como se pode comprovar isso?

c) O que a pintura retrata?

d) Quais versos de *Caramuru* correspondem ao que é representado nessa pintura?

## A poesia épica do Arcadismo brasileiro

Pode-se dizer que a poesia épica do Arcadismo brasileiro tem características próprias. O *Uraguai* e *Caramuru* são os expoentes dessa vertente.

### O *Uraguai*, de Basílio da Gama

Nesse poema, o autor narra o episódio em que os indígenas guaranis, catequizados na colônia jesuítica dos Sete Povos das Missões do Uraguai (ou Uruguai), incentivados pelos jesuítas, rebelam-se contra os colonizadores portugueses e espanhóis, que queriam usá-los como mão de obra escravizada: ao que os religiosos se opunham. O poema também enaltece Cepé, Cacambo e Lindoia, que simbolizam o "bom selvagem": o índio civilizado, europeizado.

### *Caramuru*, de Santa Rita Durão

O poema narra as aventuras e lendas que cercam a vida de Diogo Álvares Correia, o "Caramuru", náufrago português aprisionado na Bahia pelos índios tupinambás. Passando a viver entre eles, Diogo se apaixona pela índia Paraguaçu; casa-se com ela e depois a abandona, voltando para Portugal. Segundo a lenda, a índia Moema também se apaixona por ele, mas se afoga, tentando nadar atrás de Diogo. As águas do mar a trouxeram de volta. Essa obra exalta a natureza, o indígena e idealiza o processo de colonização.

# Enem e vestibulares

**1. (ENEM)** Leia este soneto de Cláudio Manuel da Costa:

Torno a ver-vos, ó montes; o destino

Aqui me torna a pôr nestes outeiros,

Onde um tempo os gabões deixei grosseiros

Pelo traje da Corte, rico e fino.

Aqui estou entre Almendro, entre Corino,

Os meus fiéis, meus doces companheiros,

Vendo correr os míseros vaqueiros

Atrás de seu cansado desatino.

Se o bem desta choupana pode tanto,

Que chega a ter mais preço, e mais valia

Que, da Cidade, o lisonjeiro encanto,

Aqui descanse a louca fantasia,

E o que até agora se tornava em pranto

Se converta em afetos de alegria.

> (COSTA, Cláudio Manuel da. *In*: PROENÇA FILHO,
> Domício. *A poesia dos Inconfidentes*. Rio de Janeiro:
> Nova Aguilar, 2002, p. 78-79).

Considerando o soneto e os elementos constitutivos do Arcadismo brasileiro; e considerando também que o poeta acabava de voltar de uma viagem a Portugal, que alternativa está correta acerca da relação entre o poema e o momento histórico de sua produção? Justifique sua resposta.

a) Os "montes" e "outeiros", mencionados na 1ª estrofe, são imagens relacionadas à Metrópole, ou seja, ao lugar onde o poeta se vestiu com traje "rico e fino".

b) A oposição entre a Colônia e a Metrópole como núcleo do poema revela uma contradição vivenciada pelo poeta, dividido entre a civilidade do mundo urbano da Metrópole e a rusticidade da terra da Colônia.

c) O bucolismo presente nas imagens do poema é um elemento estético do Arcadismo que evidencia a preocupação do poeta árcade em realizar uma representação literária realista da vida nacional.

d) A relação de vantagem da "choupana" sobre a "Cidade", na 3ª estrofe, é uma formulação literária que reproduz a condição histórica paradoxalmente vantajosa da Colônia sobre a Metrópole.

e) A realidade de atraso social, político e econômico do Brasil Colônia está representada esteticamente no poema pela referência, na última estrofe, à transformação do pranto em alegria.

**2. (ENEM)** Leia:

## Soneto VII

Onde estou? Este sítio desconheço;

Quem fez tão diferente aquele prado?

Tudo outra natureza tem tomado;

E em contemplá-lo tímido esmoreço.

Uma fonte aqui houve; eu não me esqueço

De estar a ela um dia reclinado;

Ali em vale um monte está mudado:

Quando pode dos anos o progresso!

Árvores, aqui vi tão florescentes

Que faziam perpétua a primavera:

Nem troncos vejo agora decadentes.

Eu me engano: a região esta não era;

Mas que venho a estranhar, se estão presentes

Meus males, com que tudo degenera.

> (COSTA, Cláudio Manuel da. Poemas.
> Disponível em: www.dominiopublico.gov.br.
> Acesso em: 7 jul. 2012)

No soneto de Cláudio Manuel da Costa, a contemplação da paisagem permite ao eu lírico uma reflexão em que transparece uma:

a) angústia provocada pela sensação de solidão.

b) resignação diante das mudanças do meio ambiente.

c) dúvida existencial em face do espaço desconhecido.

d) intenção de recriar o passado por meio da paisagem.

e) empatia entre os sofrimentos do eu e a agonia da terra.

**3. (UNESP)** O tom predominante no soneto *Soneto VII*, na página anterior, é de:

a) ingenuidade

b) apatia

c) ira

d) ironia

e) perplexidade

**4. (UNESP)** Considerando o contexto histórico-geográfico de construção do soneto, as transformações na paisagem assinaladas pelo eu lírico relacionam-se à seguinte atividade econômica:

a) indústria

b) extrativismo vegetal

c) agricultura

d) extrativismo mineral

e) pecuária

**5. (UNESP)** O eu lírico recorre ao recurso expressivo conhecido como hipérbole no verso:

a) "Quem fez tão diferente aquele prado?" (1ª estrofe)

b) "E em contemplá-lo, tímido, esmoreço." (1ª estrofe)

c) "Quanto pode dos anos o progresso!" (2ª estrofe)

d) "Que faziam perpétua a primavera:" (3ª estrofe)

e) "Árvores aqui vi tão florescentes," (3ª estrofe)

**6. (UFSCAR)** Leia:

**Texto 1**

Eu quero uma casa no campo

do tamanho ideal

pau-a-pique e sapê

Onde eu possa plantar meus amigos

meus discos

meus livros

e nada mais

(Zé Rodrix e Tavito)

**Texto 2**

Se o bem desta choupana pode tanto,

Que chega a ter mais preço, e mais valia,

Que da cidade o lisonjeiro encanto;

Aqui descanse a louca fantasia;

E o que té agora se tornava em pranto,

Se converta em afetos de alegria.

(Cláudio Manuel da Costa)

Embora muito distantes entre si na linha do tempo, os textos aproximam-se, pois o ideal que defendem é:

a) o uso da emoção em detrimento da razão, pois esta retira do homem seus melhores sentimentos.

b) o desejo de enriquecer no campo, aproveitando as riquezas naturais.

c) a dedicação à produção poética junto à natureza, fonte de inspiração dos poetas.

d) o aproveitamento do dia presente (*o carpe diem*), pois o tempo passa rapidamente.

e) o sonho de uma vida mais simples e natural, distante dos centros urbanos.

**7.** Qual das alternativas abaixo é incorreta?

a) Os poetas árcades recriam os seres pagãos da mitologia greco-romana, que podem conviver com seres cristãos.

b) As obras literárias filiadas ao Arcadismo brasileiro compõem-se de poesia lírico-amorosa, épica e satírica.

c) A poética do Arcadismo não se utiliza do jogo de palavras e as estruturas complexas do Barroco, pois prioriza a clareza e a ordem lógica na escrita.

d) A poética do Arcadismo expressa misticismo e religiosidade refletindo conflito entre matéria e espírito.

e) A poética do Arcadismo tematizou questões relacionadas à realidade brasileira, contribuindo para o desenvolvimento de uma literatura de caráter nacional.

**8.** Quais alternativas se referem à linguagem árcade?

a) Preferência pela ordem indireta, tal como no latim literário.

b) Linguagem artificial, rebuscada, hiperbólica.

c) Comedimento, impessoalidade e racionalidade.

d) Retomada das marcas linguísticas do Barroco.

e) Retorno à simplicidade, à clareza e à harmonia clássica.

# CAPÍTULO 11

# O ROMANTISMO EM PORTUGAL

## Roda de conversa

1. Pela legenda, responda: Quem seriam os "cinco artistas"? Onde se localiza Sintra?

2. Que impressões o cenário e os personagens retratados provocam em você? Descreva-os.

João Cristino da Silva. *Cinco artistas em Sintra*, 1855. Óleo sobre tela, 86,3 cm × 128,8 cm.

Museu Nacional de Arte Contemporânea do Chiado, Lisboa

### Para você...

**... ler**
- *Os sofrimentos do jovem Werther*, Johann Wolfgang von Goethe.
- *Amor de perdição*, Camilo Castelo Branco.
- *De Camões a Pessoa: antologia escolar da poesia portuguesa*, Douglas Tufano (org.).

**... assistir**
- *Orgulho e preconceito*. Direção: Joe Wright. Inglaterra, 2006.
- *Minha amada imortal*. Direção: Bernard Rose. Estados Unidos, 1995.
- *Razão e sensibilidade*. Direção: Ang Lee. Estados Unidos, 1996.

**... pesquisar**
- Biblioteca Nacional de Portugal: informações sobre vida e obra dos autores portugueses (http://www.bnportugal.gov.pt/; acesso em: 20 dez. 2021).

### O que você vai...

**... fruir**
- *Não te amo*, Almeida Garrett.
- *Amores, amores*, João de Deus.
- *Amor de salvação*, Camilo Castelo Branco.

**... aprender**
- O Romantismo na Europa.
- O Romantismo em Portugal (Poesia).
- O Romantismo em Portugal (Prosa).

- Nos poemas em geral, os sentimentos expressos pelo eu lírico podem ter alguma relação com as vivências pessoais do autor?
- Você já ouviu falar ou leu alguma obra de Almeida Garrett?

TEXTO 1

Leia um dos poemas mais relevantes do Romantismo português, escrito por Almeida Garrett.

### Não te amo

Não te amo, quero-te: o amar vem d'alma.
   E eu n'alma – tenho a calma.
   A calma – do jazigo.
   Ai! Não te amo, não.

Não te amo, quero-te: o amor é vida.
   E a vida – nem sentida
   A trago eu já comigo.
   Ai, não te amo, não!

Ai! Não te amo, não; e só te quero
   De um querer bruto e **fero**
   Que o sangue me devora.
   Não chega ao coração.

Não te amo, és bela; e eu não te amo, ó bela.
   Quem ama a **aziaga** estrela
   Que lhe luz na má hora
   Da sua perdição?

E quero-te, e não te amo, que é forçado,
   Do mau feitiço **azado**
   Este indigno furor
   Mas oh! Não te amo, não.

E infame sou, porque te quero; e tanto
   Que de mim tenho espanto.
   De ti medo e terror...
   Mas amar! ... não te amo não.

GARRETT, Almeida. Não te amo. *In*: TUFANO, Douglas (org.). *De Camões a Pessoa*: antologia escolar da poesia portuguesa. São Paulo: Moderna, 1994. p. 35.

**Fero:** furioso, impetuoso, violento.
**Aziaga:** que traz má sorte, agourenta.
**Azado:** oportuno, propício.

#### Quem é o autor?

João Baptista da Silva Leitão de **Almeida Garrett** (1799-1854) nasceu no Porto (Portugal). Poeta, romancista, contista, orador, é um dos mais importantes escritores do Romantismo português. Também se dedicou ao teatro e à política. Obras principais: *Camões, Frei Luis de Sousa, Dona Branca, Adozinda, Romanceiro, Catão, Miragaia, Flores sem fruto, Folhas caídas*.

1. Responda:

   a) Na 1ª estrofe, o que o eu lírico expressa em relação aos sentimentos da amada?

   b) Que distinção o eu lírico faz em relação aos seus sentimentos nas três primeiras estrofes? Explique.

2. Que alternativa expressa a decisão do eu lírico? Justifique com versos do poema.

   a) Renúncia ao desejo, fuga para a religiosidade.

   b) Opção pelo desejo, com conflito interior.

   c) Opção pelo desejo, sem conflito interior.

   d) Opção pelo amor tranquilo, contemplativo.

   e) Rompimento com a paixão; amor casto.

3. Releia:

   > Não te amo, és bela; e eu não te amo, ó bela.
   > Quem ama a aziaga estrela
   > Que lhe luz na má hora
   > Da sua perdição?

   - Nesses versos, que sentimentos o eu lírico parece experimentar?

4. Explique a repetição do verso "Ai! Não te amo, não" e de suas variações.

5. Em sua opinião, o eu lírico deixou de amar ou tenta negar o amor que sente?

6. Explique o emprego da interjeição "Ai" e do ponto de exclamação no verso:

   > Ai! Não te amo, não [...]

7. Explique as metáforas a seguir.

   a) Quem ama a **aziaga estrela**.

   b) Do mau **feitiço azado**.

8. Leia a estrofe e explique o efeito de sentido provocado pelo emprego da gradação.

   > E infame sou, porque te quero; e tanto
   > Que de mim tenho **espanto**.
   > De ti **medo** e **terror**...
   > Mas amar! ... não te amo não.

### Discurso amoroso do Romantismo

Algumas marcas do discurso amoroso do Romantismo estão presentes nesse poema: o **egocentrismo**, o **individualismo**, a **sensualidade** e o **sentimentalismo**.

O Arcadismo buscava poetizar o "amor universal"; o Romantismo retoma o conflito amoroso da poética barroca. A poética do Arcadismo trazia temas da mitologia greco-romana com a presença de elementos relacionados ao campo. O eu lírico, ao expressar seus sentimentos, se dirigia aos pastores, à natureza bucólica, idealizando um amor tranquilo. No Romantismo, por outro lado, o eu lírico projeta sua paixão conflituosa na natureza, que participa de suas emoções e está em conformidade com sua subjetividade.

- Por que um poeta português, já no século XIX, assumiria a posição de um trovador da Idade Média, ou seja, voltaria a usar o "eu lírico feminino", como nas **cantigas de amigo**, mas em uma abordagem diferente?
- Em sua opinião, por que esse movimento de "retomar" determinados estilos, atitudes ou características acontecem na arte literária?

Leia este **poema** de João de Deus, outro poeta filiado ao Romantismo português.

### TEXTO 2

### Amores, amores

Não sou eu tão tola
Que caia em casar;
Mulher não é rola
Que tenha um só par:
   Eu tenho um moreno,
Tenho um de outra cor,
Tenho um mais pequeno,
Tenho outro maior.

Que mal faz um beijo,
Se apenas o dou,
Desfaz-se-me o pejo,
E o gosto ficou?
   Um deles por graça
Deu-me um, e, depois,
Gostei da chalaça,
Paguei-lhe com dois.

Abraços, abraços,
Que mal nos farão?
Se Deus me deu braços,
Foi essa a razão:
   Um dia que o alto
Me vinha abraçar,
Fiquei-lhe de um salto
Suspensa no ar.

Vivendo e gozando,
Que a morte é fatal,
E a rosa em murchando
Não vale um real:
   Eu sou muito amada,
E há muito que sei
Que Deus não fez nada
Sem ser para quê.

Amores, amores,
Deixá-los dizer;
Se Deus me deu flores,
Foi para as colher:
   Eu tenho um moreno,
Tenho um de outra cor,
Tenho um mais pequeno,
Tenho outro maior.

DEUS, João de. Amores, amores. *In*: TUFANO, Douglas. (org.). *De Camões a Pessoa*: antologia escolar da poesia portuguesa. São Paulo: Moderna, 1994. p. 43.

### Quem é o autor?

**João de Deus** de Nogueira Ramos (1830-1896), poeta lírico do Romantismo português, foi também pedagogo; criador de um método de ensino de leitura às crianças. Sua obra aproximou-se da tradição folclórica e distinguiu-se pela grande riqueza musical e rítmica. Ligado inicialmente à 2ª Geração romântica, logo a abandonou para seguir uma estética própria. Seus poemas foram reunidos na coletânea *Campo de flores*. É um poeta muito popular entre os portugueses.

Bianca Particheli

1. Explique estes versos.

    a) "Não sou eu tão tola / Que caia em casar; / Mulher não é rola / Que tenha um só par".

    b) "Vivendo e gozando, / Que a morte é fatal, / E a rosa em murchando / Não vale um real".

2. Considerando o tema do poema, explique o título "Amores, amores".

3. Como vimos, em "Amores, amores" há outra visão do amor, distinta do amor romântico. Você concorda com ela? Converse com os colegas a respeito.

4. A leitura do poema "Amores, amores" pode suscitar a reflexão a respeito de que temas atuais?

5. Pelo contexto, explique o sentido das palavras destacadas em:

    Que mal faz um beijo,
    Se apenas o dou,
    Desfaz-se-me o **pejo**,
    E o gosto ficou?

    Um deles por graça
    Deu-me um, e, depois,
    Gostei da **chalaça**,
    Paguei-lhe com dois.

6. Compare o tratamento dado ao tema "amor" nos dois poemas lidos.

### João de Deus, pré-Realista

João de Deus é considerado também, por alguns estudiosos, como "pré-Realista", pois temas sociais e políticos permeiam parte de sua obra. No poema "Amores, amores", ele estabelece um diálogo com a cantiga de amigo trovadoresca, dando voz à mulher que fala do amor de forma livre e bem-humorada. Seu livro *Campo de Flores* (que contém o poema "Amores, amores") foi publicado em 1868. Nesse período, no final do século XIX, iniciava na Europa o Movimento Feminista, marcado pela reivindicação de igualdade política e jurídica entre homens e mulheres, por influência dos ideais de igualdade na Revolução Francesa e na Revolução Industrial. Esse movimento inseriu a mulher no mercado de trabalho, tirando-a do isolamento doméstico. É possível considerar, pois, que a voz poética de "Amores, amores" dialoga com as ideias feministas.

# O Romantismo na Europa

O Romantismo foi um movimento artístico, literário e filosófico que se originou na Europa, no final do século XVIII, como reação ao Neoclassicismo ou ao Arcadismo. Caracterizou-se, principalmente, por dar livre curso à imaginação e às emoções. Geralmente, movimentos artísticos e literários estão relacionados também a eventos históricos e transformações sociais. Na França, por exemplo, o Romantismo foi influenciado pelo Iluminismo e pela liberdade conquistada durante a Revolução Francesa, sob o lema "Igualdade, Liberdade e Fraternidade". A literatura romântica tematiza o amor platônico, a religiosidade, a morte, o misticismo, o individualismo, o nacionalismo, os eventos históricos, entre outros. Do ponto de vista formal, cultiva-se principalmente a liberdade de criação. Entre os séculos XVIII e XIX, o Romantismo se consolida com a **poesia lírica**.

## O Romantismo em Portugal

Temendo a invasão francesa, em decorrência do Bloqueio Continental, em 1808 a Corte portuguesa havia se transferido para o Brasil, dando início a um trabalho de reestruturação do país e iniciando a independência da colônia brasileira, que se deu finalmente em 1822.

Na literatura (após o Arcadismo), começa o Romantismo português com a publicação do poema intitulado "Camões" (1825), de Almeida Garrett. Esse movimento, influenciado pela Revolução Francesa e pela Revolução Industrial, vem se opor às estéticas anteriores. Seu estilo é marcado pela emoção, sendo uma reação ao racionalismo do Arcadismo. O amor, o culto à natureza e à pátria são temáticas dos poemas românticos.

VIANNA, Armando. *Chegada de D. João à Igreja do Rosário*, 1937. Óleo sobre tela, 80 cm × 100 cm.

### As Gerações Românticas da poesia portuguesa

São três as fases ou Gerações Românticas, cada uma com suas características, gêneros, autores e obras peculiares. Na **1ª Geração** se destacam Almeida Garrett, Alexandre Herculano e Antônio Feliciano de Castilho; na **2ª Geração**, Soares Passos; e, na **3ª Geração**, João de Deus.

#### Características

Algumas características da poesia romântica lusa são:
- o culto à natureza;
- o retorno a temas medievais – o historicismo;
- a religiosidade;
- o patriotismo ou nacionalismo;
- a libertação do Classicismo (com a linguagem simples, próxima do coloquial);
- o sentimentalismo exacerbado (irracionalismo);
- o subjetivismo;
- a idealização ou fantasia exacerbada;
- o saudosismo;
- o egocentrismo e o misticismo;
- a poesia satírica ou feminista (em João de Deus);
- o *byronismo* ou "mal do século" (marcado pela melancolia, pessimismo, sofrimento amoroso, morte, tristeza).

## TEXTO 3

- Qual seria o enredo de uma **novela** com o título *Amor de salvação*?
- Opine: O amor pode levar alguém a se perder ou a se salvar?

Você vai ler, a seguir, um trecho da novela *Amor de salvação*, de Camilo Castelo Branco.

### Conclusão

[...] Há dez anos que vivo em **Ruivães**. Neste longo espaço, apenas tenho acompanhado minha mulher a observar a cultura das suas **quintas**, que ela teima em chamar minhas. Mafalda tem vagas ideias do que é um baile, e eu pude esquecer as ideias que tinha. Dizem que a convivência de anos entre esposos, que muito se amam, traz consigo de seu natural uns silêncios significativos do esfriamento das almas. Eu não sei o que seja esse arrefecer. O céu e a terra estão continuamente abertos ante meus olhos; de cada vez que os contemplo, a cada alvorecer, e fim de tarde, os maravilhosos poemas dão-me sempre a ler uma página nova, e Mafalda traduz mais pronta que eu os **jeróglifos** da divindade. Falamos de Deus e dos filhos; contemplamos o boi que nos encara soberbo; a avezinha gemente que pipila; a fonte

**Ruivães:** vila portuguesa.
**Quinta:** grande propriedade rústica, com casa/habitação.
**Jeróglifo:** hieróglifo, cada um dos caracteres da escrita dos antigos egípcios; enigma (sentido figurado).

que suspira e a **catadupa** do **ribeiro** que ruge. A natureza é a terceira voz de nossos **colóquios**, umas vezes amor outras vezes ciência, e sempre admiração e perfumes ao eterno que nos encheu de delícias e enflorou o caminho da velhice.

Ecos do mundo nenhum chega ao nosso **ermo**. A mim, os homens que me viram consideram-me morto uns, outros porventura me lastimam embrutecido entre os meus **fraguedos**. Tive cartas a que não respondi; fui procurado por ociosos, a quem recebi na minha sala de visitas, com uma cerimônia que os afugentou. Afligiam-me as testemunhas do meu **vilipêndio** e temia que elas proferissem um nome que soaria como blasfêmia no santuário de minha família.

**Aspei** todos os vestígios que pudessem recordar Teodora. Entre os papéis de meu tio Fernão, numa gaveta secreta, encontrei o copiador das cartas dela. Minha mulher surpreendeu-me neste descobrimento, viu e compreendeu, sorriu-se e disse: "Meu pai nunca me deixou ver isto, bem que eu soubesse da existência deste livro — Triste sorte a desta senhora!, mal diria a mãe que tão virtuosamente a educou!". Únicas palavras que Mafalda proferiu com referência a Palmira!

Aqui tens a minha vida, a vida dos dois homens que na curta passagem de quarenta anos tocaram as duas extremas do infortúnio pela desonra e da felicidade pela virtude. Uma mulher me perdeu; outra mulher me salvou. A salvadora está ali naquele ermo, glorificando a herança que minha mãe lhe legou: o anjo desceu a tomar o lugar da santa: a um tempo se abriu o Céu à padecente que subiu e à redentora que baixou no raio da glória dela. A mulher de perdição não sei que destino teve.

— Pois ignoras o destino de Palmira? — interrompi eu, desconsolado, como todo o romancista, que **desadora** invenções.

— Como queres tu que eu saiba o destino de Palmira?! — replicou Afonso de Teive.

— Quem há-de vir contar-me a Ruivães os desastres que lá vão no seio **apodrentado** da sociedade?!... Mas, se te rala a curiosidade de saber em que lamaçais a deves encontrar, lança a tua espionagem, diz alto e bom som, que a fama te confiou a tuba pregoeira dos escândalos, e não faltará quem te ilumine e esclareça. Do viver da mulher virtuosa é que **baldadamente** procurarás notícias; dá-se a virtude numa obscuridade, que chega a incomodar a atenção dos que a observam como coisa curiosa de ver-se. [...]

BRANCO, Camilo Castelo. *Amor de perdição/Amor de salvação*.
São Paulo: Scipione, 1994. p. 166. (Clássicos Scipione).

**Catadupa:** catarata, queda-d'água.
**Ribeiro:** riacho.
**Colóquio:** conversa.
**Ermo:** lugar deserto, descampado.
**Fraguedo:** rochedo, penhasco.
**Vilipêndio:** desprezo, repulsa.
**Aspar:** apagar; eliminar.
**Desadora:** não adora, desaprova.
**Apodrentado:** podre.
**Baldadamente:** debalde, em vão.

## Novela

É uma narrativa literária mais desenvolvida que o conto, porém mais curta que o romance. Tem, portanto, um número menor de personagens, ações e ambientações que o romance. Mas há também personagens protagonistas, antagonistas e coadjuvantes. Na novela *Amor de salvação*, o protagonista, Afonso de Teive, narra suas lembranças ao narrador-personagem, numa noite de Natal. Os dois não se encontravam há quase 12 anos. Afonso tinha vivido uma grande paixão por Teodora Palmira. Isso o levou a se afastar da mãe e a viver de forma descontrolada e desregrada.

### Quem é o autor?

**Camilo** Ferreira Botelho **Castelo Branco** (1825-1890) nasceu em Lisboa. Cedo perdeu os pais. Com infância e adolescência difíceis, personalidade instável, teve uma vida cheia de dificuldades e atribulações. Solitário, ameaçado pela cegueira, suicidou-se. Escreveu romances, teatro e crítica literária. Obras: *Amor de perdição; Amor de salvação; A queda dum anjo; O livro negro do padre Dinis; A corja; Novelas do Minho; A brasileira de Prazins*, entre outras.

1. No trecho que você leu, o protagonista Afonso, depois de experiências com o chamado "amor de perdição", conta ter sido salvo pelo amor da esposa Mafalda, sua prima com quem se casou e teve oito filhos. Que sentimentos ele expressa quando conversa com o narrador?

2. Releia:

> Aqui tens a minha vida, a vida dos dois homens que na curta passagem de quarenta anos tocaram as duas extremas do infortúnio pela desonra e da felicidade pela virtude. Uma mulher me perdeu; outra mulher me salvou. A salvadora está ali naquele ermo, glorificando a herança que minha mãe lhe legou: o anjo desceu a tomar o lugar da santa: a um tempo se abriu o Céu à padecente que subiu e à redentora que baixou no raio da glória dela. A mulher de perdição não sei que destino teve.

a) Compare as duas fases da vida do protagonista.

b) Pela narrativa, o que as duas mulheres representaram na vida do protagonista?

c) Analise esta oposição: "Uma mulher me perdeu; outra mulher me salvou".

d) Em sua opinião, essa oposição ainda persiste nos dias atuais?

e) A quem o protagonista compara sua mulher Mafalda?

3. Leia este diálogo:

   I. "Aqui tens a minha vida..."

   II. "– Pois ignoras o destino de Palmira? – interrompi eu, desconsolado, como todo o romancista, que desadora invenções."

   III. "– Como queres tu que eu saiba o destino de Palmira?! – replicou Afonso de Teive."

• O que esse diálogo revela?

### Características da prosa do Romantismo

Algumas delas são: o amor materno; o sofrimento causado pela paixão; a "salvação" pelo amor virtuoso de uma mulher (colocada no mesmo patamar de uma santa, uma divindade); a fé, o culto à religião. Essas duas últimas também estão presentes nas **cantigas medievais**. Além disso, o herói romântico é sempre corajoso, forte, salvando a mulher amada de algum perigo.

4. Das características apresentadas acima, qual delas não está presente no trecho lido? Explique.

5. Identifique traços do Arcadismo presentes no trecho lido.

# O Romantismo em Portugal: prosa

O Romantismo não encerra somente o significado da palavra "romântico" no sentido de sentimento amoroso, paixão. **Romântico** vem da palavra francesa *romaunt*, que designava as narrativas medievais de aventuras e expressões artísticas que contivessem aspectos da cavalaria e da Idade Média. Como escola literária, na Europa, as bases do sentimentalismo romântico e do escapismo (às vezes pelo suicídio) têm origem em *Os sofrimentos do jovem Werther*, romance de Goethe publicado em 1774, na Alemanha.

## As Gerações da prosa romântica portuguesa

Na 1ª Geração (como já estudamos), destaca-se a poesia de Almeida Garrett e, na prosa, Alexandre Herculano. Na 2ª Geração: Camilo Castelo Branco. Na 3ª Geração: Júlio Diniz.

## Principais características

A principal característica da prosa literária romântica lusitana (e brasileira) é a oposição ao Classicismo: os modelos da Antiguidade greco-romana são substituídos pelos da Idade Média, quando surge a burguesia e as classes populares urbanas. Outras características da prosa romântica são: estrutura longa do texto em prosa refletindo uma sequência de tempo; desenvolvimento de um núcleo central; o indivíduo passa a ser o centro das atenções – o egocentrismo; o nacionalismo, a exaltação da natureza-pátria; fuga da realidade e idealização da sociedade, do amor e da mulher (fé, amor materno, religiosidade); a criação de um herói nacional; subjetivismo; saudades da infância. A partir desse período formou-se um público feminino fiel, consumidor de livros publicados em folhetins.

# Enem e vestibulares

1. **(UFV)** Identifique a alternativa **falsa**:

   a) O Romantismo, como estilo, não é modelado pela individualidade do autor; a forma predomina sempre sobre o conteúdo.

   b) O Romantismo é um movimento de expressão universal, inspirado por modelos medievais e unificado pela prevalência de características comuns a todos os escritores da época.

   c) O Romantismo, como estilo de época, constitui, basicamente, um fenômeno estético-literário, desenvolvido em oposição ao intelectualismo e à tradição racionalista e clássica do século VIII.

   d) O Romantismo, ou melhor, o espírito romântico, pode ser sintetizado numa única qualidade: a imaginação. Pode-se creditar à imaginação a capacidade extraordinária dos românticos de criarem mundos imaginários.

   e) O Romantismo possui características como o subjetivismo, o ilogismo, o senso de mistério, o exagero, o culto da natureza e o escapismo.

2. **(UFU)** O homem de todas as épocas se preocupa com a natureza. Cada período a vê de modo particular. No Romantismo, a natureza aparece como:

   a) Um cenário cientificamente estudado pelo homem; a natureza é mais importante que o elemento humano.

   b) Um cenário estático, indiferente; só o homem se projeta em busca de sua realização.

   c) Um cenário sem importância nenhuma; é apenas pano de fundo para as emoções humanas.

   d) Confidente do poeta, que compartilha seus sentimentos com a paisagem; a natureza se modifica de acordo com o estado emocional do poeta.

   e) Um cenário idealizado onde todos são felizes e os poetas são pastores.

3. **(FMJ)** Leia o poema de Almeida Garrett.

   > Quando eu sonhava, era assim
   > Que nos meus sonhos a via;
   > E era assim que me fugia,
   > Apenas eu despertava,
   > Essa imagem fugidia
   > Que nunca pude alcançar.
   > Agora que estou desperto,
   > Agora a vejo fixar...
   > Para quê? — Quando era vaga,
   > Uma ideia, um pensamento,
   > Um raio de estrela incerto
   > No imenso firmamento,
   > Uma quimera, um vão sonho,
   > Eu sonhava — mas vivia:
   > Prazer não sabia o que era,
   > Mas dor, não na conhecia... [...]
   > (Folhas caídas, 2013.)

   Uma temática comum à poesia romântica que pode ser percebida no poema é:

   a) a crítica à alienação da literatura tradicional.

   b) o desejo de fuga da realidade imediata.

   c) a submissão da mulher aos anseios do homem.

   d) a idealização do homem que vive no campo.

   e) a busca de uma identidade nacional autêntica.

4. **(PUC)** As questões a seguir devem ser respondidas com base na leitura dos trechos:

   **Texto 1**

   > Tanto de meu estado me acho incerto,
   > Que, em vivo ardor, tremendo estou de frio
   > Sem causa, juntamente choro e rio,
   > O mundo todo abarco, e nada aperto.
   >
   > CAMÕES, Luís Vaz de. *In*: FARACO, Sergio (org.). *Sonetos para amar o amor*. Porto Alegre: L&PM, 2007, p. 15.

   **Texto 2**

   > Este inferno de amar – como eu amo! –
   > Quem mo pôs aqui n'alma... quem foi?
   > Esta chama que alenta e consome,
   > Que é a vida – e que a vida destrói –
   > Como é que se veio a atear,
   > Quando – ai quando se há-de ela apagar?
   >
   > GARRETT, Almeida. Este inferno de amar. *In*: MOISÉS, Massaud. *A literatura portuguesa através dos textos*. São Paulo: Cultrix, 2004, p. 252.

144   Capítulo 11   O Romantismo em Portugal

Almeida Garrett é um dos principais nomes do romantismo em Portugal. No Texto 2, de sua autoria, constitui uma importante característica da estética romântica:

**a)** a liberdade formal, manifesta no verso livre e na ausência de rimas.

**b)** a religiosidade, alegoricamente indicada pelo "inferno de amar".

**c)** a busca pela compreensão racional das contradições do amor.

**d)** a expressão sentimental, voltada para a descrição de estados interiores.

**5. (PUC)** Quanto ao modo como caracterizam o sentimento amoroso, os versos da página anterior (de Garrett e de Camões) estabelecem entre si relações de:

**a)** semelhança.

**b)** incompatibilidade.

**c)** contradição.

**d)** complementaridade.

**6. (UNI-TAUBATÉ)** Das características abaixo, assinale a que não se refere ao Romantismo:

**a)** Poesia encarada como expressão dos estados da alma.

**b)** Valorização da natureza.

**c)** Estabelecimento de rígidas leis artísticas.

**d)** Liberdade de expressão e forma.

**e)** Temática nacionalista.

**7. (SANTA CASA)** Afrânio Coutinho aponta as seguintes qualidades que caracterizam o espírito romântico:

I – Individualismo e subjetivismo.

II – Escapismo.

III – Exagero.

E explica:

**a)** Na sua busca de perfeição, o romântico cria o mundo em que coloca o que imagina de bom, bravo, belo, amoroso, puro, um mundo de perfeição e sonho.

**b)** O romantismo é o primado exuberante da emoção, imaginação, paixão, intuição, liberdade pessoal e interior.

**c)** Nem fatos nem tradições despertam o respeito do romântico. Pela liberdade, revolta, fé e natureza, constrói o mundo novo à base do sonho.

A melhor associação de qualidade e explicações é:

**a)** I – b;  II – c;  III – a.

**b)** I – c;  II – a;  III – b.

**c)** I – a;  II – b;  III – c.

**d)** I – c;  II – b;  III – a.

**e)** I – b;  II – a;  III – c.

**8. (UFPA)** Os versos abaixo são de Soares de Passos:

> Vai alta a lua! na mansão da morte
> Já meia-noite com vagar soou.
> Que paz tranquila; dos vaivéns da sorte
> Só tem descanso quem ali baixou.
> Que paz tranquila! ... mas eis longe, ao longe
> Funérea campa com fragor rangeu;
> Branco fantasma semelhante a um monge,
> Dentre os sepulcros a cabeça ergueu.

Caracterizam o ultrarromantismo devido:

**a)** À introspecção subjetiva.

**b)** À predestinação para a grandeza.

**c)** À beleza estética.

**d)** Ao gosto pelo fúnebre e ao tom melodramático.

**e)** À relação entre Deus e o homem.

**9. (UNESP)**

Tão variadas são as manifestações desse movimento que é impossível formular-lhe uma definição única; mesmo assim, pode-se dizer que sua tônica foi uma crença no valor supremo da experiência individual, configurando nesse sentido uma reação contra o racionalismo iluminista e a ordem do estilo neoclássico. Seus autores exploravam os valores da intuição e do instinto, trocando o discurso público do neoclassicismo, cujas formas compunham um repertório mais comum e inteligível, por um tipo de expressão mais particular.

(Ian Chilvers (org.). *Dicionário Oxford de arte*, 2007. Adaptado.)

O movimento a que o texto se refere é o:

**a)** Naturalismo.

**b)** Romantismo.

**c)** Barroco.

**d)** Arcadismo.

**e)** Realismo.

# CAPÍTULO 12

# OS ROMANTISMOS NO BRASIL – POESIA

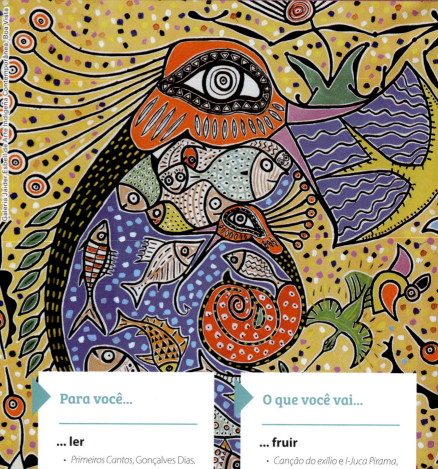

Jaider Esbell. *Pata Ewa'n, o coração do mundo*, 2016. Acrílica sobre tela, 230 cm × 250 cm.

## Roda de conversa

1. O artista indígena Jaider Esbell inspira-se na natureza para criar suas obras. Observe a reprodução da pintura e descreva as figuras nela presentes.

2. A obra de Esbell não é apenas ilustrativa: expressa um ponto de vista. O Pata Ewa'n é o centro do mundo, na concepção indígena. Os seres, os bichos, as plantas, a figura mitológica e a figura humana estão integrados à natureza. Quais seriam as mensagens que essa obra pode veicular?

### Para você...

**... ler**
- *Primeiros Cantos*, Gonçalves Dias.
- *Textura afro*, Adão Ventura.
- *Ay Kakyri Tama* (Eu moro na cidade), Marcia Wayna Kambeba.

**... assistir**
- *Amistad*. Direção: Steven Spielberg. Estados Unidos, 1997.
- *Werther*. Direção: Max Ophüls. França, 1938.
- *A época da inocência*. Direção: Martin Scorsese. Estados Unidos, 1993.
- *Doutor Gama*. Direção: Jeferson De. Brasil, 2021.

**... ouvir**
- Podcast *Vidas Negras*, episódio "O filho que deu luz à mãe", no qual discute-se a história de Luiz Gama e Luísa Mahin.
- Podcast *541 MHz*, episódio "Luiz Gama no campo de Batalha".

### O que você vai...

**... fruir**
- *Canção do exílio* e *I-Juca Pirama*, Gonçalves Dias.
- *A lágrima de um caeté*, Nísia Floresta.
- *Se eu morresse amanhã* e *Dinheiro*, Álvares de Azevedo.
- *O navio negreiro*, Castro Alves.
- *Flash back,* Adão Ventura.
- *Minha mãe*, Luiz Gama.

**... aprender**
- O Romantismo no Brasil: as três gerações.
- Diálogos/comparações: poesia romântica × contemporaneidade.

**... criar**
- Videominuto.

- Os sentimentos expressos pelo eu lírico têm alguma relação com as vivências do autor?
- Para tematizar o exílio, o poeta teria que estar longe da sua pátria?

TEXTO 1

Leia este poema de Gonçalves Dias, um dos nomes do Romantismo no Brasil.

### Canção do exílio

*Conheces o país onde florescem as laranjeiras?*
*Ardem na escura fronde os frutos de ouro...*
*Conhecê-lo? – Para lá, para lá, quisera eu ir.* (Goethe)*

**Primores:** belezas, encantos.
**Cismar:** pensar com insistência.

Minha terra tem palmeiras,
Onde canta o Sabiá;
As aves que aqui gorjeiam,
Não gorjeiam como lá.

Nosso céu tem mais estrelas,
Nossas várzeas têm mais flores,
Nossos bosques têm mais vida,
Nossa vida mais amores.

Em cismar, sozinho, à noite,
Mais prazer encontro eu lá;
Minha terra tem palmeiras,
Onde canta o Sabiá.

Minha terra tem **primores**,
Que tais não encontro eu cá;
Em **cismar** – sozinho à noite –
Mais prazer encontro eu lá;
Minha terra tem palmeiras,
Onde canta o Sabiá.

Não permita Deus que eu morra,
Sem que eu volte para lá;
Sem que desfrute os primores
Que não encontro por cá;
Sem qu'inda aviste as palmeiras,
Onde canta o Sabiá.

DIAS, Gonçalves. Canção do exílio. *In*: GARBÚGLIO, José Carlos. (sel.). *Melhores poemas de Gonçalves Dias*. 4. ed. São Paulo: Global, 2000. p. 16.

#### Quem é o autor?

Antônio **Gonçalves Dias** (1823-1864) nasceu em Caxias (MA). Estudou Direito em Coimbra e, ainda em Portugal, escreveu "Canção do exílio" e parte dos poemas de *Primeiros cantos*, já mostrando seu pendor romântico-nacionalista.

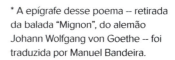

* A epígrafe desse poema -- retirada da balada "Mignon", do alemão Johann Wolfgang von Goethe -- foi traduzida por Manuel Bandeira.

1. Explique a **epígrafe** do poema.
2. De quem é a voz que fala no poema?
3. Qual é o tema do poema?
4. Que estratégias foram empregadas no poema para descrever e exaltar a pátria?
5. Qual é o sentido do termo **primores**, apresentado nos versos da quarta e da última estrofe?
6. Qual é o posicionamento social do eu lírico de Gonçalves Dias, expresso pelo poema?
7. Relacione o poema "Canção do exílio" (de Gonçalves Dias) à obra *Pata Ewa'n, O coração do mundo*, do artista indígena contemporâneo Jaider Esbell, analisando as semelhanças e as diferenças de abordagem.

147

## TEXTO 2

- O **poema épico** é uma narrativa em versos que exalta feitos heroicos – como *Os Lusíadas*, de Camões (no Classicismo português) e *O Uraguai*, de José Basílio da Gama (no Arcadismo brasileiro). Quem seriam os heróis cantados pela poesia épica romântica?

Leia o "Canto IV", do poema épico *I-Juca-Pirama*, de Gonçalves Dias.

### I-Juca Pirama (Canto IV)

Meu canto de morte,
Guerreiros, ouvi:
Sou filho das selvas,
Nas selvas cresci;
Guerreiros, descendo
Da tribo tupi.

Da tribo pujante,
Que agora anda errante
Por fado inconstante,
Guerreiros, nasci:
Sou bravo, sou forte,
Sou filho do Norte;
Meu canto de morte,
Guerreiros, ouvi.

Já vi cruas brigas,
De tribos imigas,
E as duras fadigas
Da guerra provei
Nas ondas mendaces
Senti pelas faces
Os silvos fugaces
Dos ventos que amei.

Andei longes terras,
Lidei cruas guerras,
Vaguei pelas serras
Dos vis Aimorés;
Vi lutas de bravos,
Vi fortes – escravos!
De estranhos ignavos
Calcados aos pés.

E os campos talados,
E os arcos quebrados,
E os piagas, coitados,
Já sem maracás;
E os meigos cantores,
Servindo a senhores,
Que vinham traidores
Com mostras de paz.

Aos golpes do imigo
Meu último amigo,
Sem lar, sem abrigo,
Caiu junto a mi!
Com plácido rosto,
Sereno e composto,
O acerbo desgosto
Comigo sofri.

Meu pai a meu lado
Já cego e quebrado,
De penas ralado,
Firmava-se a mi:
Nós ambos mesquinhos,
Por ínvios caminhos,
Cobertos d'espinhos
Chegamos aqui!

O velho no entanto
Sofrendo já tanto
De fome e quebranto,
Só qu'iria morrer!
Não mais me contenho,
Nas matas me embrenho,
Das frechas que tenho
Me quero valer.

Então, forasteiro
Caí prisioneiro
De um troço guerreiro
Com que me encontrei;
O cru dessossego
Do pai fraco e cego,
Enquanto não chego,
Qual seja, – dizei!

Eu era o seu guia
Na noite sombria,
A só alegria
Que Deus lhe deixou:
Em mim se apoiava,
Em mim se firmava,
Em mim descansava,
Que filho lhe sou.

Ao velho coitado
De penas ralado
Já cego e quebrado,
Que resta? – Morrer.
Enquanto descreve
O giro tão breve
Da vida que teve,
Deixai-me viver!

Não vil nem ignavo,
Mas forte, mas bravo,
Serei vosso escravo:
Aqui virei ter.
**Guerreiros, não coro,**
**Do pranto que choro,**
**Se a vida deploro,**
**Também sei morrer.**

DIAS, Gonçalves. Canto IV de I-Juca-Pirama. *In*: BANDEIRA, Manuel (org.). *Poesia*. 6. ed. Rio de Janeiro: Agir, 1974. p. 31-35. (Nossos Clássicos).

### *I - Juca Pirama:* um poema épico do Romantismo

**I-Juca Pirama** significa, na língua tupi: "o que há de ser morto". Narrado em versos, conta a história de um jovem guerreiro da etnia tupi, aprisionado pelos timbiras, inimigos de seu povo. No poema, os timbiras são caracterizados como um povo que adotava o ritual da antropofagia. Para eles, alimentar-se da carne de um guerreiro corajoso e forte os tornaria mais valentes, pois assim se apropriariam das qualidades do inimigo. No poema, antes do sacrifício, exigiram ao guerreiro tupi que enaltecesse seus feitos e comprovasse sua valentia.

1. Responda às questões, de acordo com o "Canto IV", justificando com versos do poema.

    a) De quem é a voz que fala no poema? Justifique.

    b) A quem o eu lírico se dirige e com qual objetivo?

    c) Qual é a proposta feita pelo jovem guerreiro aos Timbiras? Que argumentos ele usa?

2. Como você interpreta os versos destacados no final do "Canto IV"?

3. Que valores a atitude e a fala do jovem guerreiro revelam?

### A luta dos povos originários do Brasil

Apesar de a Constituição de 1988 (no seu capítulo 8, "Dos Índios") estabelecer os direitos dos indígenas brasileiros, esses povos ainda precisam lutar pela demarcação de suas terras, preservação de sua organização social, costumes, línguas e tradições, e acesso à saúde, educação e qualidade de vida.

**4.** Leia os versos do poema épico "A lágrima de um Caeté", escrito em 1849 pela poeta do Romantismo Nísia Floresta (pseudônimo de Dionísia Gonçalves Pinto).

### A lágrima de um Caeté

[...]
Era da natureza filho **altivo**,
Tão simples como ela, nela achando
Toda a sua riqueza, o seu bem todo…
O bravo, o destemido, o grão selvagem,
O brasileiro era… – era um Caeté!

Era um Caeté, que **vagava**
Na terra que Deus lhe deu,
Onde Pátria, esposa e filhos
Ele **embalde** defendeu!

É este… pensava ele,
O meu rio mais querido;
Aqui tenho às margens suas
Doces prazeres fruído…

Aqui, mais tarde trazendo
Na alma triste, **acerba** dor,
Vim chorar as praias minhas
Na posse de **usurpador**!
Que de invadi-las
Não satisfeito,
Vinha nas matas
Ferir-me o peito!

Ferros nos trouxe,
Fogo, trovões,
E de cristãos
Os corações

E sobre nós
Tudo lançou!
De nossa terra
Nos despojou!

Tudo roubou-nos,
Esse tirano,
Que povo diz-se
Livre e humano! [...]

FLORESTA, N. "A lágrima de um caeté". *In*: *Obras de Nísia Floresta*. 2. ed. Rio de Janeiro: Typographia de L. A. F. Menezes, 1849.

- Em relação à abordagem do tema indianista, que semelhanças e diferenças podem ser apontadas entre os versos de *I-Juca Pirama*, de Gonçalves Dias, e os de *A lágrima de um Caeté*, de Nísia Floresta?

**Altivo:** nobre, orgulhoso.
**Vagava:** perambulava, andava sem rumo.
**Embalde:** inutilmente, em vão.
**Acerba:** cruel, pungente.
**Usurpador:** ladrão, invasor, intruso, tirano, roubador.

### O Romantismo no Brasil: a 1ª Geração romântica

Movimentos artísticos e literários estão relacionados a eventos históricos e transformações ocorridas na sociedade. Enquanto no Brasil o Romantismo coincide com a Independência do país, essa estética, na Europa, exalta o passado medieval em que os heróis eram os cavaleiros das Cruzadas.

Os poetas da **1ª Geração romântica brasileira** (entre eles Gonçalves Dias e Nísia Floresta) engajaram-se na construção da identidade nacional e na consolidação da nacionalidade brasileira. Dessa forma, os poemas "Canção do exílio", "I-Juca-Pirama" e "A lágrima de um Caeté" exaltam, respectivamente, a pátria e o indígena (esse último considerado, no contexto, como o grande "herói nacional").

Nísia Floresta, maio de 1872.

Capítulo 12 Os Romantismos no Brasil – Poesia

- Para expressar sentimentos como dor, melancolia, medo ou depressão, o poeta precisaria senti-los? Ou pode "fingir" o que não viveu?

Leia esse **poema** de Álvares de Azevedo, considerado uma referência da 2ª Geração do Romantismo brasileiro.

### TEXTO 3

### Se eu morresse amanhã

Se eu morresse amanhã viria ao menos
Fechar meus olhos minha triste irmã;
Minha mãe de saudades morreria
Se eu morresse amanhã!

Quanta glória pressinto em meu futuro,
Que aurora de porvir e que manhã!
Eu perdera chorando essas coroas
Se eu morresse amanhã!

Que sol! Que céu azul! Que doce n'alva
Acorda a natureza mais louçã!
Não me batera tanto amor no peito
Se eu morresse amanhã!

Mas essa dor da vida que devora
A ânsia de glória, o dolorido afã...
A dor no peito emudecerá ao menos
Se eu morresse amanhã!

**N'alva:** no primeiro alvor da manhã, alvorecer.
**Louçã:** graciosa, elegante.
**Afã:** cansaço, fadiga.

AZEVEDO, Álvares de. Se eu morresse amanhã. *In:* SANTOS, Rubens Pereira. *Poetas românticos brasileiros.* São Paulo: Scipione, 1993. p. 29.

### Quem é o autor?

O escritor Manuel Antônio **Álvares de Azevedo** (1831-1852) nasceu em São Paulo (SP). Aos 17 anos já cursava a Faculdade de Direito e participava de grupos intelectuais. Sua vida e obra foram pautadas pelo "mal do século": o pessimismo dos poetas românticos europeus. Tuberculoso, morreu aos 21 anos, no Rio de Janeiro (RJ), sem concluir os estudos.

1. Que sentimento é expresso pelo eu lírico?

2. O eu lírico faz uma projeção a respeito das consequências da sua morte. Explique.

3. Álvares de Azevedo morreu jovem, aos 21 anos, no século XIX. Em sua opinião, os sentimentos expressos pela 2ª Geração do Romantismo ainda são experimentados pelos jovens do século XXI? Como?

### O Romantismo no Brasil: 2ª Geração romântica – a poesia lírica de Álvares de Azevedo e o "mal do século"

A poesia lírica de Álvares de Azevedo trata de temas como: sofrimento, melancolia, dor, dúvida, solidão e morte. Esses temas são comuns às obras do Romantismo em geral, mas valorizados principalmente pelos poetas da **2ª Geração romântica brasileira**, também chamada de "Mal do Século", ultrarromantismo ou sentimentalismo. Poetas dessa geração expressaram grande sentimento de repúdio à razão (inadaptação à realidade); sentimentalismo, exagero; gosto ou preferência por cenários noturnos, sombrios; além de atitudes autodestrutivas. Seus poemas refletem esse mal-estar. Álvares de Azevedo foi muito influenciado por autores românticos europeus, como o inglês Lord Byron e o alemão Johann von Goethe. Os poemas produzidos por essa geração (principalmente por Azevedo) apresentam também a seguinte característica: a mulher amada é descrita de forma contraditória, ora como virgem, anjo, angelical, ora como leviana, lasciva, lânguida. E o eu lírico expressa ora o "amor platônico", ora o "amor carnal".

## TEXTO 4

- Em sua opinião, o que seria tratado em um poema com o título "Dinheiro"?

Leia este poema, escrito por Álvares de Azevedo, que apresenta uma vertente mais moderna do Romantismo.

### Dinheiro

*Oh! argent! Avec toi on est beau, jeune, adoré; / on a considération, honneurs, qualités, vertus. / Quand on n'a point d'argent on est dans la / dépendance de toutes choses et de tout le monde.* (Chateaubriand)

Sem ele não há cova – Quem enterra
Assim grátis, a **Deo**? O batizado
Também custa dinheiro. Quem namora
Sem pagar as pratinhas ao **Mercúrio**?
Demais, as **Dânaes** também o adoram…
Quem imprime seus versos, quem passeia,
Quem sobe a Deputado, até Ministro,
Quem é mesmo Eleitor, embora sábio,
Embora gênio, talentosa fronte,

Alma Romana, se não tem dinheiro?
Fora a canalha de vazios bolsos!
O mundo é para todos… Certamente
Assim o disse Deus, mas esse texto
Explica-se melhor e doutro modo…
Houve um erro de imprensa no Evangelho:
O mundo é um festim, concordo nisso,
Mas não entra ninguém sem ter as louras.

AZEVEDO, Alvares de. *Lira dos vinte anos*. 2. ed. São Paulo: Landy, 2000. p. 138-139.

**Deo:** Deus (em latim).
**Mercúrio:** deus romano do comércio; Hermes, na mitologia grega.
**Dânae:** personagem da mitologia grega seduzida por Zeus quando ele se transformou em chuva de ouro. Mãe de Perseu.

1. Registre a alternativa que não se refere ao poema "Dinheiro".
   a) Faz crítica à burguesia em ascensão no período.
   b) Filia-se à temática do "mal do século".
   c) Questiona a igualdade pregada pela Bíblia.
   d) Faz referência à mitologia greco-romana.
   e) Expressa egocentrismo e pessimismo.

2. O poema faz uma sátira bem-humorada e irônica. Interprete os versos a seguir:
   a) "[…] Quem sobe a Deputado, até Ministro, / Quem é mesmo Eleitor, embora sábio, / Embora gênio, talentosa fronte, / Alma Romana, se não tem dinheiro? […]"
   b) "[…] O mundo é para todos… Certamente / Assim o disse Deus, mas esse texto / Explica-se melhor e doutro modo… / Houve um erro de imprensa no Evangelho […]"

3. Explique, no poema, o uso da metonímia para se referir a dinheiro.

4. Como vimos, o poema "Dinheiro" é antecedido por uma epígrafe do escritor romântico francês François-René Auguste de Chateaubriand. Leia a sua tradução:

   Ó dinheiro! Contigo somos belos, jovens, adorados; / Temos consideração, honrarias, qualidades, virtudes. / Quando não temos nenhum dinheiro, ficamos na / dependência de todas as coisas e de todo mundo.

   (Tradução livre dos autores).

- Explique a relação entre a epígrafe e o poema.

152 Capítulo 12 Os Romantismos no Brasil – Poesia

- Um poeta da elite branca do século XIX teria legitimidade para se expressar a respeito da escravidão? Por quê? Comente.

Leia as quatro primeiras estrofes do "Canto V" de "O navio negreiro", poema de Castro Alves.

### TEXTO 5

## O navio negreiro (Canto V)

Senhor Deus dos desgraçados!
Dizei-me vós, Senhor Deus!
Se eu deliro... ou se é verdade
Tanto horror perante os céus?...
Ó mar! por que não apagas
Co'a esponja de tuas **vagas**?
Do teu manto este borrão?
Astros! noites! tempestades!
Rolai das imensidades!
Varrei os mares, tufão!...

Quem são estes desgraçados
Que não encontram em vós
Mais que o rir calmo da **turba**
Que excita a fúria do **algoz**?
Quem são? Se a estrela se cala
Se a vaga à pressa resvala
Como um cúmplice fugaz
Perante a noite confusa...
Dize-o tu, severa musa,
Musa **libérrima**, audaz!...

São os filhos do deserto,
Onde a terra **esposa** a luz,
Onde vive em campo aberto
A tribo dos homens nus...
São os guerreiros ousados
Que com os tigres **mosqueados**
Combatem na solidão.
Ontem simples, fortes, bravos...
Hoje míseros escravos,
Sem ar, sem luz, sem razão...

São mulheres desgraçadas
Como **Agar** o foi também,
Que sedentas, alquebradas,
De longe... bem longe vêm...
Trazendo, com **tíbios** passos,
Filhos e algemas nos braços,
N'alma – lágrimas e fel...
Como Agar sofrendo tanto,
Que nem o leite de pranto
Tem que dar para **Ismael**. [...]

ALVES, Castro. O navio negreiro. *In: Antologia poética.* Rio de Janeiro: José Aguilar/MEC, 1971. p. 192-193.

**Vagas:** grandes ondas do mar; vagalhões.
**Turba:** multidão.
**Algoz:** carrasco.
**Libérrima:** extremamente livre.
**Esposa:** casa; une em casamento.
**Mosqueados:** pintados.
**Agar:** primeira mulher do profeta Abraão.
**Tíbios:** fracos, sem vigor.
**Ismael:** atravessou desertos e sofreu a inclemência do sol, a sede e a fome.

### Quem é o autor?

Antônio Frederico de **Castro Alves** (1847-1871) foi poeta, teatrólogo e tradutor. Nasceu em Curralinho (PA) (atual Castro Alves) e morreu em Salvador (BA) aos 24 anos. Cursou Humanidades. Participou ativamente da vida estudantil, literária e abolicionista/antiescravagista.

**Lugar de fala**

Esse conceito refere-se à legitimidade e necessidade de dar voz a grupos historicamente excluídos dos debates a respeito de temas como: o cotidiano marcado por opressões, a negação de direitos fundamentais etc. Trata-se de garantir fala e protagonismo a esses grupos, mas não silenciar outras falas. Castro Alves, por exemplo, tem seu "lugar de fala", ou seja: tem legitimidade para se expressar artisticamente para denunciar a escravidão, em função de seu engajamento. Toda a sociedade deve participar das lutas contra o racismo estrutural e outras ações de exclusão social.

1. Explique o título do poema considerando os versos lidos e seus conhecimentos prévios.
2. Que visão de mundo é expressa pelo eu lírico nesses versos?
3. Explique o efeito de sentido provocado pelas **exclamações** e **interrogações** feitas pelo eu lírico no poema.
4. Explique o efeito das seguintes **figuras de linguagem** em cada trecho:

    a) **Hipérbole:** "Astros! noites! tempestades! / Rolai das imensidades! / Varrei os mares, tufão!"

    b) **Prosopopeia ou personificação:** "Se a estrela se cala"; "Perante a noite confusa..."; "Onde a terra esposa a luz."

    c) **Apóstrofe:** "Senhor Deus dos desgraçados! / Dizei-me vós, Senhor Deus!"; "Ó mar, por que não apagas"; "Astros! noites! tempestades!"

    d) **Antítese:** "Ontem simples, fortes, bravos... / Hoje míseros escravos, / Sem ar, sem luz, sem razão..."

### O Romantismo no Brasil: 3ª Geração romântica – a poesia de Castro Alves

Castro Alves é um dos poetas mais representativos da 3ª Geração do Romantismo brasileiro – também conhecida como **Condoreirismo**. Além de poemas líricos, ele abordou, em sua obra, temas sociais e políticos, como a denúncia da opressão e da escravidão, a defesa da liberdade dos afrodescendentes escravizados e as causas republicanas. "O navio negreiro", poema épico cujo tema é o tráfico de negros escravizados, foi escrito durante a campanha abolicionista e faz parte da obra *Os escravos*.

154 Capítulo 12 Os Romantismos no Brasil – Poesia

## Vamos comparar?

- Qual seria o assunto de um poema com o termo *flashback* em seu título?
- Que avanços e desafios você observa no combate ao racismo no Brasil?

Leia este poema de Adão Ventura.

### Flash back

áfricas noites viajadas em navios
e correntes,
imprimem porões de amargo sal
no meu rosto,
construindo paredes
de antigas datas e ferrugens,
selando em elos e cadeias,
o mofo de velhos rótulos deixados
no **puir** dos olhos.

VENTURA, Adão. *A cor da pele*. Belo Horizonte: Edição do Autor, 1980. 72 p.

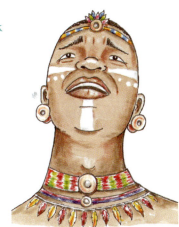

**Puir:** desgastar.

1. Leia este verbete, do Dicionário Aulete Digital:

   **Flashback** – (Ing. /fléchbec/) 1. *Cin. Liter. Teat. Telv.* Cena que recorda ou mostra acontecimentos do passado, interrompendo o fluxo narrativo cronológico. 2. *Fig.* Lembrança, recordação.

   - De acordo com o sentido dessa palavra, estabeleça uma relação entre o título e o tema do poema.

2. Analise o sentido dos versos:

   construindo paredes / de antigas datas e ferrugens, / selando em elos e cadeias, / o mofo de velhos rótulos deixados / no puir dos olhos.

3. Que sentimentos os poemas "O navio negreiro" e "*Flash back*" provocaram em você? Comente.

4. De acordo com a posição social de cada autor e o momento histórico em que foram produzidos os poemas lidos, qual é o posicionamento de Castro Alves e Adão Ventura?

### Quem é o autor?

**Adão Ventura** Ferreira Reis (1946-2004) nasceu em S. Antônio do Itambé (MG) e faleceu em Belo Horizonte (MG). Mudou-se para BH, onde se graduou em Direito pela UFMG. Nos EUA lecionou Literatura Brasileira e participou de intercâmbio de jovens escritores. Presidiu a Fundação Palmares, órgão do governo dedicado à cultura negra. Obteve vários prêmios com sua poesia.

## TEXTO 6

- Vários escritores afrodescendentes escreveram obras de alto valor estético e social, desde o Brasil Colônia. Em sua opinião, por que as obras desses autores não foram muito divulgadas?

Leia a seguir o poema "Minha mãe", de Luiz Gama, outro poeta do Romantismo.

### Minha mãe

*"Minha mãe era mui bela, / – Eu me lembro tanto d'ela, / De tudo quanto era seu! / Tenho em meu peito guardadas, / Suas palavras sagradas / C'os risos que ela me-deu."* (Junqueira Freire)

**Adusta:** ressequida; desértica.
**Líbia:** país do norte da África.
**Roixo:** roxo.
**Sustidas:** retidas, sustentadas.

Era mui bela e formosa,
Era a mais linda pretinha,
Da **adusta Líbia** rainha,
E no Brasil pobre escrava!
Oh, que saudades que eu tenho
Dos seus mimosos carinhos,
Quando c'os tenros filhinhos
Ela sorrindo brincava.

Éramos dois – seus cuidados,
Sonhos de sua alma bela;
Ela a palmeira singela,
Na fulva areia nascida.
Nos roliços braços de ébano,
De amor o fruto apertava,
E à nossa boca juntava
Um beijo seu, que era vida [...]

Quando o prazer entreabria
Seus lábios de **roixo** lírio,
Ela fingia o martírio
Nas trevas da solidão.
Os alvos dentes nevados
Da liberdade eram mito,
No rosto a dor do aflito,
Negra a cor da escravidão.

Os olhos negros, altivos,
Dois astros eram luzentes;
Eram estrelas cadentes
Por corpo humano **sustidas**.
Foram espelhos brilhantes
Da nossa vida primeira,
Foram a luz derradeira
Das nossas crenças perdidas.

Capítulo 12 Os Romantismos no Brasil - Poesia

Tão terna como a saudade
No frio chão das campinas,
Tão meiga como as **boninas**
Aos raios do sol de Abril.
No gesto grave e sombria,
Como a vaga que flutua,
Plácida a mente – era a Lua
Refletindo em Céus de anil.

Suave o gênio, qual rosa
Ao despontar da alvorada,
Quando treme enamorada
Ao sopro **d'aura** fagueira.
Brandinha a voz sonorosa,
Sentida como a Rolinha,
Gemendo triste sozinha,
Ao som da aragem faceira.

Escuro e **ledo** o semblante,
De encantos sorria a fronte,
– **Baça** nuvem no horizonte
Das ondas surgindo à flor;
Tinha o coração de santa,
Era seu peito de Arcanjo,
Mais pura n'alma que um Anjo,
Aos pés de seu Criador.

Se junto à Cruz penitente,
A Deus orava **contrita**,
Tinha uma prece infinita
Como o dobrar do sineiro;
As lágrimas que brotavam
Eram pérolas sentidas,
Dos lindos olhos vertidas
Na terra do cativeiro.

> **Boninas:** plantas ornamentais de flores vistosas e coloridas.
> **D'aura:** do vento brando; da brisa.
> **Ledo:** risonho, contente.
> **Baça:** sem brilho, cinzenta.
> **Contrita:** pesarosa, arrependida.

GAMA, Luiz. Minha mãe. *In*: POESIA romântica brasileira. São Paulo: Moderna/FNDE, 2003. p. 38. (Palavra da Gente, EJA, 4).

### Quem é o autor?

**Luiz** Vasco Pinto da **Gama** (1830-1882) nasceu na Bahia e morreu em São Paulo. Filho de mãe africana livre e pai português (um fidalgo), aos 10 anos foi vendido pelo pai como cativo. Libertou-se, estudou, tornou-se advogado, orador e jornalista. Abraçou a causa do abolicionismo e sua obra poética reflete o empenho em defender suas origens étnicas. Usou a sátira para criticar a sociedade brasileira mestiça que pretendia fazer-se europeia. Deixou os livros: *Primeiras trovas burlescas* e *Novas trovas burlescas*.

1. Qual é a relação entre a epígrafe do poeta baiano Junqueira Freire (1832-1855) e o poema "Minha mãe", de Luiz Gama?

2. Interprete os versos a seguir:
   a) "[...] Da adusta Líbia rainha, / E no Brasil pobre escrava! [...] / Negra a cor da escravidão. [...] / Na terra do cativeiro."
   b) "[...] Oh, que saudades que eu tenho / Dos seus mimosos carinhos, / Quando c'os tenros filhinhos / Ela sorrindo brincava."
   c) "Era mui bela e formosa, / Era a mais linda pretinha [...] / Os alvos dentes nevados [...] / Os olhos negros, altivos, / Dois astros eram luzentes; / Eram estrelas cadentes [...]."

3. Todas as alternativas referem-se ao poema "Minha mãe", de Luiz Gama, exceto:
   a) Valorização e idealização da infância.
   b) Diálogo intertextual com poetas românticos.
   c) Valorização do padrão estético da época.
   d) Valorização da religiosidade.
   e) Comparação da mãe a elementos da natureza.

4. Analise o posicionamento social e ideológico que Luís Gama expressa no poema.

# Oficina de criação
## Texto multissemiótico

### ▶ Do poema ao videominuto

**Videominuto** é um gênero cujo elemento fundamental é a imagem em movimento, mas nele podem ser empregados também texto escrito e oral, música e efeitos sonoros. Nesse formato de vídeo, o autor tem um tempo médio de 60 segundos para dizer o que pretende. O videominuto que vão produzir será baseado nos poemas apresentados neste capítulo.

## Preparação

1. Em duplas, vocês devem recriar o poema escolhido como videominuto. Leiam de forma expressiva todos os poemas para fazer a escolha.

2. Para entender melhor o que é um videominuto, pesquisem alguns na internet. Observem as possibilidades expressivas criadas pela combinação de texto, som e imagem (em movimento ou estática).

3. Discutam que aspectos do poema vão ressaltar e como eles serão traduzidos para uma mídia multissemiótica (que usa linguagem verbal, visual e sonora). Façam anotações.

## Produção do roteiro

1. Para elaborar o roteiro, procurem utilizar um programa de edição de texto. Ainda que escrito à mão, organizem-no em tabela, respeitando os modelos desse gênero.

2. No cabeçalho da tabela, indiquem: nome do poema escolhido; autor do poema; componentes do grupo.

3. Na coluna da direita, descrevam as cenas e todos os elementos visuais que irão compô-las; na da esquerda, indiquem o texto verbal (tanto sonoro quanto escrito) correspondente a cada cena.

## Gravação, compartilhamento e avaliação

1. Editem o material usando um programa de edição de vídeos: selecionem as melhores imagens e cenas, de modo a compor um todo com sentido. Acrescentem legendas e sons.

2. Compartilhem a produção do grupo com a turma. Em data agendada, promovam uma "Mostra de videominutos" e convidem a comunidade escolar para prestigiar os trabalhos.

3. Ao final da atividade, façam uma avaliação dos trabalhos.

# Enem e vestibulares

**1. (FUVEST)** Leia:

### Luar de verão

[...] Teu romantismo bebo, ó minha lua,
A teus raios divinos me abandono,
Torno-me vaporoso... e só de ver-te
Eu sinto os lábios meus se abrir de sono.

(AZEVEDO, Álvares de. "Luar de verão".<br>
In: Lira dos vinte anos).

Nesse trecho do poema "Luar de verão", o eu lírico parece aderir com intensidade aos temas de que fala; mas revela, de imediato, desinteresse e tédio.

**a)** O que essa atitude do eu lírico manifesta?

   I) Ironia romântica.

   II) Tendência romântica ao misticismo.

   III) Melancolia romântica.

   IV) Aversão dos românticos à natureza.

   V) Fuga romântica para o sonho.

**b)** Explique este verso: "Eu sinto os lábios meus se abrir de sono."

**2. (ENEM)** Leia:

"Sou filho natural de uma negra, africana livre, da Costa da Mina (Nagô de Nação), de nome Luiza Mahin, pagã, que sempre recusou o batismo e a doutrina Cristã. Minha mãe era baixa de estatura, magra, bonita, a cor era de um preto retinto e sem lustro, tinha os dentes alvíssimos como a neve, era muito altiva, geniosa, insofrida. Dava-se ao comércio – era quitandeira, muito laboriosa e, mais de uma vez, na Bahia, foi presa como suspeita de envolver-se em planos de insurreição de escravos, que não tiveram efeito."

AZEVEDO, E. Lá vai verso. "A história contada": capítulos de<br>
história social da literatura no Brasil. Rio de Janeiro:<br>
Nova Fronteira, 1998 (adaptado)

Nesse trecho de suas memórias, Luiz Gama ressalta a importância dos(as):

**a)** Laços de solidariedade familiar.

**b)** Estratégias de resistência cultural.

**c)** Mecanismos de hierarquização tribal.

**d)** Instrumentos de dominação religiosa.

**e)** Limites da concessão de alforria.

**3. (ENEM)** Leia:

### Sou negro

Sou negro
meus avós foram queimados
pelo sol da África
minh'alma recebeu o batismo dos tambores
atabaques, gonguês e agogôs
Contaram—me que meus avós
vieram de Loanda
como mercadoria de baixo preço
plantaram cana pro senhor do engenho novo
e fundaram o primeiro Maracatu
Depois meu avô brigou como um danado
nas terras de Zumbi
Era valente como o quê
Na capoeira ou na faca
escreveu não leu
o pau comeu
Não foi um pai João
humilde e manso
Mesmo vovó
não foi de brincadeira
Na guerra dos Malês
ela se destacou
Na minh'alma ficou
o samba
o batuque
o bamboleio
e o desejo de libertação.

(TRINDADE, Solano. Sou negro. In: Alda Beraldo. "Trabalhando<br>
com poesia". São Paulo: Ática, 1990, v. 2.)

O poema resgata a memória de fatos históricos que fazem parte do patrimônio cultural do povo brasileiro e faz referência a diversos elementos, entre os quais incluem—se:

**a)** as batalhas vividas pelos africanos e o Carnaval.

**b)** a coragem e a valentia dos africanos e as suas brincadeiras.

**c)** o legado dos africanos no Brasil e a cerimônia do batismo católico.

**d)** o espírito guerreiro, os sons e os ritmos africanos.

**e)** o trabalho dos escravos no engenho e a libertação assinada pela coroa.

## CAPÍTULO 13

# OS ROMANTISMOS NO BRASIL – PROSA

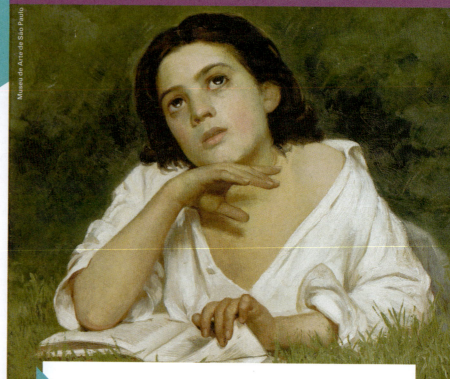

Almeida Júnior. *Moça com livro*, sem data. Óleo sobre tela, 50 cm × 61 cm.

### Roda de conversa

1. Considerando que, no final do século XIX, a sociedade patriarcal ainda cerceava o acesso das mulheres (de todas as classes sociais) à leitura e à escrita, reflita: O que poderia representar a expressão facial da mulher retratada na pintura? Que impressões e sentimentos esta imagem lhe desperta? Descreva-a.

2. Em sua opinião, a que classe social essa moça pertencia?

3. Por que a sociedade patriarcal cerceava o acesso da mulher à leitura e à escrita? Justifique.

### Para você...

**... ler**
- *Senhora*, José de Alencar.
- *A Moreninha*, Joaquim Manuel de Macedo.
- *Inocência*, Visconde de Taunay.

**... assistir**
- *Iracema, a virgem dos lábios de mel*. Direção: Carlos Coimbra. Brasil, 1979.
- *O Guarani*. Direção: Norma Bengell. Brasil, 1996.
- *Inocência*. Direção: Walter Lima Jr. Brasil, 1983.
- *A Moreninha*. Direção: Glauco Mirko Laurelli. Brasil, 1970.
- *Lucíola, o anjo pecador*. Direção: Alfredo Sternheim. Brasil, 1975.
- *Senhora*. Direção: Geraldo Vietri. Brasil, 1976.
- *Sinhá Moça*. Direção: Tom Payne e Oswaldo Sampaio. Brasil, 1953.

**... ouvir**
- *Um índio*, Caetano Veloso.
- *Que país é este?*, Legião Urbana.
- *Brasil*, Cazuza.
- *Made in Brazil*, Lulu Santos.
- *Preciso dizer que te amo*, Cazuza.
- *A busca*, Katu Mirim.

### O que você vai...

**... fruir**
- *Iracema* e *Senhora*, José de Alencar.
- *Inocência*, Alfredo de Taunay.
- *O juiz de paz na roça*, Martins Pena.

**... aprender**
- O Romantismo no Brasil (Prosa).
- O romance indianista.
- O romance regionalista.
- O romance urbano.

- Pelo seu repertório cultural, analise: seria possível, na vida real, a paixão entre uma nativa indígena brasileira e um colonizador português?

Você vai ler um trecho do **Capítulo 2** do romance indianista *Iracema*.

**TEXTO 1**

### Iracema (Capítulo 2)

1. Além, muito além daquela serra, que ainda azula no horizonte, nasceu Iracema.
2. Iracema, a virgem dos lábios de mel, que tinha os cabelos mais negros que a asa da graúna e mais longos que seu talhe de palmeira.
3. O favo da jati não era doce como seu sorriso; nem a baunilha recendia no bosque como seu hálito perfumado.
4. Mais rápida que a ema selvagem, a morena virgem corria o sertão e as matas do Ipu, onde campeava sua guerreira tribo, da grande nação tabajara. O pé grácil e nu, mal roçando, alisava apenas a verde pelúcia que vestia a terra com as primeiras águas.
5. Um dia, ao pino do Sol, ela repousava em um claro da floresta. Banhava-lhe o corpo a sombra da oiticica, mais fresca do que o orvalho da noite. Os ramos da acácia silvestre esparziam flores sobre os úmidos cabelos. Escondidos na folhagem os pássaros ameigavam o canto.
6. Iracema saiu do banho: o **aljôfar** d'água ainda a **roreja**, como à doce mangaba que corou em manhã de chuva. Enquanto repousa, emplumа das penas do gará as flechas de seu arco, e **concerta** com o sabiá da mata, pousado no galho próximo, o canto agreste.
7. A graciosa ará, sua companheira e amiga, brinca junto dela. Às vezes, sobe aos ramos da árvore e de lá chama a virgem pelo nome; outras remexe o uru de palha **matizada**, onde traz a selvagem seus perfumes, os alvos fios do crautá, as agulhas da juçara com que tece a renda e as tintas de que matiza o algodão.
8. Rumor suspeito quebra a doce harmonia da **sesta**. Ergue a virgem os olhos, que o sol não deslumbra; sua vista perturba-se.
9. Diante dela e todo a contemplá-la, está um guerreiro estranho, se é guerreiro e não algum mau espírito da floresta. Tem nas faces o branco das areias que bordam o mar; nos olhos o azul triste das águas profundas. **Ignotas** armas e tecidos ignotos cobrem-lhe o corpo.
10. Foi rápido, como o olhar, o gesto de Iracema. A flecha embebida no arco partiu. Gotas de sangue borbulham na face do desconhecido.
11. De primeiro ímpeto, a mão **lesta** caiu sobre a cruz da espada; mas logo sorriu. O moço guerreiro aprendeu na religião de sua mãe, onde a mulher é símbolo de ternura e amor. Sofreu mais d'alma que da ferida.
12. O sentimento que ele pôs nos olhos e no rosto, não o sei eu. Porém a virgem lançou de si o arco e a **uiraçaba**, e correu para o guerreiro, sentida da mágoa que causara.
13. A mão que rápida ferira, estancou mais rápida e compassiva o sangue que gotejava. Depois Iracema quebrou a flecha homicida: deu a haste ao desconhecido, guardando consigo a ponta farpada.
14. O guerreiro falou:
15. – Quebras comigo a flecha da paz?
16. – Quem te ensinou, guerreiro branco, a linguagem de meus irmãos? Donde vieste a estas matas, que nunca viram outro guerreiro como tu?
17. – Venho de bem longe, filha das florestas. Venho das terras que teus irmãos já possuíram, e hoje têm os meus.
18. – Bem-vindo seja o estrangeiro aos campos dos tabajaras, senhores das aldeias, e à cabana de Araquém, pai de Iracema.

ALENCAR, José de. *Iracema*. Ministério da Cultura. Fundação Biblioteca Nacional. Departamento Nacional do Livro. Disponível em: www.dominiopublico.gov.br/download/texto/bn000014.pdf. Acesso em: 25 fev. 2022.

**Aljôfar:** no sentido de "orvalho da manhã".
**Roreja:** brota em gotas, orvalha.
**Concerta:** canta, faz coro.
**Matizada:** de cores diversas, colorida.
**Sesta:** hora de descanso após o almoço.
**Ignota:** desconhecida, estranha.
**Lesta:** ágil, ligeira, rápida.
**Uiraçaba:** espécie de flecha, lança.

**José** Martiniano **de Alencar** (1829-1877), representante do Romantismo brasileiro, nasceu em Mecejana (CE) e morreu no Rio (RJ). Criou uma literatura nacionalista, com vocabulário e sintaxe típicos do Brasil. Foi advogado, jornalista e político.

### Romance

É um gênero literário em prosa, geralmente mais extenso que o conto e a novela. Apresenta uma trama central e outras paralelas relacionadas à principal. O romance costuma apresentar também vários personagens, enredo e ações que se desenvolvem em determinado espaço e épocas distintas. No Brasil do Romantismo, os romances podem ser classificados em: **indianistas**, **urbanos**, **regionalistas** e **históricos**.

1. Ambientado no século XVI, o romance *Iracema* narra uma história de amor fictícia entre os personagens Iracema, uma mulher indígena Tabajara, e Martim Soares Moreno, colonizador português. Releia o texto do **parágrafo 5 ao 9** e responda:

   **a)** Que características da poesia romântica da 1ª fase estão presentes no trecho que você leu?

   **b)** O que quebra a estabilidade inicial? Em que parágrafos isso acontece?

2. Iracema personifica a heroína romântica, genuinamente brasileira. Pelos trechos a seguir, que características da personagem podem ser inferidas?

   **a)** "Mais rápida que a ema selvagem, a morena virgem corria o sertão e as matas do Ipu [...]"; "Foi rápido, como o olhar, o gesto de Iracema." / "A mão que rápida ferira [...]."

   **b)** "[...] e correu para o guerreiro, sentida da mágoa que causara." / "[...] estancou mais rápida e compassiva [...]."

   **c)** "Depois Iracema quebrou a flecha homicida: deu a haste ao desconhecido, guardando consigo a ponta farpada." / "– Bem-vindo seja o estrangeiro aos campos dos tabajaras [...]."

   **d)** "[...] outras [a graciosa ará] remexe o uru de palha matizada, onde traz a selvagem seus perfumes, os alvos fios do crautá, as agulhas da juçara com que tece a renda e as tintas de que matiza o algodão."

   **e)** "[...] a virgem dos lábios de mel [...]" / "[...] cabelos mais negros que a asa da graúna e mais longos que seu talhe de palmeira." / "O favo da jati não era doce como seu sorriso; nem a baunilha recendia no bosque como seu hálito perfumado."

3. Como o guerreiro é descrito? Pelas informações que você tem, quem seria ele?

4. De qual ponto de vista é feita a descrição do guerreiro? Justifique.

### Índio × Indígena × Ameríndio

Os povos indígenas que vivem em todo o continente americano são também chamados de *índios*. Essa palavra é fruto de um erro histórico dos primeiros colonizadores que, chegando às Américas, levantaram a hipótese de estar na Índia. Apesar do equívoco, continuaram a usar o termo *índio* para se referirem aos povos originários da América. Como há certa semelhança entre os índios da América do Norte, Central e do Sul, alguns estudiosos consideram o termo *ameríndio* mais adequado para nomear esses povos.

5. O narrador parece querer aproximar o leitor da cena. Que recurso ele usa? Identifique-o no primeiro parágrafo do texto.

6. Identifique o tipo de narrador do romance. Justifique com um trecho do capítulo.

162 Capítulo 13 Os Romantismos no Brasil – Prosa

7. O Romantismo europeu inspirou-se em romances ambientados na Idade Média. É possível afirmar que o "moço guerreiro" de José de Alencar assemelha-se a um cavaleiro medieval? Quais características de um cavaleiro medieval estão presentes no trecho a seguir?

> De primeiro ímpeto, a mão lesta caiu sobre a cruz da espada; mas logo sorriu. O moço guerreiro aprendeu na religião de sua mãe, onde a mulher é símbolo de ternura e amor. Sofreu mais d'alma que da ferida.

8. Identifique e explique o efeito das figuras de linguagem comparação e metáfora para descrever Iracema.

9. No diálogo dos personagens, é usada outra figura de linguagem: a antonomásia. Observe a seguir.

> – Quem te ensinou, **guerreiro branco**, a linguagem de meus irmãos?
> – Venho de bem longe, **filha das florestas**.

- Explique esse uso.

10. Como você interpreta o emprego de palavras de origem tupi no texto, como **ará** (arara), **uru** (cesto de palha) e **crautá** (nome de planta)?

11. Há outras palavras de origem tupi no texto. Identifique e defina as que nomeiam:

a) pássaros, aves;

b) insetos;

c) árvores, plantas, frutos.

### O romance indianista

No romance indianista, o foco da produção literária era o indígena, já considerado como uma "autêntica expressão da nacionalidade brasileira". Idealizado como símbolo da pureza e da inocência, ele representava o indivíduo não corrompido pela sociedade, muito se assemelhando aos heróis medievais: fortes e éticos.

163

### TEXTO 2

- Em sua opinião, o que seria tematizado em um romance regionalista do século XIX intitulado *Inocência*?

Leia o **Capítulo V** do romance *Inocência*, escrito por Alfredo de Taunay.

### Inocência (Capítulo V) – AVISO PRÉVIO

*"Onde há mulheres, aí se congregam todos os males a um tempo."* (Menandro)
*"Nunca é bom que um Homem sensato eduque seus filhos de modo a desenvolver-lhes demais o espírito."* (Eurípedes, Medéia)
*"Filhos, sois para os homens o encanto da alma."* (Menandro)

Estava Cirino fazendo o inventário da sua roupa e já começava a anoitecer, quando Pereira novamente a ele se chegou.

– Doutor, disse o mineiro, pode agora mecê entrar para ver a pequena. Está com o pulso que nem um fio, mas não tem febre de qualidade nenhuma.

– Assim é bem melhor, respondeu Cirino.

E, arranjando precipitadamente o que havia tirado da **canastra**, fechou-a e pôs-se de pé.

Antes de sair da sala, deteve Pereira o hóspede com ar de quem precisava tocar em assunto de gravidade e ao mesmo tempo de difícil explicação.

Afinal começou meio hesitante:

– Sr. Cirino, eu cá sou homem muito bom de gênio, muito amigo de todos, muito acomodado e que tenho o coração perto da boca, como vosmecê deve ter visto...

– Por certo, concordou o outro.

– Pois bem, mas... tenho um grande defeito; sou muito desconfiado. Vai o doutor entrar no interior da minha casa e... deve portar-se como...

– Oh, Sr. Pereira! – atalhou Cirino com animação, mas sem grande estranheza, pois conhecia o zelo com que os homens do sertão guardam da vista dos profanos os seus aposentos domésticos –, posso gabar-me de ter sido recebido no seio de muita família honesta e sei proceder como devo.

Expandiu-se um tanto o rosto do mineiro.

– Vejo – disse ele com algum acanhamento –, que o doutor não é nenhum pé-rapado, mas nunca é bom facilitar... E já que não há outro remédio, vou dizer-lhe todos os meus segredos... Não metem vergonha a ninguém, com o favor de Deus; mas em negócios da minha casa não gosto de bater língua... Minha filha Nocência fez 18 anos pelo Natal, e é rapariga que pela feição parece moça de cidade, muito ariscazinha de modos, mas bonita e boa deveras... Coitada, foi criada sem mãe, e aqui nestes fundões. Tenho outro filho, este um **latagão**, barbudo e grosso que está trabalhando agora em **porcadas** para as bandas do Rio.

– Ora muito que bem – continuou Pereira caindo aos poucos na habitual **garrulice** –, quando vi a menina tomar corpo, tratei logo de casá-la.

– Ah! É casada? – perguntou Cirino.

– Isto é, é e não é. A coisa está apalavrada. Por aqui costuma labutar no **costeio** do gado para São Paulo um homem de mão-cheia, que talvez o sr. conheça... o Manecão Doca...

– Não – respondeu Cirino abanando a cabeça.

– Pois isso é um homem às direitas, **desempenado** e **trabucador** como ele só... fura estes sertões todos e vem tangendo pontes de gado que metem pasmo. Também dizem que tem **bichado** muito e ajuntado cobre grosso, o que é possível, porque não é gastador nem dado a mulheres. Uma feita que estava aqui de pousada... olhe, mesmo neste lugar onde estava mecê inda agorinha, falei-lhe em casamento... isto é, dei-lhe uns toques... porque os pais devem tomar isso a si para bem de suas famílias; não acha?

– Boa dúvida – aprovou Cirino –, dou-lhe toda a razão; era do seu dever.

– Pois bem, o Manecão ficou ansim meio em dúvida; mas quando lhe mostrei a pequena, foi outra cantiga... Ah! também é uma menina!...

E Pereira, esquecido das primeiras prevenções, deu um **muxoxo** expressivo, apoiando a palma da mão aberta de encontro aos grossos lábios.

– Agora, está ela um tanto desfeita: mas, quando tem saúde é **coradinha** que nem **mangaba** do areal. Tem cabelos compridos e finos como seda de paina, um nariz mimoso e uns olhos matadores... Nem parece filha de quem é...

A **gabes** imprudentes era levado Pereira pelo amor paterno.

Foi o que repentinamente pensou lá consigo, de modo que, reprimindo-se, disse com hesitação manifesta:

– Esta obrigação de casar as mulheres é o **diacho**!... Se não tomam estado, ficam **jururus** e **fanadinhas**... se casam, podem cair nas mãos de algum marido malvado... E depois, as histórias! Ih, meu Deus, mulheres numa casa, é coisa de meter medo... São redomas de vidro que tudo pode quebrar... Enfim, minha filha, enquanto solteira, honrou o nome de meus pais... O Manecão que se aguente, quando a tiver por sua... Com gente de saia não há que **fiar**... Cruz! botam famílias inteiras a perder, enquanto o demo esfrega um olho.

**Esta opinião injuriosa sobre as mulheres é em geral corrente nos nossos sertões e traz como consequência imediata e prática, além da rigorosa clausura em que são mantidas, não só o casamento convencionado entre parentes muito chegados para filhos de menor idade, mas sobretudo os numerosos crimes cometidos, mal se suspeita possibilidade de qualquer intriga amorosa entre pessoa da família e algum estranho.**

Desenvolveu Pereira todas aquelas ideias e aplaudiu a prudência de tão preventivas medidas.

– Eu repito – disse ele com calor –, isto de mulheres, não há que fiar. Bem faziam os nossos do tempo antigo. As raparigas andavam direitinhas que nem um **fuso**... Uma piscadela de olho mais duvidosa, era logo **pau**... Contaram-me que hoje lá nas cidades... **arrenego**!... não há menina, por pobrezinha que seja, que não saiba ler livros de letra de forma e **garatujar** no papel... que deixe de ir a **fonçonatas** com vestidos abertos na frente como raparigas **fadistas** e que saracoteiam em danças e falam alto e mostram os dentes por dá cá aquela palha com qualquer **tafulão** malcriado... pois, **pelintras** e **beldroegas** não faltam... Cruz!... Assim, também é demais, não acha? Cá no meu modo de pensar, entendo que não se maltratem as coitadinhas, mas também é preciso não dar asas às formigas... Quando elas ficam **taludas**, **atamanca-se** uma festança para casá-las com um rapaz decente ou algum primo, e acabou-se a história...

– Depois – acrescentou ele, abrindo expressivamente com o polegar a pálpebra inferior dos olhos –, cautela e faca afiada para algum **meliante** que se faça de tolo e venha **engraçar-se** fora da vila e termo... Minha filha...

Pereira mudou completamente de tom:

– Pobrezinha... Por esta não há de vir o mal ao mundo... É uma pombinha do céu... Tão boa, tão carinhosa!... E feiticeira!!! Não posso com ela... só o pensar em que tenho de entregá-la nas mãos de um homem, **bole** comigo todo... E preciso, porém. Há anos... devia já ter cuidado nesse arranjo, mas... não sei... cada vez que pensava nisso... caía-me a alma aos pés. Também é menina que não foi criada como as mais... Ah! Sr. Cirino, isto de filhos, são pedaços do coração que a gente arranca do corpo e bota a andar por esse mundo de Cristo.

Umedeceram-se ligeiramente os cílios do bom pai.

– O meu mais velho **para**, Deus sabe onde... Se eu morresse neste instante, ficava a pequena ao desamparo... Também, era preciso acabar com esta incerteza... Além disso, o Manecão prometeu-me deixá-la aqui em casa, e deste modo fica tudo arranjado... isto é, remediado, filha casada é traste que não pertence mais ao pai.

Houve uns instantes de silêncio.

– Agora – prosseguiu Pereira com certo vexame –, que eu tudo lhe disse, peço-lhe uma coisa: veja só a doente e não olhe para Nocência... falei assim a mecê, porque era de minha obrigação... Homem nenhum, sem ser muito chegado a este seu criado, pisou nunca no quarto de minha filha... Eu lhe juro... Só em casos destes, de extrema percisão...

### Quem é o autor?

Alfredo d'Escragnolle-Taunay, o **Visconde de Taunay** (1843-1899), nasceu no Rio de Janeiro (RJ). De família nobre, cursou engenharia na Escola Militar. Participou da Guerra do Paraguai e escreveu em francês (pois era bilíngue) o relato *A retirada de Laguna*. Com o fim da guerra, tornou-se professor de Geologia, foi nomeado presidente das províncias de Santa Catarina e do Paraná e alcançou o Senado. Sua obra mais famosa, *Inocência*, foi traduzida em vários países.

– Sr. Pereira – replicou Cirino com calma –, lá lhe disse e torno-lhe a dizer que, como médico, estou há muito tempo acostumado a lidar com famílias e a respeitá-las. É este meu dever, e até hoje, graças a Deus, a minha fama é boa... Quanto às mulheres, não tenho as suas opiniões, nem as acho razoáveis nem de justiça. Entretanto, é inútil discutirmos porque sei que isso são prevenções vindas de longe, e quem torto nasce, tarde ou nunca se endireita... O sr. falou-me com toda a franqueza, e também com franqueza lhe quero responder. No meu parecer, as mulheres são tão boas como nós, se não melhores: não há, pois, motivo para tanto desconfiar delas e ter os homens em tão boa conta... Enfim, essas suas ideias podem quadrar-lhe à vontade, e é costume meu antigo a ninguém contrariar, para viver bem com todos e deles merecer o tratamento que julgo ter direito a receber. Cuide cada qual de si, olhe Deus para todos nós, e ninguém queira arvorar-se em palmatória do mundo.

Tal profissão de fé, expedida em tom dogmático e superior, pareceu impressionar agradavelmente a Pereira, que fora aplaudindo com expressivo movimento de cabeça a sensatez dos conceitos e a fluência da frase.

TAUNAY, Visconde de. *Inocência*. Belém: Universidade da Amazônia, [20--?]. p. 20-23. Disponível em: http://www.dominiopublico.gov.br/download/texto/ua000297.pdf. Acesso em: 6 fev. 2021.

1. Reúna-se com um colega e elabore um **glossário** com os termos, variedades regionais e só-cio-históricas, expressões da linguagem popular e provérbios destacados que, pelo contexto, não conseguiram inferir os sentidos.

2. Que frases, no texto, podem dar pistas da origem e do linguajar regional de Pereira?

3. Qual é a relação entre as **epígrafes** e o **diálogo** dos personagens?

4. Baseando-se nas falas, trace o perfil social e psicológico do personagem Pereira.

5. Qual é o posicionamento de Cirino a respeito das falas de Pereira?

6. Leia e analise a visão de mundo expressa pelas falas a seguir.

> Esta obrigação de casar as mulheres é o diacho!... Se não tomam estado, ficam jururus e fanadinhas... se casam, podem cair nas mãos de algum marido malvado... E depois, as histórias! Ih, meu Deus, mulheres numa casa, é coisa de meter medo... São redomas de vidro que tudo pode quebrar... [...] O Manecão que se aguente, quando a tiver por sua... Com gente de saia não há que fiar... Cruz! botam famílias inteiras a perder, enquanto o demo esfrega um olho.

### Inocência

Lançado inicialmente em folhetim, ou seja, publicado em capítulos, em jornais da primeira metade do século XIX, foi publicado em livro em 1872. **Inocência** é o nome da personagem principal, uma jovem sertaneja, filha de Pereira, um proprietário rural. A trama central desse **romance regionalista** é o amor impossível entre Inocência e Cirino, um jovem farmacêutico prático, que percorre o sertão prestando assistência médica às pessoas. Como pano de fundo, a cultura do sertão. O texto foi adaptado para ópera, teatro e cinema.

7. Leia os comentários do narrador, destacados no texto, em 3ª pessoa onisciente.

   **a)** Que posicionamento do narrador pode ser inferido pela expressão "opinião injuriosa sobre as mulheres"?

   **b)** Analise criticamente o trecho em destaque, confrontando a visão de mundo do século XIX e a visão contemporânea.

8. Que providência Pereira tomou para garantir o que ele considera sua segurança e a segurança da filha?

9. O que pode representar o encontro entre Pereira e Cirino?

10. Relacione o título do Capítulo V ("Aviso prévio") ao diálogo entre os personagens.

### O romance regionalista

O romance **regionalista** do Romantismo propunha a construção de um texto que valorizasse as diferenças étnicas, linguísticas, sociais e culturais entre Brasil e Europa (Portugal). Os autores criaram, então, um vasto panorama do Brasil ao representar a forma de vida e a identidade da população de diferentes regiões do país. Eles privilegiavam os personagens regionais e as tramas que se passavam em cenários afastados de centros urbanos, como em *A escrava Isaura*, de Bernardo Guimarães, e *Inocência*, de Taunay.

### TEXTO 3

- Como vimos, José de Alencar se destacou na vertente indianista do Romantismo com *Iracema*. Mas também o fez no romance urbano. Qual seria, em sua opinião, o enredo de uma história com o título *Senhora*?

Leia um trecho do romance *Senhora*, escrito por José de Alencar.

## Senhora (Capítulo IV)

[...] – Tomei a liberdade de incomodá-lo, meu tio, para falar-lhe de objeto muito importante para mim.

– Ah! Muito importante?... – repetiu o velho batendo a cabeça.

– De meu casamento! – disse Aurélia com a maior frieza e serenidade.

O velhinho saltou na cadeira como um balão elástico. Para disfarçar sua comoção esfregou as mãos rapidamente uma na outra, gesto que indicava nele grande agitação.

– Não acha que já estou em idade de pensar nisso? – perguntou a moça.

– Certamente! Dezoito anos...

– Dezenove.

– Dezenove! **Cuidei** que ainda não os tinha feito!... Muitas casam-se nesta idade, e até mais moças; porém é quando têm o paizinho ou a mãezinha para escolher um bom noivo e **arredar** certos espertalhões. Uma menina órfã, inexperiente, eu não lhe aconselharia que se casasse senão depois da maioridade, quando conhecesse bem o mundo.

– Já o conheço demais, tornou a moça com o mesmo tom sério.

– Então está decidida?

– Tão decidida que lhe pedi esta **conferência**...

– Já sei! Deseja que eu aponte alguém... que eu lhe procure um noivo nas condições precisas... Hã!... É difícil... um sujeito no caso de pretender uma moça como você, Aurélia? Enfim há de se fazer a **diligência**!

– Não precisa, meu tio. Já o achei!

Teve o Lemos outro sobressalto que o fez de novo pular na cadeira.

– Como?... Tem alguém de olho?

– Perdão, meu tio, não entendo sua linguagem figurada. Digo-lhe que escolhi o homem com quem me hei de casar.

– Já compreendo. Mas bem vê!... Como **tutor**, tenho de dar a minha aprovação.

– Decerto, meu tutor; mas essa aprovação o senhor não há de ser tão cruel que a negue. Se o fizer, o que eu não espero, o **juiz de órfãos** a **suprirá**.

– O juiz?... Que histórias são essas que lhe andam metendo na cabeça, Aurélia?

– Sr. Lemos – disse a moça pausadamente e trespassando com um olhar frio a vista perplexa do velho –, completei dezenove anos; posso requerer um suplemento de idade mostrando que tenho capacidade para reger minha pessoa e bens; **com maioria de razão** obterei do juiz de órfãos, apesar de sua oposição, um **alvará** de licença para casar-me com quem eu quiser. Se estes argumentos jurídicos não lhe satisfazem, apresentar-lhe-ei um que me é pessoal.

– Vamos a ver! – acudiu o velho para quebrar o silêncio.

– É a minha vontade. O senhor não sabe o que ela vale, mas juro-lhe que para a levar a efeito não se me dará **de sacrificar** a herança de meu avô.

– É próprio da idade! São ideias que somente se têm aos dezenove anos; e isso mesmo já vai sendo raro.

Capítulo 13 Os Romantismos no Brasil – Prosa

– Esquece que desses dezenove anos, dezoito os vivi na extrema pobreza e um no seio da riqueza para onde fui transportada de repente. Tenho as duas grandes lições do mundo: a da miséria e a da opulência. Conheci outrora o dinheiro como um tirano; hoje o conheço como um cativo submisso. **Por conseguinte** devo ser mais velha do que o senhor que nunca foi nem tão pobre, como eu fui, nem tão rico, como eu sou.

O Lemos olhava com pasmo essa moça que lhe falava com tão profunda lição do mundo e uma filosofia para ele desconhecida.

– Não valia a pena ter tanto dinheiro – continuou Aurélia –, se ele não servisse para casar-me a meu gosto, ainda que para isto seja necessário gastar alguns miseráveis **contos de réis**. [...]

ALENCAR, José de. *Senhora*. Rio de Janeiro: Fundação Biblioteca Nacional, [20--?]. p. 9-10.

1. Junte-se a um colega e elabore um **glossário** com os termos destacados no texto.

2. *Senhora* é um romance de costumes que reflete criticamente a sociedade urbana brasileira do Segundo Império. Que representação da "sociedade de casamento" pode ser inferida pelo diálogo entre os personagens Aurélia e Lemos?

3. O que permitiu a Aurélia "ter voz", isto é, expressar o que ela pensa e sente?

4. Qual é a representação social de Aurélia e Lemos?

5. Releia:

> – Esquece que desses dezenove anos, dezoito os vivi na extrema pobreza e um no seio da riqueza para onde fui transportada de repente. Tenho as duas grandes lições do mundo: a da miséria e a da opulência. Conheci outrora o dinheiro como um tirano; hoje o conheço como um cativo submisso. Por conseguinte devo ser mais velha do que o senhor que nunca foi nem tão pobre, como eu fui, nem tão rico, como eu sou.

• Que autoavaliação Aurélia faz, por meio dessa fala?

6. Qual é a reação de Lemos diante dos argumentos de Aurélia, para sustentar sua decisão? O que ela revela?

7. O romance *Senhora* é dividido em quatro partes: "O Preço", "Quitação", "Posse" e "Resgate". O que simbolizam esses intertítulos, baseando-se no capítulo lido?

8. Relacione o título do romance *Senhora* ao trecho que você leu.

### O romance urbano

Os romances urbanos do Romantismo tematizam a vida nas cidades e narram cenas do cotidiano da burguesia, que se identifica com os personagens. São romances que fazem críticas ou ironizam a sociedade por meio de situações como o casamento por interesse, a ascensão social a qualquer preço etc. Entre eles destacam-se: *Senhora*, *A viuvinha*, *Cinco minutos* e *Lucíola*, de José de Alencar; e *A Moreninha*, de Joaquim Manuel de Macedo.

Avenida Central com seus edifícios ainda em construção e o Pão de Açúcar ao fundo. Rio de Janeiro, c. 1905-1906.

## TEXTO 4

- Você já ouviu falar em **comédia de costumes**? Que **costumes** seriam esses?

A seguir, você lerá um trecho dessa peça escrita por Martins Pena: *O juiz de paz na roça*. Ela gira em torno do casal Aninha e José, que querem se casar. No entanto, por motivos diferentes: ela quer sair da roça e conhecer a Corte; ele, fugir da prisão, para não ter que lutar na Guerra do Paraguai. Mas... o juiz obriga o rapaz a se apresentar às autoridades, antes do casamento.

### O juiz de paz na roça (Comédia em um ato)

[...]

**CENA II**

*Entra José com calça e jaqueta branca.*

**José** – Adeus, minha Aninha! (*Quer abraçá-la.*)

**Aninha** – Fique quieto. Não gosto destes brinquedos. Eu quero casar-me com o senhor, mas não quero que me abrace antes de nos casarmos. Esta gente quando vai à Corte, vem perdida. Ora diga-me, concluiu a venda do bananal que seu pai lhe deixou?

**José** – Concluí.

**Aninha** – Se o senhor agora tem dinheiro, por que não me pede a meu pai?

**José** – Dinheiro? Nem vintém!

**Aninha** – Nem vintém! Então o que fez do dinheiro? É assim que me ama? (*Chora.*)

**José** – Minha Aninha, não chores. Oh, se tu soubesses como é bonita a Corte! Tenho um projeto que te quero dizer.

**Aninha** – Qual é?

**José** – Você sabe que eu agora estou pobre como Jó, e então tenho pensado em uma cousa. Nós nos casaremos na freguesia, sem que teu pai o saiba; depois partiremos para a Corte e lá viveremos.

**Aninha** – Mas como? Sem dinheiro?

**José** – Não te dê isso cuidado: assentarei praça nos Permanentes.

**Aninha** – E minha mãe?

**José** – Que fique raspando mandioca, que é ofício leve. Vamos para a Corte, que você verá o que é bom.

**Aninha** – Mas então o que é que há lá tão bonito?

**José** – Eu te digo. Há três teatros, e um deles maior que o engenho do capitão-mor.

**Aninha** – Oh, como é grande!

**José** – Representa-se todas as noites. Pois uma mágica... Oh, isto é cousa grande!

**Aninha** – O que é mágica?

**José** – Mágica é uma peça de muito maquinismo.

**Aninha** – Maquinismo?

**José** – Sim, maquinismo. Eu te explico. Uma árvore se vira em uma barraca; paus viram-se em cobras, e um homem vira-se em macaco.

**Juiz de paz:** antiga autoridade judiciária, juiz.
**Freguesia:** povoação, vila rural.
**"Assentar praça":** tornar-se militar.
**Permanentes:** antigos soldados da Guarda Nacional.
**Maquinismo:** mecanismos que criam efeitos cênicos para o teatro.

170  Capítulo 13  Os Romantismos no Brasil – Prosa

**Aninha** – Em macaco! Coitado do homem!

**José** – Mas não é de verdade.

**Aninha** – Ah, como deve ser bonito! E tem rabo?

**José** – Tem rabo, tem.

**Aninha** – Oh, homem!

**Aninha** – Há muitos macacos lá?

**José** – Há, e macacas também.

**Aninha** – Que vontade tenho eu de ver todas estas cousas!

**José** – Além disto há outros muitos divertimentos. Na Rua do Ouvidor há um cosmorama, na Rua de São Francisco de Paula outro, e no Largo uma casa onde se veem muitos bichos cheios, muitas conchas, cabritos com duas cabeças, porcos com cinco pernas etc.

<u>**Aninha** – Quando é que você pretende casar-se comigo?</u>

<u>**José** – O vigário está pronto para qualquer hora.</u>

<u>**Aninha** – Então, amanhã de manhã.</u>

<u>**José** – Pois sim. (*Cantam dentro.*)</u>

<u>**Aninha** – Aí vem meu pai! Vai-te embora antes que ele te veja.</u>

<u>**José** – Adeus, até amanhã de manhã.</u>

<u>**Aninha** – Olhe lá, não falte! (*Sai José.*)</u>

MARTINS PENA. *O noviço* e *O juiz de paz na roça*. Rio de Janeiro: Ediouro, [20--?]. p. 49-50.

> **Cosmorama:** local de exposição de coisas do mundo inteiro.

### Quem é o autor?

Luís Carlos **Martins Pena** (1815-1848) nasceu em Itaboraí (RJ) e faleceu em Lisboa. Sua maior contribuição à literatura brasileira foi como teatrólogo: é o fundador da comédia de costumes, com quase 20 peças.

1. Que elementos caracterizam o texto como uma peça teatral?

2. Qual alternativa **não** se refere às cenas que você leu? Explique sua escolha.

   a) Comparação entre costumes simples da roça e costumes liberais e caros da Corte.

   b) Idealização das novidades e prazeres proporcionados pela Corte.

   c) Corte como cenário das ações.

   d) Uso dos atrativos da Corte como arma de sedução.

3. Analise e explique as falas dos personagens, considerando o contexto de produção da peça.

   a) "Fique quieto. Não gosto destes brinquedos. Eu quero casar-me com o senhor, mas não quero que me abrace antes de nos casarmos."

   b) "Esta gente quando vai à Corte, vem perdida."

4. Releia com atenção o trecho sublinhado no final do texto. O que esse trecho revela a respeito da personagem Aninha?

### O teatro e a comédia de costumes de Martins Pena

Diferentemente das peças teatrais de cunho religioso, escritas no século XVI por padres jesuítas, como José de Anchieta, o **teatro do Romantismo** é popular e coloca em cena o povo brasileiro. Suas peças abordam, sobretudo, flagrantes da vida brasileira, do campo à cidade. E a galeria de personagens é vasta: funcionários públicos, juízes, padres, mexeriqueiros, matutos, camponeses, meirinhos, guardas nacionais, malandros, moças namoradeiras, viúvas etc.

171

# Enem e vestibulares

**1.** **(UFG)** Leia:

## Iracema voou

Iracema voou
Para a América
Leva roupa de lã
E anda lépida
Vê um filme de quando em vez
Não domina o idioma inglês
Lava chão numa casa de chá
Tem saído ao luar
Com um mímico
Ambiciona estudar
Canto lírico
Não dá mole pra polícia
Se puder, vai ficando por lá
Tem saudade do Ceará
Mas não muita
Uns dias, afoita
Me liga a cobrar:
– É Iracema da América

(Chico Buarque, As Cidades. Rio de Janeiro:
Marola Edições Musicais Ltda.,1998.)

**a)** Que papel desempenha Iracema no romance de José de Alencar? E na canção de Chico Buarque?

**b)** Uma das interpretações para o nome da heroína do romance de José de Alencar é de que seja um anagrama de América. Isto é, o nome da heroína possui as mesmas letras de América dispostas em outra ordem. Partindo dessa interpretação, explique o que distingue a referência à **América** no romance daquela que é feita na canção.

**2.** **(ENEM)** Leia o texto:

"Quem não se recorda de Aurélia Camargo, que atravessou o firmamento da Corte como brilhante meteoro, e apagou-se de repente no meio do deslumbramento que produzira seu fulgor? Tinha ela dezoito anos quando apareceu a primeira vez na sociedade. Não a conheciam; e logo buscaram todos com avidez informações acerca da grande novidade do dia. Dizia-se muita coisa que não repetirei agora, pois a seu tempo saberemos a verdade, sem os comentos malévolos de que usam vesti-la os noveleiros. Aurélia era órfã; tinha em sua companhia uma velha parenta, viúva, D. Firmina Mascarenhas, que sempre a acompanhava na sociedade. Mas essa parenta não passava de mãe de encomenda, para condescender com os escrúpulos da sociedade brasileira, que naquele tempo não tinha admitido ainda certa emancipação feminina. Guardando com a viúva as deferências devidas à idade, a moça não declinava um instante do firme propósito de governar sua casa e dirigir suas ações como entendesse. Constava também que Aurélia tinha um tutor; mas essa entidade era desconhecida, a julgar pelo caráter da pupila, não devia exercer maior influência em sua vontade, do que a velha parenta."

(ALENCAR, J. Senhora. São Paulo: Ática, 2006).

O romance Senhora, de José de Alencar, foi publicado em 1875. No fragmento transcrito, a presença de D. Firmina Mascarenhas como "parenta" de Aurélia Camargo assimila práticas e convenções sociais inseridas no contexto do Romantismo, pois...

**a)** o trabalho ficcional do narrador desvaloriza a mulher ao retratar a condição feminina na sociedade brasileira da época.

**b)** o trabalho ficcional do narrador mascara os hábitos sociais no enredo de seu romance.

**c)** as características da sociedade em que Aurélia vivia são remodeladas na imaginação do narrador romântico.

**d)** o narrador evidencia o cerceamento sexista à autoridade da mulher, financeiramente independente.

**e)** o narrador incorporou em sua ficção hábitos muito avançados para a sociedade daquele período histórico.

**3.** **(UNEB)**

I. Chegou no verão, em janeiro, quando soube que Geraldo cancelara o contrato de locação da casa, nos Barris. Primeiro, e logo que se deu a Geraldo como uma escrava, foi o Jardim da Piedade com a casa tão perto da igreja que acordava com o sino batendo forte todas as manhãs. O Campo Grande, a seguir, lugar de grandes árvores e muitos pássaros. Depois, o prédio magro de três andares na ruazinha da ladeira, no Rio Vermelho, onde permaneceria os últimos quinze anos ao lado do mar e de Geraldo. E dali, após vender os móveis para apurar um pouco mais de dinheiro, dali saiu enxotada para o Bângala.

FILHO, Adonias. O Largo da Palma. Novelas.
Rio de Janeiro: Civilização Brasileira, 1981. p. 29.

II. No momento de ajoelhar aos pés do celebrante, e de pronunciar o voto perpétuo que a ligava ao destino

172    Capítulo 13    Os Romantismos no Brasil – Prosa

do homem por ela escolhido, Aurélia, com o decoro que revestia seus menores gestos e movimentos, curvara a fronte, envolvendo-se pudicamente nas sombras diáfanas dos cândidos véus de noiva.

Malgrado seu, porém, o contentamento que lhe enchia o coração e estava a borbotar nos olhos cintilantes e nos lábios aljofrados de sorrisos, erigia-lhe aquela fronte gentil, cingida nesse instante por uma auréola de júbilo.

No altivo realce da cabeça e no enlevo das feições cuja formosura se toucava de lumes esplêndidos, estava-se debuxando a soberba expressão do triunfo, que exalta a mulher quando consegue a realidade de um desejo férvido e longamente ansiado.

ALENCAR, José de. Senhora: perfil de mulher.<br>2. ed. São Paulo: FTD, 1993. p. 73.

O texto II faz parte do romance *Senhora*, de José de Alencar, obra representativa do Romantismo no Brasil. Comparando-o com o texto I, inserido na narrativa *O Largo da Palma*, sobre as figuras femininas em foco, está correto o que se afirma na alternativa

**a)** Os perfis de Aurélia e Eliane atendem ao gosto estético romântico.

**b)** Aurélia e Eliane são enfocadas como estereótipos da mulher presa a convenções sociais.

**c)** Aurélia e Eliane são personagens — cada uma em sua época — representativas de um ideal de mulher a ser atingido.

**d)** Os textos, embora se enquadrem em épocas literárias distintas, apresentam o ser feminino como vítima de um destino previamente traçado.

**e)** Aurélia é apresentada sob uma perspectiva de idealização; já Eliane é mostrada como uma mulher carente, que se frustra nas relações amorosas.

### 4. (ENEM)

#### O sertão e o sertanejo

Ali começa o sertão chamado bruto. [...]

Nesses campos, tão diversos pelo matiz das cores, o capim crescido e ressecado pelo ardor do sol transforma-se em vicejante tapete de relva, quando lavra o incêndio que algum tropeiro, por acaso ou mero desenfado, ateia com uma faúlha do seu isqueiro.

Minando à surda na touceira, queda a vívida centelha. Corra daí a instantes qualquer aragem, por débil que seja, e levanta-se a língua de fogo esguia e trêmula, como que a contemplar medrosa e vacilante os espaços imensos que se alongam diante dela. [...] O fogo, detido em pontos, aqui, ali, a consumir com mais lentidão algum estorvo, vai aos poucos morrendo até se extinguir de todo, deixando como sinal da avassaladora passagem o alvacento lençol, que lhe foi seguindo os velozes passos. [...]

Por toda a parte melancolia; de todos os lados tétricas perspectivas.

É cair, porém, daí a dias copiosa chuva, e parece que uma varinha de fada andou por aqueles sombrios recantos a traçar às pressas jardins encantados e nunca vistos. Entra tudo num trabalho íntimo de espantosa atividade. Transborda a vida. [...]

TAUNAY, Alfredo de. Inocência. São Paulo: Ática, 1993. (Adaptação)

O romance romântico teve fundamental importância na formação da ideia de nação. Considerando o trecho acima, é possível reconhecer que uma das principais e permanentes contribuições do Romantismo para a construção da identidade nacional é a:

**a)** possibilidade de apresentar uma dimensão desconhecida da natureza nacional, marcada pelo subdesenvolvimento e pela falta de perspectiva de renovação.

**b)** consciência da exploração da terra pelos colonizadores e pela classe dominante local, o que coibiu a exploração desenfreada das riquezas naturais do país.

**c)** construção, em linguagem simples, realista e documental, sem fantasia ou exaltação, de uma imagem da terra que revelou o quanto é grandiosa a natureza brasileira.

**d)** expansão dos limites geográficos da terra, que promoveu o sentimento de unidade do território nacional e deu a conhecer os lugares mais distantes do Brasil aos brasileiros.

**e)** valorização da vida urbana e do progresso, em detrimento do interior do Brasil, formulando um conceito de nação centrado nos modelos da nascente burguesia brasileira.

# CAPÍTULO 14

## O REALISMO EM PORTUGAL (POESIA E PROSA)

### Roda de conversa

1. Baseando-se na legenda e na imagem, descreva-a.

2. O romance *O primo Basílio* é considerado uma obra realista. Em oposição ao Romantismo, quando o amor era idealizado e a mulher divinizada, no Realismo o compromisso do autor é com a realidade. Relacionando essas informações e a imagem do pôster, como você imagina o enredo desse romance?

*O primo Basílio* (1988), minissérie baseada na obra de Eça de Queiroz, com direção de Daniel Filho.

### Para você...

**... ler**
- *O primo Basílio*, Eça de Queirós.
- *Odes modernas*, Antero de Quental.
- *O livro de Cesário Verde*, Cesário Verde.

**... assistir**
- *Amor & Cia.* Direção: Helvécio Ratton. Brasil, 1998.
- *Os Maias.* Direção: João Botelho. Brasil, 2014.
- *O primo Basílio.* Direção: António Lopes Ribeiro. Portugal, 1959.

### O que você vai...

**... fruir**
- *O Palácio da Ventura*, Antero de Quental.
- *O sentimento dum ocidental*, Cesário Verde.
- *O primo Basílio*, Eça de Queirós.

**... aprender**
- O Realismo em Portugal: poesia e prosa.
- A prosa realista de Eça de Queirós.

- Em sua opinião, o que seria tematizado em um soneto com o título: "O Palácio da **Ventura**"? Que "palácio" seria esse? Onde ficaria?

Leia este poema, escrito por Antero de Quental.

**TEXTO 1**

### O Palácio da Ventura

Sonho que sou um cavaleiro andante,
Por desertos, por sóis, por noite escura,
**Paladino** do amor, busco **anelante**
O palácio encantado da Ventura!

Mas já desmaio, exausto e vacilante
Quebrada a espada já, rota a armadura...
E eis que súbito o avisto, **fulgurante**
Na sua pompa e aérea formosura!

Com grandes golpes bato à porta e brado:
Eu sou o Vagabundo, o Deserdado...
Abri-vos, portas d'ouro, ante meus ais!

Abrem-se as portas d'ouro com **fragor**...
Mas dentro encontro só, cheio de dor,
Silêncio e escuridão – e nada mais!

QUENTAL, Antero de. *Os sonetos completos de Antero de Quental.*
Porto: Livraria Portuense de Lopes, 1886. p. 119.

**Ventura:** felicidade, sorte.
**Paladino:** defensor, destemido, herói: cavaleiro andante.
**Anelante:** ofegante, com ânsia.
**Fulgurante:** reluzente, que relampeja.
**Fragor:** ruído muito forte, estrondo.

1. O que pode representar o sonho do eu lírico de ser "cavaleiro andante"?

2. Explique o último terceto.

3. Leia o verso: "**Silêncio e escuridão – e nada mais!**"

   a) Que sentimento o eu lírico expressa nesse verso?

   b) Nesse verso, foi empregado o recurso da gradação. Que efeito de sentido essa estratégia produz?

4. O cavaleiro medieval simboliza poder, força, nobreza, luta. Faça uma analogia entre o eu lírico e o cavaleiro medieval.

### Quem é o autor?

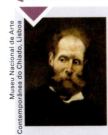

**Antero Tarquínio de Quental** (1842-1891) nasceu em Ponta Delgada e faleceu em Açores (Portugal). Mudou-se para Coimbra aos 16 anos, estudou Direito, e ali fundou a Sociedade do Raio, que pretendia renovar o país pela literatura. Líder do Movimento Realista em Portugal, foi também um dos fundadores do Partido Socialista Português e do jornal *A República*.

### O Palácio da Ventura

O soneto "O Palácio da Ventura", de Antero de Quental, é um poema lírico filosófico que, mesmo sendo filiado ao **Realismo** (estética literária do século XIX, que buscava retratar a realidade de forma objetiva), apresenta ainda resquícios do Romantismo, pois o eu lírico se identifica com o "cavaleiro medieval", em busca de uma felicidade idealizada.

## TEXTO 2

- Que temáticas poderiam ser abordadas num poema intitulado "O sentimento dum ocidental"?

Leia os versos desse poema, escrito por Cesário Verde.

### O sentimento dum ocidental

*A Guerra Junqueiro*

**Toldam-se:** anuviam-se.
**Aluguer:** variedade histórica de "aluguel".
**Calafates:** operários que trabalham com calafetação de pisos de madeira, frestas, tonéis.
**Aos magotes:** amontoados.
**Erro:** vago, ando sem destino.
**Baixéis:** embarcações de pequeno porte.
**Couraçado:** grande navio de guerra.
**Vogam:** saem, navegam.
**Escaleres:** pequenas embarcações, a serviço de um navio maior.
**Arengam:** discutem.
**Obreiras:** operárias.
**Varinas:** vendedoras de peixe, ambulantes.
**Canastras:** cestas, baús, arcas geralmente carregadas na cabeça ou nas costas.
**Fragatas:** antigos navios de guerra, a vela.

### Quem é o autor?

José Joaquim **Cesário Verde** (1855-1886) nasceu em Caneças, Loures, e faleceu em Lisboa. É considerado "o poeta da cidade de Lisboa", que ele retrata com realismo e emoção, criticando problemas sociais. Sua poética é lírica e realista. *O sentimento dum ocidental* (1880) é seu poema mais conhecido.

**(I) Ave-Marias**

Nas nossas ruas, ao anoitecer,
Há tal soturnidade, há tal melancolia,
Que as sombras, o bulício, o Tejo, a maresia
Despertam-me um desejo absurdo de sofrer.

O céu parece baixo e de neblina,
O gás extravasado enjoa-me, perturba;
E os edifícios, com as chaminés, e a turba
**Toldam-se** duma cor monótona e londrina.

Batem os carros de **aluguer**, ao fundo,
Levando à via férrea os que se vão. Felizes!
Ocorrem-me em revista exposições, países:
Madri, Paris, Berlim, S. Petersburgo, o mundo!

Semelham-se a gaiolas, com viveiros,
As edificações somente emadeiradas:
Como morcegos, ao cair das badaladas,
Saltam de viga em viga os mestres carpinteiros.

Voltam os **calafates**, **aos magotes**,
De jaquetão ao ombro, enfarruscados, secos;
Embrenho-me a cismar, por boqueirões,
                                  [por becos,
Ou **erro** pelos cais a que se atracam botes.

E evoco, então, as crônicas navais:
Mouros, **baixéis**, heróis, tudo ressuscitado!
Luta Camões no Sul, salvando um livro a nado!
Singram soberbas naus que eu não verei jamais!

E o fim da tarde inspira-me; e incomoda!
De um **couraçado** inglês **vogam** os **escaleres**;
E em terra num tinir de louças e talheres
Flamejam, ao jantar, alguns hotéis da moda.

Num trem de praça **arengam** dois dentistas;
Um trôpego arlequim braceja numas andas;
Os querubins do lar flutuam nas varandas;
Às portas, em cabelo, enfadam-se os lojistas!

Vazam-se os arsenais e as oficinas;
Reluz, viscoso, o rio, apressam-se as **obreiras**;
E num cardume negro, hercúleas, galhofeiras.
Correndo com firmeza, assomam as **varinas**.

Vêm sacudindo as ancas opulentas!
Seus troncos varonis recordam-me pilastras;
E algumas, à cabeça, embalam nas **canastras**
Os filhos que depois naufragam nas tormentas.

Descalças! Nas descargas de carvão,
Desde manhã à noite, a bordo das **fragatas**;
E apinham-se num bairro aonde miam gatas,
E o peixe podre gera os focos de infecção!

VERDE, Cesário. O sentimento dum ocidental. *In:* MOISÉS, Massaud. *A literatura portuguesa através dos textos.* 28. ed. São Paulo: Pensamento: Cultrix, 2002. p. 336.

Laura Barrichello

1. A quem se refere o termo "ocidental" no título?

2. A que momento da noite se refere o intertítulo "Ave-Marias"? Explique.

3. O poema tem um tom narrativo-descritivo. O que o eu lírico descreve?

4. Leia os versos:

> Levando à via férrea os que se vão. Felizes! / Ocorrem-me em revista exposições, países: /
> Madri, Paris, Berlim, S. Petersburgo, o mundo!

   a) A que se referem esses versos?

   b) Explique o efeito de sentido provocado pela expressão exclamativa "o mundo!".

5. Baseando-se em seu repertório cultural prévio, analise e explique as referências evocadas nestes versos:

> E evoco, então, as crônicas navais: / Mouros, baixéis, heróis, tudo ressuscitado! / Luta Camões no
> Sul, salvando um livro a nado! / Singram soberbas naus que eu não verei jamais!

6. Que cenário é descrito nas duas últimas estrofes?

### Mulheres na Revolução Industrial

No período da Revolução Industrial, as mulheres entraram no mercado de trabalho com jornada de mais de 16 horas, em condições insalubres e com salários baixos, inferiores aos dos homens. A luta feminina por melhores condições do trabalho iniciou-se no final do século XIX. Ainda hoje, no Brasil, há grande desigualdade entre homens e mulheres no mercado de trabalho, apesar de alguns avanços da legislação.

7. No poema, qual é a percepção que o eu lírico tem da presença de elementos do mundo urbano moderno e industrializado?

8. Registre no caderno as alternativas que interpretam adequadamente a poética de Cesário Verde, nos versos que você leu. Justifique.

   a) Incorpora o espaço urbano e industrial à poesia.

   b) Extrai lirismo do cotidiano aparentemente antipoético.

   c) Expressa lirismo amoroso e sentimentalismo.

   d) Revela sensibilidade em relação aos acontecimentos da cidade.

   e) Expressa perturbação diante da nauseante realidade.

9. O poema foi produzido no final do século XIX, época em que a Revolução Industrial e o modelo capitalista estavam em curso. Analise o posicionamento de Cesário Verde a respeito desse período, expresso no poema.

### O Realismo em Portugal

A partir da segunda metade do século XIX, a arte europeia passou a ser influenciada por uma visão mais crítica da realidade, devido ao processo de industrialização e urbanização. Além disso, novas concepções filosófico-científicas e o avanço das ciências e da tecnologia também contribuíram para o desenvolvimento desta estética literária: o Realismo. Na poesia realista portuguesa, Antero de Quental e Cesário Verde estão entre os autores mais destacados.

### TEXTO 3

- Quais teriam sido os principais escritores, em prosa, no Realismo português? Que características e temáticas predominaram?

Leia, a seguir, o trecho de um famoso romance de Eça de Queirós: *O primo Basílio*. Ele narra a história de Luísa, casada com Jorge, que se envolve com o primo Basílio ao reencontrá-lo. Os três fazem parte da burguesia portuguesa, da Lisboa do final do século XIX. A criada da casa, Juliana, descobre a correspondência trocada pelos primos e passa a chantagear a patroa.

## O primo Basílio (Capítulo VI)

Ia encontrar Basílio no Paraíso pela primeira vez. E estava muito nervosa: não pudera dominar, desde pela manhã, um medo indefinido que lhe fizera pôr um véu muito espesso, e bater o coração ao encontrar Sebastião. Mas ao mesmo tempo uma curiosidade intensa, múltipla, impelia-a com um estremecimento de prazer. – Ia, enfim, ter ela própria aquela aventura que lera tantas vezes nos romances amorosos! Era uma forma nova do amor que ia experimentar, sensações excepcionais! Havia tudo – a casinha misteriosa, o segredo ilegítimo, todas as palpitações do perigo! Porque o aparato impressionava-a mais que o sentimento; e a casa em si interessava-a, atraía-a mais que Basílio! Como seria? Era para os lados de Arroios, adiante do Largo de Santa Bárbara; lembrava-se vagamente que havia ali uma correnteza de casas velhas... Desejaria antes que fosse no campo, numa quinta, com arvoredos murmurosos e relvas fofas; passeariam, então, com as mãos enlaçadas, num silêncio poético; e depois o som da água que cai nas bacias de pedra daria um ritmo *lânguido* aos sonhos amorosos... Mas era num terceiro andar – quem sabe como seria dentro? Lembrava-lhe um romance de Paulo Féval em que o herói, poeta e duque, forra de cetins e tapeçarias o interior de uma *choça*; encontra ali a sua amante; os que passam, vendo aquele casebre arruinado, dão um pensamento compassivo à miséria que decerto o habita – enquanto dentro, muito secretamente, as flores se esfolham nos vasos de *Sèvres* e os pés nus pisam *gobelins* veneráveis! Conhecia o gosto de Basílio – e o Paraíso decerto era como nos romances de Paulo Féval. [...]

**Lânguido:** sensual; doce.
**Choça:** cabana, casa pequena.
**Sèvres:** cidade próxima a Paris.
**Gobelins:** luxuosas tapeçarias francesas.
**Salobre:** com gosto ou cheiro desagradável.
**Coava:** penetrava, infiltrava; filtrava.

A carruagem parou ao pé de uma casa amarelada, com uma portinha pequena. Logo à entrada um cheiro mole e **salobre** enojou-a. A escada, de degraus gastos, subia ingremamente, apertada entre paredes onde a cal caía, e a umidade fizera nódoas. No patamar da sobreloja, uma janela com um gradeadozinho de arame, parda do pó acumulado, coberta de teias de aranha, **coava** a luz suja do saguão. E por trás de uma portinha, ao lado, sentia-se o ranger de um berço, o chorar doloroso de uma criança.

QUEIRÓS, Eça de. *O primo Basílio*. São Paulo: Scipione, 1994. p. 123-124. (Clássicos da Scipione).

### Quem é o autor?

José Maria de **Eça de Queirós** (1845-1900) nasceu em Póvoa de Varzim e faleceu em Paris. Aos 16 anos foi estudar Direito em Coimbra. Seus primeiros escritos apareceram no jornal *Gazeta de Portugal*. Discípulo do escritor francês Gustave Flaubert, de quem recebeu grande influência, Eça de Queirós é um dos pioneiros da literatura realista em Portugal.

1. Que sentimentos Luísa experimenta antes de se encontrar com Basílio?

2. Explique o emprego e o destaque dado à palavra "Paraíso", para nomear o local de encontro dos amantes, em:

   Conhecia o gosto de Basílio – e o Paraíso decerto era como nos romances de Paulo Féval.

3. O que o trecho lido, do Capítulo VI, revela a respeito da protagonista? Explique.

4. Identifique trechos em que os adjetivos apresentam o contraste entre o cenário bucólico e romântico idealizado por Luísa para o seu encontro com Basílio e a decadência do cenário real.

5. Em que a personagem Luísa difere das personagens femininas românticas?

6. Baseando-se no trecho lido, registre e explique no caderno:
   a) o tipo de discurso que predomina.
   b) o tipo de narrador.

7. Leia os seguintes trechos da mesma obra, que descrevem a antagonista, Juliana.

▶ **Trecho 1**  Capítulo III

Servia, havia vinte anos. Como ela dizia, mudava de amos, mas não mudava de sorte. Vinte anos a dormir em **cacifos**, a levantar-se de madrugada, a comer os restos, a vestir trapos velhos, a sofrer os **repelões** das crianças e as más palavras da senhora, a fazer despejos, a ir para o hospital quando vinha a doença, a **esfalfar-se** quando voltava a saúde!... Era demais! Tinha agora dias em que só de ver o balde das águas sujas e o ferro de engomar se lhe embrulhava o estômago. Nunca se acostumara a servir. Desde **rapariga** a sua ambição fora ter um negociozito, uma tabacaria, uma loja de **capelista** ou de quinquilharias, dispor, governar, ser patroa; mas, apesar de economias mesquinhas e de cálculos sôfregos, o mais que conseguira ajuntar foram sete moedas ao fim de anos; tinha então adoecido; com o horror do hospital fora tratar-se para a casa de uma parenta; e o dinheiro, ai! derretera-se! No dia em que se trocou a última **libra** chorou horas com a cabeça debaixo da roupa.

QUEIRÓS, Eça de. *O primo Basílio*. São Paulo: Scipione, 1994, p. 44. (Clássicos da Scipione).

▶ **Trecho 2**  Capítulo III

A necessidade de se constranger trouxe-lhe o hábito de odiar; odiou sobretudo as patroas. Com ódio irracional e pueril. Tivera-as ricas, com palacetes, e pobres, mulheres de empregados, velhas e raparigas, coléricas e pacientes; – odiava-as a todas, sem diferença. É patroa e basta! [...]

QUEIRÓS, Eça de. *O primo Basílio*. São Paulo: Scipione, 1994. p. 45. (Clássicos da Scipione)

**Cacifos:** quartos pequenos e escuros.
**Repelões:** empurrões.
**Esfalfar-se:** esgotar-se.
**Rapariga:** moça.
**Capelista:** pessoa que vende artigos de "capela": miudezas, quinquilharias.
**Libra:** dinheiro, moeda.

> **Trecho 3**  Capítulo VI

**Arrebicar-se:** enfeitar-se com exagero.
**Toucador:** penteadeira.
**Venetas:** impulsos repentinos.

  E cada dia detestava mais Luísa. Quando pela manhã a via **arrebicar-se**, perfumar-se com água-de-colônia, mirar-se ao **toucador** cantarolando, saía do quarto porque lhe vinham **venetas** de ódio, tinha medo de estourar! Odiava-a pelas toaletes, pelo ar alegre, pela roupa branca, pelo homem que ia ver, por todos os seus regalos de senhora. "A cabra!" Quando ela saía ia espreitar, vê-la subir a rua, e fechando a vidraça com um risinho rancoroso:

  – Diverte-te, piorrinha, diverte-te, que o meu dia há de chegar! Oh, se há de!

QUEIRÓS, Eça de. *O primo Basílio*. São Paulo: Scipione, 1994. p. 126. (Clássicos da Scipione).

 **a)** O que os trechos revelam a respeito de Juliana?

 **b)** Como se explica o comportamento de Juliana?

**8.** Explique, no trecho, a função dos termos destacados na caracterização de Juliana:

> [...] necessidade de se constranger trouxe-lhe o hábito de odiar; odiou sobretudo as patroas. Com ódio **irracional** e **pueril**.

### A prosa realista de Eça de Queirós

  A prosa de Eça de Queirós buscava analisar a sociedade portuguesa do final do século XIX, retratando os comportamentos humanos de maneira bem objetiva, conforme a estética realista. Ele ficou conhecido por suas críticas à elite, ao Estado, ao casamento, à família e à Igreja. Quanto à temática e a linguagem, são comuns: a análise da relação entre o ser humano e o meio em que ele vive (o determinismo social), o emprego da descrição minuciosa e a linguagem irônica. As obras realistas de Antero de Quental, Cesário Verde e Eça de Queirós já anunciavam temas que seriam retomados no século XX, na Modernidade portuguesa – e que vamos estudar mais à frente.

180 Capítulo 14 O Realismo em Portugal (Poesia e Prosa)

# Enem e vestibulares

**1.** **(UNIFESP)** Leia os versos de Cesário Verde:

> Duas igrejas, num saudoso largo,
>
> Lançam a nódoa negra e fúnebre do clero:
>
> Nelas esfumo um ermo inquisidor severo,
>
> Assim que pela História eu me aventuro e alargo.

> (www.astormentas.com)

Em relação à Igreja, o eu lírico assume, nesses versos, uma posição:

**a)** anticlerical.

**b)** submissa.

**c)** evangelizadora.

**d)** saudosista.

**e)** ambígua.

**2.** **(UNIFESP)** Leia:

> O melro veio com efeito às três horas. Luísa estava na sala, ao piano.
>
> – Está ali o sujeito do costume – foi dizer Juliana.
>
> Luísa voltou-se corada, escandalizada da expressão:
>
> – Ah! meu primo Basílio? Mande entrar.
>
> E chamando-a:
>
> – Ouça, se vier o Sr. Sebastião, ou alguém, que entre.
>
> Era o primo! O sujeito, as suas visitas perderam de repente para ela todo o interesse picante. A sua malícia cheia, enfunada até aí, caiu, engelhou-se como uma vela a que falta o vento. Ora, adeus! Era o primo!
>
> Subiu à cozinha, devagar, — lograda.
>
> – Temos grande novidade, Sra. Joana! O tal peralta é primo. Diz que é o primo Basílio.
>
> E com um risinho:
>
> – É o Basílio! Ora o Basílio! Sai-nos primo à última hora! O diabo tem graça!
>
> – Então que havia de o homem ser se não parente? – observou Joana.
>
> Juliana não respondeu. Quis saber se estava o ferro pronto, que tinha uma carga de roupa para passar! E sentou-se à janela, esperando. O céu baixo e pardo pesava, carregado de eletricidade; às vezes uma aragem súbita e fina punha nas folhagens dos quintais um arrepio trêmulo.
>
> – É o primo! – refletia ela. – E só vem então quando o marido se vai. Boa! E fica-se toda no ar quando ele sai; e é roupa-branca e mais roupa-branca, e roupão novo, e tipoia para o passeio, e suspiros e olheiras! Boa bêbeda! Tudo fica na família!
>
> Os olhos luziam-lhe. Já se não sentia tão lograda. Havia ali muito "para ver e para escutar". E o ferro estava pronto?
>
> Mas a campainha, embaixo, tocou.

> (Eça de Queirós. *O primo Basílio*, 1993.)

Quando é avisada de que Basílio estava em sua casa, Luísa escandaliza-se com a forma de expressão de sua criada Juliana. A reação de Luísa decorre:

**a)** da linguagem descuidada com que a criada se refere a seu primo Basílio, rapaz cortês e de família aristocrática.

**b)** da intimidade que a criada revela ter com o Basílio, o que deixa a patroa enciumada com o comentário.

**c)** do comentário malicioso que a criada faz à presença de Basílio, sugerindo à patroa que deveria envolver-se com o rapaz.

**d)** da indiscrição da criada ao referir-se ao rapaz, o qual, apesar do vínculo familiar, não era visita frequente na casa da patroa.

**e)** da ambiguidade que se pode entrever nas palavras da criada, referindo-se com ironia às frequentes visitas de Basílio à patroa.

**3.** **(FUVEST)** Como se sabe, Eça de Queirós concebeu o livro *O primo Basílio* como um romance de crítica da sociedade portuguesa, cujas "falsas bases" ele considerava um "dever atacar". A crítica que ele aí dirige a essa sociedade incide mais diretamente sobre:

**a)** o plano da economia, cuja estagnação estava na base da desordem social.

**b)** os problemas de ordem cultural, como os que se verificavam na educação e na literatura.

**c)** a excessiva dependência de Portugal em relação às colônias, responsável pelo parasitismo da burguesia metropolitana.

**d)** a extrema sofisticação da burguesia de Lisboa, cujo luxo e requinte conduziam à decadência dos costumes.

**e)** Os grupos aristocráticos, remanescentes da monarquia, que continuavam a exercer sua influência corruptora em pleno regime republicano.

# CAPÍTULO 15

# O REALISMO NO BRASIL: MACHADO, ESCRITOR UNIVERSAL

Marc Ferrez. Largo da Carioca com o Chafariz de 35 bicas. c. 1890.

## Roda de conversa

1. Descreva a imagem.
2. O Largo da Carioca, no século XIX, era considerado "o coração" do centro da cidade do Rio de Janeiro. Que relação pode haver entre esse espaço público e as obras de Machado de Assis?

### Para você...

#### ... assistir
- *Memórias póstumas de Brás Cubas*. Direção: André Klotzel. Brasil, 2001.
- *Reimaginação de Dom Casmurro*. Direção: Moacyr Góes. Brasil, 2003.

#### ... ouvir
- *Capitu*, Luiz Tatit.
- Podcast *Vidas Negras*, episódio "O maior escritor do Brasil".
- Podcast *Contracapa*, episódio "Machado de Assis – mais que um gênio: um brasileiro".
- Podcast *Ilustríssima Conversa*, episódio "Ambiguidade racial é um dos fascínios de Machado de Assis".

#### ... ler
- *A Cartomante*, conto de Machado de Assis.
- *Contos possíveis*, Artur Azevedo.
- *Contos amazônicos*, Inglês de Sousa.

### O que você vai...

#### ... fruir
- *A carteira*, Machado de Assis.
- *Memórias póstumas de Brás Cubas* (trechos), Machado de Assis.

#### ... aprender
- Realismo no Brasil: o conto e o romance machadiano.
- Características da prosa realista.
- A obra de Machado de Assis.

• Você já leu algum romance ou conto de Machado de Assis?

Machado de Assis é um dos expoentes do nosso Realismo. Considerado por muitos críticos como um "escritor universal", ele é, certamente, um dos maiores escritores brasileiros de todos os tempos. Leia, a seguir, um de seus contos.

### TEXTO 1

### A carteira

... De repente, Honório olhou para o chão e viu uma carteira. Abaixar-se, apanhá-la e guardá-la foi obra de alguns instantes. Ninguém o viu, salvo um homem que estava à porta de uma loja, e que, sem o conhecer, lhe disse rindo:

— Olhe, se não dá por ela; perdia-a de uma vez.

— É verdade, concordou Honório envergonhado.

Para avaliar a oportunidade desta carteira, é preciso saber que Honório tem de pagar amanhã uma dívida, quatrocentos e tantos mil-**réis**, e a carteira trazia o bojo recheado. A dívida não parece grande para um homem da posição de Honório, que advoga; mas todas as quantias são grandes ou pequenas, segundo as circunstâncias, e as dele não podiam ser piores. Gastos de família excessivos, a princípio por servir a parentes, e depois por agradar à mulher, que vivia aborrecida da solidão; baile daqui, jantar dali, chapéus, leques, tanta cousa mais, que não havia remédio senão ir descontando o futuro. Endividou-se. Começou pelas contas de lojas e armazéns; passou aos empréstimos, duzentos a um, trezentos a outro, quinhentos a outro, e tudo a crescer, e os bailes a darem-se, e os jantares a comerem-se, um turbilhão perpétuo, uma voragem.

— Tu agora vais bem, não? dizia-lhe ultimamente o Gustavo C..., advogado e familiar da casa.

— Agora vou, mentiu o Honório.

A verdade é que ia mal. Poucas causas, **de pequena monta**, e constituintes **remissos**; por desgraça perdera ultimamente um processo, em que fundara grandes esperanças. Não só recebeu pouco, mas até parece que ele lhe tirou alguma cousa à reputação jurídica; em todo caso, andavam **mofinas** nos jornais.

D. Amélia não sabia nada; ele não contava nada à mulher, bons ou maus negócios. Não contava nada a ninguém. Fingia-se tão alegre como se nadasse em um mar de prosperidades. Quando o Gustavo, que ia todas as noites à casa dele, dizia uma ou duas **pilhérias**, ele respondia com três e quatro; e depois ia ouvir os trechos de música alemã, que D. Amélia tocava muito bem ao piano, e que o Gustavo escutava com indizível prazer, ou jogavam cartas, ou simplesmente falavam de política.

**Réis:** unidade monetária brasileira utilizada até 1942, quando foi substituída pelo cruzeiro.

**De pequena monta:** de pequena importância ou valor.

**Remisso:** descuidado, desleixado; que desvia valores que lhe foram confiados.

**Mofina:** artigo anônimo difamatório.

**Pilhéria:** piada, zombaria; conversa fiada, lorota.

183

Um dia, a mulher foi achá-lo dando muitos beijos à filha, criança de quatro anos, e viu-lhe os olhos molhados; ficou espantada, e perguntou-lhe o que era.

— Nada, nada.

Compreende-se que era o medo do futuro e o horror da miséria. Mas as esperanças voltavam com facilidade. A ideia de que os dias melhores tinham de vir dava-lhe conforto para a luta. Estava com trinta e quatro anos; era o princípio da carreira: todos os princípios são difíceis. E toca a trabalhar, a esperar, a gastar, pedir fiado ou: emprestado, para pagar mal, e a más horas.

> **Punha a faca aos peitos:** ameaçava, intimidava; metia medo; punha em xeque, castigava.

A dívida urgente de hoje são uns malditos quatrocentos e tantos mil-réis de carros. Nunca demorou tanto a conta, nem ela cresceu tanto, como agora; e, a rigor, o credor não lhe **punha a faca aos peitos**; mas disse-lhe hoje uma palavra azeda, com um gesto mau, e Honório quer pagar-lhe hoje mesmo. Eram cinco horas da tarde. Tinha-se lembrado de ir a um agiota, mas voltou sem ousar pedir nada. Ao enfiar pela Rua da Assembleia é que viu a carteira no chão, apanhou-a, meteu no bolso, e foi andando.

Durante os primeiros minutos, Honório não pensou nada; foi andando, andando, andando, até o Largo da Carioca. No Largo parou alguns instantes, – enfiou depois pela Rua da Carioca, mas voltou logo, e entrou na Rua Uruguaiana. Sem saber como, achou-se daí a pouco no Largo de S. Francisco de Paula; e ainda, sem saber como, entrou em um Café. Pediu alguma cousa e encostou-se à parede, olhando para fora. Tinha medo de abrir a carteira; podia não achar nada, apenas papéis e sem valor para ele. Ao mesmo tempo, e esta era a causa principal das reflexões, a consciência perguntava-lhe se podia utilizar-se do dinheiro que achasse. Não lhe perguntava com o ar de quem não sabe, mas antes com uma expressão irônica e de censura. Podia lançar mão do dinheiro, e ir pagar com ele a dívida? Eis o ponto. A consciência acabou por lhe dizer que não podia, que devia levar a carteira à polícia, ou anunciá-la; mas tão depressa acabava de lhe dizer isto, vinham os apuros da ocasião, e puxavam por ele, e convidavam-no a ir pagar a cocheira. Chegavam mesmo a dizer-lhe que, se fosse ele que a tivesse perdido, ninguém iria entregar-lha; insinuação que lhe deu ânimo.

Tudo isso antes de abrir a carteira. Tirou-a do bolso, finalmente, mas com medo, quase às escondidas; abriu-a, e ficou trêmulo. Tinha dinheiro, muito dinheiro; não contou, mas viu duas notas de duzentos mil-réis, algumas de cinquenta e vinte; calculou uns setecentos mil réis ou mais; quando menos, seiscentos. Era a dívida paga; eram menos algumas despesas urgentes. Honório teve tentações de fechar os olhos, correr à cocheira, pagar, e, depois de paga a dívida, adeus; reconciliar-se-ia consigo. Fechou a carteira, e com medo de a perder, tornou a guardá-la.

Mas daí a pouco tirou-a outra vez, e abriu-a, com vontade de contar o dinheiro. Contar para quê? era dele? Afinal venceu-se e contou: eram setecentos e trinta mil-réis. Honório teve um calafrio. Ninguém viu, ninguém soube; podia ser um lance da fortuna, a sua boa sorte, um anjo... Honório teve pena de não crer nos anjos... Mas por que não havia de crer neles? E voltava ao dinheiro, olhava, passava-o pelas mãos; depois, resolvia o contrário, não usar do achado, restituí-lo. Restituí-lo a quem? Tratou de ver se havia na carteira algum sinal.

"Se houver um nome, uma indicação qualquer, não posso utilizar-me do dinheiro", pensou ele.

Esquadrinhou os bolsos da carteira. Achou cartas, que não abriu, bilhetinhos dobrados, que não leu, e por fim um cartão de visita; leu o nome; era do Gustavo. Mas então, a carteira?... Examinou-a por fora, e pareceu-lhe efetivamente do amigo. Voltou ao interior; achou mais **dous** cartões, mais três, mais cinco. Não havia duvidar; era dele.

A descoberta entristeceu-o. Não podia ficar com o dinheiro, sem praticar um ato ilícito, e, naquele caso, doloroso ao seu coração porque era em dano de um amigo. Todo o castelo levantado **esboroou-se** como se fosse de cartas. Bebeu a última gota de café, sem reparar que estava frio. Saiu, e só então reparou que era quase noite. Caminhou para casa. Parece que a necessidade ainda lhe deu uns dous empurrões, mas ele resistiu.

"Paciência, disse ele consigo; verei amanhã o que posso fazer."

Chegando a casa, já ali achou o Gustavo, um pouco preocupado e a própria D. Amélia o parecia também. Entrou rindo, e perguntou ao amigo se lhe faltava alguma cousa.

– Nada.

– Nada?

– Por quê?

– Mete a mão no bolso; não te falta nada?

– Falta-me a carteira, disse o Gustavo sem meter a mão no bolso. Sabes se alguém a achou?

– Achei-a eu, disse Honório entregando-lha.

Gustavo pegou dela precipitadamente, e olhou desconfiado para o amigo. Esse olhar foi para Honório como um golpe de estilete; depois de tanta luta com a necessidade, era um triste prêmio. Sorriu amargamente; e, como o outro lhe perguntasse onde a achara, deu-lhe as explicações precisas.

– Mas conheceste-a?

– Não; achei os teus bilhetes de visita.

Honório deu duas voltas, e foi **mudar de toilette** para o jantar. Então Gustavo sacou novamente a carteira, abriu-a, foi a um dos bolsos, tirou um dos bilhetinhos, que o outro não quis abrir nem ler, e estendeu-o a D. Amélia, que, ansiosa e trêmula, rasgou-o em trinta mil pedaços: era um bilhetinho de amor.

MACHADO DE ASSIS, J. M. *A carteira*. A Biblioteca Virtual do Estudante Brasileiro. Disponível em: http://www.dominiopublico.gov.br/download/texto/bv000169.pdf. Acesso em: 8 jan. 2016.

**Dous:** o mesmo que "dois".

**Esboroou-se:** desfez-se, desmoronou-se, reduziu-se.

**Mudar de toilette:** fazer o toalete; se aprontar para aparecer em público.

### Quem é o autor?

Joaquim Maria **Machado de Assis** (1839-1908) nasceu no Morro do Livramento, no Rio de Janeiro. Era negro, neto de escravo alforriado, filho de um pintor de paredes e de uma lavadeira. Autodidata, frequentou por pouco tempo uma escola pública. Nunca cursou a universidade. Trabalhou como tipógrafo-revisor na revista *Marmota Fluminense*, onde publicou seu primeiro poema, aos 16 anos. Foi jornalista. Escreveu contos, romances, novelas, crônicas, poemas, textos teatrais, críticas e ensaios. É considerado (sua obra vem sendo "redescoberta" pela crítica mundial) como um dos escritores mais importantes de todos os tempos.

### Enredo

Como já estudamos, o enredo de uma narrativa literária apresenta algumas partes como: situação inicial de estabilidade, complicação, conflito, desfecho, personagens, tempo, espaço etc.

1. O conto "A carteira" apresenta **situação inicial** de estabilidade? Explique.

2. Qual é a **complicação** nesse conto? E o **conflito**?

3. A respeito do **cenário** onde acontecem as ações no conto lido, indique o espaço geográfico em que a narrativa se passa.

4. Sobre o **tempo** no conto lido:
    a) É possível determinar o tempo que as ações duraram?
    b) Indique a época em que se passam as ações narradas.
    c) É possível identificar marcas do "tempo interior" dos personagens, ou seja, o que eles pensam e sentem?

5. A respeito da **caracterização dos personagens** nos fatos narrados, por suas ações e reações, faça o que se pede.
    a) Descreva a visão de mundo deles, a ideologia, linguagem, valores, atitudes; o lugar que eles ocupam na sociedade.
    b) Trace um **perfil psicológico** de Honório, Gustavo e D. Amélia.

6. Com relação aos fatos narrados em "A carteira", responda: as ações se desenvolvem em uma **sequência linear** ou **não linear**? Explique.

### Conto machadiano

O conto machadiano se caracteriza pela narrativa não linear, em que o narrador faz comentários sobre o passado e, por vezes, volta a ele para explicar o comportamento de determinado personagem.

7. Qual é o momento de maior tensão vivido pelo protagonista de *A carteira*?

8. Releia:

    > Gustavo pegou dela precipitadamente, e olhou desconfiado para o amigo. Esse olhar foi para Honório como um golpe de estilete; depois de tanta luta com a necessidade, era um triste prêmio. Sorriu amargamente; e, como o outro lhe perguntasse onde a achara, deu-lhe as explicações precisas.

    • Quais são os sentimentos dos personagens, nesse trecho? O que provoca tais sentimentos?

9. Com relação ao **desfecho** do **conflito** apresentado no conto, leia os trechos abaixo e responda às questões a seguir.

I) "Quando o Gustavo, que ia todas as noites à casa dele, dizia uma ou duas pilhérias, ele respondia com três e quatro; e depois ia ouvir os trechos de música alemã, que D. Amélia tocava muito bem ao piano, e que o Gustavo escutava com indizível prazer."

II) "Chegando a casa, já ali achou o Gustavo, um pouco preocupado e a própria D. Amélia o parecia também."

III) "Gustavo pegou dela precipitadamente, e olhou desconfiado para o amigo. Esse olhar foi para Honório como um golpe de estilete."

IV) "Então Gustavo sacou novamente a carteira, abriu-a, foi a um dos bolsos, tirou um dos bilhetinhos, que o outro não quis abrir nem ler, e estendeu-o a D. Amélia, que, ansiosa e trêmula, rasgou-o em trinta mil pedaços: era um bilhetinho de amor."

a) Qual é a relação entre os três primeiros trechos e o desfecho?

b) Releia o último trecho e explique o desfecho do conto.

10. Com relação à narrativa do conto estudado, escolha a afirmativa correta e justifique-a com uma passagem do texto.

a) O narrador é um personagem do conto que participa dos fatos e dá ao leitor o seu ponto de vista sobre eles.

b) O narrador não participa dos fatos, mas sabe o que os personagens fazem, sentem e pensam.

11. Indique o **tipo de discurso** empregado nos trechos a seguir.

a) "Achou cartas, que não abriu, bilhetinhos dobrados, que não leu, e por fim um cartão de visita; leu o nome; era do Gustavo. Mas então, a carteira?..."

b) "Um dia, a mulher foi achá-lo dando muitos beijos à filha, criança de quatro anos, e viu-lhe os olhos molhados; ficou espantada, e perguntou-lhe o que era."

c) "– Olhe, se não dá por ela; perdia-a de uma vez."

12. Explique:

a) O efeito produzido pelo uso da **hipérbole** destacada em:

Então Gustavo sacou novamente a carteira, abriu-a, foi a um dos bolsos, tirou um dos bilhetinhos, que o outro não quis abrir nem ler, e estendeu-o a D. Amélia, que, ansiosa e trêmula, rasgou-o **em trinta mil pedaços**: era um bilhetinho de amor."

b) O sentido da **metáfora** destacada em:

[...] baile daqui, jantar dali, chapéus, leques, tanta cousa mais, que não havia remédio senão ir **descontando o futuro**.

### Características da prosa realista

A prosa realista tematiza o indivíduo que enfrenta problemas de sobrevivência, conflitos sociais, amorosos e existenciais próprios da condição humana. No Realismo, saem de cena o super-herói indígena, os cavalheiros formosos e galantes, as damas da Corte, as sinhazinhas românticas, as narrativas históricas e lendárias, e ganham foco os personagens que representam pessoas comuns, reais. Os personagens machadianos, em geral – assim como Honório, Amélia e Gustavo, de "A carteira" –, enfrentam conflitos éticos, morais e existenciais; crises econômicas; são consumistas, ciumentos e céticos, além de vaidosos, fracos, adúlteros, corruptos e interesseiros. Enfim: vivem os dramas da sociedade burguesa, especialmente os da cidade do Rio de Janeiro no final do século XIX.

### TEXTO 2

- Você acha que é possível alguém, depois de morto, voltar para contar sua vida?
- Ao relatar sua própria história, esse alguém pode continuar refletindo sobre os problemas sociais e existenciais de uma determinada época?

*Memórias póstumas de Brás Cubas* é considerado o romance que introduz o Realismo no Brasil, em 1881. Um dos conflitos vividos por Brás Cubas (o narrador-personagem que, depois de morto, relata suas memórias) é o seu amor por Virgília, uma mulher casada. Leia, a seguir, dois capítulos dessa obra.

### Memórias póstumas de Brás Cubas (Capítulo 54) – A pêndula

Saí dali a saborear o beijo. Não pude dormir; estirei-me na cama, é certo, mas foi o mesmo que nada. Ouvi as horas todas da noite. Usualmente, quando eu perdia o sono, o bater da **pêndula** fazia-me muito mal; esse tique-taque soturno, vagaroso e seco parecia dizer a cada golpe que eu ia ter um instante menos de vida. Imaginava então um velho diabo, sentado entre dous sacos, o da vida e o da morte, a tirar as moedas da vida para dá-las à morte, e a contá-las assim:

– Outra de menos...

– Outra de menos...

– Outra de menos...

– Outra de menos...

O mais singular é que, se o relógio parava, eu dava-lhe corda, para que ele não deixasse de bater nunca, e eu pudesse contar todos os meus instantes perdidos. Invenções há, que se transformam ou acabam; as mesmas instituições morrem; o relógio é definitivo e perpétuo. O derradeiro homem, ao despedir-se do sol frio e gasto, há de ter um relógio na **algibeira**, para saber a hora exata em que morre.

Naquela noite não padeci essa triste sensação de **enfado**, mas outra, e **deleitosa**. As fantasias tumultuavam-me cá dentro, vinham umas sobre outras, à semelhança de devotas que se **abalroam** para ver o anjo-cantor das procissões. Não ouvia os instantes perdidos, mas os minutos ganhados. De certo tempo em diante não ouvi

---

**Pêndula (pêndulo):** oscilador do relógio, usado para marcar as horas.
**Algibeira:** pequeno bolso.
**Enfado:** mal-estar, incômodo.
**Deleitosa:** prazerosa.
**Abalroam:** atracam, chocam-se.

cousa nenhuma, porque o meu pensamento, ardiloso e traquinas, saltou pela janela fora e bateu as asas na direção da casa de Virgília. Aí achou no peitoril de uma janela o pensamento de Virgília, saudaram--se e **ficaram de palestra**. Nós a rolarmos na cama, talvez com frio, necessitados de repouso, e os dous vadios ali postos, a repetirem o velho diálogo de Adão e Eva.

## (Capítulo 55) – O velho diálogo de Adão e Eva

BRÁS CUBAS. . . . . . . . . . . . . . . . . . . . .?
VIRGÍLIA . . . . . . . . . . . . . . .
BRÁS CUBAS . . . . . . . . . . . . . . . . . . . . . . . . . . . . . . . .
. . . . . . . . . . . . . . . . . . . . . . . . . . . . . . . . . . . . . . . . . . . . . . . . . . .
VIRGÍLIA . . . . . . . . . . . . . . . . . . . . . . . . . . .!
BRÁS CUBAS . . . . . . . . . . . . . .
VIRGÍLIA . . . . . . . . . . . . . . . . . . . . . . . . . . . . . . . . . . . . . . . . . . . . . . .
. . . . . . . . . . . . . . . . . .?
BRÁS CUBAS . . . . . . . . . . . . . . . . .
VIRGÍLIA . . . . . . . . . . . . . . . . . . . . . . . .
BRÁS CUBAS . . . . . . . . . . . . . . . . . . . . . . . . . . . . . . . . . . . . . . . . . . . . . .
. . . . . . . . . . . . . .! . . . . . . . . . . . . . . . . . . . . . . . . . . .! . . . . . . . . . . . . .!
VIRGÍLIA . . . . . . . . . . . . . . . . . . . . . . . . . . . . . . . .?
BRÁS CUBAS . . . . . . . . . . . . . . . . . . . .!
VIRGÍLIA . . . . . . . . . . . . . . . . . . . .!

MACHADO DE ASSIS, J. M. *Memórias póstumas de Brás Cubas. In:* MACHADO DE ASSIS, J. M. *Obra completa.* Rio de Janeiro: Nova Aguilar, 1997. v. 1. p. 569-570.

> **Ficaram de palestra:** encontraram-se, ficaram conversando, entendendo-se.

**1.** Que fato é narrado no capítulo "A pêndula"?

**2.** Nesse contexto, o que o relógio simboliza?

**3.** Explique o título do **Capítulo 55**.

**4.** Explique a alternativa que **não** se refere corretamente aos capítulos lidos.

**a)** A angústia do personagem-narrador no capítulo 54 é substituída pela fantasia amorosa.

**b)** As reticências no Capítulo 55 revelam que a fala dos apaixonados é recheada de clichês conhecidos do leitor.

**c)** Nota-se a impossibilidade de diálogo entre homem e mulher no Capítulo 55.

**d)** Há o emprego da intertextualidade e da ironia no Capítulo 55.

### A obra de Machado de Assis

Machado de Assis é considerado o introdutor do Realismo no Brasil, com a obra *Memórias póstumas de Brás Cubas*. É autor, também, de outros romances fundamentais da literatura brasileira, como: *Esaú e Jacó, Dom Casmurro, Quincas Borba*, entre outros. Alguns de seus livros foram publicados em folhetins de jornais e revistas, que se dirigiam especialmente ao público feminino. Estão presentes em sua obra características do Realismo como: racionalidade; descrições de tipos sociais e de situações típicas da sociedade do século XIX; crítica à hipocrisia das relações sociais e amorosas; emprego de linguagem elaborada; abordagem psicológica dos personagens. Outras marcas da obra machadiana são o humor, a ironia e o emprego da metalinguagem – que consiste em compartilhar com o leitor as dúvidas, as possibilidades e as discussões do narrador sobre o próprio texto, sobre o seu "fazer literário".

# Enem e vestibulares

**1. (PUC)** Releia [na página anterior] *O velho diálogo de Adão e Eva*.

Considerando a representação gráfica do capítulo, subentende-se um texto vazio de palavras, mas pleno de significações. Integra o romance *Memórias Póstumas de Brás Cubas*, de Machado de Assis. Dessa proposta gráfico-visual NÃO é correto concluir que envolve:

**a)** jogo semiótico de expressão das emoções, configurado no uso de pontuação interrogativa e exclamativa.

**b)** alusão bíblica ao pecado original da descoberta do sexo e encarnação dos desejos humanos.

**c)** exercício de fantasia de Brás Cubas que alude ao encontro amoroso dos amantes, pondo em diálogo seu pensamento com o de Virgília.

**d)** recurso gráfico inovador, mas negativo porque desestruturante da sequência da narrativa e obstáculo para o claro entendimento do leitor.

**e)** representação gráfica do encontro amoroso que dispensa palavras e instiga a imaginação/participação do leitor, pela obviedade da situação da experiência humana.

**2. (FUVEST)** Leia o último capítulo de *Dom Casmurro* e responda às questões a ele relacionadas:

### Capítulo CXLVIII / E bem, e o resto?

Agora, por que é que nenhuma dessas caprichosas me fez esquecer a primeira amada do meu coração? Talvez porque nenhuma tinha os olhos de ressaca, nem os de cigana oblíqua e dissimulada. Mas não é este propriamente o resto do livro. O resto é saber se a Capitu da praia da Glória já estava dentro da de Matacavalos, ou se esta foi mudada naquela por efeito de algum caso incidente. Jesus, filho de Sirach, se soubesse dos meus primeiros ciúmes, dir-me-ia, como no seu cap. IX, vers. 1: "Não tenhas ciúmes de tua mulher para que ela não se meta a enganar-te com a malícia que aprender de ti". Mas eu creio que não, e tu concordarás comigo; se te lembras bem da Capitu menina, hás de reconhecer que uma estava dentro da outra, como a fruta dentro da casca.

E bem, qualquer que seja a solução, uma cousa fica, e é a suma das sumas, ou o resto dos restos, a saber, que a minha primeira amiga e o meu maior amigo, tão extremosos ambos e tão queridos também, quis o destino que acabassem

juntando-se e enganando-me... A terra lhes seja leve! Vamos à "História dos Subúrbios".

(Machado de Assis, *Dom Casmurro*).

Costuma-se reconhecer que o discurso do narrador de *Dom Casmurro* apresenta características que remetem às duas formações escolares pelas quais ele passou: a de seminarista e a de bacharel em Direito. No texto,

**a)** você identifica algum aspecto que se possa atribuir ao ex-seminarista? Explique sucintamente.

**b)** o modo pelo qual o narrador conduz a argumentação revela o bacharel em Direito? Explique resumidamente.

**3. (UFU-MG)** Leia:

### Não houve lepra

Não houve lepra, mas há febres por todas essas terras humanas, sejam velhas ou novas. Onze meses depois, Ezequiel morreu de uma febre tifoide, e foi enterrado nas imediações de Jerusalém, onde os dois amigos da universidade lhe levantaram um túmulo com esta inscrição, tirada do profeta Ezequiel, em grego: 'Tu eras perfeito nos teus caminhos'.

Mandaram-me ambos os textos, grego e latino, o desenho da sepultura, a conta das despesas e o resto do dinheiro que ele levava; pagaria o triplo para não tornar a vê-lo. Como quisesse verificar o texto, consultei a minha Vulgata, e achei que era exato, mas tinha ainda um complemento: 'Tu eras perfeito nos teus caminhos, desde o dia da tua criação'. Parei e perguntei calado: 'Quando seria o dia da criação de Ezequiel?' Ninguém me respondeu. Eis aí mais um mistério para ajuntar aos tantos deste mundo. Apesar de tudo, jantei bem e fui ao teatro.

(Machado de Assis. *Dom Casmurro*. Cap. CXLVI).

Este capítulo de *Dom Casmurro* permite classificar a narrativa de Machado de Assis como realista. Desenvolva essa ideia, comprovando-a com dois elementos do texto.

**4. (ENEM)** Leia:

"Marcela amou-me durante quinze meses e onze contos de réis; nada menos. Meu pai logo que teve aragem dos quinze contos sobressaltou-se deveras; achou que o caso excedia as raias de um capricho juvenil.

— Dessa vez, disse ele, vais para Europa, vais cursar uma

190    Capítulo 15    O Realismo no Brasil: Machado, escritor universal

Universidade, provavelmente Coimbra, quero-te homem sério e não arruador e não gatuno.

E como eu fizesse um gesto de espanto:

– Gatuno, sim senhor, não é outra coisa um filho que me faz isso."

(Machado de Assis – *Memórias póstumas de Brás Cubas*)

De acordo com essa passagem da obra, pode-se antecipar a visão que Machado de Assis tinha sobre as pessoas e sobre a sociedade. A esse respeito, assinale a alternativa correta.

a) O amor é fruto de interesse e compõe o pilar das instituições hipócritas.

b) O amor, se sincero, supera todas as barreiras, inclusive as financeiras.

c) O caráter autoritarista moldava as relações familiares, principalmente entre pai e filho.

d) Havia medo de que a marginalidade envolvesse os jovens daquela época.

e) O amor era glorificado e apontado como o único caminho para redimir as pessoas.

**5. (ENEM)** No trecho abaixo, o narrador, ao descrever a personagem, critica sutilmente um outro estilo de época: o Romantismo.

> "Naquele tempo contava apenas uns quinze ou dezesseis anos; era talvez a mais atrevida criatura da nossa raça, e, com certeza, a mais voluntariosa. Não digo que já lhe coubesse a primazia da beleza, entre as mocinhas do tempo, porque isto não é romance, em que o autor sobredoura a realidade e fecha os olhos às sardas e espinhas; mas também não digo que lhe maculasse o rosto nenhuma sarda ou espinha, não. Era bonita, fresca, saía das mãos da natureza, cheia daquele feitiço, precário e eterno, que o indivíduo passa a outro indivíduo, para os fins secretos da criação."

ASSIS, Machado de. *Memórias Póstumas de Brás Cubas*. Rio de Janeiro: Jackson,1957.

A frase do texto em que se percebe a crítica do narrador ao Romantismo está transcrita na alternativa:

a) ... "o autor sobredoura a realidade e fecha os olhos às sardas e espinhas" ...

b) ... "era talvez a mais atrevida criatura da nossa raça" ...

c) "Era bonita, fresca, saía das mãos da natureza, cheia daquele feitiço, precário e eterno," ...

d) "Naquele tempo contava apenas uns quinze ou dezesseis anos" ...

e) ... "o indivíduo passa a outro indivíduo, para os fins secretos da criação."

**6. (ENEM)**

### Singular ocorrência

— Há ocorrências bem singulares. Está vendo aquela dama que vai entrando na igreja da Cruz? Parou agora no adro para dar uma esmola.

— De preto?

— Justamente; lá vai entrando; entrou.

— Não ponha mais na carta. Esse olhar está dizendo que a dama é uma sua recordação de outro tempo, e não há de ser de muito tempo, a julgar pelo corpo: é moça de truz.

— Deve ter quarenta e seis anos.

— Ah! conservada. Vamos lá; deixe de olhar para o chão, e conte-me tudo. Está viúva, naturalmente?

— Não. — Bem; o marido ainda vive. É velho?

— Não é casada.

— Solteira?

— Assim, assim. Deve chamar-se hoje D. Maria de tal. Em 1860 florescia com o nome familiar de Marocas. Não era costureira, nem proprietária, nem mestra de meninas; vá excluindo as profissões e lá chegará. Morava na rua do Sacramento. Já então era esbelta, e, seguramente, mais linda do que hoje; modos sérios, linguagem limpa.

ASSIS, M. *Machado de Assis*: seus 30 melhores contos, Rio de Janeiro: Aguilar, 1961.

No diálogo, descortinam-se aspectos da condição da mulher em meados do século XIX. O ponto de vista dos personagens manifesta conceitos segundo os quais a mulher:

a) encontra um modo de dignificar-se na prática de caridade.

b) preserva a aparência jovem conforme seu estilo de vida.

c) condiciona seu bem-estar à estabilidade do casamento.

d) tem sua identidade e seu lugar referendados pelo homem.

e) renuncia à sua participação no mercado de trabalho.

## CAPÍTULO 16

# O REALISMO E O NATURALISMO NO BRASIL: RETRATOS SEM FANTASIA

### A TEORIA DE DARWIN

*- É muito triste! A gente põe filhos no mundo, eles crescem e depois... olhe só no que dá!*

### Roda de conversa

1. Descreva a imagem.

2. Entre as concepções científicas que influenciaram a estética **realista/naturalista**, está a teoria de Charles Darwin sobre a origem e a evolução das espécies, que é consequência do processo de seleção natural, na qual sobrevivem os mais aptos, os mais fortes. Diante disso, como você interpreta o cartum de Angeli?

### Para você...

**... ler**
- *Plebiscito e outros contos*, Artur de Azevedo.
- *O Ateneu*, Raul Pompeia.
- *Cidade de Deus*, Paulo Lins.

**... assistir**
- *Faroeste caboclo*. Direção: René Sampaio. Brasil, 2013.
- *Cidade de Deus*. Direção: Fernando Meirelles/Katia Lund. Brasil, 2002.
- *O cortiço*. Direção: Francisco Ramalho Jr. Brasil, 1978.

**... ouvir**
- *Meu guri* e *Biscate*, Chico Buarque.

### O que você vai...

**... fruir**
- *Plebiscito*, Artur de Azevedo.
- *O cortiço*, Aluísio de Azevedo.
- *Cidade de Deus*, Paulo Lins.
- *O Ateneu*, Raul Pompeia.

**... aprender**
- Realismo e Naturalismo no Brasil: características formais e temáticas.

- Que críticas um conto pode apresentar ao narrar o cotidiano de uma família de classe média do século XIX?
- Como seria a relação entre pais e filhos nessa época?

TEXTO 1

Nos capítulos anteriores, você leu textos do escritor realista Machado de Assis. Agora, lerá um conto de outro escritor dessa estética literária: Artur de Azevedo.

Laura Barrichello

## Plebiscito

A cena passa-se em 1890.

A família está toda reunida na sala de jantar.

O Senhor Rodrigues palita os dentes, **repimpado** numa cadeira de balanço. Acabou de **comer como um abade**.

Dona Bernardina, sua esposa, está muito entretida a limpar a gaiola de um canário-belga.

Os pequenos são dois, um menino e uma menina. Ela distrai-se a olhar para o canário. Ele, encostado à mesa, os pés cruzados, lê com muita atenção uma das nossas **folhas diárias**.

Silêncio.

De repente, o menino levanta a cabeça e pergunta:

— Papai, que é **plebiscito**?

O Senhor Rodrigues fecha os olhos imediatamente, para fingir que dorme.

O pequeno insiste:

— Papai?

Pausa:

— Papai?

Dona Bernardina intervém:

**Repimpado:** comodamente sentado, refestelado; empanturrado (após ter comido muito).
**Comer como um abade:** comer muito, com gulodice.
**Folha diária:** jornal diário, notícia.
**Plebiscito:** consulta popular com votação de "sim" ou "não" a respeito de um assunto de grande interesse público.

193

> **Enfezar:** enraivecer, deixar com raiva, nervoso.
>
> **Proletário:** indivíduo cuja sobrevivência depende de sua própria força de trabalho; indivíduo da "classe proletária". Na Roma Antiga, era um cidadão de classe social pobre, isento de impostos, cuja única função para o Estado era gerar filhos (a prole) para fazer parte do exército.
>
> **Sem se arredar:** sem se afastar.

– Ó Seu Rodrigues, Manduca está lhe chamando. Não durma depois do jantar, que lhe faz mal.

O Senhor Rodrigues não tem remédio senão abrir os olhos.

– Que é? Que desejam vocês?

– Eu queria que papai me dissesse o que é plebiscito.

– Ora essa, rapaz! Então tu vais fazer doze anos e não sabes ainda o que é plebiscito?

– Se soubesse não perguntava.

O Senhor Rodrigues volta-se para Dona Bernardina, que continua muito ocupada com a gaiola:

– Ó senhora, o pequeno não sabe o que é plebiscito!

– Não admira que ele não saiba, porque eu também não sei.

– Que me diz?! Pois a senhora não sabe o que é plebiscito?

– Nem eu, nem você; aqui em casa ninguém sabe o que é plebiscito.

– Ninguém, alto lá! Creio que tenho dado provas de não ser nenhum ignorante!

– A sua cara não me engana. Você é muito prosa. Vamos: se sabe, diga o que é plebiscito! Então? A gente está esperando! Diga!...

– A senhora o que quer é **enfezar**-me!

– Mas, homem de Deus, para que você não há de confessar que não sabe? Não é nenhuma vergonha ignorar qualquer palavra. Já outro dia foi a mesma coisa quando Manduca lhe perguntou o que era **proletário**. Você falou, falou, falou, e o menino ficou sem saber!

– Proletário, acudiu o Senhor Rodrigues, é o cidadão pobre que vive do trabalho mal remunerado.

– Sim, agora sabe porque foi ao dicionário; mas dou-lhe um doce, se me disser o que é plebiscito **sem se arredar** dessa cadeira!

– Que gostinho tem a senhora em tornar-me ridículo na presença destas crianças!

– Oh! ridículo é você mesmo quem se faz. Seria tão simples dizer: "Não sei, Manduca, não sei o que é plebiscito; vai buscar o dicionário, meu filho".

O Senhor Rodrigues ergue-se de um ímpeto e brada:

– Mas se eu sei!

– Pois se sabe, diga!

– Não digo para não me humilhar diante de meus filhos! Não dou o braço a torcer! Quero conservar a força moral que devo ter nesta casa! Vá para o diabo!

E o Senhor Rodrigues, exasperadíssimo, nervoso, deixa a sala de jantar e vai para o seu quarto, batendo violentamente a porta.

No quarto havia o que ele mais precisava naquela ocasião: algumas gotas de água de flor de laranja e um dicionário...

A menina toma a palavra:

– Coitado do papai! Zangou-se logo depois do jantar! Dizem que é tão perigoso!

– Não fosse tolo – observa Dona Bernardina – e confessasse francamente que não sabia o que é plebiscito!

– Pois sim – acode Manduca, muito pesaroso por ter sido o causador involuntário de toda aquela discussão – pois sim, mamãe; chame papai e façam as pazes.

– Sim! sim! façam as pazes! – diz a menina em tom meigo e suplicante. – Que tolice! Duas pessoas que se estimam tanto zangarem-se por causa do plebiscito!

Dona Bernardina dá um beijo na filha, e vai bater à porta do quarto:

– Seu Rodrigues, venha sentar-se; não vale a pena zangar-se por tão pouco.

O negociante esperava a deixa. A porta abre-se imediatamente. Ele entra, atravessa a casa e vai sentar-se na cadeira de balanço.

– É boa! – brada o Senhor Rodrigues depois de largo silêncio; – é muito boa! Eu! Eu ignorar a significação da palavra plebiscito! Eu!...

A mulher e os filhos aproximam-se dele.

### Quem é o autor?

**Artur de Azevedo** (São Luís, MA, 1855 – Rio de Janeiro, RJ, 1908) foi um contista e dramaturgo filiado à estética realista. Começou a escrever comédias ainda em sua cidade natal. Era irmão de Aluísio de Azevedo (autor de *O Cortiço*). Até sua morte, aos 53 anos, arrancou risadas das plateias do Rio (então capital do país) com suas quase 200 peças teatrais e histórias curtas maliciosas, sarcásticas, que falavam de política e da vida social carioca. Com Machado de Assis, fundou a Academia Brasileira de Letras (1896).

O homem continua, num tom profundamente **dogmático**:

– Plebiscito…

E olha para todos os lados, a ver se há por ali mais alguém que possa aproveitar a lição.

– Plebiscito é uma lei decretada pelo povo romano, estabelecido em comícios.

– Ah! – suspiram todos, aliviados.

– Uma lei romana, percebem? E querem introduzi-la no Brasil! É mais um estrangeirismo!…

> AZEVEDO, Artur de. *Plebiscito* [XXX]. *In*: CONTO BRASILEIRO. [*S. l.*], 2013. Disponível em: https://contobrasileiro.com.br/plebiscito-conto-de-artur-azevedo/. Acesso em: 21 dez. 2021.

> **Dogmático:** autoritário, arrogante, pedante, "dono da verdade".
>
> **Estrangeirismo:** palavra ou expressão estrangeira (de outra língua) ainda não integrada ao sistema linguístico local.

## A chegada do Realismo e do Naturalismo

Na segunda metade do século XIX, nossa produção artística se transformou. Passou a refletir a realidade do cotidiano, das ruas, a reagir ao sentimentalismo e à idealização característicos do **Romantismo**. Foi a chegada do **Realismo** e do **Naturalismo** no Brasil.

1. Que estratégia narrativa foi empregada para narrar as ações e aproximar as cenas do leitor?

2. Qual é o fato gerador e o conflito que ele desencadeou?

3. O que o pai faz para tentar se livrar da complicação?

4. Qual é o papel de Dona Bernardina no desenrolar das ações?

5. Quais foram as reações do filho e da filha?

6. Após consultar o dicionário, o pai deu uma resposta adequada ao filho? Explique.

7. Considerando o contexto histórico, analise o posicionamento social do autor, expresso nos trechos:

    **I.** Já outro dia foi a mesma coisa quando Manduca lhe perguntou o que era proletário.

    **II.** – Plebiscito é uma lei decretada pelo povo romano, estabelecido em comícios.

    **III.** – Uma lei romana, percebem? E querem introduzi-la no Brasil! É mais um estrangeirismo!…

8. O casal se trata de forma cerimoniosa, como era usual na época, por "seu" e "senhora". Essa forma de tratamento se mantém ao longo do diálogo? Explique.

9. Caracterize os personagens adultos analisando suas falas.

10. Quais são as características realistas desse conto?

## O tom humorístico na obra de Artur de Azevedo

Artur de Azevedo escreveu em um período em que o Brasil vivia grandes mudanças políticas, culturais e econômicas, como o fim do escravagismo e a Proclamação da República. O conto *Plebiscito* foi escrito em 1890, quando a sociedade e a imprensa discutiam a realização de um plebiscito para legitimar o regime republicano. É um conto curto, com trama e desfecho leves, linguagem ágil. Os contos e as peças teatrais de Artur de Azevedo costumam ter tom humorístico, para criticar a vida social e familiar, especialmente a de negociantes, funcionários públicos medianos, pequenos empregados do comércio etc.

## TEXTO 2

- Você sabe o que é um cortiço?
- Qual seria o enredo de um romance intitulado *O cortiço*? Em que cenário se passariam as ações narradas?

Leia um trecho do Capítulo III desse romance de Aluísio de Azevedo, um dos autores brasileiros representativos do Naturalismo.

### O cortiço (Capítulo III)

Algumas lavadeiras enchiam já as suas tinas; outras estendiam nos **coradouros** a roupa que ficara de molho. Principiava o trabalho. Rompiam das gargantas os fados portugueses e as modinhas brasileiras. Um carroção de lixo entrou com grande barulho de rodas na pedra, seguido de uma algazarra medonha **algaraviada** pelo carroceiro contra o burro.

E, durante muito tempo, fez-se um vaivém de mercadores. Apareceram os tabuleiros de carne fresca e outros de tripas e **fatos** de boi; só não vinham hortaliças, porque havia muitas hortas no cortiço. **Vieram os ruidosos mascates, com as suas latas de quinquilharia, com as suas caixas de candeeiros e objetos de vidro e com o seu fornecimento de caçarolas e chocolateiras, de folha-de-flandres. Cada vendedor tinha o seu modo especial de apregoar, destacando-se o homem das sardinhas, com as cestas de peixe dependuradas, à moda de balança, de um pau que ele trazia ao ombro.** Nada mais foi preciso do que o seu primeiro guincho estridente e gutural para surgir logo, como por encanto, uma enorme variedade de gatos, que vieram correndo acercar-se dele com grande familiaridade, roçando-se-lhe nas pernas arregaçadas e miando suplicantemente. O sardinheiro os afastava com o pé, enquanto vendia o seu peixe à porta das casinhas, mas os bichanos não desistiam e continuavam a implorar, arranhando os cestos que o homem cuidadosamente tapava mal servia ao freguês. Para ver-se livre por um instante dos importunos era necessário

**Coradouros:** lugares onde se estendem roupas.
**Algaraviada:** confusa.
**Fatos:** vísceras de animais; miúdos.
**Folha-de-flandres:** lata; folha de estanho.

Capítulo 16 O Realismo e o Naturalismo no Brasil: retratos sem fantasia

atirar para bem longe um punhado de sardinhas, sobre o qual se precipitava logo, aos pulos, o grupo dos **pedinchões**.

A primeira que se pôs a lavar foi a Leandra, por alcunha a "Machona", portuguesa feroz, berradora, pulsos cabeludos e grossos, anca de animal do campo. Tinha duas filhas, uma casada e separada do marido, Ana das Dores, a quem só chamavam a "das Dores" e outra donzela ainda, a Nenen, e mais um filho, o Agostinho, menino levado dos diabos, que gritava tanto ou melhor que a mãe. A das Dores morava em sua casinha à parte, mas toda a família habitava no cortiço.

Ninguém ali sabia ao certo se a Machona era viúva ou desquitada; os filhos não se pareciam uns com os outros. A das Dores, sim, afirmavam que fora casada e que largara o marido para meter-se com um homem do comércio; e que este, retirando-se para a terra e não querendo soltá-la ao desamparo, deixara o sócio em seu lugar. Teria vinte e cinco anos.

Nenen dezessete. **Espigada**, franzina e forte, com uma **proazinha de orgulho** da sua virgindade, escapando como enguia por entre os dedos dos rapazes que a queriam sem ser para casar. Engomava bem e sabia fazer roupa branca de homem com muita perfeição.

Ao lado da Leandra foi colocar-se à sua tina a Augusta Carne-Mole, brasileira, branca, mulher de Alexandre, um mulato de quarenta anos, soldado de polícia, **pernóstico**, de grande bigode preto, queixo sempre **escanhoado** e um luxo de calças brancas engomadas e botões limpos na farda, quando estava de serviço. Também tinham filhos, mas ainda pequenos, um dos quais, a Juju, vivia na cidade com a madrinha que se encarregava dela. Esta madrinha era uma **cocote** de trinta mil-réis para cima, a Léonie, com sobrado na cidade. Procedência francesa.

Alexandre, em casa, à hora de descanso, nos seus chinelos e na sua camisa desabotoada, era muito chão com os companheiros de estalagem, conversava, ria e brincava, mas envergando o uniforme, encerando o bigode e empunhando a sua chibata, com que tinha o costume de fustigar as calças de brim, ninguém mais lhe via os dentes e então a todos falava teso e por cima do ombro. A mulher, a quem ele só **dava "tu"** quando não estava fardado, era de uma honestidade proverbial no cortiço, honestidade sem mérito, porque vinha da indolência do seu temperamento e não do arbítrio do seu caráter.

AZEVEDO, Aluísio de. *O cortiço*. São Paulo: Scipione, 2004. p. 20-21.

**Pedinchões:** pedintes, mendigos.
**Espigada:** alta e magra.
**Proazinha de orgulho:** ponta de orgulho.
**Pernóstico:** pretensioso.
**Escanhoado:** bem barbeado.
**Cocote:** prostituta elegante.
**Dar "tu":** dar atenção; conversar.

### Quem é o autor?

**Aluísio** Tancredo Belo Gonçalves **de Azevedo** (1857-1913) nasceu em São Luís (MA). Foi jornalista, cronista, crítico literário, diplomata, romancista, dramaturgo e contista. Escreveu romances filiados, primeiro, ao Romantismo e, depois, ao Realismo/Naturalismo. Foi também caricaturista de jornais políticos e humorísticos.

### Retratos de *O cortiço*

Esse romance tem como cenário um ambiente urbano degradado, de habitações coletivas de classes pobres: um cortiço do Rio de Janeiro. Descreve a miscigenação, a exploração dos mais pobres, a sexualidade, os preconceitos contra os afrodescendentes etc. O cenário não é mais o do Romantismo: a Rua do Ouvidor, o centro do Rio, com suas confeitarias e seus teatros, as chácaras de Paquetá, parques e jardins frequentados por pessoas elegantes e requintadas, leitores e personagens dos folhetins. Agora os personagens são empregadas domésticas, lavadeiras, negros alforriados ou fugidos e portugueses pobres explorados por João Romão, dono do cortiço, que lhes aluga quartos e vende mantimentos, fazendo o possível para lhes tirar o pouco dinheiro que têm.

1. No trecho lido, predominam sequências descritivas. Qual é o foco da descrição?

2. Que aspectos humanos e culturais do cortiço podem ser inferidos por essa descrição?

3. O que o cortiço pode representar?

4. Qual é o efeito de sentido provocado por essa descrição?

5. Releia o trecho destacado no texto e responda:

   • Que sensações foram privilegiadas no trecho e com qual objetivo?

### Características do romance Naturalista

Os romances filiados ao Naturalismo apresentam: determinismo biológico e social, com base na tese de que o ser humano é fruto de sua natureza genética e do meio em que vive; comparação do homem com animais, a zoomorfização; observação e análise da sociedade, destacando aspectos rudes de setores desfavorecidos; preocupação em descrever personagens como tipos caricaturais, exagerando características e acentuando gestos, vícios e hábitos; objetivismo científico; descrição de patologias sociais e visão patológica do comportamento sexual; e despreocupação com a moral: amoralismo.

6. Com base nas informações do boxe e na leitura que você fez, identifique trechos que apresentam as características do Naturalismo, conforme os itens abaixo.

   a) Observação e análise da sociedade, destacando aspectos rudes de setores sociais desfavorecidos.

   b) Comparação do homem com animais: zoomorfização.

   c) Determinismo biológico e social.

   d) Preocupação em descrever personagens como tipos caricaturais, exagerando características e acentuando gestos, vícios e hábitos.

7. De acordo com a visão naturalista, como se explica a ambiguidade do comportamento de Alexandre?

## Vamos comparar?

- Você já observou elementos ou temáticas das estéticas realista e naturalista em obras contemporâneas que leu?
- Já assistiu ao filme *Cidade de Deus*, baseado no romance homônimo de Paulo Lins?

Leia um trecho da parte inicial dessa obra:

### Cidade de Deus (1. A história de inferninho)

[...] Ainda hoje, o céu azula e estrelece o mundo, as matas enverdecem a terra, as nuvens clareiam as vistas e o homem inova avermelhando o rio. Aqui agora uma favela, a neofavela de cimento, armada de becos-bocas, sinistros-silêncios, com gritos-desesperos no correr das vielas e na indecisão das encruzilhadas.

Os novos moradores levaram lixo, latas, cães vira-latas, **exus e pombagiras** em guias intocáveis, dias para se ir à luta, soco antigo para ser descontado, restos de raiva de tiros, noites para velar cadáveres, resquícios de enchentes, **biroscas**, feiras de quartas-feiras e as de domingos, vermes velhos em barrigas infantis, revólveres, orixás enroscados em pescoços, frango de **despacho**, **samba de enredo** e **sincopado**, jogo do bicho, fome, traição, mortes, jesus cristos em cordões arrebentados, forró quente para ser dançado, lamparina de azeite para iluminar o santo, fogareiros, pobreza para querer enriquecer, olhos para nunca ver, nunca dizer, nunca olhos e peito para encarar a vida, despistar a morte, rejuvenescer a raiva, ensanguentar destinos, fazer a guerra e para ser tatuado. Foram **atiradeiras**, revistas Sétimo Céu, panos de chão ultrapassados, ventres abertos, dentes cariados, catacumbas incrustadas nos cérebros, cemitérios clandestinos, peixeiros, padeiros, missa de sétimo dia, pau para matar a cobra e ser mostrado, a percepção do fato antes do ato, gonorreias mal curadas, as pernas para esperar ônibus, as mãos para o trabalho pesado, lápis para as escolas públicas, coragem para virar a esquina e a sorte para o jogo de azar. Levaram também as pipas, lombo para polícia bater, moedas para jogar porrinha e força para tentar viver. Transportaram também o amor para dignificar a morte e fazer calar as horas mudas.

Por dia, durante uma semana, chegavam de trinta a cinquenta mudanças, do pessoal que trazia no rosto e nos móveis as marcas das enchentes. Estiveram alojados no estádio de futebol Mário Filho e vinham em caminhões estaduais cantando:

*Cidade Maravilhosa*
*cheia de encantos mil...*

LINS, Paulo. A história de Inferninho. In: LINS, Paulo. *Cidade de Deus*. 2. ed. São Paulo: Companhia das Letras, 2003. cap. 1, p. 16-17.

---

**Exus e pombagiras:** orixás, entidades personificadas da língua e cultura iorubá e dos cultos religiosos afro-brasileiros, como Candomblé e Umbanda.

**Biroscas:** estabelecimentos comerciais modestos nos quais se vendem gêneros de primeira necessidade e bebidas alcoólicas.

**Despacho:** conjunto de oferendas destinadas a Exu ou outros orixás.

**Samba de enredo:** samba alongado, que conta uma história, uma trama.

**Sincopado:** samba curto, resumido, com supressão de sílabas no final de uma palavra ou frase rítmica.

**Atiradeiras:** estilingues, bodoques.

### Quem é o autor?

**Paulo Lins** nasceu no Rio de Janeiro, em 1958. Dedicou-se ao magistério e à pesquisa antropológica sobre a criminalidade e as classes populares antes de escrever *Cidade de Deus*, romance que o tornaria conhecido no país e no exterior. Bem recebida pela crítica, sua obra se destacou pela capacidade de transpor, para a literatura, uma situação social deteriorada, aliando na narrativa a agilidade da ação cinematográfica e o lirismo da poesia.

1. Que fato social motivou a obra ficcional *Cidade de Deus*? Justifique com um trecho.

2. Qual é o posicionamento social do autor frente ao que narra?

### A criação da Cidade de Deus

No romance *Cidade de Deus*, o autor faz referência às vítimas das enchentes de 1966, no Rio de Janeiro, que foram transferidas do Estádio Mário Filho (Maracanã) para a "Cidade de Deus", bairro que surgiu da favela homônima. Era um conjunto habitacional construído em 1960 pelo governo, que tinha como objetivo abrigar moradores que foram removidos de outras áreas da cidade. Nesse livro, são abordadas a desigualdade social, a violência e a guerra do narcotráfico, que recruta jovens para a criminalidade. O autor Paulo Lins recriou ficcionalmente o lugar em que nasceu.

3. Explique o efeito de sentido provocado pela repetição dos sons consonantais em:

> [...] armada de becos-bocas, sinistros-silêncios, com gritos-desesperos no correr das vielas e na indecisão das encruzilhadas. [...]

4. Que alternativa **não** indica os recursos utilizados no texto?

   **a)** Neologismos e paródia de provérbios.

   **b)** Descrição minuciosa própria da estética realista-naturalista.

   **c)** Metonímias para revelar a coisificação, isto é, a redução de seres humanos a objetos, dados estatísticos e coisas.

   **d)** Descrição caótica para representar precariedade e tensão.

   **e)** Zoomorfização explícita.

5. Explique a metonímia e a ironia empregadas nestes trechos:

   **a)** "[...] pernas para esperar ônibus, as mãos para o trabalho pesado, lápis para as escolas públicas [...]"

   **b)** "Estiveram alojados no estádio Mário Filho e vinham em caminhões estaduais cantando: Cidade Maravilhosa / cheia de encantos mil [...]"

6. Considerando o contexto, como você interpreta a metáfora "[...] o homem inova avermelhando o rio [...]"?

7. Analise os itens a seguir e marque:

   I. para as características relacionadas ao trecho de *O cortiço*.

   II. para as características relacionadas ao trecho de *Cidade de Deus*.

   III. para as características relacionadas aos dois textos.

   **a)** Descrição de caráter realista/naturalista.

   **b)** Sincretismo religioso.

   **c)** Denúncia da violência crescente.

   **d)** Descrição caricatural dos tipos humanos.

   **e)** Narrativa que oscila entre o ficcional e o real.

### Prosa contemporânea

Uma das características da prosa contemporânea é a tematização de problemas sociais, como violência e desigualdade social. Assim, os escritores dão voz àqueles que são excluídos por etnia, gênero, orientação sexual ou posição socioeconômica. Os cenários costumam ser os aglomerados urbanos e as ruas.

- Que drama poderia ter vivido um estudante de colégio interno no século XIX?

Leia um trecho do primeiro capítulo do romance *O Ateneu*, de Raul Pompeia, que aborda essa temática.

### TEXTO 3

### O Ateneu (Capítulo 1)

"Vais encontrar o mundo, disse-me meu pai, à porta do **Ateneu**. Coragem para a luta." Bastante experimentei depois a verdade deste aviso, que me despia, num gesto, das ilusões de criança educada exoticamente na estufa de carinho que é o regime do amor doméstico; diferente do que se encontra fora, tão diferente, que parece o poema dos cuidados maternos um artifício sentimental, com a vantagem única de fazer mais sensível a criatura à impressão rude do primeiro ensinamento, têmpera brusca da vitalidade na influência de um novo clima rigoroso. Lembramo-nos, entretanto, com saudade hipócrita, dos felizes tempos; como se a mesma incerteza de hoje, sob outro aspecto, não nos houvesse perseguido outrora, e não viesse de longe a enfiada das decepções que nos ultrajam.

Eufemismo, os felizes tempos, eufemismo apenas, igual aos outros que nos alimentam, a saudade dos dias que correram como melhores. Bem considerando, a atualidade é a mesma em todas as datas. Feita a compensação dos desejos que variam, das aspirações que se transformam, **alentadas** perpetuamente do mesmo ardor, sobre a mesma base fantástica de esperanças, a atualidade é uma. Sob a coloração **cambiante** das horas, um pouco de ouro mais pela manhã, um pouco mais de púrpura ao crepúsculo – a paisagem é a mesma de cada lado, beirando a estrada da vida.

Eu tinha onze anos. [...]

POMPEIA, Raul. *O Ateneu*. 2. ed. São Paulo: Scipione, 2005. p. 3.

**Ateneu:** palavra que vem do grego e significa "templo de Atena". O Ateneu era o nome de um colégio.
**Alentadas:** alimentadas, encorajadas.
**Cambiante:** de cor imprecisa; furta-cor.

### Quem é o autor?

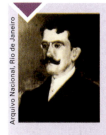

**Raul** d'Ávila **Pompeia** (1863-1895) nasceu em Angra dos Reis (RJ). Estudou no Colégio Pedro II, destacando-se como orador. Formou-se em Direito e participou da campanha abolicionista e da causa republicana, com polêmicas agitadas e inimizades. Escreveu contos, crônicas, artigos, críticas, discursos, poemas em prosa, novela etc. Mas ficou conhecido como o autor de *O Ateneu*, publicado com muito sucesso em 1888.

1. Explique o foco narrativo e o momento em que ocorrem os fatos narrados.

2. Releia a advertência feita pelo pai do narrador-personagem à porta do colégio:

   > Vais encontrar o mundo, disse-me meu pai, à porta do Ateneu.

   • Essa previsão se concretizou? Explique.

3. Explique a expressão de sentido figurado destacada a seguir:

   > Lembramo-nos, entretanto, **com saudade hipócrita, dos felizes tempos**; como se a mesma incerteza de hoje, sob outro aspecto, não nos houvesse perseguido outrora, e não viesse de longe a enfiada das decepções que nos ultrajam.

4. Qual é o sentido de **eufemismo** em:

   > Eufemismo, os felizes tempos, eufemismo apenas, igual aos outros que nos alimentam, a saudade dos dias que correram como melhores.

5. Leia e explique os trechos:

   a) "Bem considerando, **a atualidade é a mesma em todas as datas**."

   b) "Sob a **coloração cambiante das horas**, um pouco de ouro mais pela **manhã**, um pouco mais de púrpura ao **crepúsculo** – a paisagem é a mesma de cada lado, beirando a **estrada da vida**."

6. Que traço do Naturalismo pode ser percebido neste trecho de *O Ateneu*, de Raul Pompeia?

### O Ateneu

*O Ateneu* é uma obra autobiográfica, publicada em 1888, que narra a história do jovem Sérgio, que sofre influências corruptoras nos planos social, moral e psicológico em um colégio interno. O elemento autobiográfico está no fato de que o autor estudou no Colégio Abílio, e suas vivências nessa escola podem ter inspirado os dramas vividos pelos personagens. O colégio pode ser considerado uma representação da sociedade burguesa da época. Esse romance apresenta traços do **Realismo** e do **Naturalismo**. Do Realismo, tem o caráter memorialístico. Do Naturalismo, está presente a descrição caricatural e sarcástica dos personagens.

Colégio Abílio, no Rio de Janeiro. Século XIX.

# Enem e vestibulares

**1. (ENEM)** Leia:

Abatidos pelo fadinho harmonioso e nostálgico dos desterrados, iam todos, até mesmo os brasileiros, se concentrando e caindo em tristeza; mas, de repente, o cavaquinho de Porfiro, acompanhado pelo violão do Firmo, romperam vibrantemente com um chorado baiano. Nada mais que os primeiros acordes da música crioula para que o sangue de toda aquela gente despertasse logo, como se alguém lhe fustigasse o copo com urtigas bravas. E seguiram-se outras notas, e outras, cada vez mais ardentes e mais delirantes. Já não eram dois instrumentos que soavam, eram lúbricos gemidos e suspiros soltos em torrente, a correrem serpenteando, como cobras numa floresta incendiada; eram ais convulsos, chorados em frenesi de amor: música feita de beijos e soluços gostosos; carícia de fera, carícia de doer, fazendo estalar de gozo.

(AZEVEDO, Aluísio. *O cortiço*. Portal Domínio Público, fragmento).

No romance *O cortiço* (1890), de Aluísio Azevedo, as personagens são observadas como elementos coletivos caracterizados por condicionantes de origem social, sexo e etnia. Na passagem transcrita, o confronto entre brasileiros e portugueses revela prevalência do elemento brasileiro, pois:

**a)** destaca o nome de personagens brasileiras e omite o de personagens portuguesas.

**b)** exalta a força do cenário natural brasileiro e considera o do português inexpressivo.

**c)** mostra o poder envolvente da música brasileira, que cala o fado português.

**d)** destaca o sentimentalismo brasileiro, contrário à tristeza dos portugueses.

**e)** atribui aos brasileiros uma habilidade maior com instrumentos musicais.

**2. (UNIFESP)** A questão a seguir baseia-se no seguinte fragmento do romance *O cortiço* (1890), de Aluísio Azevedo (1857-1913):

### O cortiço

Fechou-se um entra-e-sai de marimbondos defronte daquelas cem casinhas ameaçadas pelo fogo. Homens e mulheres corriam de cá para lá com os tarecos ao ombro, numa balbúrdia de doidos. O pátio e a rua enchiam-se agora de camas velhas e colchões espocados. Ninguém se conhecia naquela zumba de gritos sem nexo, e choro de crianças esmagadas, e pragas arrancadas pela dor e pelo desespero. Da casa do Barão saíam clamores apopléticos; ouviam-se os guinchos de Zulmira que se espolinhava com um ataque. E começou a aparecer água. Quem a trouxe? Ninguém sabia dizê-lo; mas viam-se baldes e baldes que se despejavam sobre as chamas.

Os sinos da vizinhança começaram a badalar.

E tudo era um clamor.

A Bruxa surgiu à janela da sua casa, como à boca de uma fornalha acesa.

Estava horrível; nunca fora tão bruxa. O seu moreno trigueiro, de cabocla velha, reluzia que nem metal em brasa; a sua crina preta, desgrenhada, escorrida e abundante como as das éguas selvagens, dava-lhe um caráter fantástico de fúria saída do inferno. E ela ria-se, ébria de satisfação, sem sentir as queimaduras e as feridas, vitoriosa no meio daquela orgia de fogo, com que ultimamente vivia a sonhar em segredo a sua alma extravagante de maluca.

Ia atirar-se cá para fora, quando se ouviu estalar o madeiramento da casa incendiada, que abateu rapidamente, sepultando a louca num montão de brasas.

(Aluísio Azevedo. *O cortiço*)

Em *O cortiço*, o caráter naturalista da obra faz com que o narrador se posicione em terceira pessoa, onisciente e onipresente, preocupado em oferecer uma visão crítico-analítica dos fatos. A sugestão de que o narrador é testemunha pessoal e muito próxima dos acontecimentos narrados aparece de modo mais direto e explícito em:

**a)** "Fechou-se um entra-e-sai de marimbondos defronte daquelas cem casinhas ameaçadas pelo fogo."

**b)** "Ninguém sabia dizê-lo; mas viam-se baldes e baldes que se despejavam sobre as chamas."

**c)** "Da casa do Barão saíam clamores apopléticos..."

**d)** "A Bruxa surgiu à janela da sua casa, como à boca de uma fornalha acesa."

**e)** "Ia atirar-se cá para fora, quando se ouviu estalar o madeiramento da casa incendiada...".

**3. (FUVEST)** Leia o seguinte texto.

O autor pensava estar romanceando o processo brasileiro de guerra e acomodação entre as raças, em conformidade com as teorias racistas da época, mas, na verdade, conduzido pela lógica da ficção, mostrava um processo primitivo de exploração econômica e formação de classes, que se encaminhava de um modo passavelmente bárbaro e desmentia as ilusões do romancista. (Roberto Schwarz. Adaptado.)

Esse texto crítico refere-se ao livro:

**a)** Memórias de um sargento de milícias.

**b)** Til.

**c)** O cortiço.

**d)** Vidas secas.

**e)** Capitães da areia.

# CAPÍTULO 17

# PARNASIANISMO: A "ARTE PELA ARTE"

Rafael Sanzio. *O Parnaso*, 1509-1511. Afresco, 6,70 m de altura com a base. Stanza della Segnatura, Museu do Vaticano (Roma).

### Roda de conversa

1. **Parnaso** era o nome de um monte da Grécia (Parnassus) que, segundo a mitologia, era a morada do deus Apolo, de suas musas e de seus poetas. Com base nisso, descreva a cena retratada no afresco ao lado.

2. Tente fazer uma ligação entre a imagem e o título deste capítulo.

## Para você...

**... ler**
- *Miniaturas*, Gonçalves Crespo.
- *Obra reunida*, Olavo Bilac.

**... ouvir**
- *Ouvir estrelas*, Kid Abelha.
- *Uma canção é pra isso*, Samuel Rosa/Chico Amaral (Skank).
- *Parnasiano*, Radiola (reggae/forró).
- *À Parnasiana*, Trissônicos.
- *A prosa impúrpura de Caicó*, Chico César.

## O que você vai...

**... fruir**
- *O camarim*, Gonçalves Crespo.
- *Profissão de fé*, Carvalho Júnior.
- *Nel mezzo del camin...*, Olavo Bilac.
- *Mal secreto*, Raimundo Correia.

**... aprender**
- O Parnasianismo em Portugal.
- A poesia parnasiana: características.
- O Parnasianismo no Brasil.
- A Tríade Parnasiana.

**... criar**
- Ilustração: imagem para um soneto ou poema parnasiano.
- Exposição virtual.

- Em sua opinião, o que seria tematizado em um texto com o título *O camarim*?

Leia um soneto com esse título, escrito pelo poeta parnasiano português Gonçalves Crespo.

### TEXTO 1

### O camarim

A luz do sol afaga docemente
As bordadas cortinas de **escomilha**;
Penetrantes aromas de baunilha
Ondulam pelo tépido ambiente.

Sobre a estante do piano reluzente
Repousa a **Norma**, e ao lado uma **quadrilha**;
E do leito francês nas colchas brilha
De um cão de raça o olhar inteligente.

Ao pé das longas vestes, descuidadas
Dormem nos **arabescos** do tapete
Duas leves botinas delicadas.

Sobre a mesa emurchece um **ramilhete**,
E entre um leque e umas luvas perfumadas
Cintila um caprichoso bracelete.

CRESPO, Gonçalves. Miniaturas [1871]. *In:* ESCRITAS.ORG. [Portugal: *s. n.*], [20--]. Disponível em: https://www.escritas.org/pt/t/13149/o-camarim. Acesso em: 21 dez. 2021.

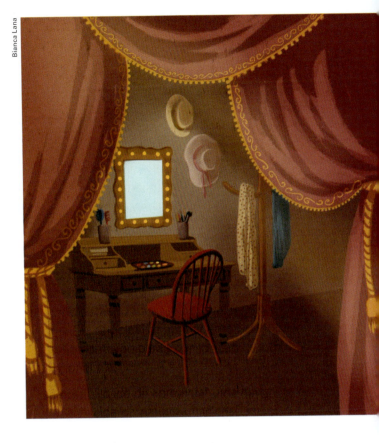

**Escomilha:** ou "escumilha", tecido muito fino e transparente, de lã ou seda, cor de chumbo, usado em mantos de cavaleiros, cortinas etc.
**Norma:** nome de uma ópera de Bellini; partituras ou libreto dessa ópera (que estão sobre o piano).
**Quadrilha:** tipo de marcação musical para uma dança de pares, coreografada, com tempos e andamentos diferentes; de origem francesa e muito em voga nos salões do século XIX, executada normalmente no mês de junho (dança junina).
**Arabescos:** ornatos pintados, desenhados ou esculpidos, inspirados na arte árabe ou muçulmana; rabiscos.
**Ramilhete:** ou "ramalhete", pequeno molho de flores e ramos.

### Quem é o autor?

António Cândido **Gonçalves Crespo** (1846-1883) nasceu e viveu no Brasil até os 10-14 anos. Apesar disso, sua obra é considerada representativa do parnasianismo português. Filho de mãe escravizada e de comerciante português, estudou Direito na Universidade de Coimbra, tornou-se jurista e poeta. Entre suas obras, citamos *Miniaturas* (1871) e *Noturnos* (1882).

205

## Características da poesia parnasiana

A **objetividade** e a **descrição** precisas são duas importantes características da poética parnasiana. Outra é a preferência pelos versos decassílabos (com 10 sílabas poéticas).

1. Em *O camarim*, o eu lírico coloca-se como observador de um cenário. O que ele descreve?

2. Que elementos do cenário são destacados no 1º quarteto?

3. Na descrição, foi empregado o recurso da **sinestesia**, que consiste no cruzamento de sensações de diferentes sentidos humanos. Explique a sinestesia nestes versos:

   A luz do sol afaga docemente / As bordadas cortinas de escomilha; / Penetrantes aromas de baunilha / Ondulam pelo tépido ambiente.

4. Que imagem o poeta descreve nas estrofes:

   **a)** do 2º quarteto?

   **b)** do 1º terceto?

   **c)** do 2º terceto?

5. Pelas descrições, caracterize o ambiente.

6. A descrição apresenta traços de subjetividade?

## A perfeição da forma

Os poetas parnasianos tinham preocupação com a perfeição da forma. Daí a preferência por rimas ricas, quando as palavras que rimam são de categorias gramaticais diferentes, como no poema *O camarim*: docemente/ambiente; quadrilha/brilha.

7. Explique o efeito de sentido do **polissíndeto** (repetição da conjunção "e") nos versos:

   [...] a Norma, **e** ao lado uma quadrilha; / **E** do leito francês nas colchas brilha [...]

   [...] **E** entre um leque **e** umas luvas perfumadas" [...]

8. Que sentimentos e sensações esse poema lhe provocou?

## A poesia parnasiana: outras características

Produzida no fim do século XIX, é uma poesia que se opõe ao sentimentalismo, à idealização, ao escapismo, ao lirismo exacerbado, à liberdade formal, ao uso da linguagem coloquial, elementos cultivados pela poesia da estética anterior, o Romantismo. A poesia parnasiana foi marcada por objetividade, impessoalidade e distanciamento do eu lírico da coisa focalizada; gosto pela descrição pormenorizada; uso do polissíndeto (repetição da conjunção "e"); rigor formal e concepções clássicas sobre rima e métrica (geralmente o poema decassílabo, de 10 sílabas) valorizando a forma e a função estética. Entendia-se que a poesia não deveria ter função sentimental/emotiva (antirromantismo) nem política ou social. A finalidade da arte era a própria arte: a "arte pela arte".

- Quais seriam as características temáticas e formais da poesia parnasiana brasileira?
- Em sua opinião, o que seria uma "profissão de fé"?

Leia um soneto de Carvalho Júnior, um dos precursores do Parnasianismo brasileiro.

## Profissão de fé

Odeio as virgens pálidas, **cloróticas**,
Belezas de **missal** que o romantismo
**Hidrófobo** apregoa em peças góticas
Escritas nuns acessos de histerismo.

**Sofismas** de mulher, ilusões óticas.
Raquíticos abortos de lirismo,
Sonho de carne, complexos eróticos
Desfazem-se perante o realismo.

Não servem-se esses vagos ideais
Da fina transparência dos cristais;
Almas de santa e corpos de **alfenim**.

Prefiro a exuberância dos contornos,
As belezas da forma, seus adornos,
A saúde, a matéria, a vida enfim.

CARVALHO JÚNIOR. Profissão de fé. *In*: ESCRITAS.ORG. [Portugal: s. n.], [20--]. Disponível em: https://www.escritas.org/pt/t/5194/profissao-de-fe. Acesso em: 20 dez. 2021.

### Quem é o autor?

Francisco Antônio de **Carvalho Júnior** (1855-1879) nasceu e faleceu no Rio de Janeiro (RJ). É considerado um dos precursores do Parnasianismo no Brasil. Seu único livro de poesia, *Parisina*, foi publicado em 1879. Críticos veem em sua obra grande influência do poeta francês Charles Baudelaire e "seus poemas exprimem sensualidade de maneira por vezes crua, em versos vigorosos".

**Cloróticas:** muito pálidas.
**Missal:** livro de orações.
**Hidrófobo:** irado, raivoso.
**Sofismas:** argumentos aparentemente válidos que levam à ilusão.
**Alfenim:** massa de açúcar. "Corpos de alfenim": corpos frágeis, delicados.

1. Tomando a expressão "profissão de fé" como declaração pública de princípios políticos, sociais, estéticos ou religiosos, explique o título do soneto.

2. Quais são os aspectos da estética romântica criticados nos versos:

   a) "Belezas de missal que o romantismo / Hidrófobo apregoa em peças góticas.".

   b) "Odeio as virgens pálidas, cloróticas [...] / Almas de santa e corpos de alfenim.".

   c) "Escritas nuns acessos de histerismo.".

   d) "Sofismas de mulher, ilusões óticas.".

   e) "Sonho de carne, complexos eróticos / Desfazem-se perante o realismo.".

3. Qual é o ideal feminino proposto pelo soneto? Justifique com versos.

### TEXTO 3

- Por que um poeta brasileiro, parnasiano, usaria palavras de outra língua para dar título ao seu poema?

Leia o poema "Nel mezzo del camin...", cujo título, inspirado pelo poeta italiano Dante Alighieri, significa "No meio do caminho...".

### Nel mezzo del camin...

Cheguei. Chegaste. Vinhas fatigada
E triste, e triste e fatigado eu vinha.
Tinhas a alma de sonhos povoada,
E a alma de sonhos povoada eu tinha...

E paramos de súbito na estrada
Da vida: longos anos, presa à minha
A tua mão, a vista deslumbrada
Tive da luz que teu olhar continha.

Hoje, segues de novo... Na partida
Nem o pranto os teus olhos emudece,
Nem te comove a dor da despedida.

E eu, solitário, volto a face, e tremo,
Vendo o teu vulto que desaparece
Na extrema curva do caminho extremo.

Bianca Particheli

BILAC, Olavo. Nel mezzo del camin... *In*: LAJOLO, Marisa (org.). *Melhores poemas*. 2. ed. São Paulo: Global, 2000. p. 78.

1. Esse soneto faz parte da lírica amorosa de Olavo Bilac. Qual é o seu tema?

2. A seguir, identifique a alternativa que **não** está relacionada ao soneto.
   a) Controle da subjetividade, do racionalismo.
   b) Uso de hipérbatos (inversões de termos da oração).
   c) Decassílabo com rimas ricas.
   d) Preocupação formal, métrica rica.
   e) Uso de vocabulário erudito, influência da cultura grega.

### Quem é o autor?

**Olavo** Brás Martins dos Guimarães **Bilac** (1865-1918) nasceu e morreu no Rio de Janeiro (RJ). Dedicou-se ao jornalismo e à literatura. Bastante popular, foi considerado o "Príncipe dos poetas brasileiros" em 1913.

Historic Collection/Alamy/Fotoarena

### Bilac, Dante e Drummond: diálogo e intertextualidade

A poesia de Bilac é marcada pela objetividade, clareza e simplicidade, características comuns ao Parnasianismo. Sua elegância, sem preciosismo, além do perceptível timbre retórico, confere a ele um lugar ímpar na poesia brasileira. Esse soneto tem relação com versos de "Inferno", de Dante Alighieri (1265-1321), no poema épico *Divina comédia* (que estudamos no capítulo 4). Leia estes versos que aparecem no "Canto I" desse poema: "No meio do caminho desta vida / me vi perdido numa selva escura, / solitário, sem sol e sem saída" (Tradução de Augusto de Campos). Leia agora estes versos de Carlos Drummond de Andrade (1902-1987), publicados em seu primeiro livro, *Alguma poesia* (1930): "No meio do caminho tinha uma pedra / tinha uma pedra no meio do caminho". Tanto os versos de Dante quanto os de Drummond estabelecem um **diálogo intertextual** com o soneto de Bilac.

- Que temática poderia ser abordada em um poema intitulado *Mal secreto*?

Outro nome importante desse período foi Raimundo Correia, que, com Bilac e Alberto de Oliveira, formaram a chamada **Trindade parnasiana** no Brasil. Leia um soneto de sua autoria.

## TEXTO 4

### Mal secreto

Se a cólera que espuma, a dor que mora
N'alma, e destrói cada ilusão que nasce,
Tudo o que punge, tudo o que devora
O coração, no rosto se estampasse;

Se se pudesse o espírito que chora,
Ver através da máscara da face,
Quanta gente, talvez, que inveja agora
Nos causa, então piedade nos causasse!

Quanta gente que ri, talvez, consigo
Guarda um atroz, recôndito inimigo,
Como invisível chaga cancerosa!

Quanta gente que ri, talvez existe,
Cuja ventura única consiste
Em parecer aos outros venturosa!

CORREIA, Raimundo. Mal secreto. *In*: ANTOLOGIA nacional. Rio de Janeiro: Francisco Alves, 1939.

**Punge:** fere; causa sofrimento, dor.
**Recôndito:** escondido, oculto, encoberto.

1. De acordo com os versos, o que seria o "mal secreto"?
2. Que expressões de sentido figurado no soneto estão relacionadas a "mal secreto"?
3. O que causa o "mal secreto"?
4. O soneto de Raimundo Correia reflete sobre a forma como as emoções do indivíduo são julgadas em sociedade. Segundo o eu lírico, o que esse julgamento revela?
5. Levando-se em conta, no mundo atual, a existência de redes sociais, responda: Que ligação podemos fazer entre essa realidade contemporânea e o soneto *Mal secreto*, de Raimundo Correia?

### O Parnasianismo no Brasil: a Tríade Parnasiana

Os textos que você leu são exemplos típicos da **poesia parnasiana brasileira**, que se pretendia "universal". Por isso, usava linguagem objetiva, em busca da contenção dos sentimentos e da perfeição formal: a "palavra exata no lugar exato", principalmente no soneto. Seus temas eram igualmente universais: a natureza, o tempo, o amor, os objetos de arte e, principalmente, a própria poesia. Alberto de Oliveira, Raimundo Correia e Olavo Bilac (da esquerda para a direita na foto) eram chamados, na época, de **Tríade parnasiana**. Oswald de Andrade, poeta modernista, anos mais tarde, desferiu uma série de críticas aos parnasianos. Ele condenava, entre outras coisas: a rigidez formal excessiva e a falta de liberdade no ato da criação poética. Dizia, ironicamente, em seu *Manifesto da Poesia Pau-Brasil*: "Só não se inventou uma máquina de fazer versos – já havia o poeta parnasiano".

ANDRADE, Oswald. Manifesto da poesia Pau-Brasil. *In*: SCHWARTZ, Jorge (org.). *Literatura comentada*. São Paulo: Nova Cultural, 1988. p. 130.

### Quem é o autor?

**Raimundo Correia** (1859-1911) nasceu a bordo do navio São Luís, ancorado no Maranhão. Estreou com *Primeiros sonhos* (1879), ainda sob forte influência do Romantismo. A partir de *Sinfonias* (1883) assume o Parnasianismo, publicando *Versos e versões* (1883-1886), *Aleluias* (1888-1890) e *Poesias* (1898).

# Oficina de criação

**Texto não verbal**

## ▶ Imagem para um poema parnasiano – Antologia Visual Virtual

Como você percebeu, alguns sonetos parnasianos, como *Um camarim*, de Gonçalves Crespo, são descrições objetivas e minuciosas de elementos que compõem o ambiente. Nesta atividade, você se reunirá com um colega e criará uma ilustração para um poema parnasiano em que predomine a descrição. Esta atividade pode ser feita com a colaboração do professor de Arte.

### Preparação

1. Reúnam-se em duplas, conforme a orientação do professor, e elaborem uma agenda para a realização da atividade.

2. Façam uma curadoria para escolher o poema que servirá de inspiração para a criação da imagem.

3. Analisem as possibilidades que o texto selecionado apresenta para ser ilustrado.

4. Troquem ideias para decidir sobre a técnica que empregarão: desenho, colagem, pintura etc. Vocês também podem optar pelo uso da técnica mista.

### Produção

1. Antes de iniciar a produção, definam: o formato (tamanho da ilustração) e o suporte (tela, papel cartão, papelão etc.).

2. Decidam a técnica ilustrativa e escolham os materiais que usarão: tintas, lápis de cor, lápis de cera, recortes de jornais e revistas, papéis, objetos para colagem etc.

3. Identifiquem o poema que inspirou a ilustração e façam uma breve análise dele (um parágrafo).

4. Produzam a ilustração de acordo com o que decidiram. Troquem ideias a respeito da primeira versão da obra e deem o acabamento final. Vocês podem também criar um título para a ilustração.

### Compartilhamento

Segundo orientações do professor, o trabalho da dupla será reunido aos dos colegas para compor uma Exposição Virtual, que poderá ser publicada nas redes sociais.

210 Capítulo 17 Parnasianismo: a "arte pela arte"

# Enem e vestibulares

**1. (ENEM)** Leia:

### A pátria

Ama, com fé e orgulho, a terra em que nasceste!
Criança! não verás nenhum país como este!
Olha que céu! que mar! que rios! que floresta!
A Natureza, aqui, perpetuamente em festa,
É um seio de mãe a transbordar carinhos.
Vê que vida há no chão! vê que vida há nos ninhos,
Que se balançam no ar, entre os ramos inquietos!
Vê que luz, que calor, que multidão de insetos!
Vê que grande extensão de matas, onde impera,
Fecunda e luminosa, a eterna primavera!

Boa terra! jamais negou a quem trabalha
O pão que mata a fome, o teto que agasalha…

Quem com o seu suor a fecunda e umedece,
Vê pago o seu esforço, e é feliz, e enriquece!

Criança! não verás país nenhum como este:
Imita na grandeza a terra em que nasceste!

BILAC, O. *Poesias infantis*. Rio de Janeiro:
Francisco Alves, 1929.

Publicado em 1904, o poema *A pátria* harmoniza-se com um projeto ideológico em construção na Primeira República. O discurso poético de Olavo Bilac ecoa esse projeto, na medida em que:

**a)** a paisagem natural ganha contornos surreais, como o projeto brasileiro de grandeza.

**b)** a prosperidade individual, como a exuberância da terra, independe de políticas de governo.

**c)** os valores afetivos atribuídos à família devem ser aplicados também aos ícones nacionais.

**d)** a capacidade produtiva da terra garante ao país a riqueza que se verifica naquele momento.

**e)** a valorização do trabalhador passa a integrar o conceito de bem-estar social experimentado.

**2.** Leia um trecho do texto "Balanço de fim de século", de Rubens Moraes, publicado na revista *Klaxon*:

"O Parnasianismo foi outra vítima da inteligência do século XIX. Foi essa Inteligência que construiu a prisão onde quis encarcerar o poeta. Preso, o poeta era obrigado a esmagar seus sentimentos sublimes, a deformar ideias, cortar, diminuir, fazer o que não queria, porque à porta vigiavam carcereiros terríveis com pencas de chaves de ouro à cintura. [...] Não há prisioneiro encarcerado, convicto, arrastando correntes, que não queira romper as cadeias, fugir, bradando um grito de liberdade... Esse grito foi o verso livre."

MORAES, Rubens. "Balanço de fim de século". Revista *Klaxon*,
São Paulo, n. 4, 15 ago. 1922. p. 12.

**a)** Baseando-se nas informações que você tem, responda: Qual é o posicionamento do autor Rubens Moraes nesse texto?

**b)** Explique o sentido destas expressões, no contexto: *vítima, prisão, encarcerar, prisioneiro encarcerado, arrastando correntes, romper as cadeias, fugir, bradando um grito de liberdade.*

**3. (UNESP)**

Tal movimento distingue-se pela atenuação do sentimentalismo e da melancolia, a ausência quase completa de interesse político no contexto da obra (embora não na conduta) e (como os modelos franceses) pelo cuidado da escrita, aspirando a uma expressão de tipo plástico. O mito da pureza da língua, do casticismo vernacular abonado pela autoridade dos autores clássicos, empolgou toda essa fase da cultura brasileira e foi um critério de excelência. É possível mesmo perguntar se a visão luxuosa dos autores desse movimento não representava para as classes dominantes uma espécie de correlativo da prosperidade material e, para o comum dos leitores, uma miragem compensadora que dava conforto.

(Antonio Candido. *Iniciação à literatura brasileira*, 2010. Adaptado.)

O texto refere-se ao movimento denominado

**a)** Romantismo.

**b)** Barroco.

**c)** Parnasianismo.

**d)** Arcadismo.

**e)** Realismo.

## CAPÍTULO 18

# SIMBOLISMO: MELANCOLIA, MISTÉRIO E MÚSICA

Coleção particular

Juca Máximo. *Absence II*, 2018. Técnica mista, 60 cm × 80 cm.

### Roda de conversa

1. Baseando-se na legenda, descreva a imagem.

2. Essa obra faz parte da exposição intitulada *Absences Yourself* (do inglês: ausentar-se de si mesmo"). O artista propõe uma discussão sobre "ausentar-se" a partir da simbologia das máscaras. A série traz pinturas, fotos e esculturas que dialogam com o momento da pandemia. Pessoas aderiram ao conceito: usaram máscaras em visita à exibição. No contexto da pandemia de covid-19, o que essa obra pode simbolizar?

### Para você...

#### ... ler
- *Obra reunida*, Olavo Bilac.
- *Missal e Broquéis*, Cruz e Sousa.
- *Oaristos*, Eugênio de Castro.
- *As flores do mal*, Charles Baudelaire.
- *Manual prático de levitação*, José Eduardo Agualusa.

#### ... assistir
- *Cruz e Sousa: o poeta do Desterro*. Direção: Sylvio Back. Brasil, 1998.
- *Sonhos*. Direção: Akira Kurosawa. Japão, 1990.
- *A origem*. Direção: Christopher Nolan. Estados Unidos, 2010.

### O que você vai...

#### ... fruir
- *Soneto*, Camilo Pessanha.
- *A catedral*, Alphonsus de Guimaraens.
- *O assinalado*, Cruz e Sousa.

#### ... aprender
- Simbolismo.
- O Simbolismo em Portugal.
- O Simbolismo no Brasil.

- Qual é o significado da palavra "simbolismo"?
- Você já precisou usar símbolos para dizer alguma coisa ou se comunicar com alguém? Compartilhe esse acontecimento com os colegas.

Leia um poema de Camilo Pessanha, autor português filiado à estética simbolista.

**TEXTO 1**

### Soneto

Imagens que passais pela retina
Dos meus olhos, por que não vos fixais?
Que passais como a água cristalina
Por uma fonte para nunca mais!...

Ou para o lago escuro onde termina
Vosso curso, **silente** de **juncais**,
E o vago medo angustioso domina,
– Por que ides sem mim, não me levais?

Sem vós o que são os meus olhos abertos?
– O espelho inútil, meus olhos pagãos!
Aridez de sucessivos desertos...

Fica sequer, sombra das minhas mãos,
Flexão casual de meus dedos incertos,
– Estranha sombra em movimentos vãos.

PESSANHA, Camilo. Soneto. *In*: MASSAUD, Moisés. *A literatura portuguesa através dos textos*. 35. ed. São Paulo: Cultrix, 2009. p. 410.

**Silente:** silencioso.
**Juncal:** local com grande quantidade de juncos (plantas de caules longos, que crescem em áreas alagadas); junqueira.

1. Que sentimentos e sensações o eu lírico expressa?

2. O que podem sugerir os termos metafóricos relacionados à água nos versos:
   Que passais como a água cristalina / Por uma fonte para nunca mais!... / Ou para o lago escuro onde termina.

3. O que podem simbolizar, no soneto, as palavras e expressões **imagens**, **retina dos meus olhos** e **meus olhos abertos**?

4. A que o eu poético compara seus olhos na 3ª estrofe? Explique.

5. Identifique a alternativa que não descreve adequadamente a atitude do eu poético. Explique.
   a) contemplativa
   b) apaixonada
   c) angustiada
   d) reflexiva
   e) sensível

### Quem é o autor?

**Camilo** de **Almeida Pessanha** (1867-1926) nasceu em Coimbra (Portugal). Estudou Direito, foi professor em Macau (na China) e, voltando à terra natal, fez recitais de seus poemas. Em um deles chamou a atenção de um amigo, que os reuniu no volume *Clepsidra* (1920).

### *Clepsidra*

O poeta simbolista português Camilo Pessanha influenciou poetas modernistas, como Fernando Pessoa. Sua obra, marcada pelo pessimismo, pela dor e desilusão, foi reunida em um único livro com o título *Clepsidra*, palavra originária de "Klepsýdra", a qual nomeia um relógio de água usado para marcar o tempo. Tem ainda o sentido figurado de lembrar a inutilidade da vida diante da passagem do tempo.

### TEXTO 2

- "Simbolizar" é a capacidade humana de criar relações entre elementos distintos, em que um é símbolo e sugestão do outro.

Leia o poema de Alphonsus de Guimaraens, um dos grandes nomes do Simbolismo brasileiro.

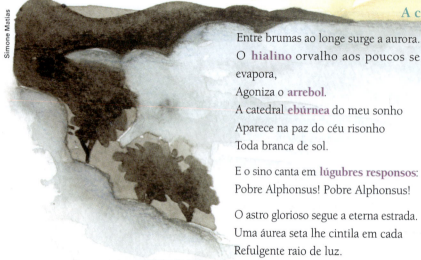

## A catedral

Entre brumas ao longe surge a aurora.
O **hialino** orvalho aos poucos se evapora,
Agoniza o **arrebol**.
A catedral **ebúrnea** do meu sonho
Aparece na paz do céu risonho
Toda branca de sol.

E o sino canta em **lúgubres responsos**:
Pobre Alphonsus! Pobre Alphonsus!

O astro glorioso segue a eterna estrada.
Uma áurea seta lhe cintila em cada
Refulgente raio de luz.
A catedral ebúrnea do meu sonho,
Onde os meus olhos tão cansados ponho,
Recebe a bênção de Jesus.

E o sino clama em lúgubres responsos:

Pobre Alphonsus! Pobre Alphonsus!
Por entre lírios e lilases desce
A tarde esquiva: amargurada prece
Põe-se a lua a rezar.
A catedral ebúrnea do meu sonho
Aparece na paz do céu tristonho
Toda branca de luar.

E o sino chora em lúgubres responsos:
Pobre Alphonsus! Pobre Alphonsus!

O céu é todo trevas: o vento uiva.
Do relâmpago a cabeleira ruiva
Vem açoitar o rosto meu.
E a catedral ebúrnea do meu sonho
Afunda-se no caos do céu medonho
Como um astro que já morreu.

E o sino geme em lúgubres responsos:
Pobre Alphonsus! Pobre Alphonsus!

GUIMARAENS, Alphonsus de. A catedral. *In*: BANDEIRA, Manuel (org.). *Antologia dos poetas brasileiros*. Rio de Janeiro: Nova Fronteira, 1996. p. 72-73.

---

**Hialino:** transparente.
**Arrebol:** vermelhidão do nascer ou do pôr do sol.
**Ebúrnea:** alva e/ou lisa como o marfim.
**Lúgubre:** fúnebre, triste.
**Responsos:** série de palavras cantadas ou faladas nos ofícios católicos.

### Quem é o autor?

**Alphonsus de Guimaraens** (1870-1921), pseudônimo literário de Afonso Henriques da Costa Guimarães, nasceu em Ouro Preto e faleceu em Mariana (MG). Estudou Direito e foi juiz. Sua poesia, marcada pela espiritualidade e religiosidade, valeu-lhe a alcunha de poeta místico.

---

1. Que sentimento o eu lírico expressa?

2. Uma das características do Simbolismo é a expressão por meio de símbolos. O poema lido usa esse recurso para fazer referência aos sonhos e às fases da vida. Com base nisso, explique o que simbolizam as figuras de linguagem (personificações e metáforas) nos trechos a seguir.

    a) "surge a aurora"; "céu risonho"

    b) "astro glorioso"; "refulgente raio de luz"

    c) "tarde esquiva"; "amargurada prece"; "céu tristonho"

    d) "O céu é todo trevas"; "o vento uiva"; "caos do céu medonho"; "como um astro que já morreu"

3. A qual universo semântico pertencem as palavras e expressões: **catedral**, **sino**, **responsos**, **bênção de Jesus**, **eterna**, **prece** e **rezar**?

4. O verso "A catedral ebúrnea do meu sonho" repete-se ao longo do poema. O que a catedral simboliza? O que essa repetição enfatiza?

5. O que simboliza o refrão: "Pobre Alphonsus! Pobre Alphonsus!"?

6. No poema há versos que apresentam gradação e personificação. Identifique os versos, explique esses recursos e o que simbolizam.

---

214 Capítulo 18 Simbolismo: melancolia, mistério e música

- Você conhece algum poema de Cruz e Sousa?
- O que lhe sugere o título "O assinalado"?

Leia o poema "O assinalado", de Cruz e Sousa.

### TEXTO 3

### O assinalado

Tu és o louco da imortal loucura,
O louco da loucura mais suprema,
A terra é sempre a tua negra algema,
Prende-te nela a extrema Desventura.

Mas essa mesma algema de amargura,
Mas essa mesma Desventura extrema
Faz que tu'alma suplicando gema
E rebente em estrelas de ternura.

Tu és o Poeta, o grande Assinalado
Que povoas o mundo despovoado,
De belezas eternas, pouco a pouco,

Na Natureza prodigiosa e rica
Toda a audácia dos nervos justifica
Os teus espasmos imortais de louco!

CRUZ E SOUSA. O assinalado. *In*: CRUZ E SOUSA. *Poesia*. 4. ed. Rio de Janeiro: Agir, 1972. p. 81. (Nossos Clássicos, 4).

1. "O assinalado" é um poema metalinguístico. O que ele tematiza?
2. A quem o eu lírico se dirige usando o pronome pessoal **tu**?
3. A palavra **assinalado** pode ter o sentido de "condenado, estigmatizado"; ou "ilustre, notável"; escolhido. Com base nessas informações, explique o título do poema.
4. Que alternativa **não** se refere ao soneto "O assinalado"?
   a) Busca traçar o perfil do poeta por meio da metalinguagem.
   b) Refere-se à inadaptação e ao sofrimento do poeta.
   c) Apresenta o poeta como um ser inalcançável.
   d) Compara o fazer poético à loucura.
   e) Explica, de forma objetiva, o ofício do poeta.
5. Como você observou, os discursos poéticos do Parnasianismo e do Simbolismo afastam-se das questões sociais.
   a) Em sua opinião, os poemas, de modo geral, devem ser engajados social e politicamente? Ou devem seguir os princípios de suas próprias estéticas literárias, como as citadas anteriormente?
   b) De que poema(s) lido(s) do Parnasianismo (capítulo anterior) e do Simbolismo você mais gostou? Por quê? Comente com os colegas.

### Quem é o autor?

João da **Cruz e Sousa** (1861-1898) nasceu em Desterro, hoje Florianópolis (SC). Outro grande poeta negro brasileiro, filho de pessoas escravizadas, teve a família alforriada no início da Guerra do Paraguai. Estudou, dirigiu vários jornais e sempre lutou pela causa abolicionista, enfrentando o preconceito racial.

### Simbolismo: melancolia, mistério e música

Como vimos, os movimentos artísticos fazem rupturas e retomadas, rompendo com modelos da estética anterior e recuperando marcas formais e temáticas de outras. O Simbolismo foi um movimento literário que surgiu na França, no fim do século XIX (1886), como reação à poesia parnasiana e à prosa naturalista. Os poemas simbolistas distinguiam-se por apresentar uma visão de mundo **subjetiva**, **simbólica** e **espiritual**; pela atitude **reflexiva** e **afetiva**; pela **valorização da musicalidade verbal**, da **sutileza estética** e da **sugestão** (símbolos). Para os poetas simbolistas, a beleza estava na sugestão, no mistério, no absoluto etéreo, na força do inconsciente.

# Enem e vestibulares

**1. (ENEM)** Leia esse poema de Eugênio de Castro:

### Epígrafe (*)

1   Murmúrio de água na clepsidra (**) gotejante,
2   Lentas gotas de som no relógio da torre,
3   Fio de areia na ampulheta vigilante,
4   Leve sombra azulando a pedra do quadrante (***)
5   Assim se escoa a hora, assim se vive e morre...

6   Homem, que fazes tu? Para que tanta lida,
7   Tão doidas ambições, tanto ódio e tanta ameaça?
8   Procuremos somente a Beleza, que a vida
9   É um punhado infantil de areia ressequida,
10  Um som de água ou de bronze e uma sombra
11  que passa...

> (CASTRO, Eugenio. Em: ANDRADE, Eugénio. *Antologia pessoal da poesia portuguesa*. Porto: Campo das Letras, 1999).

> (*) **Epígrafe**: inscrição colocada no ponto mais alto; tema.
> (**) **Clepsidra**: relógio de água. (***) **Pedra do quadrante**: parte superior de um relógio de sol.

A imagem contida em "lentas gotas de som" (verso 2) é retomada na segunda estrofe por meio da expressão:

**a)** "tanta ameaça".

**b)** "som de bronze".

**c)** "punhado de areia".

**d)** "sombra que passa".

**e)** "somente a Beleza".

**2. (ENEM)** Nesse poema, o que leva o poeta a questionar determinadas ações humanas (versos 6 e 7) é a:

**a)** infantilidade do ser humano.

**b)** destruição da natureza.

**c)** exaltação da violência.

**d)** inutilidade do trabalho.

**e)** brevidade da vida.

**3. (ENEM)** Leia esse poema de Cruz e Sousa:

### Vida obscura

Ninguém sentiu o teu espasmo obscuro
ó ser humilde entre os humildes seres,
embriagado, tonto de prazeres,
o mundo para ti foi negro e duro.

Atravessaste no silêncio escuro
a vida presa a trágicos deveres
e chegaste ao saber de altos saberes
tornando-te mais simples e mais puro.

Ninguém te viu o sofrimento inquieto,
magoado, oculto e aterrador, secreto,
que o coração te apunhalou no mundo,

Mas eu que sempre te segui os passos
sei que a cruz infernal prendeu-te os braços
e o teu suspiro como foi profundo!

> (SOUSA, C. *Obra completa*. Rio de Janeiro: Nova Aguilar, 1961.)

Com uma obra densa e expressiva no Simbolismo brasileiro, Cruz e Sousa transpôs para seu lirismo uma sensibilidade em conflito com a realidade vivenciada. No soneto, essa percepção traduz-se em:

**a)** sofrimento tácito diante dos limites impostos pela discriminação.

**b)** tendência latente ao vício como resposta ao isolamento social.

**c)** extenuação condicionada a uma rotina de tarefas degradantes.

**d)** frustração amorosa canalizada para as atividades intelectuais.

**e)** vocação religiosa manifesta na aproximação com a fé cristã.

**4. (ENEM)** Leia outro poema de Cruz e Sousa:

### Cárcere das almas

"Ah! Toda a alma num cárcere anda presa,
Soluçando nas trevas, entre as grades
Do calabouço olhando imensidades,
Mares, estrelas, tardes, natureza.

Tudo se veste de uma igual grandeza
Quando a alma entre grilhões as liberdades
Sonha e, sonhando, as imortalidades
Rasga no etéreo o Espaço da Pureza.

Ó almas presas, mudas e fechadas
Nas prisões colossais e abandonadas,
Da Dor no calabouço, atroz, funéreo!

216    Capítulo 18    Simbolismo: melancolia, mistério e música

Nesses silêncios solitários, graves,
que chaveiro do Céu possui as chaves
para abrir-vos as portas do Mistério?!"

(CRUZ E SOUSA, J. *Poesia completa*. Florianópolis: Fundação
Catarinense de Cultura / Fundação Banco do Brasil, 1993).

Os elementos formais e temáticos relacionados ao contexto cultural do Simbolismo encontrados no poema *Cárcere das almas*, de Cruz e Sousa, são:

**a)** a opção pela abordagem, em linguagem simples e direta, de temas filosóficos.

**b)** a prevalência do lirismo amoroso e intimista em relação à temática nacionalista.

**c)** o refinamento estético da forma poética e o tratamento metafísico de temas universais.

**d)** a evidente preocupação do eu lírico com a realidade social expressa em imagens poéticas inovadoras.

**e)** a liberdade formal da estrutura poética que dispensa a rima e a métrica tradicionais em favor de temas do cotidiano.

**5. (UEG)** Leia esse outro poema de Alphonsus de Guimaraens:

### Últimos versos

Na tristeza do céu, na tristeza do mar,
eu vi a lua cintilar.
Como seguia tranquilamente
por entre nuvens divinais!
Seguia tranquilamente
como se fora a minh'Alma,
silente,
calma,
cheia de ais.
A abóboda celeste,
que se reveste
de astros tão belos,
era um país repleto de castelos.
E a alva lua, formosa castelã,
seguia
envolta num sudário alvíssimo de lã,
como se fosse
a mais que pura Virgem Maria...
Lua serena, tão suave e doce,
do meu eterno cismar,
anda dentro de ti a mágoa imensa
do meu olhar!

GUIMARAENS, Alphonsus de. *Melhores poemas*. Seleção de
Alphonsus de Guimaraens Filho. São Paulo: Global, 2001. p. 161.

Entre as características poéticas de Alphonsus de Guimaraens, predomina no poema apresentado:

**a)** o diálogo com amada.

**b)** o poema-profanação.

**c)** as imagens de morte.

**d)** o poema-oração.

**6.** Pedro Kilkerry é outro nome importante do Simbolismo no Brasil. Leia, dele, este poema:

### Sobre um mar de rosas que arde

Sobre um mar de rosas que arde
Em ondas fulvas, distante,
Erram meus olhos, diamante,
Como as naus dentro da tarde.
Asas no azul, melodias,
E as horas são velas fluidas
Da nau em que, oh! Alma, descuidas
Das esperanças tardias.

KILKERRY, Pedro. Sobre um mar [...]. *In*: MORICONI, Ítalo. *Os cem
melhores poemas brasileiros do século*. Rio de Janeiro: Objetiva, 2001. p. 43.

Identifique nesse poema versos que:

**a)** sugerem o pôr do sol;

**b)** provocam ambiguidade;

**c)** apresentam aliteração e sinestesia;

**d)** apresentam rimas ricas (palavras de classes gramaticais diferentes que rimam entre si).

**7. (UNESP)**

Esse movimento descobriu algo que ainda não havia sido conhecido ou enfatizado antes: a "poesia pura", a poesia que surge do espírito irracional, não conceitual da linguagem, oposto a toda interpretação lógica. Assim, a poesia nada mais é do que a expressão daquelas relações e correspondências, que a linguagem, abandonada a si mesma, cria entre o concreto e o abstrato, o material e o ideal, e entre as diferentes esferas dos sentidos.

Sendo a vida misteriosa e inexplicável, como pensavam os adeptos desse movimento, era natural que fosse representada de maneira imprecisa, vaga, nebulosa, ilógica e ininteligível.

(Afrânio Coutinho. *Introdução à literatura no Brasil*, 1976. Adaptado.)

O comentário do crítico Afrânio Coutinho refere-se ao movimento literário denominado:

**a)** Parnasianismo.      **d)** Simbolismo.

**b)** Romantismo.      **e)** Arcadismo.

**c)** Realismo.

# CAPÍTULO 19

# PRÉ-MODERNISMO (POESIA): O EU E O OUTRO

Sergio Capparelli e Ana Cláudia Gruszynski

## Roda de conversa

1. Ancorado em seu repertório literário/cultural, você conseguiu identificar o gênero discursivo do texto de abertura?

2. Descreva a imagem, segundo a legenda.

3. Relacione-a ao título-tema deste capítulo.

GRUSZYNSKI, Ana Cláudia; CAPPARELLI, Sérgio. EU/TU. *In:* GRUSZYNSKI, Ana Cláudia; CAPPARELLI, Sérgio. *Poesia visual.* São Paulo: Global, 2001.

### ▶ Para você...

#### ... ler
- *Eu*, Augusto dos Anjos.
- *Cristais partidos*, Gilka Machado.
- *A última quimera*, Ana Miranda.

#### ... ouvir
- *O pulso*, Titãs.
- *Manguetown*, Chico Science & Nação Zumbi.
- *Pagu*, Rita Lee.

### ▶ O que você vai...

#### ... fruir
- *Poema LXVII*, Teixeira de Pascoaes.
- *Versos íntimos*, Augusto dos Anjos.
- *Ser mulher*, Gilka Machado.

#### ... aprender
- O Pré-Modernismo na poesia portuguesa.
- O Pré-Modernismo na poesia brasileira.
- Augusto dos Anjos: poeta singular do "Eu".
- Gilka Machado: poeta feminista entre o Simbolismo e o Modernismo.

- De que você mais sente saudades? De um lugar, uma viagem, um acontecimento, uma festa? De uma pessoa? De uma lembrança da infância?
- Seria possível sentir saudades "da própria saudade"?

Leia o poema de Teixeira de Pascoaes, poeta saudosista português, publicado no livro *Versos pobres*.

**TEXTO 1**

### Poema LXVII

Que saudades eu sinto desta flor,
Que vai murchar!
E desta gota de água e de esplendor,
Um pequenino mundo que é só mar.
E desta imagem que por mim passou
Misteriosamente.

E desta folha pálida e tremente
Que tombou...
Da voz do vento que me deixa mudo,
E deste meu espanto de criança.
Que saudades de tudo eu sinto, porque tudo
É feito de lembrança...

PASCOAES, Teixeira. Poema LXVII. *In*: CULTURA FM. São Paulo: Cultura, 1 nov. 2017. Disponível para leitura e audição em: http://culturafm.cmais.com.br/radiometropolis/lavra/teixeira-de-pascoaes-versos-pobres-lxvii. Acesso em: 24 fev. 2021.

1. Segundo o filósofo Heráclito, que viveu na transição entre os séculos VI e V a.C., o mundo está em constante movimento: "Tudo flui, nada permanece". É possível fazer uma analogia entre esse princípio filosófico e o tema do poema? Explique.

2. A que conclusão o eu lírico chega?

### O Pré-Modernismo em Portugal

Essa tendência – que não é considerada exatamente uma escola literária ou um estilo de época – ocorreu no início do século XX (de 1910 a 1915). Nesse breve período, com base em premissas e vertentes ideológicas, alguns autores se reúnem em torno do movimento intitulado Renascença Portuguesa e da revista *A Águia* (porta-voz do movimento). A poética pré-modernista lusitana foi marcada pelo uso de linguagem conservadora, nacionalismo, misticismo e, principalmente, pelo saudosismo. Por isso, os estudiosos também o chamam de Saudosismo. Paradoxalmente, na Europa, nessa mesma época (e antes da 1ª Guerra Mundial: 1914 a 1918), também ocorre a "Belle Époque" e diversos outros movimentos de vanguarda que marcarão o início do Modernismo, como o Futurismo, o Cubismo, o Dadaísmo e o Surrealismo.

**Quem é o autor?**

**Teixeira de Pascoaes**, nome literário de Joaquim Pereira Teixeira de Vasconcelos (1877-1952), nasceu em Amarante, norte de Portugal. O poeta criou a revista *A Águia*, especializada em arte, filosofia e ciências.

Capa do n. 4 (1912) da revista *A Águia*, órgão da Renascença Portuguesa.

## TEXTO 2

- Você já ouviu falar em Augusto dos Anjos? Já leu algum poema desse autor?
- Qual seria o tema de um soneto com o título *Versos íntimos*?

As obras produzidas no início do século XX, no Brasil, são chamadas de **pré-modernistas**. Leia um poema que faz parte dessa classificação.

### Versos íntimos

Vês! Ninguém assistiu ao formidável
Enterro de sua última quimera.
Somente a Ingratidão – esta pantera –
Foi tua companheira inseparável!

Acostuma-te à lama que te espera!
O homem, que, nesta terra miserável,
Mora, entre feras, sente inevitável
Necessidade de também ser fera.

Toma um fósforo. Acende teu cigarro!
O beijo, amigo, é a véspera do escarro,
A mão que afaga é a mesma que
[apedreja.

Se alguém causa inda pena a tua chaga,
Apedreja essa mão vil que te afaga,
Escarra nessa boca que te beija!

ANJOS, Augusto dos. Versos íntimos. *In*: ANJOS, Augusto dos. *Poesia e prosa*. São Paulo: Ática, 1977. p. 129-130. Disponível em: https://www.escritas.org/pt/t/12236/versos-intimos. Acesso em: 21 dez. 2021.

1. Analise a visão de mundo expressa pelo eu lírico.

2. Que sentimentos são expressos na primeira estrofe?

3. O eu lírico alerta o interlocutor.
   a) Que alerta ele faz na 2ª estrofe?
   b) E na 3ª estrofe?
   c) Qual é o posicionamento do eu lírico na última estrofe?

4. Qual é o efeito de sentido provocado pelo emprego de: "beijo"/"escarro"; "afaga"/"apedreja"?

5. Há traços do Naturalismo nesse poema. Justifique essa afirmativa.

6. Analise o tom e o vocabulário empregados na composição do soneto.

7. Segundo Thomas Hobbes, filósofo do século XVI, o ser humano, em seu estado natural, é egoísta e violento. Ele ilustrou essa tese com a frase metafórica:

   O homem é o lobo do homem.

   - Relacione o soneto *Versos íntimos* a essa expressão de Hobbes.

### Quem é o autor?

**Augusto** Carvalho Rodrigues **dos Anjos** (1884-1914) nasceu no engenho Pau d'Arco, em Cruz do Espírito Santo (PB). Estudou no Liceu Paraibano, em João Pessoa. Aos 17 anos, já publicava poemas nos jornais da cidade. É autor de um único livro de poemas: *Eu* (1912).

### A obra de Augusto dos Anjos

Augusto dos Anjos publicou o livro *Eu* em um período de transição entre o Parnasianismo, o Simbolismo e o Modernismo. Assim, seus poemas têm características dessas estéticas. Alguns especialistas também classificam sua obra como **Pré-Modernista**. Ela expressa uma visão de mundo pessimista (em conexão com os simbolistas), com sentimentos profundos e distanciamento para falar da morte e da decomposição do corpo. Quanto à forma, há preferência pelo soneto, uso de rimas ricas, exploração da sonoridade das palavras, jogo de palavras com semelhanças sonoras e sentidos diferentes, aliterações etc. (como os parnasianos). A linguagem dos poemas costuma ser dramática e hiperbólica, com o uso de termos científicos e prosaicos, contrários à tradição poética (o que o aproxima do Naturalismo).

- Quais seriam os temas abordados por uma poeta feminista brasileira no início do século XX?
- Para você, o que é ser mulher?

Leia um soneto escrito por Gilka Machado, aos 22 anos, e publicado no livro *Cristais partidos*.

### TEXTO 3

### Ser mulher

Ser mulher, vir à luz trazendo a alma talhada
para os gozos da vida; a liberdade e o amor;
tentar da glória a **etérea** e **altívola** escalada,
na eterna aspiração de um sonho superior...

Ser mulher, desejar outra alma pura e alada
para poder, com ela, o infinito transpor;
sentir a vida triste, **insípida**, isolada,
buscar um companheiro e encontrar um senhor...

Ser mulher, calcular todo o infinito curto
para a larga expansão do desejado **surto**,
no **ascenso** espiritual aos perfeitos ideais...

Ser mulher, e, oh! atroz, **tantálica** tristeza!
ficar na vida qual uma águia inerte, presa
nos pesados **grilhões** dos preceitos sociais!

MACHADO, Gilka. Ser mulher. *In*: INSTITUTO CULTURAL ITAÚ. *Parnasianismo/Simbolismo*. São Paulo: Instituto Cultural Itaú, 1997. (Cadernos Poesia Brasileira, p. 44).

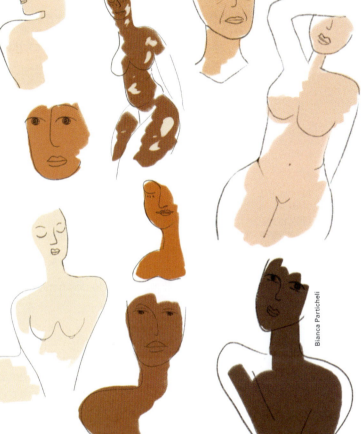

Bianca Particheli

### Quem é o autor?

Coleção particular

**Gilka** da Costa de Melo **Machado** (1893-1980) nasceu no Rio de Janeiro em uma família de artistas. Foi uma poeta feminista que denunciou a situação inferior da mulher. Escreveu poemas eróticos e sociais e, por ser negra e pobre, foi vítima de racismo e preconceito social: o que acarretou pouca visibilidade à sua obra. Participou do grupo que fundou o Partido Republicano Feminino.

1. Que reflexões e problematizações são propostas no poema?
2. O eu lírico revela uma contradição. Explique-a.
3. Como o eu lírico posiciona-se diante dessa contradição?

**Etérea:** celestial.
**Altívola:** que voa alto.
**Insípida:** tediosa, desagradável.
**Surto:** impulso, ímpeto.
**Ascenso:** ascensão, elevação.
**Tantálica:** relativo a Tântalo, figura lendária cujo suplício (por haver roubado os manjares dos deuses para dá-los a conhecer aos homens) era estar perto da água (que se afastava quando tentava bebê-la) e sob árvores (que encolhiam os ramos quando tentava colher-lhes os frutos).
**Grilhões:** correntes, algemas.

221

**4.** Qual é a concepção que "ser mulher" expressa:

**a)** na 1ª estrofe?    **b)** na 2ª estrofe?    **c)** na 3ª estrofe?

**5.** O adjetivo **tantálico** origina-se de Tântalo, rei da mitologia grega que roubou manjares dos deuses e cometeu outras transgressões. Por causa disso, foi punido: quando tinha sede e fome, não conseguia ter acesso às águas e às frutas. Com base nessas informações a respeito do mito grego, analise a condição feminina expressa na 4ª estrofe do poema.

**6.** Que perfil feminino é retratado nesse poema?

**7.** Qual é o posicionamento social da poeta?

**8.** Leia estes três nanocontos da escritora Branca Maria de Paula:

### Aridez

Surdo aos apelos do amor, ele se põe ao largo enquanto ela, assistida pelas três **Moiras**, cumpre a ordem de se calar.

### Cristalino 3

Por sorte, o futuro chegou num segundo, libertando-a de tudo que ela havia criado.

### Prova de amor

Não se mexa. E agora pare de respirar.

> PAULA, Branca Maria de. *Nanocontos*. Belo Horizonte: Quixote+Do, 2019. p. 30, 102 e 143.

> **Moiras:** três irmãs da mitologia grega que representam o destino de todas as pessoas.

• Explique o enredo dos nanocontos e a relação de cada um com seus respectivos títulos.

### Nanoconto

É uma narrativa extremamente curta, com poucos personagens e que geralmente se movimentam em um único espaço. O enredo concentra-se em apenas um conflito. A linguagem é concisa, sem sequências narrativas e descritivas.

**9.** Com relação à abordagem do tema, que analogia pode ser feita entre o poema *Ser mulher*, de Gilka Machado, e os nanocontos lidos?

### Literatura feita por mulheres

A literatura de autoria feminina, ao longo da história, tematizou o sistema patriarcal que oprimiu e silenciou as mulheres. A poeta Gilka Machado, no início do século XX, por ser poeta negra e feminista, enfrentou dificuldades para ter sua obra literária reconhecida e divulgada. O poema *Ser mulher* sintetiza as características de sua poética com marcas simbolistas e modernistas. Seus sonetos revelam liberdade formal, própria do Modernismo, com versos livres e temática sensual. A escritora contemporânea Branca Maria de Paula também tematiza a condição feminina em sua obra, como no livro *Nanocontos*, publicado em 2019.

Bianca Particheli

# Enem e vestibulares

**1. (ENEM)** Leia:

**Texto 1**

### O morcego

Meia-noite. Ao meu quarto me recolho.
Meu Deus! E este morcego! E, agora, vede:
Na bruta ardência orgânica da sede,
Morde-me a goela ígneo e escaldante molho.

"Vou mandar levantar outra parede..."
Digo. Ergo-me a tremer. Fecho o ferrolho
E olho o teto. E vejo-o ainda, igual a um olho,
Circularmente sobre a minha rede!

Pego de um pau. Esforços faço. Chego
A tocá-lo. Minh'alma se concentra.
Que ventre produziu tão feio parto?!

A Consciência Humana é este morcego!
Por mais que a gente faça, à noite, ele entra
Imperceptivelmente em nosso quarto!

(ANJOS, A. Obra completa. Rio de Janeiro: Aguilar, 1994).

**Texto 2**

"O lugar-comum em que se converteu a imagem de um poeta doentio, com o gosto do macabro e do horroroso, dificulta que se veja, na obra de Augusto dos Anjos, o olhar clínico, o comportamento analítico, até mesmo certa frieza, certa impessoalidade científica."

(CUNHA, F. Romantismo e modernidade na poesia. Rio de Janeiro: Cátedra, 1988, adaptado).

Em consonância com os comentários do **Texto 2** acerca da poética de Augusto dos Anjos, o poema *O morcego* apresenta-se, enquanto percepção do mundo, como forma estética capaz de:

**a)** reencantar a vida pelo mistério com que os fatos banais são revestidos na poesia.

**b)** expressar o caráter doentio da sociedade moderna por meio do gosto pelo macabro.

**c)** representar realisticamente as dificuldades do cotidiano sem associá-lo a reflexões de cunho existencial.

**d)** abordar dilemas humanos universais a partir de um ponto de vista distanciado e analítico acerca do cotidiano.

**e)** conseguir a atenção do leitor pela inclusão de elementos das histórias de horror e suspense na estrutura lírica da poesia.

No soneto, o termo **morcego** é uma metáfora. O que simboliza essa metáfora? Justifique.

Que sentimentos são expressos em *O morcego*?

Explique o uso de iniciais maiúsculas em: "A Consciência Humana é este morcego!"

**2. (ENEM)** Leia estes versos:

### Lépida e leve

Língua do meu Amor velosa e doce,
que me convences de que sou frase,
que me contornas, que me vestes quase,
como se o corpo meu de ti vindo me fosse.
Língua que me cativas, que me enleias
os surtos de ave estranha,
em linhas longas de invisíveis teias,
de que és, há tanto, habilidosa aranha...
[...]
Amo-te as sugestões gloriosas e funestas,
amo-te como todas as mulheres
te amam, ó língua-lama, ó língua-resplendor,
pela carne de som que à ideia emprestas
e pelas frases mudas que proferes
nos silêncios de Amor!...

MACHADO, G. In: MORICONI, I. (org.). Os cem melhores poemas brasileiros do século. Rio de Janeiro: Objetiva, 2001. (Fragmento.)

A poesia de Gilka Machado identifica-se com as concepções artísticas simbolistas. Entretanto, o texto selecionado incorpora referências temáticas e formais modernistas, já que, nele, a poeta:

**a)** procura desconstruir a visão metafórica do amor e abandona o cuidado formal.

**b)** concebe a mulher como um ser sem linguagem e questiona o poder da palavra.

**c)** questiona o trabalho intelectual da mulher e antecipa a construção do verso livre.

**d)** propõe um modelo novo de erotização na lírica amorosa e propõe a simplificação verbal.

**e)** explora a construção da essência feminina a partir da polissemia de "língua" e inova o léxico.

223

# CAPÍTULO 20

# PRÉ-MODERNISMO (PROSA): DENÚNCIA SOCIAL

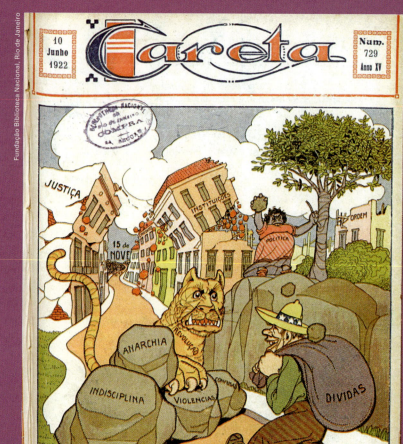

Charge de Alfredo Storni na capa da revista *Careta*. Rio de Janeiro, ano XV, n. 729, 10 jun. 1922.

## Roda de conversa

1. A revista semanal *Careta* circulou de 1908 a 1960 e criticava de forma satírica a política e os costumes da época. Descreva a imagem, com base em seu repertório.

2. Qual é o objetivo da capa dessa revista considerando o contexto histórico?

3. Que relação pode ser feita entre essa imagem e o título-tema deste capítulo?

### Para você...

#### ... ler
- *A luta contra Canudos*, HQ de Daniel Esteves, Jozz e Akira Sanoki.
- *Triste fim de Policarpo Quaresma* e *Clara dos Anjos*, Lima Barreto

#### ... assistir
- *Guerra de Canudos*. Direção: Sérgio Rezende. Brasil, 1996.
- *Policarpo Quaresma, herói do Brasil*. Direção: Paulo Thiago. Brasil, 1998.
- *Antônio Conselheiro*. Direção: José Walter Lima. Brasil, 2010.
- *Lima Barreto ao terceiro dia*. Direção: Luiz Antônio Pilar. Brasil, 2021.

#### ... ouvir
- Podcast *Sertões: histórias de Canudos*, produzido pela Rádio Batuta.

### O que você vai...

#### ... fruir
- *O pecado* e *Triste fim de Policarpo Quaresma*, Lima Barreto.
- *Os sertões*, Euclides da Cunha.

#### ... aprender
- O Pré-Modernismo na prosa brasileira.

- Que temática seria desenvolvida em um conto intitulado *O pecado*? Que pecado seria esse?

Leia esse conto escrito por Lima Barreto.

### TEXTO 1

### O pecado

Quando naquele dia São Pedro despertou, despertou risonho e de bom humor. E, terminados os cuidados higiênicos da manhã, ele se foi à competente repartição celestial buscar ordens do Supremo e saber que almas chegariam na próxima leva.

Em uma mesa longa, larga e baixa, um grande livro aberto se estendia e debruçado sobre ele, todo entregue ao serviço, um **guarda-livros** punha em dia a escrituração das almas, de acordo com as mortes que Anjos mensageiros e noticiosos traziam de toda extensão da Terra. Da pena do encarregado celeste escorriam grossas letras, e de quando em quando ele mudava a caneta para melhor talhar um outro caráter caligráfico.

Assim páginas ia ele enchendo, enfeitadas, iluminadas em os mais preciosos tipos de letras. Havia, no emprego de cada um deles, uma certa razão de ser e entre si guardavam tão feliz disposição que encantava o ver uma página escrita do livro. O nome era escrito em **bastardo**, letra forte e larga; a filiação em **gótico**, tinha um ar religioso, antigo, as faltas, em bastardo e as qualidades em **ronde arabescado**.

Ao entrar São Pedro, o escriturário do Eterno, voltou-se, saudou-o e, à reclamação da lista d'almas pelo Santo, ele respondeu com algum enfado (enfado do ofício) que viesse à tarde buscá-la.

**Guarda-livros:** técnico em contabilidade; contador, cuja função era registrar o movimento comercial de uma empresa, escriturando seus livros mercantis.

**Bastardo, gótico e ronde arabescado:** tipos de letra de tipografia.

**Encanecido:** com cabelos embranquecidos.
**Apensas:** que se juntaram, que se acrescentaram a algo; anexas, apensadas.
**Ignaro:** ignorante, inculto.
***Per saecula saeculorum*** **(latim):** por séculos e séculos.
**Seráfico:** que lembra os serafins (anjos).

Aí pela tardinha, ao findar a escrita, o funcionário celeste (um velho jesuíta **encanecido** no tráfico de açúcar da América do Sul) tirava uma lista explicativa e entregava a São Pedro a fim de se preparar convenientemente para receber os ex-vivos no dia seguinte.

Dessa vez ao contrário de todo o sempre, São Pedro, antes de sair, leu de antemão a lista; e essa sua leitura foi útil, pois que se a não fizesse talvez, dali em diante, para o resto das idades – quem sabe? – o Céu ficasse de todo estragado. Leu São Pedro a relação: havia muitas almas, muitas mesmo, delas todas, à vista das explicações **apensas**, uma lhe assanhou o espanto e a estranheza. Leu novamente. Vinha assim:

P. L. C., filho de..., neto de..., bisneto de... – Carregador, quarenta e oito anos. Casado. Casto. Honesto. Caridoso. Pobre de espírito. **Ignaro**. Bom como São Francisco de Assis. Virtuoso como São Bernardo e meigo como o próprio Cristo. É um justo.

Deveras, pensou o Santo Porteiro, é uma alma excepcional; com tão extraordinárias qualidades bem merecia assentar-se à direita do Eterno e lá ficar, *per saecula saeculorum*, gozando a glória perene de quem foi tantas vezes Santo...

– E porque não ia? deu-lhe vontade de perguntar ao **seráfico** burocrata.

– Não sei, retrucou-lhe este. Você sabe, acrescentou, sou mandado...

– Veja bem nos assentamentos. Não vá ter você se enganado. Procure, retrucou por sua vez o velho pescador canonizado.

Acompanhado de dolorosos rangidos da mesa, o guarda-livros foi folheando o enorme Registro, até encontrar a página própria, onde com certo esforço achou a linha adequada e com o dedo afinal apontou o assentamento e leu alto:

– Esquecia-me... Houve engano. É! Foi bom você falar. Essa alma é a de um negro. Vai para o purgatório.

BARRETO, Lima. O pecado. *Revista Souza Cruz*, Rio de Janeiro, ago. 1924. Disponível em: http://www.dominiopublico.gov.br/download/texto/ua000167.pdf. Acesso em: 9 fev. 2022.

### Quem é o autor?

Afonso Henriques de **Lima Barreto** (1881-1922), escritor negro, nasceu e morreu no Rio de Janeiro. Sua vida foi marcada por perseguições e preconceitos raciais. Escreveu contos, crônicas, romances, sátiras, narrativas humorísticas, memórias, crítica literária. Entre elas citamos: *Triste fim de Policarpo Quaresma; Clara dos Anjos; Recordações do escrivão Isaías Caminha*. São temáticas da sua obra: a injustiça contra os moradores das periferias, a indiferença dos políticos diante dos problemas do país, a falta de caráter de uma sociedade escravocrata e fútil etc.

Biblioteca do Instituto de Psiquiatria da UFRJ, Rio de Janeiro

1. Responda:
   a) Explique o foco narrativo do conto.
   b) Onde se passam as ações narradas no conto? Justifique.
   c) Qual é o papel social representado pelos personagens?
   d) Qual é o enredo do conto?
   e) A narrativa apresenta uma situação inicial de estabilidade: "Quando naquele dia São Pedro despertou, despertou risonho e de bom humor". Que fato quebrou a estabilidade inicial da narrativa?

2. Leia:
   Bom como São Francisco de Assis. Virtuoso como São Bernardo e meigo como o próprio Cristo. É um justo.

   • O trecho acima representa o clímax, o momento de maior suspense. Que expectativa é criada?

3. Leia:

> Dessa vez ao contrário de todo o sempre, São Pedro, antes de sair, leu de antemão a lista; e essa sua leitura foi útil, pois que se a não fizesse talvez, dali em diante, para o resto das idades – quem sabe? – o Céu ficasse de todo estragado.

a) Que conflito essa informação gerou?

b) O trecho acima é o anticlímax, pois quebra a expectativa. Explique a relação entre o trecho acima e o desfecho.

c) Uma das características da obra de Lima Barreto é o sarcasmo, a ironia. Explique esse recurso com base no sentido da palavra destacada neste trecho:

> "quem sabe? – o Céu ficasse de todo **estragado**."

4. "O pecado" foi publicado inicialmente na revista *Souza Cruz*, em 1924, após a morte do autor (1922). Que analogia é feita no conto e com qual finalidade?

5. Que instituição é diretamente criticada no conto e por quê? Explique com base em seus conhecimentos prévios.

6. Explique o título do conto: "O pecado".

7. "O Pecado" foi escrito entre as duas primeiras décadas do século XX. Em relação a que aspecto ele poderia ser considerado atual?

### Pré-Modernismo: um termo controverso

Muitos críticos literários e intelectuais discordam do emprego do termo "Pré-Modernismo" para se referir às obras literárias produzidas entre o Simbolismo e o Modernismo. Criticam também os escritores e artistas paulistas que não consideravam o Modernismo como processo que já estava em curso em produções artísticas anteriores à Semana de 22. As obras de autores como Euclides da Cunha, Lima Barreto, Augusto dos Anjos, Gilka Machado, entre outros, já apresentavam marcas do Modernismo, como os temas, o emprego de linguagem simples e coloquial e os versos livres.

A prosa brasileira das duas primeiras décadas do século XX apresenta, também, características do romance realista-naturalista, com enredos que envolvem questões sociais. Lima Barreto influencia até hoje autores contemporâneos. Algumas de suas obras apresentam tom humorístico e satírico, que é um traço do Modernismo, como o conto *O Pecado*. Seus textos denunciam problemas sociais, culturais e políticos do país, no início do século XX, como o racismo, a desigualdade social e a República (recém-proclamada).

## TEXTO 2

- Você já ouviu falar em Policarpo Quaresma?
- Quem teria sido essa figura que ganhou *status* de um dos maiores personagens da nossa literatura? Qual teria sido o seu começo... e o seu "triste fim"?

Leia alguns trechos do romance no qual Lima Barreto apresentou ao Brasil esse importante personagem.

### Triste fim de Policarpo Quaresma

**Trecho 1** – "[...] De acordo com a sua paixão dominante, Quaresma estivera muito tempo a meditar qual seria a expressão poética musical característica da alma nacional. Consultou historiadores, cronistas e filósofos e adquiriu certeza que era a **modinha** acompanhada pelo violão. Seguro dessa verdade, não teve dúvidas: tratou de aprender o instrumento genuinamente brasileiro e entrar nos segredos da modinha. Estava nisso tudo **a quo**, mas procurou saber quem era o primeiro executor da cidade e tomou lições com ele. O seu fim era disciplinar a modinha e tirar dela um forte motivo original de arte."

**Trecho 2** – "[...] – O Senhor Ricardo há de nos desculpar, disse a velha senhora, a pobreza do nosso jantar. Eu lhe quis fazer um frango com **petit-pois**, mas Policarpo não deixou. Disse-me que esse tal *petit-pois* é estrangeiro e que eu o substituísse por **guando**. Onde é que se viu frango com guando? – **Coração dos Outros** aventou que talvez fosse bom, seria uma novidade e não fazia mal experimentar.

– É uma mania de seu amigo, Senhor Ricardo, esta de só querer coisas nacionais, e a gente tem que ingerir cada droga, chi!"

**Trecho 3** – "[...] Quase todas as tradições e canções eram estrangeiras... Tornava-se, portanto, preciso arranjar alguma coisa própria, original, uma criação da nossa terra e dos nossos ares. Essa ideia levou-o a estudar os costumes tupinambás; e, como uma ideia traz outra, logo ampliou o seu propósito e eis a razão por que estava organizando um código de relações, de cumprimentos, de cerimônias domésticas e festas, calcado nos preceitos tupis.

Desde dez dias que se entregava a essa árdua tarefa, quando (era domingo) lhe bateram à porta, em meio de seu trabalho. Abriu, mas não apertou a mão. Desandou a chorar, a berrar, a arrancar os cabelos, como se tivesse perdido a mulher ou um filho. A irmã correu lá de dentro, o Anastácio também, e o compadre e a filha, pois eram eles, ficaram **estupefatos** no limiar da porta.

– Mas que é isso, compadre?

– Que é isso, Policarpo?

– Mas, meu padrinho...

Ele ainda chorou um pouco. Enxugou as lágrimas e, depois, explicou com a maior naturalidade:

**Modinha:** depois de 1850, gênero de cantiga popular urbana acompanhada pelo violão.
**A quo:** expressão do latim que significa "na ignorância".
**Petit-pois:** do francês, ervilhas.
**Guando:** o mesmo que andu, guandu ou feijão-guando, espécie de feijão-branco.
**Coração dos Outros:** refere-se ao seresteiro Ricardo Coração dos Outros, contratado por Policarpo para lhe ensinar modinhas.
**Estupefato:** assombrado, atônito, pasmo, pego de surpresa.

228 Capítulo 20 Pré-Modernismo (Prosa): denúncia social

– Eis aí! Vocês não têm a mínima noção das coisas da nossa terra. Queriam que eu apertasse a mão... Isto não é nosso! Nosso cumprimento é chorar quando encontramos os amigos, era assim que faziam os tupinambás.

O seu compadre Vicente, a filha e Dona Adelaide entreolharam-se, sem saber o que dizer. O homem estaria doido? Que extravagância! [...]

**Trecho 4 –** "[...] Policarpo era patriota. Desde moço, aí pelos vinte anos, o amor da Pátria tomou-o todo inteiro. Não fora o amor comum, **palrador** e vazio; fora um sentimento sério, grave e absorvente. Nada de ambições políticas ou administrativas; o que Quaresma pensou, ou melhor, o que o patriotismo o fez pensar, foi num conhecimento inteiro do Brasil, levando-o a meditações sobre os seus recursos, para depois então apontar os remédios, as medidas progressivas, com pleno conhecimento de causa."

> BARRETO, Lima. *Triste fim de Policarpo Quaresma*. 23. ed. São Paulo: Ática, 1999. p. 22, 26 e 37.

**Palrador:** pessoa que fala muito, tagarela.

1. Trace o perfil ideológico do personagem Policarpo Quaresma com base nos trechos lidos.

2. Leia, a seguir, outro trecho de *Triste fim de Policarpo Quaresma*.

> Na ficção, havia unicamente autores nacionais ou tidos como tais: o Bento Teixeira, da Prosopopeia; o Gregório de Matos, o Basílio da Gama, o Santa Rita Durão, o José de Alencar (todo), o Macedo, o Gonçalves Dias (todo), além de muitos outros. [...]

a) Considerando as características do protagonista, estabeleça relações entre as obras de sua estante e suas ideias.

b) Explique o uso do artigo definido "o" antes do nome dos autores citados.

3. Leia trechos do requerimento/petição que o personagem Policarpo Quaresma enviou à Câmara dos Deputados e que lhe causou contrariedades e problemas:

> [...] Policarpo Quaresma, cidadão brasileiro, funcionário público, certo de que a língua portuguesa é emprestada ao Brasil; certo também de que, por esse fato, o falar e o escrever em geral, sobretudo no campo das letras, se veem na humilhante contingência de sofrer continuamente censuras ásperas dos proprietários da língua; sabendo, além, que, dentro do nosso país, os autores e os escritores, com especialidade os gramáticos, não se entendem no tocante à correção gramatical, vendo-se, diariamente, surgir azedas polêmicas entre os mais profundos estudiosos do nosso idioma – usando do direito que lhe confere a Constituição, vem pedir que o Congresso Nacional decrete o tupi-guarani como língua oficial e nacional do povo brasileiro. [...] Demais, Senhores Congressistas, o tupi-guarani, língua originalíssima [...] é a única capaz de traduzir as nossas belezas, de pôr-nos em relação com a nossa natureza [...] por ser criação de povos que aqui viveram e ainda vivem [...]"

> BARRETO, Lima. *Triste fim de Policarpo Quaresma*. 23. ed. São Paulo: Ática, 1999. p. 52-53.

a) Com que objetivo Policarpo Quaresma enviou esse requerimento à Câmara?

b) Que características de Policarpo Quaresma podem ser inferidas a partir da leitura desse requerimento/petição?

**I.** Voluntarismo      **III.** Idealismo      **V.** Nacionalismo e ufanismo exacerbado

**II.** Ingenuidade      **IV.** Pragmatismo

c) Segundo Quaresma, quem são os "proprietários" da língua portuguesa?

### Marquês de Pombal

Sebastião José de Carvalho e Melo, o Marquês de Pombal, foi primeiro-ministro de Portugal. Em meados do século XVIII, proibiu o uso e o ensino de tupi-guarani nas escolas do Brasil e oficializou o português como língua oficial.

4. Agora, leia estes trechos de *Triste fim de Policarpo Quaresma*:

**Trecho 1** – "– O Quaresma está doido. [...]

– Eu logo vi, disse Albernaz, aquele requerimento era de doido.

– Mas não é só, general, acrescentou Genelício. Fez um ofício em tupi e mandou ao ministro. [...]

– Nem se podia esperar outra coisa, disse o doutor Florêncio. Aqueles livros, aquela mania de leitura...

– Pra que ele lia tanto? indagou Caldas.

– Telha de menos, disse Florêncio. Genelício atalhou com autoridade:

– Ele não era formado, para que meter-se em livros? [...]

– Isto de livros é bom para os sábios, para os doutores, observou Sigismundo.

– Devia até ser proibido, disse Genelício, a quem não possuísse um título "acadêmico" ter livros. Evitavam-se assim essas desgraças. Não acham? [...]"

**Trecho 2** – "Dona Maricota apareceu na frente e falou **agastada**: [...]

– Aquele Quaresma podia estar bem, mas foi meter-se com livros... É isto! Eu, há bem quarenta anos, que não pego em livro..."

**Trecho 3** – "[...] e a única desafeição que merecera fora a do doutor Segadas, um clínico afamado no lugar, que não podia admitir que Quaresma tivesse livros: "Se não era formado, para quê? **Pedantismo**!"

BARRETO, Lima. *Triste fim de Policarpo Quaresma*. 23. ed. São Paulo: Ática, 1999. p. 19, 50-51 e 91.

> **Agastada:** irritada, aborrecida, zangada.
> **Pedantismo:** pretensão; característica de pessoa pedante, que se expressa exibindo conhecimentos que realmente não possui.

- Qual das ideias a seguir não está implícita na conversa dos amigos (Trecho 1), na fala de Dona Maricota (Trecho 2) e na opinião do Dr. Segadas (Trecho 3)?

a) Desprezo pelas pessoas que não frequentam os meios acadêmicos.

b) Associação do hábito de ler à arrogância e à loucura.

c) Visão elitista e equivocada da leitura.

d) Valorização do hábito de ler.

e) Preconceito contra pessoas que têm ideias diferentes.

5. Leia, a seguir, um último trecho.

> Para Ismênia, era como se todos os rapazes casadoiros tivessem deixado de existir. Arranjar outro era problema insolúvel, era trabalho acima de suas forças. Coisa difícil! [...] Decididamente, estava condenada a não se casar, a ser tia, a suportar durante toda a existência esse estado de solteira que a apavorava [...]. Era um castigo. A Quinota ia casar-se, o Genelício já estava tratando dos papéis; e ela que esperava tanto, e fora a primeira a noivar-se, ia ficar maldita, rebaixada diante de todas.

BARRETO, Lima. *Triste fim de Policarpo Quaresma*. 23. ed. São Paulo: Ática, 1999. p. 70.

- Qual é a ideia central expressa neste trecho?

### Ideias de protagonista

O Rio de Janeiro, no início do século XX, é o principal cenário de *Triste fim de Policarpo Quaresma*. Nessa obra, o protagonista critica a República; valoriza a cultura brasileira; propõe reformar a língua portuguesa defendendo o uso do tupi-guarani como língua oficial, a economia agrícola (devido à riqueza que atribui a terra), o voto feminino; e denuncia as agressões contra as mulheres.

Artista: Desconhecido. Avenida Rio Branco, Rio de Janeiro, 1914.

- Você já ouviu falar em Antônio Conselheiro? E na Guerra de Canudos?
- Em que parte do Brasil estariam localizadas as ações e os personagens de *Os sertões*, romance de Euclides da Cunha? Seriam personagens reais ou imaginários? Leia um trecho de *Os sertões*.

### Os sertões
### (Como se faz um monstro)

[...] E surgia na Bahia o **anacoreta** sombrio, cabelos crescidos até aos ombros, **barba inculta** e longa; face escaveirada; olhar fulgurante; monstruoso, dentro de um hábito azul de brim americano; **abordoado** ao clássico bastão, em que se apoia o passo tardo dos peregrinos...

É desconhecida a sua existência durante tão largo período. Um velho caboclo, preso em Canudos nos últimos dias da campanha, disse-me algo a respeito, mas vagamente, sem precisar datas, sem pormenores característicos. Conhecera-o nos sertões de Pernambuco, um ou dois anos depois da partida do Crato. Das palavras desta testemunha, concluí que Antônio Maciel, ainda moço, já impressionava vivamente a imaginação dos sertanejos. Aparecia por aqueles lugares sem destino fixo, errante. Nada referia sobre o passado. **Praticava** em frases breves e raros monossílabos. Andava sem rumo certo, de um pouso para outro, indiferente à vida e aos perigos, alimentando-se mal e ocasionalmente, dormindo ao relento à beira dos caminhos, numa penitência demorada e rude...

Tornou-se logo alguma coisa de fantástico ou mal-assombrado para aquelas gentes simples. Ao abeirar-se das rancharias dos tropeiros aquele velho singular, de pouco mais de trinta anos, fazia que cessassem os improvisos e as violas festivas.

Era natural. Ele **surdia** – esquálido e macerado – dentro do hábito escorrido, sem relevos, mudo, como uma sombra, das chapadas povoadas e duendes...

Passava, buscando outros lugares, deixando **absortos** os **matutos** supersticiosos.

Dominava-os, por fim, sem o querer.

**Anacoreta:** religioso que vive em retiro, na solidão.
**Barba inculta:** barba sem cuidado.
**Abordoado:** apoiado.
**Praticava:** expunha ideias, dizia.
**Surdia:** surgia, emergia, aparecia, irrompia (de repente, de algum lugar).
**Absortos:** extasiados, embevecidos.
**Matutos:** que vivem no mato, na roça.

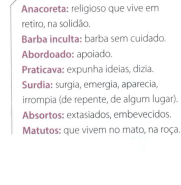

Laura Barrichello

**Influxo:** influência.
**Intuspecção:** introspecção, auto-observação, autoconhecimento.
**Evolve:** evolui.
**Autômato:** pessoa sem raciocínio e sem vontade própria, que se deixa dirigir por outrem.
**Títere:** fantoche, marionete, boneco.

### Quem é o autor?

**Euclides** Rodrigues **da Cunha** (1866-1909) nasceu e morreu em Cantagalo (RJ). Jovem, ingressou na Escola Militar, mas foi expulso por suas ideias republicanas. Escreveu reportagens, cobrindo a rebelião de Canudos. Assistiu aos últimos dias de combate e a queda do arraial. Desses fatos, nasceu *Os sertões*.

No seio de uma sociedade primitiva que pelas qualidades étnicas e **influxo** das santas missões malévolas compreendia melhor a vida pelo incompreendido dos milagres, o seu viver misterioso rodeou-o logo de não vulgar prestígio, agravando-lhe, talvez, o temperamento delirante. A pouco e pouco todo o domínio que, sem cálculo, derramava em torno, parece haver refluído sobre si mesmo. Todas as conjeturas ou lendas que para logo o circundaram fizeram o ambiente propício ao germinar do próprio desvario. A sua insânia estava, ali, exteriorizada. Espelhavam-na a admiração intensa e o respeito absoluto que o tornaram em pouco tempo árbitro incondicional de todas as divergências ou brigas, conselheiro predileto em todas as decisões. A multidão poupara-lhe o indagar torturante acerca do próprio estado emotivo, o esforço dessas interrogativas angustiosas e dessa **intuspecção** delirante, entre os quais **evolve** a loucura nos cérebros abalados. Remodelava-o à sua imagem. Criava-o. Ampliava-lhe, desmesuradamente, a vida, lançando-lhe dentro os erros de dois mil anos.

Precisava de alguém que lhe traduzisse a idealização indefinida, e a guiasse nas trilhas misteriosas para os céus...

O evangelizador surgiu, monstruoso, mas **autômato**.

Aquele dominador foi um **títere**. Agiu passivo, como uma sombra. Mas esta condensava o obscurantismo de três raças.

E cresceu tanto que se projetou na História...

CUNHA, Euclides da. *Os sertões: Campanha de Canudos*. São Paulo: Abril Cultural, 1982. p. 122-123.

### Antônio Conselheiro

Antônio Vicente Mendes Maciel (1828-1897) foi um líder religioso. Em 1859 começou a cruzar os sertões nordestinos ganhando fama de milagreiro. Em 1893 passou a pregar o não pagamento de impostos e acabou preso. Depois disso, estabeleceu-se em Canudos (BA), arraial onde organizou uma comunidade na qual a posse de bens obedecia a princípios socialistas. Tornou-se um problema para os governantes, com boatos de que era a favor da restauração da Monarquia. Morreu durante uma greve de fome, na frente de batalha.

1. Qual é o sentido da palavra **monstro** no título "Como se faz um monstro"?

2. Estas hipóteses levantadas pelo narrador podem explicar o fascínio exercido por Conselheiro sobre os sertanejos, **exceto**

   a) a aparência física do místico.

   b) a miséria do povo.

   c) a necessidade de um guia.

   d) o imaginário popular.

   e) a fluência verbal do mito.

3. Qual é a origem do apelido de "Conselheiro" dado a Antônio Maciel?

4. Considerado por muitos estudiosos como **pré-modernista**, Euclides da Cunha segue princípios do **Realismo** e do **Naturalismo**. Nos romances dessas estéticas, predomina o **Determinismo**, segundo o qual o homem é influenciado pelas condições geográficas, sociais, econômicas e pela herança genética. Identifique uma passagem do texto que ilustre essa influência.

5. Leia, a seguir, outro trecho de *Os sertões*.

### Peregrinações e martírios

*Assim se apresentou o Conselheiro, em 1876, na vila do Itapicuru de Cima. Já tinha grande renome. Di-lo documento expressivo publicado aquele ano, na Capital do Império. (\*)*

"Apareceu no sertão do norte um indivíduo, que se diz chamar Antônio Conselheiro, e que exerce grande influência no espírito das classes populares servindo-se de seu exterior misterioso e costumes **ascéticos**, com que impõe à ignorância e à simplicidade. Deixou crescer a barba e cabelos, veste uma túnica de algodão e alimenta-se **tenuemente**, sendo quase uma múmia. Acompanhado de duas **professas**, vive a rezar terços e ladainhas e a pregar e a dar conselhos às multidões, que reúne, onde lhe permitem os párocos; e, movendo sentimentos religiosos, vai arrebanhando o povo e guiando-o a seu gosto. Revela ser homem inteligente, mas sem cultura."

Estes dizeres, rigorosamente verídicos, de um anuário impresso centenares de léguas de distância, delatam bem a fama que ele já **granjeara**.

(\*) O documento referido é a "Folhinha Laemmert", de 1877.

CUNHA, Euclides da. *Os sertões: Campanha de Canudos*. São Paulo: Abril Cultural, 1982. p. 124.

**Ascéticos:** contemplativos; devotos, místicos.
**Tenuemente:** pouco.
**Professas:** seguidoras de sua fé; relativo a freira ou padre.
**Granjeara:** conquistara, atraíra.

• Muitos estudiosos classificam *Os sertões* como um misto de **ensaio** e **reportagem**. O trecho contém elementos que justificam essa classificação? Explique sua resposta.

### *Os sertões*, Euclides da Cunha

*Os sertões* é um ensaio-reportagem em que o autor narra os fatos que observou como repórter de um jornal, pelo qual foi enviado para cobrir a Guerra de Canudos. O autor dirige seu olhar para um aspecto da realidade brasileira do final do século XIX e início do XX, no interior da Bahia, sertão do Nordeste. A obra se divide em três partes. Nas duas primeiras, é descrita a relação entre o homem e o meio ambiente, a partir das teorias científicas da época: **Positivismo**, **Determinismo** e **Cientificismo**. Na terceira parte, Euclides descreve a Guerra de Canudos e denuncia os massacres que as tropas do Exército brasileiro impuseram aos sertanejos liderados por Antônio Conselheiro. Por outro lado, a obra também revela e contrapõe os contrastes entre essa região, o litoral urbano carioca (de Lima Barreto) e o interior ou a zona rural paulista (de Monteiro Lobato).

# Enem e vestibulares

**1. (UERJ)** A história narrada em *Triste fim de Policarpo Quaresma* se passa no momento de implantação do regime republicano no Brasil. Sua personagem principal, o Major Quaresma, defende alguns projetos de reforma, um deles relatado no trecho que você leu. A justificativa da personagem para a adoção do tupi-guarani como língua oficial brasileira baseia-se na associação entre nacionalidade e a ideia de:

**a)** valorização da cultura local.

**b)** defesa da diversidade étnica.

**c)** preservação da identidade territorial.

**d)** independência da população autóctone.

**2.** Leia um trecho de *Diário íntimo*, outra obra de Lima Barreto:

> "[...] Fui a bordo ver a esquadra partir. Multidão. Contato pleno com meninas aristocráticas. Na prancha, ao embarcar, a ninguém pediam convite; mas a mim pediram. Aborreci-me. É triste não ser branco. [...] Hoje, comigo, deu-se um caso que, por repetido, mereceu-me reparo. Ia eu pelo corredor afora, daqui do ministério, e um soldado dirigiu-se a mim, inquirindo-me se era **contínuo**. Ora, sendo a terceira vez, a coisa feriu-me um tanto a vaidade, e foi preciso tomar-me de muito sangue-frio para que não desmentisse com azedume."

> BARRETO, Lima. *Diário íntimo*. Rio de Janeiro: Mérito, 1953.

**Contínuo:** empregado que levava/trazia papéis, transmitia recados, fazia pequenos serviços nas repartições públicas.

**a)** O que esse trecho revela a respeito da sociedade brasileira do início do século XX?

**b)** Em sua opinião, fatos como esse que foi narrado ainda acontecem hoje?

**3. (ENEM)** Leia os textos:

**Texto I –** "Canudos não se rendeu. Exemplo único em toda a história, resistiu até o esgotamento completo. Vencido palmo a palmo, na precisão integral do termo, caiu no dia 5, ao entardecer, quando caíram os seus últimos defensores, que todos morreram. Eram quatro apenas: um velho, dois homens feitos e uma criança, na frente dos quais rugiam raivosamente cinco mil soldados."

(CUNHA, E. da. *Os sertões*. Rio de Janeiro: Francisco Alves, 1987).

**Texto II –** "Na trincheira, no centro do reduto, permaneciam quatro fanáticos sobreviventes do extermínio. Era um velho, coxo por ferimento e usando uniforme da Guarda Católica, um rapaz de 16 a 18 anos, um preto alto e magro, e um caboclo. Ao serem intimados para deporem as armas, investiram com enorme fúria. Assim estava terminada e de maneira tão trágica a sanguinosa guerra, que o banditismo e o fanatismo traziam acesa por longos meses, naquele recanto do território nacional."

(SOARES, H. M. *A Guerra de Canudos*. Rio de Janeiro: Altina, 1902).

• Os relatos do último ato da Guerra de Canudos fazem uso de representações que se perpetuariam na memória construída sobre o conflito. Nesse sentido, cada autor caracterizou a atitude dos sertanejos, respectivamente, como fruto da:

**a)** manipulação e incompetência.

**b)** ignorância e solidariedade.

**c)** hesitação e obstinação.

**d)** esperança e valentia.

**e)** bravura e loucura.

**4. (UECE)**

### Não se zanguem

A cartomancia entrou decididamente na vida nacional.

Os anúncios dos jornais todos os dias proclamam aos quatro ventos as virtudes miríficas das pitonisas.

Não tenho absolutamente nenhuma ojeriza pelas adivinhas; acho até que são bastante úteis, pois mantêm e sustentam no nosso espírito essa coisa que é mais necessária à nossa vida que o próprio pão: a ilusão.

Noto, porém, que no arraial dessa gente que lida com o destino, reina a discórdia, tal e qual no campo de Agramante.

A política, que sempre foi a inspiradora de azedas polêmicas, deixou um instante de sê-lo e passou a vara à cartomancia.

Duas senhoras, ambas ultravidentes, extralúcidas e não sei que mais, aborreceram-se e anda uma delas a dizer da outra cobras e lagartos.

Como se pode compreender que duas sacerdotisas do invisível não se entendam e deem ao público esse espetáculo de brigas tão pouco próprio a quem recebeu dos altos poderes celestiais virtudes excepcionais?

A posse de tais virtudes devia dar-lhes uma mansuetude, uma tolerância, um abandono dos interesses terrestres, de forma a impedir que o azedume fosse logo abafado nas suas almas extraordinárias e não rebentasse em disputas quase sangrentas.

Uma cisão, uma cisma nessa velha religião de adivinhar o futuro, é fato por demais grave e pode ter consequências desastrosas.

Suponham que F. tenta saber da cartomante X se coisa essencial à sua vida vai dar-se e a cartomante, que é dissidente da ortodoxia, por pirraça diz que não.

O pobre homem aborrece-se, vai para casa de mau humor e é capaz de suicidar-se.

O melhor, para o interesse dessa nossa pobre humanidade, sempre necessitada de ilusões, venham de onde vierem, é que as nossas cartomantes vivam em paz e se entendam para nos ditar bons horóscopos.

(BARRETO, Lima. *Vida urbana:* artigos e crônicas. 2. ed. São Paulo: Brasiliense, 1961.)

A crônica *Não se zanguem* serve para mostrar muitas características que podem ser encontradas na literatura de Lima Barreto de forma geral. Assinale a opção que NÃO condiz com essas características.

**a)** Há presente, na prosa literária de Lima Barreto, uma galeria de fatos e personagens que ilustra bem o panorama dos primeiros vinte anos do século XX carioca, apresentando a cidade do Rio de Janeiro com seus problemas e sua disparidade cultural, econômica e política.

**b)** As obras do autor de *Triste Fim de Policarpo Quaresma* estão pautadas em temáticas socialmente engajadas, que denunciam mazelas e criticam assuntos do cotidiano.

**c)** O teor satírico e humorístico está presente fortemente nos escritos literários de Lima Barreto.

**d)** Como escritor vinculado ao chamado Pré-Modernismo, Lima Barreto apresentou-nos uma prosa em linguajar excessivamente formal.

**5.** **(UNICAMP)** De acordo com Heloísa Starling,

"Sertão é uma palavra carregada de ambiguidade. Sertão pode indicar a formação de um espaço interno, a fronteira aberta, ou um pedaço da geografia brasileira onde a terra se torna mais árida, o clima é seco, a vegetação escassa. Mas a palavra é igualmente utilizada para apontar uma realidade política: a inexistência de limites, o território do vazio, a ausência de leis, a precariedade dos direitos. Sertão é, paradoxalmente, o potencial de liberdade e o risco da barbárie – além de ser também uma paisagem fadada a desaparecer.

(Adaptado de Heloisa Murgel Starling. *A palavra "sertão" e uma história pouco edificante sobre o Brasil.* Disponível em:

www.suplementopernambuco.com.br/artigos/2243-a-palavra
-sert%C3%A3o-e-uma-hist%C3%B3ria-pouco-edificante
-sobre-o-brasil.html. Acessado em: 6 ago. 2020.)

Assinale o excerto que corresponde à ideia de sertão desenvolvida pela autora.

**a)** "Se achardes no Sertão muito sertão, lembrai-vos que ele é infinito, e a vida ali não tem esta variedade que não nos faz ver que as casas são as mesmas, e os homens não são outros." (Machado de Assis)

**b)** "Nessa época o sertão parece a terra combusta do profeta; dir-se-ia que por aí passou o fogo e consumiu toda a verdura, que é o sorriso dos campos e a gala das árvores, ou o seu manto, como chamavam poeticamente os indígenas." (José de Alencar)

**c)** "Lugar sertão se divulga: é onde os pastos carecem de fechos; onde um pode torar dez, quinze léguas, sem topar com casa de morador; e onde criminoso vive seu cristo-jesus, arredado do arrocho de autoridade." (Guimarães Rosa)

**d)** "Dilatam-se os horizontes. O firmamento, sem o azul carregado dos desertos, alteia-se, mais profundo, ante o expandir revivescente da terra. E o sertão é um vale fértil. É um pomar vastíssimo, sem dono." (Euclides da Cunha)

**6.** Leia mais este trecho de *Triste fim de Policarpo Quaresma:*

Olga pôde ver tudo isso bem à vontade, andando de um para outro lado [...]. O que mais a impressionou no passeio foi a miséria geral, a falta de cultivo, a pobreza das casas, o ar triste, abatido da gente pobre. Educada na cidade, ela tinha dos roceiros ideia de que eram felizes, saudáveis e alegres. Havendo tanto barro, tanta água, por que as casas não eram de tijolos e não tinham telhas? Era sempre aquele sapê sinistro e aquele sopapo que deixava ver a trama das varas, como o esqueleto de uma doente.

BARRETO, Lima. *Triste fim de Policarpo Quaresma.* 23. ed. São Paulo: Ática, 1999. p. 102.

• A que aspecto da realidade do povo brasileiro o trecho faz referência?

# CAPÍTULO 21

# VANGUARDAS EUROPEIAS: OS NOVOS RUMOS DA ARTE

SCHWITTERS, Kurt. *Picture of spatial growths – Picture with two small dogs* (Quadro de entes espaciais – Quadro com dois cãezinhos), 1939. Colagem sobre cartão, 96,5 cm × 68 cm. Tate Modern, Londres.

## Roda de conversa

1. Você pode identificar os elementos que compõem esta imagem? Descreva o que vê.

2. Considerando sua experiência estética de espectador, como você classificaria esta obra?

3. De acordo com a legenda, a técnica empregada nesta obra é "colagem sobre cartão". Por que ela é considerada artística?

## Para você...

### ... assistir

- *Basquiat – Traços de uma vida*. Direção: Julian Schnabel. EUA, 1996.
- *Com amor, Van Gogh*. Direção: Hugh Welchman e Dorota Kobiela. Polônia; Reino Unido; EUA; Suíça; Holanda, 2017.
- *Mr. Turner*. Direção: Mike Leigh. Reino Unido; França; Alemanha; EUA, 2014.
- *Renoir*. Direção: Gilles Bourdos. França, 2012.
- *O mistério de Picasso*. Direção: Henri-Georges Clouzot. França, 1956.

## O que você vai...

### ... fruir

- *Receita para fazer um poema dadaísta*, Tristan Tzara.
- *Objeto indestrutível*, Man Ray.
- *A fonte (Ready-made)*, Marcel Duchamp.
- *Terraço do café à noite*, Vincent van Gogh.
- *Três músicos*, Pablo Picasso.
- *Arranha-céus e túneis*, Fortunato Depero.
- *O encontro*, Ismael Nery.

### ... aprender

- Vanguardas europeias e sua influência nas artes brasileiras.

### ... criar

- Poema dadaísta.

- O que é vanguarda ou movimento de vanguarda? Você já ouviu falar em Dadaísmo?
- Existe receita para criar um poema?

A seguir, leia "Receita para fazer um poema dadaísta", de Gilberto Mendonça Teles.

**TEXTO 1**

### Receita para fazer um poema dadaísta

Pegue um jornal.

Pegue a tesoura.

Escolha no jornal um artigo do tamanho que você deseja dar a seu poema.

Recorte o artigo.

Recorte em seguida com atenção algumas palavras que formam esse artigo e meta-as num saco.

Agite suavemente.

Tire em seguida cada pedaço um após o outro.

Copie **conscienciosamente** na ordem em que elas são tiradas do saco.

O poema se parecerá com você.

E ei-lo um escritor infinitamente original e de uma sensibilidade graciosa, ainda que incompreendido do público.

TZARA, Tristan. Receita para fazer um poema dadaísta. *In*: TELES, Gilberto Mendonça. *Vanguarda europeia e Modernismo brasileiro*. 7. ed. Petrópolis: Vozes, 1983. p. 132.

**Quem é o autor?**

**Tristan Tzara** (1896-1963) é o pseudônimo do poeta, dramaturgo, diretor de cinema, jornalista, crítico literário e de arte Samuel Rosenstock, nascido em Moinesti (Romênia) e falecido em Paris (França). Em 1916, como refugiado judeu, liderou o Movimento Dadaísta em Zurique (Suíça) com a finalidade de chocar a burguesia e opor-se aos modelos artísticos da época. Na sequência, filiou-se à estética surrealista.

**Conscienciosamente:** com muita consciência, com muito cuidado.

1. Que analogias podem ser feitas entre o título do capítulo, a imagem de abertura e o texto "Receita para fazer um poema dadaísta"?

2. Releia os seguintes versos:

   Agite suavemente. / Tire em seguida cada pedaço um após o outro. / Copie conscienciosamente na ordem em que elas são tiradas do saco.

   a) Que aspecto da arte vanguardista pode ser inferido pelo trecho acima?

   b) Explique o recurso da ironia relacionando o trecho acima ao título "Receita para fazer um poema dadaísta".

237

3. Segundo o texto de Tzara, qual é o papel do leitor e das emoções do poeta na construção de um poema?

# Vanguarda e movimentos de vanguarda

A palavra **vanguarda**, do francês *avant-garde*, tem o sentido de "guarda avançada". Nas artes, faz referência a movimentos que provocam rompimentos, rupturas. As *vanguardas europeias* foram um conjunto de expressões artísticas que surgiram no movimento modernista europeu no início do século XX, e influenciaram o Modernismo em Portugal e no Brasil. Movimentos de vanguarda: Expressionismo, Cubismo, Futurismo, Dadaísmo e Surrealismo. Todos propunham o abandono dos meios convencionais de expressão artística e o rompimento com a arte mais acadêmica, mais tradicional.

4. A seguir, observe a obra de arte dadaísta, do artista Man Ray, e leia a legenda que a acompanha.

- O que a imagem lhe sugere? Descreva-a.

RAY, Man. *Objeto indestrutível* (ou objeto a ser destruído), 1923/1965. Metrônomo com recorte fotográfico de olho sobre pêndulo, 22,5 cm × 11 cm × 11,6 cm.

## O Dadaísmo

Foi um movimento de reação aos critérios artísticos da virada do século XX. Opunha-se aos modelos de beleza; à racionalidade; a qualquer tipo de arte institucionalizada, comum ou comercial e aos valores da sociedade burguesa.

Esta obra é um objeto industrializado, um mictório de porcelana comprado em uma loja de encanamentos de Nova York. Marcel Duchamp o assinou com o pseudônimo de "R. MUTT" e o inscreveu em uma exposição em 1917, desafiando preconceitos sobre a definição de arte. Afirmou: não importava se o "Sr. Mutt" havia feito ou não a obra com suas próprias mãos. O importante era que ele a havia escolhido. Portanto, o que importava não era a criação, mas a ideia e a seleção. Com esse exemplo, ilustramos a ideia de deslocar um objeto comum para um novo contexto, transformando-o em uma manifestação artística. Duchamp foi quem criou o conceito de *ready-made*, em 1913. Expressão que significa "confeccionado, pronto", foi usada para designar qualquer objeto manufaturado, de consumo popular, que fosse tratado como objeto de arte por opção do artista. Segundo essa concepção, qualquer objeto de uso comum podia ser tirado de seu contexto original (de uso) e tratado como obra artística.

DUCHAMP, Marcel. *A fonte*, 1917. *Ready-made*, 61 cm × 36 cm × 48 cm.

5. Observe agora uma obra de arte expressionista, de Van Gogh, e sua respectiva legenda.
   - Descreva a imagem.

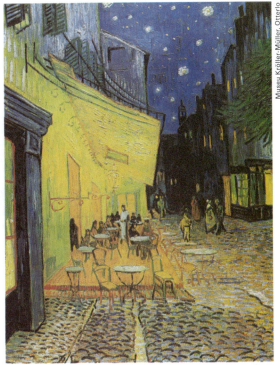

VAN GOGH, Vincent. *Terraço do café à noite*, 1888. Óleo sobre tela, 81 cm × 65,5 cm.

## O Expressionismo

Surgiu na Alemanha, no início do século XX. Os expressionistas usavam a tela para mostrar seus sentimentos mais íntimos. Aplicavam, livremente, pinceladas vibrantes utilizando cores vivas e criando formas distorcidas. O holandês Van Gogh influenciou muitos expressionistas em razão de sua paleta variada e colorida. Além dele, destacaram-se no Expressionismo os pintores Edvard Münch e Erich Heckel.

PICASSO, Pablo. *Three musicians* (Três músicos), 1921. Óleo sobre tela, 2,07 m × 2,29 m.

6. Observe esta obra de arte do Cubismo e sua respectiva legenda.
   - O que esta imagem lhe sugere?

## O Cubismo

Corrente estética que propunha decompor as formas em seus elementos geométricos, com o propósito de representar os objetos em diferentes ângulos. Entre os cubistas se destacaram: Pablo Picasso, Georges Braque, Fernand Léger (na Europa) e Alfredo Volpi (ítalo-brasileiro).

7. Observe uma obra de arte do Futurismo e sua respectiva legenda.
   - O que esta imagem lhe sugere? Descreva-a.

## O Futurismo

As obras futuristas refletiam sobre o progresso, o desenvolvimento tecnológico, e exaltavam a velocidade, a influência das máquinas e da tecnologia na vida moderna. Sofreram influência do Cubismo na pintura. Os futuristas usavam a mídia, a propaganda e o *design* tipográfico para divulgar suas ideias. Destaca-se nesse período o Manifesto Futurista do poeta italiano Filippo Tommaso Marinetti, que pregava o "desprezo ao passado para criar o futuro"; o "não à cópia e a veneração pela originalidade". Essa vanguarda também influenciou poetas e pintores em Portugal, como Fernando Pessoa e Almada Negreiros. No Brasil, repercutiu na obra das pintoras Anita Malfatti e Tarsila do Amaral, e embasou a proposta (de Oswald e Mário de Andrade, entre outros, na Semana de Arte Moderna de 1922) do "abrasileiramento tupiniquim" da nossa arte.

DEPERO, Fortunato. *Arranha-céus e túneis*, 1930. Têmpera sobre cartão, 68 cm × 102 cm.

8. Observe, a seguir, uma obra de arte surrealista do pintor brasileiro Ismael Nery e sua respectiva legenda.
   - O que esta imagem lhe sugere?

## O Surrealismo

Influenciados pela Psicanálise, os surrealistas tinham como objetivo integrar o subconsciente e o inconsciente à criação artística. A arte deveria resultar da livre associação de ideias, da lógica, da fantasia, do real e do irreal, à semelhança dos sonhos. Os estados de alma, a fantasia, a melancolia, a tristeza estão presentes nessas obras. Entre eles se destacam, na pintura: Salvador Dalí, Juan Miró, René Magritte e, no Brasil, Ismael Nery. No cinema: Luis Buñuel. No teatro: Antonin Artaud. Na literatura: Paul Éluard e André Breton.

NERY, Ismael. *O encontro*, 1928. Óleo sobre cartão, 46,6 cm × 55,5 cm.

# Oficina de criação
**Texto escrito**

### ▶ Poema dadaísta

De acordo com a orientação do professor, reúna-se com um colega para produzir um poema dadaísta.

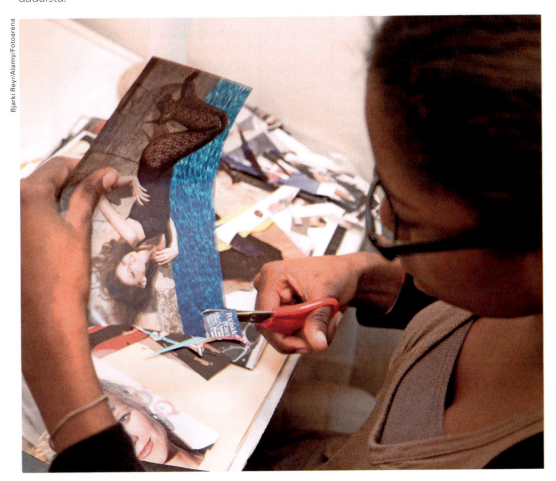

## Preparação e produção

1. Providenciem:
   - recortes de textos e imagens de jornais, revistas, anúncios, fotos, selos, postais, papéis coloridos etc.;
   - folhas de papel sulfite, cartolina, cartão ou papelão;
   - canetas, lápis de cor, cola, tesoura;
   - um saco plástico.

2. Em dia agendado com o professor, releiam o texto "Receita para fazer um poema dadaísta".

3. Enfim, sigam as instruções de Tristan Tzara e criem o poema dadaísta.

## Compartilhamento

Publiquem os poemas dadaístas da turma em uma rede social ou façam uma exposição na biblioteca da escola.

# Enem e vestibulares

1. **(ENEM)** O autor da tira a seguir utilizou os princípios de composição de um conhecido movimento artístico para representar a necessidade de um mesmo observador aprender a considerar, simultaneamente, diferentes pontos de vista.

Adaptado de WATTERSON, Bill. *Os dez anos de Calvin e Haroldo* V. 2. São Paulo: Best News, 1996.

Em qual das obras reproduzidas a seguir, todas de autoria do pintor espanhol Pablo Picasso, foi adotado um procedimento semelhante ao que foi descrito na tira acima, *Calvin e Haroldo*, de Bill Watterson?

a)
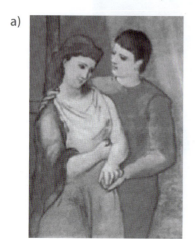
Pablo Picasso, *Os amantes*, 1923.
Óleo sobre linho, 130,2 cm × 97,2 cm.

b)

Pablo Picasso, *Retrato de Françoise*, 1946.

c)

Pablo Picasso, *A tragédia* (Os pobres na praia), 1903.

d)

Pablo Picasso, *Os dois saltimbancos*, 1901.

e)

Pablo Picasso, *Marie-Thérèse apoiada no cotovelo*, 1939.

**2. (ENEM)** Leia:

"E venham, então, os alegres incendiários de dedos carbonizados! Vamos! Ateiem fogo às estantes das bibliotecas! Desviem o curso dos canais, para inundar os museus! Empunhem as picaretas, os machados, os martelos e deitem abaixo sem piedade as cidades veneradas."

(MARINETTI, F. T. Manifesto Futurista. Disponível em: www.sba.com.br. Acesso em 2/ago/2012. Adaptado)

Que princípio marcante do Futurismo e comum a várias correntes artísticas e culturais das primeiras três décadas do século XX está destacado no texto?

a) A tradição é uma força incontornável.
b) A arte é expressão da memória coletiva.
c) A modernidade é a superação decisiva da história.
d) A realidade cultural é determinada economicamente.
e) A memória é um elemento crucial da identidade cultural.

**3. (UNIFESP-SP)** Leia:

"O Surrealismo buscou a comunicação com o irracional e o ilógico, deliberadamente desorientando e reorientando a consciência por meio do inconsciente."

(Fiona Bradley. Surrealismo, 2001.)

Verifica-se a influência do Surrealismo nos seguintes versos:

a) Um gatinho faz pipi.
   Com gestos de garçom de restaurant-Palace
   Encobre cuidadosamente a mijadinha.
   Sai vibrando com elegância a patinha direita:
   – É a única criatura fina na pensãozinha burguesa.
   (Manuel Bandeira, "Pensão familiar".)

b) A igreja era grande e pobre. Os altares, humildes.
   Havia poucas flores. Eram flores de horta.
   Sob a luz fraca, na sombra esculpida
   (quais as imagens e quais os fiéis?)
   ficávamos.
   (Carlos Drummond de Andrade, "Evocação Mariana".)

c) Nunca me esquecerei desse acontecimento
   na vida de minhas retinas tão fatigadas.
   Nunca me esquecerei que no meio do caminho
   tinha uma pedra
   tinha uma pedra no meio do caminho
   no meio do caminho tinha uma pedra.
   (Carlos Drummond de Andrade, "No meio do caminho".)

d) E nas bicicletas que eram poemas
   chegavam meus amigos alucinados.
   Sentados em desordem aparente,
   ei-los a engolir regularmente seus relógios
   enquanto o hierofante armado cavaleiro
   movia inutilmente seu único braço.
   (João Cabral de Melo Neto, "Dentro da perda da memória".)

e) – Desde que estou retirando
   só a morte vejo ativa,
   só a morte deparei
   e às vezes até festiva;
   só morte tem encontrado
   quem pensava encontrar vida,
   e o pouco que não foi morte
   foi de vida severina.
   (João Cabral de Melo Neto, "Morte e vida severina".)

# CAPÍTULO 22

# MODERNISMO EM PORTUGAL: O FUTURO SOBRE A MESA

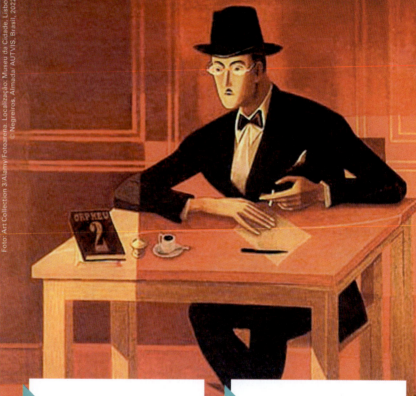

Almada Negreiros. *Retrato de Fernando Pessoa*. 1964. Óleo sobre tela, 2,01 m × 2,01 m.

### Roda de conversa

1. Que impressões esta imagem lhe causa? Descreva-a.
2. Que analogia poderia ser feita entre essa imagem e a temática deste capítulo? Justifique.

### Para você...

#### ... assistir
- *Como Fernando Pessoa salvou Portugal*. Direção: Eugene Green. Portugal; França; Bélgica, 2018.
- *Filme do Desassossego*. Direção: João Botelho. Portugal, 2010.
- *Conversa acabada*. Direção: João Botelho. Portugal, 1981.

#### ... ler
- *Livro do Desassossego*, Fernando Pessoa.
- *Antologia de poemas para a juventude*, Florbela Espanca.
- *Bichos*, Miguel Torga.

#### ... visitar
- Museu/Memória *on-line*: Casa de Fernando Pessoa. Disponível em: http://casafernandopessoa.cm-lisboa.pt/. Acesso em: 18 jan. 2022.

### O que você vai...

#### ... fruir
- *Autopsicografia*, Fernando Pessoa.
- *Fim*, Mário de Sá-Carneiro.
- *Cântico negro*, José Régio.
- *Amar!*, Florbela Espanca.
- *Tenório*, Miguel Torga.

#### ... aprender
- Modernismo em Portugal (poesia e prosa).
- Reflexão sobre a importância desse movimento para a literatura contemporânea.

244

- Você acha que todo poeta é um "fingidor"? Por quê?
- O que você entende por autopsicografia?

Leia, a seguir, um poema de Fernando Pessoa, um importante poeta da primeira geração do Modernismo português.

## TEXTO 1

### Autopsicografia

O poeta é um fingidor.
Finge tão completamente
Que chega a fingir que é dor
A dor que deveras sente.

E os que leem o que escreve,
Na dor lida sentem bem
Não as duas que ele teve,
Mas só as que eles não têm.

E assim nas calhas de roda
Gira, a entreter a razão,
Esse comboio de corda
Que se chama coração.

PESSOA, Fernando. Autopsicografia. *In*: PESSOA, Fernando. *Fernando Pessoa*: obra poética. Rio de Janeiro: José Aguilar, 1972. p. 164-165.

### Quem é o autor?

**Fernando** Antônio Nogueira **Pessoa** (1888-1935) nasceu em Lisboa. Integrou o grupo que lançou o Modernismo português, com a revista de vanguarda futurista *Orpheu*. Além de assinar poemas com o próprio nome, usava heterônimos, cada um com seu próprio estilo, como Ricardo Reis, Álvaro de Campos, Alberto Caeiro e outros.

1. Que reflexão a respeito da construção de um poema (metalinguagem) é proposta nesse texto?
2. De acordo com o poema, qual é o obstáculo vivenciado pelo poeta no processo de criação?
3. Baseando-se nos processos de formação de palavras, explique o título *Autopsicografia*.
4. Como o leitor pode vivenciar a dor fingida pelo poeta?
5. Na primeira estrofe, o que expressam os versos 2, 3 e 4?
6. A segunda estrofe faz referência à experiência da dor. Explique-a.
7. De acordo com a terceira estrofe, qual é o efeito do poema no leitor? E no criador?
8. A que se referem as expressões a seguir, retiradas do poema?
    a) calhas de roda
    b) comboio de corda
9. Um dos recursos poéticos empregados em *Autopsicografia* é a repetição de palavras. Identifique exemplos desse recurso e explique-os.
10. Preste atenção à pronúncia das palavras **fingidor** e **completamente** e observe que outras palavras podem ser identificadas no interior desses termos. Identifique-as e relacione-as ao tema do poema.
11. Identifique as rimas presentes no poema.
12. Releia:

    "E os que leem o que escreve, / Na dor lida sentem bem"

    - Você concorda com a tese de que a arte poética e a arte em geral têm função terapêutica e catártica? Troque ideias com os colegas.

### O Modernismo em Portugal - *Orfismo*

O Modernismo foi uma estética literária que surgiu no início do século XX, período histórico conturbado pela Primeira Guerra Mundial (1914-1918) e a Revolução Russa (1917). As artes plásticas e a literatura até então estavam marcadas pela resistência à inovação. Opondo-se a essa estagnação, grupos de artistas e intelectuais, da primeira geração modernista de Portugal, entre eles Fernando Pessoa, uniram-se e organizaram-se em torno de revistas literárias e culturais, como a *Orpheu*. Essa geração modernista (tendência também conhecida como orfismo) é influenciada pela ironia, pelo progresso e tecnologia, além de defender a necessidade de se desligar do passado, sem se afastar de suas verdadeiras raízes.

Primeiro fascículo da revista *Orpheu*, publicado em 1915 com capa de José Pacheco.

- Qual seria o tema de um poema intitulado "Fim"?

Leia o poema escrito por Mário de Sá-Carneiro.

### TEXTO 2

### Fim

Quando eu morrer batam em latas,
Rompam aos saltos e aos pinotes,
Façam estalar no ar chicotes,
Chamem palhaços e acrobatas!

Que o meu caixão vá sobre um burro
**Ajaezado à andaluza**...
A um morto nada se recusa,
Eu quero por força ir de burro!
(Paris, 1916.)

SÁ-CARNEIRO, Mário de. Fim. *In*: MOISÉS, Massaud. *A literatura portuguesa através dos textos.* 28. ed. São Paulo: Cultrix, 1968. p. 413.

### Quem é o autor?

**Mário de Sá-Carneiro** (1890-1916) nasceu em Lisboa e faleceu em Paris. Com obra poética muito relevante no Modernismo português, seus poemas caracterizam-se pelo tom confessional, angustiado. Principais obras: na poesia, *Dispersão* (1914) e *Indícios de oiro* (1937); os contos de *Céu em fogo* (1915) e *Princípio* (1912); e o romance *A confissão de Lúcio* (1913).

**Ajaezado à andaluza:** (animal) enfeitado, ornado à moda de Andaluzia (região ao sul da Espanha que faz divisa com Portugal).

1. Quais são as temáticas do poema?

2. Que sentimentos são expressos pelo eu poético? Caracterize-o.

3. O que você pode inferir a respeito do verso "A um morto nada se recusa"?

4. O eu lírico expressa melancolia, dificuldade de adaptação à vida, dor. Esses sentimentos são comuns na adolescência. O que provoca esses sentimentos e como superá-los? Troque ideias com os colegas.

### A poética de Mário de Sá-Carneiro

A poética de **Mário de Sá-Carneiro**, em tom intimista, expressa melancolia, narcisismo, frustração, sentimento de abandono e inadaptação à vida. O eu lírico expõe a dificuldade de ser adulto e de superar as barreiras entre realidade e idealidade. Apresenta uma visão mais crítica da sociedade, diferente do Romantismo, que precedeu o Modernismo. Quanto ao estilo, Sá-Carneiro explorou a liberdade na elaboração de seus textos.

## TEXTO 3

• Qual seria o tema de um poema-manifesto?

Leia um dos poemas mais recitados da poesia portuguesa.

### Cântico negro

"Vem por aqui" – dizem-me alguns com
/ os olhos doces,
Estendendo-me os braços, e seguros
De que seria bom que eu os ouvisse
Quando me dizem: "vem por aqui!"!
Eu olho-os com olhos **lassos**,
(Há, nos olhos meus, ironias e cansaços)
E cruzo os braços,
E nunca vou por ali...

A minha glória é esta:
Criar desumanidade!
Não acompanhar ninguém.
– Que eu vivo com o mesmo sem-vontade
Com que rasguei o ventre à minha Mãe.
Não, não vou por aí! Só vou por onde
Me levam meus próprios passos...

Se ao que busco saber nenhum de vós responde,
Por que me repetis: "vem por aqui!"?
Prefiro escorregar nos becos lamacentos,
Redemoinhar aos ventos,
Como farrapos, arrastar os pés sangrentos,
A ir por aí...

Se vim ao mundo, foi
Só para desflorar florestas virgens,
E desenhar meus próprios pés na areia
inexplorada!
O mais que faço não vale nada.

Como, pois, sereis vós
Que me dareis machados, ferramentas, e coragem
Para eu derrubar os meus obstáculos?...

Ilustrações: Laura Barrichello

**Lassos:** cansados, fatigados.

248  Capítulo 22  Modernismo em Portugal: o futuro sobre a mesa

Corre, nas vossas veias, sangue velho dos avós,
E vós amais o que é fácil!
Eu amo o Longe e a Miragem,
Amo os abismos, as **torrentes**, os desertos...

Ide! tendes estradas,
Tendes jardins, tendes canteiros,
Tendes pátrias, tendes tetos,
E tendes regras, e tratados, e filósofos, e sábios.
Eu tenho a minha Loucura!
Levanto-a, como um **facho**, a arder na noite escura,
E sinto espuma, e sangue, e cânticos nos lábios...

Deus e o Diabo é que me guiam, mais ninguém.
Todos tiveram pai, todos tiveram mãe.
Mas eu, que nunca principio nem acabo,
Nasci do amor que há entre Deus e o Diabo.

Ah, que ninguém me dê piedosas intenções!
Ninguém me peça definições!
Ninguém me diga: "vem por aqui"!
A minha vida é um vendaval que se soltou.
É uma onda que se alevantou.
É um átomo a mais que se animou...
Não sei por onde vou,
Não sei para onde vou,
– Sei que não vou por aí!

RÉGIO, José. Cântico negro. In: MOISÉS, Massaud. *A literatura portuguesa através dos textos*. 28. ed. São Paulo: Cultrix, 1968. p. 430-432.

## Quem é o autor?

**José Régio** (1901-1969) é o pseudônimo de José Maria dos Reis Pereira. Nasceu em Vila do Conde. Passou grande parte da vida em Portalegre (Portugal), onde hoje se situa o Museu José Régio. Foi um dos fundadores da revista *Presença* que, em 1927, inaugurou o segundo período do Modernismo português. Escreveu poesia, prosa, teatro, memórias, críticas, ensaios e textos históricos. Entre suas obras se destacam: *Poemas de Deus e do Diabo* (1925); *Biografia* (1929); *Encruzilhada de Deus* (1935); *Jacob e o Anjo* (1949); *Benilde ou a Virgem Maria* (1958).

**Torrente:** curso de água temporário e violento originário das enxurradas; enchentes, tempestades.
**Facho:** tocha, archote (de fogo que se queima); clarão; luzeiro, farol, lanterna.

1. Qual é o tom e o tema do poema?

2. "Cântico negro" é considerado um poema-manifesto em que José Régio se expressa em seu nome e de outros escritores do segundo período do Modernismo em Portugal. No contexto em que foi produzido, a quem os versos a seguir se dirigem e com qual finalidade?

    > Vem por aqui [...] – dizem-me alguns com os olhos doces, [...]
    > – Sei que não vou por aí!

3. Releia:

    > [...] Corre, nas vossas veias, sangue velho dos avós,
    > E vós amais o que é fácil! [...]
    > Ide! tendes estradas,
    > Tendes jardins, tendes canteiros,
    > Tendes pátrias, tendes tetos,
    > E tendes regras, e tratados, e filósofos, e sábios. [...]

    - Como são caracterizados os interlocutores do eu lírico, de acordo com os versos acima?

4. O que o eu lírico expressa nestes versos?

    a) "Todos tiveram pai, todos tiveram mãe. / Mas eu, que nunca principio nem acabo, / Nasci do amor que há entre Deus e o Diabo."

    b) "Se ao que busco saber nenhum de vós responde, / Por que me repetis: 'vem por aqui!'?"

    c) "Prefiro escorregar nos becos lamacentos, / Redemoinhar aos ventos, / Como farrapos, arrastar os pés sangrentos, / A ir por aí..."

    d) "Não sei por onde vou, / Não sei para onde vou, / – Sei que não vou por aí!"

5. Deslocando "Cântico negro" do contexto literário da época, que questionamentos esse poema pode propor a um leitor jovem como você? Troque ideias com os colegas.

### Presencismo

O escritor modernista português **José Régio**, alinhado à inovação e à vanguarda, é um dos fundadores da revista *Presença* (1927-1940), que marca a chamada segunda geração modernista em Portugal, tendência também conhecida como Presencismo. Os escritores integrantes desse grupo buscavam aprofundar a discussão sobre teoria da literatura e novas formas de expressão que surgiam pelo mundo, sem romper com as ideias da geração anterior. O poema "Cântico negro" propõe um projeto literário que busca a liberdade estética, novos caminhos para a criação artística autêntica, pessoal e original.

250 Capítulo 22 Modernismo em Portugal: o futuro sobre a mesa

- Você já ouviu falar da poetisa modernista portuguesa Florbela Espanca? Já leu ou ouviu algum poema de sua autoria?

Leia, a seguir, o poema "Amar!".

# TEXTO 4

## Amar!

Eu quero amar, amar perdidamente!
Amar só por amar: Aqui... além...
Mais Este e Aquele, o Outro e toda a gente...
Amar! Amar! E não amar ninguém!

Recordar? Esquecer? Indiferente!...
Prender ou desprender? É mal? É bem?
Quem disser que se pode amar alguém
Durante a vida inteira é porque mente!

Há uma Primavera em cada vida:
É preciso cantá-la assim florida,
Pois se Deus nos deu voz, foi para cantar!

E se um dia hei-de ser pó, cinza e nada
Que seja a minha noite uma alvorada,
Que me saiba perder... pra me encontrar...

ESPANCA, Florbela. Amar!. *In*: MOISÉS, Massaud. *A literatura portuguesa através dos textos*. 28. ed. São Paulo: Cultrix, 2002. p. 482 e 483.

### Quem é o autor?

**Florbela** de Alma da Conceição **Espanca** (1894-1930) nasceu em Vila Viçosa e faleceu em Foz d'Ouro (Portugal). Foi uma das primeiras feministas portuguesas, com poemas caracterizados pela sensibilidade e pelo erotismo.

1. O tema do poema é o amor. Como o eu lírico se manifesta a respeito desse tema?

2. Que visão de amor o eu lírico expressa?

3. Em que aspecto a concepção de amor expressa no poema de Florbela Espanca difere da expressa nos poemas do Romantismo? Justifique com versos do poema.

4. Como você avalia a visão de amor expressa no poema? Compartilhe a sua opinião com os colegas.

### Poética feminista de Florbela

A obra de **Florbela Espanca** apresenta vestígios do Simbolismo. Muitos estudiosos costumam não filiá-la ao Modernismo lusitano. Entretanto, não se pode desconhecer traços modernistas em sua obra, como a concepção libertária do amor. Em seus poemas, vê-se que a representação da mulher devotada ao homem é uma imagem construída pela cultura ocidental. É considerada uma voz feminista por tematizar o amor livre, a sedução, o erotismo, o desejo. A solidão, a tristeza, a saudade e a morte são também temáticas de sua obra.

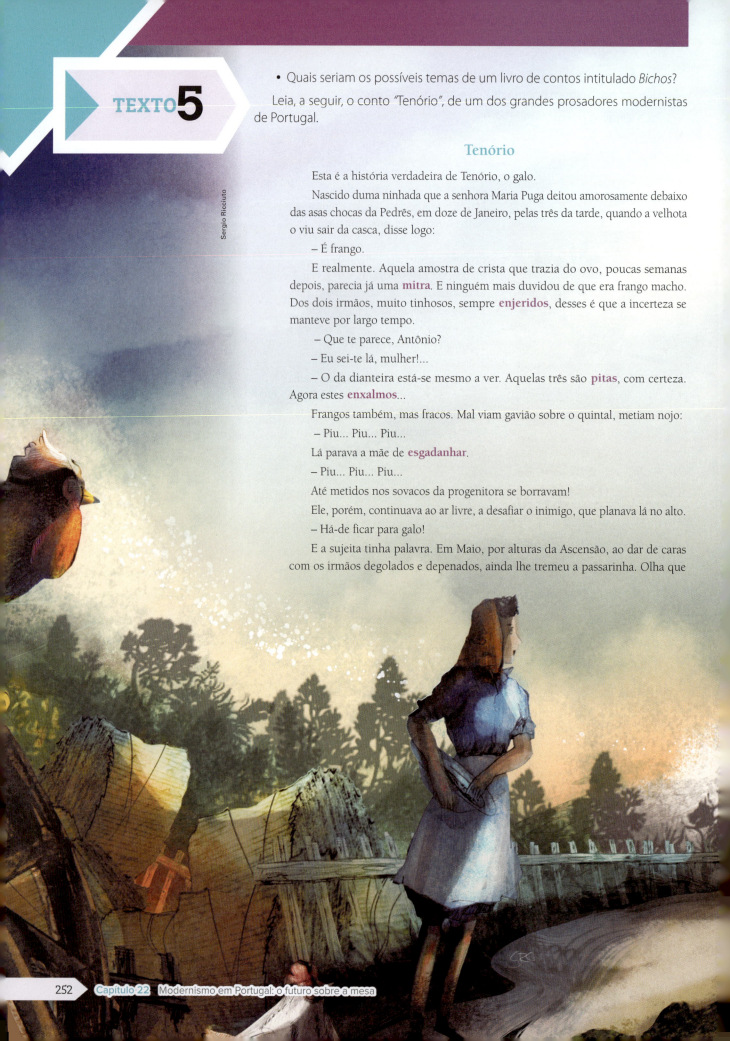

## TEXTO 5

- Quais seriam os possíveis temas de um livro de contos intitulado *Bichos*?

Leia, a seguir, o conto "Tenório", de um dos grandes prosadores modernistas de Portugal.

### Tenório

Esta é a história verdadeira de Tenório, o galo.

Nascido duma ninhada que a senhora Maria Puga deitou amorosamente debaixo das asas chocas da Pedrês, em doze de Janeiro, pelas três da tarde, quando a velhota o viu sair da casca, disse logo:

– É frango.

E realmente. Aquela amostra de crista que trazia do ovo, poucas semanas depois, parecia já uma **mitra**. E ninguém mais duvidou de que era frango macho. Dos dois irmãos, muito tinhosos, sempre **enjeridos**, desses é que a incerteza se manteve por largo tempo.

– Que te parece, Antônio?

– Eu sei-te lá, mulher!...

– O da dianteira está-se mesmo a ver. Aquelas três são **pitas**, com certeza. Agora estes **enxalmos**...

Frangos também, mas fracos. Mal viam gavião sobre o quintal, metiam nojo:

– Piu... Piu... Piu...

Lá parava a mãe de **esgadanhar**.

– Piu... Piu... Piu...

Até metidos nos sovacos da progenitora se borravam!

Ele, porém, continuava ao ar livre, a desafiar o inimigo, que planava lá no alto.

– Há-de ficar para galo!

E a sujeita tinha palavra. Em Maio, por alturas da Ascensão, ao dar de caras com os irmãos degolados e depenados, ainda lhe tremeu a passarinha. Olha que

252 Capítulo 22 Modernismo em Portugal: o futuro sobre a mesa

brincadeira! Felizmente que a dona sabia distinguir o trigo do joio, e o deixava para semente... Um futuro bonito, afinal! É certo que não estava nesse momento em condições de apreciar devidamente a grandeza da sorte que lhe coubera. Muito embora a simples certeza de viver lhe enchesse a alma duma confiança cega no porvir, só daí a algum tempo é que viu claramente o tamanho do seu destino. Quando tal compreendeu, cuidou que estalava de orgulho.

Foi num certo amanhecer de Outubro... Que grande dia, esse! Ao cabo de um sono profundo, acordara cedo, ainda mal se adivinhava a alvorada pelo buraco da fechadura. Um silêncio de comunhão. O cheiro forte do mosto que fervia na adega, adocicado, entrava pelo corpo dentro e punha-o a sonhar volúpias. E, no meio da mudez das coisas e daquele perfume de levedação, começou a sentir uma tal ânsia de abrir o peito e cantar, que até cuidou que tinha febre e delirava. Mas não. Felizmente, estava bem de saúde. A estranha sensação que o atormentava era apenas necessidade de se expandir, de anunciar ao mundo não sabia o quê. Aterrado, tolhido de medo e pudor, cerrou a garganta, numa defesa instintiva. Foi o mesmo que nada. Estoirava, se impedisse por mais tempo a saída dum hino de saudação à luz que vinha rompendo! Nenhuma vontade conseguia açaimar o grito irreprimível que o sufocava.

E cantou:

Cá-que-rá-cá!...

Acordou tudo. Foi como se de repente caísse um raio no galinheiro e despertasse a mãe, os irmãos e as primas. Ele próprio, mal a voz lhe voou da boca, se pôs frio. E, à semelhança dos outros, ficou reduzido a uma pergunta e a um pasmo. Mas não acabara sequer de entender o que se passava, e já novo brado a sair-lhe do bico:

Cá-que-rá-cá!...

O som desta vez pareceu-lhe mais são, mais seguro. E acariciou por momentos o desenho fino e agudo das notas que lhe ficaram a ressoar nos ouvidos maravilhados. Repetiu:

Câ-que-râ-câ!...

253

Qual medo, qual pudor, qual nada! Era ou não era um galo a valer?! Ou não via como, em toda a capoeira alvoroçada, do espanto se passara a um rumor de pura admiração?... Na capoeira e até lá dentro...

– Ouviste o frango, Antônio?

– Ouvi.

Frango! Palermas! O pior é se daí a nada, logo que a patroa abriu a porta do quinteiro, não galou ali à sua frente a Calçuda, a madre abadessa de todo aquele gado! É verdade que foi uma galadela à toa, a ferver, trémula, em que nem teve a certeza de ter deixado semente no oveiro. Mas esteve-lhe trepado em cima como um galo! Como um galo que era já, realmente Frango! Seriam falsas, se calhar, as penas doiradas que lhe almofadavam o peito, e postiços os esporões que, desvanecido, via crescer dia a dia nas pernas lisas e musculadas?!

Frango!

Foi, de resto, a última vez que a ama se referiu a ele sem a consideração devida. Pouco tempo depois, quando avisou a comadre, já falou doutra maneira.

– Vê se fechas o teu galo, que eu não quero que passe o tempo às turras com o meu!...

Ha?! Pois então! Ali, a dar a mão à palmatória, que não tinha outro remédio! E não lhe fazia favor nenhum. Era um galo, e não cuidasse lá o senhor borra-botas do lado que, por ser novo, lhe havia de andar ao beija-mão toda a vida. Melhor fora! Tirava o chapéu aos mais velhos, mas lá cornambanas, isso é que não! Agora, doesse a quem doesse, santa paciência: ali mandava ele. E muito respeitinho! Mas o outro teimava sempre em manter as regalias antigas, e, ao primeiro barulho que surgiu, a dona preveniu a Teodora. Escusadamente, afinal, porque aquilo só à pancada, como teve de ser.

Por acaso estava de invernia. Uma sincelada como não havia lembrança. E nem assim o safado do vizinho teve mão no vício! Muito agasalhado nas penas, com ar de quem vinha à bisca, apareceu no quinteiro. Mostrara-lhe a melhor cara, evidentemente. Se queria apenas espairecer, dar dois dedos de cavaco, entrasse e ficasse à vontade. O ladrão, porém, pôs as unhas de fora antes de um credo. Mal acabara de lhe dar as boas-vindas, já o bandalho chamava aos peitos a Garnisé! Cegou-se. O cabrão! E ajustaram as contas logo ali.

Mas o patife sabia da poda. Tinha prática, o filho da mãe! Uma girândola de bicadas facinorosas, sem errar uma. E golpes baixos, de rufia. A matar, o bandido! Felizmente que descobriu o jogo a tempo. E, como o primeiro milho é dos pardais, deixou-o arremeter, a desviar-se o mais que podia. Salto adiante, salto atrás, o preciso para ir tenteando. O outro, sem perceber a manobra, sempre de espada erguida. Mas já não era criança. Já lhe pesava o papo. Estava aqui, estava como havia de ir. Continuasse. Não fazia mal que o mulherio do galinheiro, deslumbrado, torcesse pelo farsola. Bicho mulher é assim. Não há que fiar. Esperassem-lhe pela resposta! Até ao lavar dos cestos... Um bom bocado, realmente, foi só negacear o corpo, entreter. E, quando o pedaço de asno começou a perder o fôlego, cansado de um quarto de hora de luta, caiu-lhe em cima como um dragão. E sem olhar a meios! O palerma, a cuidar que levava a melhor! Ora aí tinha. Uma tosa tamanha, que à volta houve um murmúrio de espanto. Mais quatro arrochadas, e lá se foi levado pelo mesmo caminho, num frangalho.

Galo! Galo e duma maneira tal, que agora no quinteiro, mal franzia a testa, tremia tudo! E então lindo! A crista caía-lhe dobrada sobre o ouvido. Um rico brinco de cada lado. E em todo o peito, sobre o papo redondo, um avental de penas que pareciam de pavão! Sem falar nas asas, um primor de beleza, nos esporões que, de brancos, lembravam marfim, e naquela rica voz, legítimo orgulho da dona.

– Muito bem canta o seu galo, Ti Maria!

– Nem há...

Vaidoso e seguro de si, como é natural, já não cantava só ao amanhecer. Cantava ao dar a meia-noite, às tantas da manhã, e várias vezes pelo dia fora.

À meia-noite, era por simples exibição. Àquela hora, gostava de lançar no silêncio recolhido do lugarejo o seu grito escarolado e subversivo. Fraquezas terrenas... Aproveitava a circunstância de toda a gente dormir, para tocar a sentido. E os mortos, claro, ressuscitavam!

De madrugada, abria o peito por grata fidelidade ao amanhecer longínquo em que acordara com a vida a bater-lhe nos sentidos. Não tinha mais consoladora recordação na memória... E festejava-a religiosamente.

Pelo dia adiante, entoava o bendito por motivos particulares... Ah, ele bem sabia que não devia fazer aquilo! Que é feio servir-se a gente dos seus dons naturais para desinquietar lares alheios. Por via disso dera no vizinho a coça que o levara à sepultura, e arranjava sarilhos a cada momento. De mais a mais não tendo necessidade. Quinze mulheres no harém... Que diabo! Mas um homem não se manda fazer. Natureza desgraçada, a sua! Não se fartava! E, quando em casa já tudo se desviava do seu andar de lado, não havia outro remédio senão fazer chegar lá fora um grito de fome. De resto, também gostava de variar... Sabia-lhe pela vida uma extravagância!

– É danado, o seu galo! Onde não chega, manda. Leva as frangas cá do povo a eito...

Era a Júlia Pirraças a falar à dona. Ele ouvia com ar modesto. Por dentro, a babar-se, evidentemente. Quem é que não gosta que lhe louvem as valentias?... Ah, se não fosse o espinho que começava a crescer-lhe no coração.

– E tenho aí um filho que não lhe há-de ficar atrás...

O espinho. Entusiasmada com aquela virilidade, a velha lembrara-se de lhe aproveitar a casta. Andava a criar um cachopo da penúltima ninhada. E não é que o fedelho crescia e prometia?! Raios partissem a sorte! Quando tudo lhe corria às mil maravilhas – fartura, saúde e paz de espírito – aquilo! Claro: passou a empreender no caso, a afligir-se. Cumpria as obrigações, cantava, dava o seu dedo de conversa, mas às duas por três lá vinha a mortificação. Por mais que tentasse disfarçar, não havia maneira.

– O galo velho tem coisa...

Galo velho! Isto é que era uma vida!... Andava um homem sabe Deus como, roído por dentro, não lhe apetecia arreganhar os dentes, e logo uma sentença sem apelo: – galo velho! Parece que não dera motivos a ninguém para semelhante juízo?!... O mulheredo continuava a aninhar-se mal o via dar meia volta sobre a asa, e ainda nenhuma se queixara de falta de assistência. Pelo menos, que lhe constasse. A não ser que alguma serigaita... Teria a dona surpreendido qualquer pouca vergonha? – Mata-se, e faz-se um bolo. O filho já dá conta do recado... Era o senhor menino, então, que começava a pôr as unhas de fora! Ah, mas saía-lhe cara a brincadeira! Oh, se saía! Garoto! Um chafedes, ainda com os cueiros agarrados ao rabo, e a fazer-se fino! Ele que o apanhasse com a boca na botija!...

Passou a vigiar o rapaz dia e noite, mordido duns ciúmes de morte. Mas nada conseguiu descobrir. Durante o resto do verão, não teve a menor razão de queixa. O moço portava-se na linha. E pôde respirar com mais sossego.

Ora justamente em Outubro, fazia três anos que se estreara, desabou a trovoada. Acordara para tocar a alvorada. O mesmo silêncio profundo enchia a noite, e o mesmo cheiro forte de mosto toldava tudo. E, ao abrir a garganta, rompe a seu lado um canto tão cristalino e tão puro, que se calou.

– Ouviste o frango?

– Ouvi.

Não havia dúvida nenhuma: a formiga tinha catarro. Ou cortava o mal pela raiz, ou estava perdido.

A manhã vinha a romper e, com a luz do dia, a casa movimentou-se. Às tantas, a velha começou a afiar a faca no alguidar.

Quê? Seria possível?! O raio da mulher teria alma de o degolar?!

Mas ele ainda a pôr o caso em teoria, e já ela a deitar-lhe as mãos.

– Cá-que-rá-cá!...

O filho, outra vez. Aquele maldito filho, que a dona não depenara juntamente com os outros irmãos.

TORGA, Miguel. Tenório. *In*: TORGA, Miguel. *Bichos*. Coimbra: Editora Coimbra, 1940. p. 31-38.

---

**Quem é o autor?**

Miguel Torga (1907-1995), pseudônimo literário de Adolfo Correia da Rocha, nasceu em S. Martinho de Anta (Trás-os-Montes) e faleceu em Coimbra (Portugal). Miguel é uma homenagem a Miguel de Cervantes, autor de *Dom Quixote*, e Torga é o nome de uma planta, o que representa o amor do escritor à natureza. Colaborou com a revista *Presença*, marco do chamado Segundo Modernismo português, e lançou os periódicos *Sinal* e *Manifesto*. Em sua obra se destaca o livro de contos *Bichos* (1940), cujos protagonistas, em sua maioria, são animais humanizados.

255

1. Pelo título, que previsão você fez a respeito da personagem que dá nome ao conto?

2. Analise os elementos que constroem a narrativa da vida do personagem Tenório.
   a) Tempo cronológico.
   b) Tempo psicológico.
   c) Antagonista.
   d) Conflito.
   e) Desfecho.

3. Qual é o tipo de narrador desse conto? Justifique com um trecho do texto.

4. No conto foi empregada a **antropomorfização**, que consiste em atribuir ações, comportamentos e sentimentos humanos a animais (como nas fábulas). Justifique isso com elementos do texto.

5. Por meio das ações e sentimentos das personagens, é possível inferir suas características. Como Tenório é um galo personificado, que características humanas podem ser inferidas pelos trechos a seguir?
   a) "Ele, porém, continuava ao ar livre, a desafiar o inimigo, que planava lá no alto."
   b) "Qual medo, qual pudor, qual nada! Era ou não era um galo a valer?! Ou não via como, em toda a capoeira alvoroçada, do espanto se passara a um rumor de pura admiração?"
   c) "Agora, doesse a quem doesse, santa paciência: ali mandava ele. E muito espertinho!"

6. Em sua opinião, por que foram atribuídas características humanas ao protagonista?

7. O que pode simbolizar a história de Tenório?

8. Que provérbios ou ditos populares podem ilustrar o conto "Tenório"?

### O livro *Bichos*

Miguel Torga fez parte do grupo de escritores e intelectuais da revista *Presença*. O livro *Bichos*, publicado inicialmente em 1940, traz 14 contos que têm como personagens animais humanizados ou seres humanos que apresentam traços de animais (zoomorfização). Esses personagens alegóricos enfrentam desafios que representam questões existenciais e sociais. Nessa obra, o ser humano não ocupa lugar privilegiado em relação aos animais. Embora dialoguem com as fábulas, os contos de Miguel Torga não apresentam a lição moralizante, característica das fábulas.

# Enem e vestibulares

**1. (ENEM)** Leia:

### Isto

Dizem que finjo ou minto
Tudo que escrevo. Não.
Eu simplesmente sinto
Com a imaginação.
Não uso o coração.

Tudo o que sonho ou passo,
O que me falha ou finda,
É como que um terraço
Sobre outra coisa ainda.
Essa coisa é que é linda.

Por isso escrevo em meio
Do que não está ao pé,
Livre do meu enleio,
Sério do que não é.

Sentir? Sinta quem lê!

(PESSOA, Fernando. *Poemas escolhidos*. São Paulo: Globo, 1997.)

Fernando Pessoa é um dos poetas mais extraordinários do século XX. Sua obsessão pelo fazer poético não encontrou limites. Viveu mais no plano criativo do que no plano concreto, e criar foi a grande finalidade de sua vida. Poeta da geração Orfeu, assumiu uma atitude irreverente perante a vida. Com base nessas afirmações e na temática do poema "Isto", conclui-se que o autor:

**a)** revela seu conflito emotivo em relação ao processo de escritura do texto;

**b)** considera fundamental para a poesia a influência dos fatos sociais;

**c)** associa o modo de composição do poema ao estado de alma do poeta;

**d)** apresenta a concepção do Romantismo quanto à expressão da voz do poeta;

**e)** separa os sentimentos do poeta da voz que fala no texto, ou seja, do eu lírico.

**2. (UNIFESP)** As próximas questões são baseadas neste soneto de Florbela Espanca. Leia-o:

### Esquecimento

Esse de quem eu era e era meu,
Que foi um sonho e foi realidade,
Que me vestiu a alma de saudade,
Para sempre de mim desapareceu.

Tudo em redor então escureceu,
E foi longínqua toda a claridade!
Ceguei... tateio sombras... que ansiedade!
Apalpo cinzas porque tudo ardeu!

Descem em mim poentes de Novembro...
A sombra dos meus olhos, a escurecer...
Veste de roxo e negro os crisântemos...

E desse que era meu já me não lembro...
Ah! a doce agonia de esquecer
A lembrar doidamente o que esquecemos...!

O esquecimento descrito pelo eu lírico:

**a)** decorre do seu sentimento de perda e de saudade.

**b)** é fruto dos seus sonhos, incompatíveis com a realidade.

**c)** torna-o ciente de que sua agonia está por findar.

**d)** traduz a esperança, pelo jogo de cores remetendo à claridade.

**e)** mostra o amor como intenso e indesejável.

**3. (UNIFESP)** Na última estrofe, o eu lírico expressa, por meio de:

**a)** hipérboles, a dificuldade de se tentar esquecer um grande amor.

**b)** metáforas, a forma de se esquecer, plenamente, a pessoa amada.

**c)** eufemismos, as contradições do amor e os sofrimentos dele decorrentes.

**d)** metonímias, o bem-estar ligado a amar e querer esquecer.

**e)** paradoxos, a impossibilidade de o esquecimento ser levado a cabo.

# CAPÍTULO 23

## MODERNISMO NO BRASIL (1ª FASE): O FUTURO CHEGOU?

*Nós temos talento*, de Belmonte, cartaz-charge da página-coluna intitulada "D. Quixote em S. Paulo", da revista modernista carioca *Dom Quixote*, 1922.

### Roda de conversa

1. Sabendo que a charge da revista *Dom Quixote* retrata ironicamente vários intelectuais paulistas da Semana de Arte Moderna de 1922, responda:

   a) Qual é a crítica ou ironia transmitida nela? Justifique.

   b) Pesquise a respeito da Semana de Arte Moderna de 1922 e descreva a cena, tentando identificar os dizeres dos cartazes e os personagens.

2. Como esta imagem poderia ser relacionada com a temática-título do capítulo? Justifique.

### Para você...

**... ler**
- *Macunaíma*, Mário de Andrade.
- *Poesias reunidas*, Oswald de Andrade.
- *Novelas paulistanas*, Alcântara Machado.

**... assistir**
- *Macunaíma*. Direção: Joaquim Pedro de Andrade. Brasil, 1969.
- *Terra em transe*. Direção: Glauber Rocha. Brasil, 1967.

**... visitar**
- Museu/Memória *on-line*: *Casa Mário de Andrade*. Disponível em: http://www.casamariodeandrade.org.br/. Acesso em: 18 jan. 2022.

### O que você vai...

**... fruir**
- *Ode ao burguês*, Mário de Andrade e Oswald de Andrade.
- *Macunaíma*, Mário de Andrade.
- *Lisetta*, Alcântara Machado.

**... aprender**
- Modernismo no Brasil (poesia e prosa) – 1ª fase (características, principais autores).

- Você conhece o sentido do termo **ode**? O que seria tratado em um poema intitulado "Ode ao burguês"?

Leia o poema a seguir, do modernista Mário de Andrade.

### TEXTO 1

### Ode ao burguês

Eu insulto o burguês! O burguês-níquel,
o burguês-burguês!
A digestão bem feita de São Paulo!
O homem-curva! o homem-nádegas!
O homem que sendo francês, brasileiro,
        [italiano,
é sempre um cauteloso pouco-a-pouco!

Eu insulto as aristocracias cautelosas!
Os barões lampeões! os condes Joões!
        [os duques zurros!
que vivem dentro de muros sem pulos;
e gemem sangue de alguns mil-réis fracos
para dizerem que as filhas da senhora
        [falam o francês
e tocam o "Printemps" com as unhas!

Eu insulto o burguês-funesto!
O indigesto feijão com toucinho, dono das
        [tradições!
Fora os que algarismam os amanhãs!
Olha a vida dos nossos setembros!
Fará Sol? Choverá? Arlequinal!
Mas à chuva dos rosais
o êxtase fará sempre Sol!

Morte à gordura!
Morte às adiposidades cerebrais!
Morte ao burguês-mensal!
Ao burguês-cinema! ao burguês-tílburi!

Padaria Suissa! Morte viva ao Adriano!
"– Ai, filha, que te darei pelos teus anos?
Um colar... – Conto e quinhentos!!!
Mas nós morremos de fome!"

Come! Come-te a ti mesmo, oh! gelatina
        [pasma!
Oh! purée de batatas morais!
Oh! cabelos nas ventas! oh! carecas!
Ódio aos temperamentos regulares!
Ódio aos relógios musculares! Morte
        [à infâmia!
Ódio à soma! Ódio aos secos e molhados!
Ódio aos sem desfalecimentos nem
        [arrependimentos,
sempiternamente as mesmices convencionais!

De mãos nas costas! Marco eu o compasso! Eia!
Dois a dois! Primeira posição! Marcha!
Todos para a Central do meu rancor
        [inebriante!
Ódio e insulto! Ódio e raiva! Ódio e mais ódio!
Morte ao burguês de giolhos,
cheirando religião e que não crê em Deus!
Ódio vermelho! Ódio fecundo! Ódio cíclico!
Ódio fundamento, sem perdão!

Fora! Fu! Fora o bom burguês!...

ANDRADE, Mário de. *Poesias completas*. 6. ed. São Paulo: Martins Fontes; Belo Horizonte: Itatiaia, 1980. p. 37-39. v. 1.

#### Quem é o autor?

**Mário** Raul de Morais **Andrade** (1893-1945) nasceu e faleceu em São Paulo. Considerado um dos principais modernistas brasileiros, foi pesquisador, crítico de arte, folclorista, historiador, filósofo, pianista, romancista e principalmente poeta. Poesia: *Há uma gota de sangue em cada poema* (1917), *Pauliceia desvairada* (1922), *Losango cáqui* (1926), *Clã do jabuti* (1927), *Remate de males* (1930). Romances: *Amar, verbo intransitivo* (1927) e *Macunaíma* (1928).

1. Leia os conceitos a seguir:

> I. **Ode** é um poema lírico, um canto composto de versos alegres para exaltar alguém ou algum feito.
>
> II. **Burguês** pode se referir a quem detém os bens de produção, o capital. No contexto do poema, burguês é uma pessoa apegada a bens materiais, de valores ou hábitos conservadores, resistente a novas ideias, costumes, visões sociais, critérios, inovações artísticas.

- Com base nessas informações, explique o título do poema.

2. Explique o efeito de sentido provocado pela paronomásia, ou seja, o jogo com as palavras **ode** e **ódio**.

3. Releia o poema e explique os versos e as expressões a seguir.
   a) "Eu insulto as aristocracias cautelosas! / Os barões lampeões! os condes Joões! os duques zurros!"
   b) "[...] algarismam os amanhãs!"
   c) "Come! Come-te a ti mesmo, oh! gelatina pasma!; Fora! Fu! Fora o bom burguês!..."
   d) "para dizerem que as filhas da senhora falam o francês / e tocam o 'Printemps' com as unhas!"

4. O neologismo **giolho** é derivado de geolho (forma arcaica do latim vulgar *genuculu*), termo que significa **joelho**. Sabendo disso, explique os versos a seguir:

   Morte ao burguês de giolhos, / cheirando religião e que não crê em Deus!

5. Quais são as principais críticas apresentadas no poema "Ode ao burguês"? Quais alternativas interpretam adequadamente o poema?

6. Autores da estética modernista criticavam o uso de adjetivos, porque valorizavam a carga semântica dos substantivos para expressar ideias. Explique o uso de substantivos na descrição do burguês feita por Mário de Andrade em:
   a) burguês-níquel.
   b) burguês-burguês.
   c) homem-curva; homem-nádegas.
   d) burguês-tílburi.
   e) burguês-cinema.

7. O Futurismo – que influenciou o Modernismo no Brasil – pregava o abandono dos adjetivos e da pontuação regular. Explique o uso dos pontos de exclamação no poema.

8. Em grupos, ouçam a canção *Burguesia*, de Cazuza. Em seguida, façam uma comparação com o poema "Ode ao burguês", de Mário de Andrade. Analisem o diálogo intertextual entre essas duas obras, anotem as conclusões e, em dia previamente agendado, cada grupo deve escolher um relator para apresentar a análise comparativa aos colegas.

### Semana de Arte Moderna

Entre os dias 11 e 18 de fevereiro de 1922, ano em que se comemorava o centenário da Independência do Brasil, foi realizada no Teatro Municipal, em São Paulo, a Semana de Arte Moderna. Artistas de diferentes áreas apresentaram obras que absorviam tendências estéticas influenciadas e pautadas pelos movimentos de vanguarda ocorridos na Europa em anos anteriores, e que marcavam uma grande ruptura com as experiências artísticas consideradas "tradicionais" no Brasil.

- Em sua opinião, o que poderia ser tratado em um poema com o título "Brasil"?

Leia esse poema, escrito por Oswald de Andrade, um dos nomes de destaque da estética modernista brasileira.

## TEXTO 2

### Brasil

1 O **Zé-Pereira** chegou de caravela
2 E **perguntou** pro guarani da mata virgem
3 – Sois cristão?
4 Não. Sou bravo, sou forte, sou filho da Morte

5 Teterê tetê Quizá Quizá Quecê!
6 Lá longe a onça resmungava Uu! ua! uu!
7 O negro zonzo saído da fornalha
8 Tomou a palavra e respondeu
9 – Sim pela graça de Deus
10 Canhem Babá Canhem Babá Cum Cum!
11 E fizeram o Carnaval

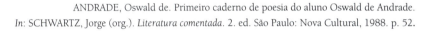

ANDRADE, Oswald de. Primeiro caderno de poesia do aluno Oswald de Andrade. In: SCHWARTZ, Jorge (org.). *Literatura comentada*. 2. ed. São Paulo: Nova Cultural, 1988. p. 52.

**Zé-Pereira:** nome que se dava a um bloco ou grupo de carnavalescos; também com o sentido de "Zé Ninguém" ou "Zé Mané", refere-se a um português qualquer, colonizador, que acabou de chegar em uma caravela do "descobrimento" do Brasil.

**Perguntou:** variante regional (caipira) de "perguntou".

### Quem é o autor?

José **Oswald de Sousa Andrade** (1890-1954) nasceu e faleceu em São Paulo. Em 1912, na Europa, teve contato com o Futurismo e as novas vanguardas, nas artes europeias. Tornou-se personagem fundamental dos principais eventos da vida cultural brasileira. Polêmico, irônico, contraditório, teve vida pessoal, política e artística atribulada. Principais obras: *Pau-Brasil* (1925), *Primeiro caderno do aluno de poesia Oswald de Andrade* (1927), *Poesias reunidas* (1945), *Memórias sentimentais de João Miramar* (1924), *Serafim Ponte Grande* (1933), *O rei da vela* (1937).

1. Que aspecto do Brasil é tematizado no poema?

2. Qual é o tom do poema?

3. O poema é polifônico, pois expressa várias vozes. Que vozes estão presentes em "Brasil", de Oswald de Andrade?

4. Releia o poema e analise o que sugerem os versos numerados a seguir a respeito do processo de colonização no Brasil:

   **a)** Versos de 1 a 3.

   **b)** Versos 4 e 5.

   **c)** Versos de 7 a 9.

   **d)** Versos 10 e 11.

5. Que visão de país é expressa no poema?

6. Como você se posiciona a respeito da formação do povo e da cultura brasileira? Troque ideias com colegas.

### Características do Modernismo (1ª fase) – Poesia

Essa fase foi marcada por **manifestos** que aglutinavam escritores e intelectuais: o Manifesto do Pau-Brasil, o Manifesto da Antropofagia, o do Verde-Amarelismo, o da Escola da Anta, que tinham como ponto comum o nacionalismo, a valorização dos indígenas e das raízes brasileiras em geral. A poesia e os poetas dessa primeira fase cultivaram a liberdade formal e de criação; renovaram a linguagem (incorporando vocabulário, temas e sintaxe inovadores); valorizaram a linguagem coloquial, a gíria, o cotidiano; criticaram a sociedade e a burguesia de forma irônica e bem-humorada; foram contra as convenções e romperam com o academicismo. Abordavam temas como nacionalidade, folclore e mundo moderno, incorporando também o cotidiano em sua produção.

## TEXTO 3

Converse com a turma:

- Você já ouviu falar do livro *Macunaíma, o herói sem nenhum caráter*, de Mário de Andrade? Esse personagem seria um herói ou um anti-herói?

Leia a seguir um trecho do primeiro capítulo dessa obra.

### Macunaíma

1

No fundo do mato-virgem nasceu Macunaíma, herói da nossa gente. Era preto retinto e filho do medo da noite. Houve um momento em que o silêncio foi tão grande escutando o murmurejo do Uraricoera, que a índia tapanhumas pariu uma criança feia. Essa criança é que chamaram de Macunaíma.

Já na meninice fez coisas de sarapantar. De primeiro passou mais de seis anos não falando. Si o incitavam a falar exclamava:

— Ai! que preguiça!... e não dizia mais nada. Ficava no canto da maloca, trepado no jirau de paxiúba, espiando o trabalho dos outros e principalmente os dois manos que tinha, Maanape já velhinho e Jiguê na força de homem. O divertimento dele era decepar cabeça de saúva. Vivia deitado mas si punha os olhos em dinheiro, Macunaíma dandava pra ganhar vintém. E também espertava quando a família ia tomar banho no rio, todos juntos e nus. Passava o tempo do banho dando mergulho, e as mulheres soltavam gritos gozados por causa dos guaimuns diz - que habitando a água doce por lá. No mucambo si alguma cunhatã se aproximava dele para fazer festinha, Macunaíma punha a mão nas graças dela, cunhatã se afastava. Nos machos cuspia na cara. Porém respeitava os velhos e frequentava com aplicação a murua a poracê o torê o bacorocô a cucuicogue, todas essas danças religiosas da tribo.

Quando era pra dormir trepava no macuru pequenininho sempre se esquecendo de mijar. Como a rede da mãe estava debaixo do berço, o herói mijava quente na velha, espantando os mosquitos bem. Então adormecia sonhando palavras feias, imoralidades estrambólicas e dava patadas no ar.

---

**Uraricoera:** nome do rio amazônico às margens do qual nasceu Macunaíma.
**Tapanhumas:** tribo indígena.
**Sarapantar:** causar espanto, admiração.
**Jirau de paxiúba:** armação; esteira tecida de palmeira.
**Guaimum:** espécie de caranguejo de água doce.
**Mucambo:** esconderijo na floresta; cabana.
**Cunhatã:** moça.
**Graças:** com o sentido de "partes íntimas do corpo feminino"; genitália.
**Murua, poracê, torê, bacorocô, cucuicogue:** danças, rituais ou festas indígenas.
**Macuru:** balanço, rede de dormir.
**Estrambólico:** esquisito, extravagante.

Bianca Particheli

Capítulo 23 Modernismo no Brasil (1ª Fase): o futuro chegou?

Nas conversas das mulheres no pino do dia o assunto eram sempre as peraltagens do herói. As mulheres se riam muito simpatizadas, falando que "espinho que pinica, de pequeno já traz ponta", e numa pajelança Rei Nagô fez um discurso e avisou que o herói era inteligente.

Nem bem teve seis anos deram água num chocalho pra ele e Macunaíma principiou falando como todos. E pediu pra mãe que largasse da mandioca ralando na cevadeira e levasse ele passear no mato. A mãe não quis porque não podia largar da mandioca não. Macunaíma choramingou dia inteiro. [...]

ANDRADE, Mário de. *Macunaíma, o herói sem nenhum caráter.* 30. ed. Belo Horizonte: Rio de Janeiro: Villa Rica, 1997. p. 9.

**Pajelança:** ritual realizado por um pajé com um fim específico, como cura de doenças, previsão de acontecimentos, visões sobrenaturais etc.

## Macunaíma

*Macunaíma*, o herói sem nenhum caráter, de Mário de Andrade, foi publicado em 1928. É uma obra literária que absorve tradições orais e folclóricas dos indígenas, africanos e europeus ao contar a história do personagem que dá nome ao livro. É considerada uma obra épica, que busca sintetizar a cultura e a identidade brasileiras. Ao longo da obra, Macunaíma (personagem central) sofre constantes metamorfoses (príncipe, indígena, homem branco, inseto, peixe, pato) e vive suas aventuras em vários lugares: Amazônia, São Paulo, Rio de Janeiro e outras regiões brasileiras.

1. Em que cenário se passam as ações narradas nesse trecho que você leu?

2. Macunaíma, apesar de ser considerado um anti-herói, não é um antagonista. Mas tem comportamentos questionáveis. Que características da personagem, nesse trecho que você leu, correspondem a esse perfil?

3. O Romantismo idealiza o indígena como um herói. Com base na passagem que você leu, pode-se dizer que Macunaíma se enquadra no perfil de herói das narrativas épicas?

4. Como você já sabe, a "antropofagia modernista" procurava assimilar, absorver, deglutir, transformar culturas. Em *Macunaíma, o herói sem nenhum caráter*, esse processo se dá por meio da paródia, da releitura e da incorporação de mitos indígenas e sertanejos, lendas, provérbios e obras filiadas a diferentes estéticas.

- Faça uma pesquisa a respeito de elementos da cultura popular, presentes na obra e analise o diálogo intertextual presente nos trechos a seguir.

a) "No fundo do mato-virgem nasceu Macunaíma, herói da nossa gente. Era preto retinto e filho do medo da noite."

b) "[...] falando que 'espinho que pinica, de pequeno já traz ponta' [...]"

c) "Nem bem teve seis anos deram água num chocalho pra ele e Macunaíma principiou falando como todos."

d) "Macunaíma dandava pra ganhar vintém."

e) "Ficava no canto da maloca, [...] espiando o trabalho dos outros [...] O divertimento dele era decepar cabeça de saúva."

### Iracema × Macunaíma

A personagem Iracema, de José de Alencar, representa o ideal romântico (Romantismo) do indígena como o herói brasileiro, corajoso, guerreiro, identificado com a natureza tropical. Já o personagem Macunaíma, de Mário de Andrade, representa uma crítica ao herói idealizado pelo Romantismo, pois é um anti-herói que rompe com a estética e a ideologia dessa corrente literária do século XIX.

5. Em *Macunaíma, o herói sem nenhum caráter*, histórias são apresentadas para explicar hábitos e costumes do povo brasileiro. Leia a seguir um trecho do primeiro capítulo dessa obra:

"[...] Macunaíma pendia tanto de fadiga que pegou no sono durante o pulo. Caiu dormindo embaixo duma palmeirinha guairô muito aromada onde um urubu estava encarapitado.

Ora o pássaro careceu de fazer necessidade, fez e o herói ficou escorrendo sujeira de urubu. Já era de-madrugadinha e o tempo estava inteiramente frio. Macunaíma acordou tremendo, todo enlambuzado. Assim mesmo examinou bem a pedra mirim da ilhota pra ver si não havia alguma cova com dinheiro enterrado. Não havia não. Nem a correntinha encantada de prata que indica pro escolhido, tesouro de holandês. Havia só as formigas jaquitaguas ruivinhas.

Então passou Caiuanogue, a estrela-da-manhã. Macunaíma já meio enjoado de tanto viver pediu pra ela que o carregasse pro céu. Caiuanogue foi se chegando porém o herói fedia muito.

– Vá tomar banho! ela fez. E foi-se embora.

Assim nasceu a expressão "Vá tomar banho!" que os brasileiros empregam se referindo a certos imigrantes europeus."

ANDRADE, Mário de. *Macunaíma, o herói sem nenhum caráter*. 30. ed. Belo Horizonte; Rio de Janeiro: Villa Rica, 1997. p. 50.

a) Qual é o objetivo dessa passagem?

b) No texto, afirma-se que "os brasileiros empregam [essa expressão] referindo-se a certos imigrantes europeus". Como você interpreta esse comentário?

c) Releia o segundo parágrafo e, baseando-se na pesquisa sugerida anteriormente a respeito da cultura popular brasileira, explique: Por que Macunaíma foi procurar dinheiro ou tesouro, depois que acordou?

6. Pelos trechos que você leu, explique a expressão do título "sem nenhum caráter" que se refere ao personagem Macunaíma.

7. Em sua opinião, o Brasil já construiu sua identidade? Troque ideias com os colegas.

## A liberdade linguística de Mário de Andrade

Mário de Andrade propunha uma arte que absorvesse o individual e o coletivo, apropriando-se das influências europeias para construir uma nova cultura nacional. Defendia a liberdade linguística, a oralidade na escrita e a cultura popular. Em *Macunaíma*, herói sem nenhum caráter, misturam-se lendas, mitos, simpatias, rezas, bordões, provérbios, adivinhas, frases feitas e anedotas. A linguagem é inovadora, com neologismos, regionalismos, termos indígenas e linguagem coloquial, inovando também em relação ao ritmo e à sintaxe usando o que ele chamava de "língua brasileira", que também apresentava marcas diferentes do português formal. Como recurso literário, usou a estratégia que podemos chamar de metalinguística: as histórias são contadas ao narrador pelo papagaio do próprio herói.

O crítico e historiador da literatura brasileira Alfredo Bosi chama a atenção para a linguagem das obras literárias de autores modernistas, como Mário de Andrade e Oswald de Andrade:

> As inovações atingem os vários estratos da linguagem literária, desde os caracteres materiais da pontuação e do traçado gráfico do texto até as estruturas fônicas, léxicas e sintáticas do discurso. Um poema da *Pauliceia Desvairada* ou um trecho de prosa das *Memórias Sentimentais de João Miramar*, um passo qualquer extraído de *Macunaíma* [...] nos dão de chofre a impressão de algo novo em relação a toda a literatura anterior a 22: eles ferem a intimidade da expressão artística, a corrente dos significantes.

BOSI, Alfredo. *História concisa da Literatura Brasileira*. 3. ed. São Paulo: Cultrix, 1980. p. 391.

## TEXTO 4

- Você já leu algum conto do livro *Brás, Bexiga e Barra Funda*, de Alcântara Machado? O título da obra refere-se aos nomes de três bairros da cidade de São Paulo. Por que esses três bairros teriam sido escolhidos como cenário de contos modernistas?

Leia a seguir um dos contos dessa obra.

### Lisetta

Quando Lisetta subiu no bonde (o condutor ajudou) viu logo o urso. Felpudo, felpudo. E amarelo. Tão engraçadinho.

Dona Mariana sentou-se, colocou a filha em pé diante dela.

Lisetta começou a namorar o bicho. Pôs o pirulito de abacaxi na boca. Pôs mas não chupou. Olhava o urso. O urso não ligava. Seus olhinhos de vidro não diziam absolutamente nada. No colo da menina de pulseira de ouro e meias de seda parecia um urso importante e feliz.

— Olha o ursinho que lindo, mamãe!

— Stai zitta!

A menina rica viu o enlevo e a inveja da Lisetta. E deu de brincar com o urso. Mexeu-lhe com o toquinho do rabo: e a cabeça do bicho virou para a esquerda, depois para a direita, olhou para cima, depois para baixo. Lisetta acompanhava a manobra. Sorrindo fascinada. E com um ardor nos olhos! O pirulito perdeu definitivamente toda a importância.

Agora são as pernas que sobem e descem, cumprimentam, se cruzam, batem umas nas outras.

— As patas também mexem, mamã. Olha lá!

— Stai ferma!

---

– **Stai zitta!:** – Fique calada!

– **Stai ferma!:** – Fique quieta!

– **Scusi:** – Desculpe.

– **In casa me lo pagherai!:** – Em casa você me paga!

**Pespegou:** desferiu violentamente.

– **Stai ferma o ti amazzo, parola d'onore!:** – Fique quieta ou te mato, palavra de honra!

– **Senti, Lisetta. Non ti porterò più in città! Mai più!:** – Ouça, Lisetta. Não vou te trazer mais para a cidade! Nunca mais!

– **Non piangere più adesso!:** – Não chore mais agora!

**Safanão:** puxão, solavanco, empurrão.

**Tabefe:** tapa, bofetada, sopapo.

**Remate:** conclusão, finalização.

**Sapeava:** observava de forma furtiva, disfarçada.

**Não escache:** não atrapalhe, não faça bagunça.

266 Capítulo 23 Modernismo no Brasil (1ª Fase): o futuro chegou?

Lisetta sentia um desejo louco de tocar no ursinho. Jeitosamente procurou alcançá-lo. A menina rica percebeu, encarou a coitada com raiva, fez uma careta horrível e apertou contra o peito o bichinho que custara cinquenta mil-réis na Casa São Nicolau.

– Deixa pegar um pouquinho, um pouquinho só nele, deixa?

– Ah! – Scusi, senhora. A senhora sabe, essas crianças são muito levadas. Scusi.

A mãe da menina rica não respondeu. Ajeitou o chapeuzinho da filha, sorriu para o bicho, fez uma carícia na cabeça dele, abriu a bolsa e olhou o espelho.

Dona Mariana, escarlate de vergonha, murmurou no ouvido da filha:

– In casa me lo pagherai!

E pespegou por conta um beliscão no bracinho magro. Um beliscão daqueles.

**Lisetta então perdeu toda a compostura de uma vez. Chorou. Soluçou. Chorou. Soluçou. Falando sempre.**

– Hã! Hã! Hã! Hã! Eu que...ro o ur...so! O ur...so! Ai, mamãe! Ai, mamãe! Eu que...ro o... o... o... Hã! Hã!

– Stai ferma o ti amazzo, parola d'onore!

– Um pou...qui...nho só! Hã! E... hã! E... hã! Um pou...qui...

– Senti, Lisetta. Non ti porterò più in città! Mai più!

Um escândalo. E logo no banco da frente. O bonde inteiro testemunhou o feio que Lisetta fez.

O urso recomeçou a mexer com a cabeça. Da esquerda para a direita, para cima e para baixo.

– Non piangere più adesso!

Impossível.

**O urso lá se fora nos braços da dona. E a dona só de má, antes de entrar no palacete estilo empreiteiro português, voltou-se e agitou no ar o bichinho. Para Lisetta ver. E Lisetta viu.**

Dem-dem! O bonde deu um solavanco, sacudiu os passageiros, deslizou, rolou, seguiu. Dem-dem!

– Olha à direita!

Lisetta como compensação quis sentar-se no banco. Dona Mariana (havia pago uma passagem só) opôs-se com energia e outro beliscão.

A entrada de Lisetta em casa marcou época na história dramática da família Garbone.

Logo na porta um safanão. Depois um tabefe. Outro no corredor. Intervalo de dois minutos. Foi então a vez das chineladas. Para remate. Que não acabava mais.

O resto da gurizada (narizes escorrendo, pernas arranhadas, suspensórios de barbante) reunido na sala de jantar sapeava de longe.

Mas o Ugo chegou da oficina.

– Você assim machuca a menina, mamãe! Coitadinha dela!

Também Lisetta já não aguentava mais.

– Toma pra você. Mas não escache.

Lisetta deu um pulo de contente. Pequerrucho. Pequerrucho e de lata. Do tamanho de um passarinho. Mas urso.

Os irmãos chegaram-se para admirar. O Pasqualino quis logo pegar no bichinho. Quis mesmo tomá-lo à força. Lisetta berrou como uma desesperada:

– Ele é meu! O Ugo me deu!

Correu para o quarto. Fechou-se por dentro.

ALCÂNTARA MACHADO, Antônio de. *Brás, Bexiga e Barra Funda e outros contos*. São Paulo: Moderna, 1997. p. 26-29. Disponível em: www.dominiopublico.gov.br/pesquisa/DetalheObraForm.do?select _action=&co_obra=7383. Acesso em: 17 jan. 2022.

### Quem é o autor?

Antônio Castilho de **Alcântara Machado** d'Oliveira (1901-1935) nasceu em São Paulo (SP) e faleceu no Rio de Janeiro (RJ). É autor de contos e crônicas. Em 1927, escreveu *Brás, Bexiga e Barra Funda*, nomes de antigos bairros operários onde viviam os imigrantes italianos que vieram para a cidade de São Paulo nas primeiras décadas do século XX. O livro reúne 11 contos e se tornou um marco da primeira fase do Modernismo brasileiro.

1. Explique os seguintes elementos da narrativa:
   a) tempo histórico.
   b) tempo cronológico.

2. Quem é a protagonista do conto e o que gerou a primeira complicação? Explique e justifique.

3. Analise a representação social dos personagens adultos, baseando-se nas características e atitudes apresentadas nas primeiras ações.

4. Releia o trecho do texto sublinhado e responda: Como se sentem as duas mães, quando Lisetta quis tocar o ursinho e a outra menina não permitiu?

5. Releia os dois trechos destacados **em negrito no texto** e explique esses momentos da narrativa.

6. Leia:

   O urso lá se fora nos braços da dona. E a dona só de **má**, antes de entrar no palacete estilo empreiteiro português, voltou-se e agitou no ar o bichinho. Para Lisetta ver. E Lisetta viu.

   Como você analisa a posição do narrador ao empregar o adjetivo **má** para caracterizar uma das meninas?

7. A que se relacionam os termos destacados?

   **Dem-dem!** O bonde deu um solavanco, sacudiu os passageiros, deslizou, rolou, seguiu. **Dem-dem!**
   – Olha à direita!

8. No desenvolvimento do enredo, as ações se deslocam para outro cenário, onde Lisetta enfrenta nova complicação. Qual é o cenário e a complicação?

9. Quem resolve essa nova complicação da protagonista?

10. Como você analisa o comportamento de Lisetta no desfecho?

11. Pesquise sobre a **Lei da Palmada** e, em seguida, discuta e analise com os colegas as atitudes de Dona Mariana em relação a Lisetta em passagens como: "pespegou um **beliscão** no bracinho magro. Um **beliscão** daqueles."; "Logo na porta um **safanão**. Depois um **tabefe**. Outro no corredor [...]"; "Foi então a vez das **chineladas** [...]". Aponte causas, consequências e soluções para o problema.

### Brás, Bexiga e Barra Funda

"Lisetta" é um dos contos de *Brás, Bexiga e Barra Funda*, obra filiada à primeira fase do Modernismo. São temas dos contos desse livro as dificuldades que classes menos favorecidas, como os imigrantes italianos, enfrentam em São Paulo para se adaptar a um centro urbano em transformação, devido ao processo de industrialização e à mudança de hábitos. São características formais e temáticas da obra: a tematização de problemas sociais e humanos; o uso de linguagem coloquial, com o emprego de italianismos e do discurso direto; a integração entre o imigrante e os brasileiros, e o processo de abrasileiramento; a apresentação das personagens de forma rápida, sintética, em *flashs* de seu cotidiano; a narrativa em 3ª pessoa; o tom humorístico, satírico ou de paródia, que tem como intenção a crítica social.

268  Capítulo 23  Modernismo no Brasil (1ª Fase): o futuro chegou?

# Enem e vestibulares

1. **(ENEM)** "Poética", de Manuel Bandeira, é quase um manifesto do movimento modernista brasileiro de 1922. No poema, o autor elabora críticas e propostas que representam o pensamento estético predominante na época. Leia:

### Poética

Estou farto do lirismo comedido
Do lirismo bem comportado
Do lirismo funcionário público com livro de ponto expediente protocolo e manifestações de apreço ao Sr. diretor.
Estou farto do lirismo que pára e vai averiguar no dicionário o cunho vernáculo de um vocábulo.
Abaixo os puristas [...]

Quero antes o lirismo dos loucos
O lirismo dos bêbedos
O lirismo difícil e pungente dos bêbedos
O lirismo dos *clowns* de Shakespeare

– Não quero mais saber do lirismo que não é libertação.

(BANDEIRA, Manuel. *Poesia completa e prosa*. Rio de Janeiro: José Aguilar, 1974)

Com base na leitura do poema, podemos afirmar corretamente que o poeta:

a) Critica o lirismo louco do movimento modernista.

b) Critica todo e qualquer lirismo na literatura.

c) Propõe o retorno ao lirismo do movimento clássico.

d) Propõe o retorno do movimento romântico.

e) Propõe a criação de um novo lirismo.

2. **(UNIFESP)** Leia versos do poema "Os sapos", de Manuel Bandeira.

### Os sapos

"[...] O sapo-tanoeiro [...]
Diz: — "Meu cancioneiro
É bem martelado.
Vede como primo
Em comer os hiatos!
Que arte! E nunca rimo
Os termos cognatos.
O meu verso é bom
Frumento sem joio.
Faço rimas com
Consoantes de apoio.

Vai por cinquenta anos
Que lhes dei a norma:
Reduzi sem danos
A formas a forma.
Clame a saparia
Em críticas céticas:
Não há mais poesia
Mas há artes poéticas..."

(Estrela da vida inteira, 1993)

No trecho, o "sapo-tanoeiro" representa uma sátira aos:

a) modernistas.

b) românticos.

c) naturalistas.

d) parnasianos.

e) árcades.

3. **(FUVEST)** Assinale a alternativa correta:

a) Macunaíma é "o herói sem nenhum caráter" porque, no âmbito individual, é múltiplo e contraditório e, no plano da representação de uma coletividade, é inescrupuloso e mau caráter.

b) Macunaíma é "o herói sem nenhum caráter" por apresentar uma personalidade complexa, caracterizada a partir de traços psicológicos delineados sob um ponto de vista objetivo e científico.

c) Macunaíma é "o herói de nossa gente" por retratar, a partir dos traços múltiplos e contrastantes que o caracterizam, a coletividade brasileira, formada pela miscigenação racial e cultural.

d) Macunaíma é "o herói de nossa gente" por ser, como os brasileiros, esperto e trapaceiro, valendo-se mais da criatividade que da inteligência em suas ações.

e) Macunaíma é "o herói sem nenhum caráter" por reunir, de um ponto de vista psicológico e antropológico, as características de um povo cujo comportamento se define pela preguiça e imoralidade.

4. **(ENEM)** Leia:

### A rua

Bem sei que, muitas vezes,
O único remédio
É adiar tudo.

269

É adiar a sede, a fome, a viagem,
A dívida, o divertimento,
O pedido de emprego, ou a própria alegria.
A esperança é também uma forma
De contínuo adiamento.
Sei que é preciso prestigiar a esperança,
Numa sala de espera.
Mas sei também que espera significa luta e não, apenas,
Esperança sentada.
Não abdicação diante da vida

A esperança
Nunca é a forma burguesa, sentada e tranquila da espera.
Nunca é figura de mulher
Do quadro antigo.
Sentada, dando milho aos pombos.

(RICARDO, Cassiano. Disponível em:
www.revista.agulha.nom.br. Acesso em: 2 jan. 2012).

O poema de Cassiano Ricardo insere-se no Modernismo brasileiro. O autor metaforiza a crença do sujeito lírico numa relação entre o homem e seu tempo marcada por:

a) um olhar de resignação perante as dificuldades materiais e psicológicas da vida.

b) uma ideia de que a esperança do povo brasileiro está vinculada ao sofrimento e às privações.

c) uma posição em que louva a esperança passiva para que ocorram mudanças sociais.

d) um estado de inércia e de melancolia motivado pelo tempo passado "numa sala de espera".

e) uma atitude de perseverança e coragem no contexto de estagnação histórica e social.

5. **(UEL)** A questão refere-se aos textos abaixo. O primeiro reproduz observações de Alcântara Machado sobre o estilo dos escritores do início do século XX. O segundo é um trecho do conto "Gaetaninho", do próprio Alcântara Machado.

### Texto 1

"O literato nunca chamava a coisa pelo nome. Nunca. Arranjava sempre um meio de se exprimir indiretamente. Com circunlóquios, imagens poéticas, figuras de retórica, metalepses, metáforas e outras bobagens complicadíssimas. Abusando. Ninguém morria, partia para os páramos ignotos. Mulher não era mulher. Qual o quê. Era flor, passarinho, anjo da guarda, doçura desta vida, bálsamo de bondade, fada,

o diabo. Mulher é que não. Depois a mania do sinônimo difícil. (...) A preocupação de embelezar, de esconder, de colorir. Nada de pão, pão, queijo, queijo. Não senhor. Escrever assim não é vantagem. (...)"

(MACHADO, Antônio de Alcântara. "Novelas Paulistanas". 3ª. ed. Rio de Janeiro: José Olympio, 1973. p. XXXIV).

### Texto 2

"O Nino veio correndo com a bolinha de meia. Chegou bem perto. Com o tronco arqueado, as pernas dobradas, os braços estendidos, as mãos abertas, Gaetaninho ficou pronto para a defesa.

– Passa pro Beppino!

– Beppino deu dois passos e meteu o pé na bola. Com todo o muque. Ela cobriu o guardião sardento e foi parar no meio da rua.

– Vá dar tiro no inferno!

– Cala a boca, palestrino!

– Traga a bola!

Gaetaninho saiu correndo. Antes de alcançar a bola um bonde o pegou. Pegou e matou.

No bonde vinha o pai de Gaetaninho.

A gurizada assustada espalhou a notícia na noite.

– Sabe o Gaetaninho?

– Que é que tem?

– Amassou o bonde!

A vizinhança limpou com benzina suas roupas domingueiras."

(MACHADO, Antônio de Alcântara. "Novelas Paulistanas". 3ª ed. Rio de Janeiro: José Olympio, 1973. p. 13.)

Sobre os textos acima, considere as seguintes afirmativas:

I) - Os dois textos retratam a visão literária de Alcântara Machado. No Texto 1, ele comenta o estilo dos escritores da segunda fase modernista. No Texto 2, cria uma narrativa com o estilo próprio do momento em que escreveu seus livros, a década de 1930.

II) - Há nos dois textos ironia e humor. Enquanto no Texto 1 ele ironiza a retórica parnasiana e passadista, no Texto 2 ele mescla a situação trágica da morte de Gaetaninho com expressões humorísticas.

III) - O Texto 1 é um depoimento crítico de Alcântara Machado sobre o modo de escrever de alguns escritores brasileiros do início do século e representa a luta dos modernistas por uma linguagem mais direta, coloquial e permeada de oralidade.

IV) - O Texto 2 é um exemplo típico da estética realista da segunda fase modernista, o que mostra que o escritor Alcântara Machado não conseguiu realizar, na criação literária, o que defendeu em sua crítica aos escritores mais conservadores.

V) - Pelo que se pode observar nos dois textos, Alcântara Machado foi defensor da prosa com linguagem direta e sem enfeites, o que faz de sua obra literária um bom exemplo da literatura modernista da primeira fase.

a) Apenas as afirmativas I, II e III são corretas.
b) Apenas as afirmativas I, II e IV são corretas.
c) Apenas as afirmativas II, III, e IV são corretas.
d) Apenas as afirmativas II, III e V são corretas.
e) Apenas as afirmativas II, IV e V são corretas.

**6. (UNICAMP)**

(Disponível em http://www.ims.com.br/ims/artista/colecao/claude-levistrauss/obra/1995.)

### Pobre alimária

O cavalo e a carroça
Estavam atravancados no trilho
E como o motorneiro se impacientasse
Porque levava os advogados para os escritórios
Desatravancaram o veículo
E o animal disparou
Mas o lesto carroceiro
Trepou na boleia
E castigou o fugitivo atrelado
Com um grandioso chicote

(Oswald de Andrade, *Pau Brasil*. São Paulo: Globo, 2003, p.159.)

A imagem e o poema revelam a dinâmica do espaço na cidade de São Paulo na primeira metade do século XX.

Qual alternativa abaixo formula corretamente essa dinâmica?

a) Trata-se da ascensão de um moderno mundo urbano, onde coexistiam harmonicamente diferentes temporalidades, funções urbanas, sistemas técnicos e formas de trabalho, viabilizando-se, desse modo, a coesão entre o espaço da cidade e o tecido social.

b) Trata-se de um espaço agrário e acomodado, num período em que a urbanização não tinha se estabelecido, mas que abrigava em seu interstício alguns vetores da modernização industrial.

c) Trata-se de um espaço onde coexistiam distintas temporalidades: uma atrelada ao ritmo lento de um passado agrário e, outra, atrelada ao ritmo acelerado que caracteriza a modernidade urbana.

d) Trata-se de uma paisagem urbana e uma divisão do trabalho típicas do período colonial, pois a metropolização é um processo desencadeado a partir da segunda metade do século XX.

**7. (UNIFESP)**

Uma análise mais atenta do livro mostra que ele foi construído a partir da combinação de uma infinidade de textos preexistentes, elaborados pela tradição oral ou escrita, popular ou erudita, europeia ou brasileira. A originalidade estrutural deriva, deste modo, do fato de o livro não se basear na mímesis, isto é, na dependência constante que a arte estabelece entre o mundo objetivo e a ficção; mas em ligar-se quase sempre a outros mundos imaginários, a sistemas fechados de sinais, já regidos por significação autônoma. Esse processo, parasitário na aparência, é no entanto curiosamente inventivo; pois, em vez de recortar com neutralidade nos entrechos originais as partes de que necessita para reagrupá-las, intactas, numa ordem nova, atua quase sempre sobre cada fragmento, alterando-o em profundidade.

(Gilda de Mello e Souza. *O tupi e o alaúde*, 1979. Adaptado.)

Tal comentário aplica-se ao livro:

a) *A cidade e as serras*, de Eça de Queirós.
b) *Macunaíma*, de Mário de Andrade.
c) *Memórias de um sargento de milícias*, de Manuel Antônio de Almeida.
d) *Memórias póstumas de Brás Cubas*, de Machado de Assis.
e) *Iracema*, de José de Alencar.

## CAPÍTULO 24

# MODERNISMO NO BRASIL (2ª FASE): SOLIDARIEDADE E COMPROMISSO SOCIAL

Cândido Portinari. *Criança morta*, 1944. Óleo sobre tela, 1,82 m × 1,90 m. Série "Os retirantes".

### Roda de conversa

1. Baseando-se na legenda, descreva a imagem.
2. Considerando o título e o contexto histórico (1944), quem seriam essas figuras? Onde elas estão?
3. Qual é a realidade brasileira retratada? Com qual objetivo?

### Para você...

**... ler**
- *Alguma poesia*, Carlos Drummond de Andrade.
- *Para viver um grande amor*, Vinicius de Moraes.
- *Vidas secas*, Graciliano Ramos.
- *Seara vermelha*, Jorge Amado.

**... ouvir**
- *Asa Branca*, Luiz Gonzaga e Humberto Teixeira.
- *A rosa de Hiroshima*, Vinicius de Moraes e Gerson Conrad.

**... assistir**
- *O quinze*. Direção: Jurandir de Oliveira. Brasil, 2004.
- *Vidas secas*. Direção: Nelson Pereira dos Santos. Brasil, 1963.
- *Eternamente Pagu*. Direção: Norma Benguel. Brasil, 1987.

**... visitar**
- Museu/Memória on-line: *Casa do Rio Vermelho/Jorge Amado*. Disponível em: http://casadoriovermelho.com.br/. Acesso em: 17 jan. 2022.

### O que você vai...

**... fruir**
- *Mãos dadas*, Carlos Drummond de Andrade.
- *Solidariedade*, Murilo Mendes.
- *A rosa de Hiroshima*, Vinicius de Moraes.
- *Vidas secas*, Graciliano Ramos.
- *O quinze*, Rachel de Queiroz.

**... aprender**
- Modernismo no Brasil (poesia e prosa) – 2ª fase (características, principais autores).

- Um dos poetas que mais se destacam, a partir desse período, é Carlos Drummond de Andrade. Em sua opinião, o que seria abordado em um poema, escrito por ele, com o título "Mãos dadas"?

A seguir, leia esse poema, publicado originalmente no livro *Sentimento do mundo*.

**TEXTO 1**

### Mãos dadas

Não serei o poeta de um mundo **caduco**.

Também não cantarei o mundo futuro.

Estou preso à vida e olho meus companheiros.

Estão **taciturnos** mas nutrem grandes esperanças.

Entre eles, considero a enorme realidade.

O presente é tão grande, não nos afastemos.

Não nos afastemos muito, vamos de mãos dadas.


Não serei o cantor de uma mulher, de uma história,

não direi os suspiros ao anoitecer, a paisagem vista da janela,

não distribuirei entorpecentes ou cartas de suicida,

não fugirei para as ilhas, nem serei raptado por serafins.

O tempo é a minha matéria, o tempo presente, os homens presentes, a vida presente.

ANDRADE, Carlos Drummond de. *Poesia completa e prosa*. Rio de Janeiro: José Aguilar, 1973. p. 111.

**Caduco:** velho, fora de moda, obsoleto, ultrapassado, fora do real.
**Taciturnos:** silenciosos, calados, tristes.

### Quem é o autor?

**Carlos Drummond de Andrade** (1902-1987) nasceu em Itabira (MG) e faleceu no Rio de Janeiro (RJ). A partir de 1950, dedicou-se integralmente à produção literária (poemas, crônicas, contos, traduções etc.). Sua obra é uma das mais significativas da poesia brasileira.

1. Relacione o título ao tema do poema.

2. Qual é a posição assumida pelo eu lírico nos versos:
   a) "Não serei o poeta de um mundo caduco. / Também não cantarei o mundo futuro."
   b) "Estou preso à vida e olho meus companheiros. / Estão taciturnos mas nutrem grandes esperanças. / Entre eles, considero a enorme realidade. / O presente é tão grande, não nos afastemos. / Não nos afastemos muito, vamos de mãos dadas."
   c) "Não serei o cantor de uma mulher, de uma história, / não direi os suspiros ao anoitecer, a paisagem vista da janela, / não distribuirei entorpecentes ou cartas de suicida, / não fugirei para as ilhas, nem serei raptado por serafins."
   d) "O tempo é a minha matéria, o tempo presente, os homens presentes, a vida presente."

3. O poema "Mãos dadas" pode ser considerado um manifesto metalinguístico? Justifique.

4. O que o eu lírico expressa nos versos da 1ª e 2ª estrofes?

5. Explique o efeito de sentido da repetição das palavras **não** e **presente** na 2ª estrofe.

## 2ª fase do Modernismo

A 2ª fase do Modernismo brasileiro, na poesia, vai de 1930 até 1945 e foi marcada pela Segunda Guerra Mundial (1939-1945), que envolveu a maioria das nações do mundo; pelo Estado Novo, regime político brasileiro implantado por Getúlio Vargas (1937-1945); e caracterizado pela centralização do poder, pelo nacionalismo, anticomunismo, autoritarismo etc. A produção poética dessa fase aborda temas como: a vida simples, o cotidiano, a paz, a solidariedade etc. Há uma preocupação com a guerra, a submissão do homem à máquina e a reivindicação de um mundo mais justo.

**Carlos Drummond de Andrade** é considerado o poeta maior dessa segunda fase do Modernismo. Fez sua estreia literária em 1930, com o livro *Alguma poesia*. Apesar de não ter feito parte da Semana de Arte Moderna, seus poemas apresentam características da estética proposta no evento. *Sentimento do mundo* é um dos marcos dessa fase. Seus versos ora focalizam o indivíduo, a terra natal, a família e os amigos, ora os embates sociais, o questionamento da existência e a própria poesia, além de denunciar a guerra e seus efeitos. A obra de Carlos Drummond de Andrade dialoga com todas as tendências poéticas brasileiras do século XX.

O crítico e estudioso da literatura brasileira Luís Augusto Fischer (2013, p. 98) afirma que a poesia brasileira apresenta vários autores relevantes, "de primeiro nível – quer dizer, autores capazes de fixar o rosto da língua em seu tempo, e nesse rosto a vida local". Ele comenta ainda que os poetas da segunda geração modernista "Drummond e João Cabral estão entre os melhores poetas do século no Ocidente (se não são lidos como merecem, isso se deve apenas ao fato de terem vivido em português, essa língua que não manda em ninguém, circula pouco e dispõe de pouca espessura, comparada a outras aqui deste lado do mundo."

Instituto Moreira Salles, Rio de Janeiro

## Vamos comparar?

- Murilo Mendes, outro poeta do Modernismo brasileiro, também escreveu sobre o tema solidariedade. Você já leu ou ouviu algum poema desse autor?

### Solidariedade

Sou ligado pela herança do espírito e do sangue
Ao mártir, ao assassino, ao anarquista,
Sou ligado
Aos casais na terra e no ar,
Ao vendeiro da esquina,
Ao padre, ao mendigo, à mulher da vida,
Ao mecânico, ao poeta, ao soldado,
Ao santo e ao demônio,
Construídos à minha imagem e semelhança.

MENDES, Murilo. *O visionário*. São Paulo: Roswitha Kempf, [1984]. p. 32.

1. O poema é construído com o recurso da enumeração de termos como "mártir/assassino"; "padre/mendigo/mulher da vida"; "santo/demônio". Que sentimento do eu lírico essa enumeração expressa?

2. Como o eu lírico explica esse sentimento?

3. O poeta dialoga com o versículo bíblico "criados à minha imagem e semelhança", mas substitui a forma verbal "criados" por "construídos". Qual é o efeito de sentido provocado por essa substituição?

4. Com relação ao tema, que semelhanças e/ou diferenças existem entre esse poema e o poema "Mãos dadas", de Carlos Drummond de Andrade?

5. Com relação à estética, que semelhanças existem entre esse poema e "Mãos dadas", de Carlos Drummond de Andrade?

### Quem é o autor?

**Murilo** Monteiro **Mendes** (1901-1975) nasceu em Juiz de Fora (MG) e faleceu em Lisboa (Portugal). Seus primeiros poemas foram publicados nas revistas modernistas *Antropofagia* e *Verde*. Em 1953, mudou-se para a Europa e percorreu vários países dando aulas em universidades.

### A poesia de Murilo Mendes

A poesia de Murilo Mendes apresenta o gosto pela liberdade formal e temática conquistada pelos primeiros modernistas. Seu universo poético é multifacetado, tanto na linguagem quanto na temática, iniciando-se com as sátiras e o poema-piada até a poesia religiosa, existencialista e visionária. Ela reflete a consciência do caos de um mundo decadente, esfacelado diante da civilização do século XX. Murilo Mendes é considerado o poeta modernista brasileiro mais próximo do Surrealismo europeu.

### TEXTO 2

- Em sua opinião, por que um poeta compararia a explosão de uma bomba atômica a uma rosa?
- Você conhece algum livro, poema ou letra de canção de Vinicius de Moraes?

Leia agora um de seus poemas mais famosos.

### A rosa de Hiroshima

Pensem nas crianças
Mudas telepáticas
Pensem nas meninas
Cegas inexatas
Pensem nas mulheres
Rotas alteradas
Pensem nas feridas
Como rosas cálidas
Mas oh não se esqueçam
Da rosa da rosa
Da rosa de Hiroshima
A rosa hereditária
A rosa radioativa
Estúpida e inválida
A rosa com cirrose
A antirrosa atômica
Sem cor sem perfume
Sem rosa sem nada.

MORAES, Vinicius de. *Poesia completa e prosa*. 3. ed. Rio de Janeiro: Nova Aguilar, 1998. p. 289.

#### Quem é o autor?

**Vinicius de Moraes** (1913-1980) nasceu e faleceu no Rio de Janeiro (RJ). Foi poeta, diplomata, cronista, crítico de cinema e compositor. A década de 1950 marca o início de sua dedicação à MPB e participação na Bossa Nova. Tornou-se conhecido mundialmente pelo filme *Orfeu Negro* (1959), premiado no Festival de Cannes e no Oscar como Melhor Filme Estrangeiro. Entre seus livros destacam-se: *O caminho para a distância*; *Forma e exegese*; *Pátria minha*; *Para viver um grande amor*; *A arca de Noé* (infantil); *Poemas de muito amor* etc.

## Contexto histórico

Vinicius de Moraes escreveu o poema "A rosa de Hiroshima", em 1946, no final da Segunda Guerra Mundial, quando as cidades japonesas de Hiroshima e Nagasaki foram atacadas por dois bombardeios atômicos. Foram graves as consequências desse ataque: milhares de pessoas morreram; outras tiveram queimaduras graves, tumores malignos, problemas genéticos, perda de visão, problemas psicológicos ou tornaram-se estéreis por causa da radiação.

1. Analise a visão de mundo, o posicionamento social do poeta.

2. O poema rompe com a imagem metafórica tradicional da rosa. Explique.

3. Com qual propósito o eu lírico busca interação com o leitor/ouvinte?

4. Qual é o efeito de sentido provocado pelo emprego da expressão "rosas cálidas" e do neologismo "antirrosa"?

5. Esse poema conserva traços formais tradicionais, que foram combatidos pelos modernistas da primeira fase. Justifique essa afirmação baseando-se em seus conhecimentos construídos nesta obra.

6. O tema desse poema continua relevante e atual? Justifique sua resposta com exemplos.

## A poesia de Vinicius de Moraes

A poesia de Vinicius de Moraes inicia-se com influência do Simbolismo (de tom bíblico e espiritualista). Posteriormente, assume as temáticas do amor, da mulher, do sensualismo erótico; e acentua a contradição entre o prazer da carne e a religiosidade; o imediatismo e a eternidade; a felicidade e a infelicidade; a alegria e a tristeza. Também estão presentes em sua obra temas sociais como as desigualdades étnicas, econômicas e culturais, e os horrores da guerra.

## TEXTO 3

- Depois da primeira fase do Modernismo, que rumo teria tomado a prosa brasileira?
- Quais seriam suas temáticas?

*Vidas secas* (1938), romance de Graciliano Ramos, narra a vida de privações de uma família de retirantes do sertão nordestino, composta de Fabiano, Sinhá Vitória, os filhos – chamados "menino mais velho" e "menino mais novo" – e a cachorra Baleia. Leia um trecho do primeiro capítulo dessa obra.

### Mudança

Na planície avermelhada os juazeiros alargavam duas manchas verdes. Os infelizes tinham caminhado o dia inteiro, estavam cansados e famintos. Ordinariamente andavam pouco, mas como haviam repousado bastante na areia do rio seco, a viagem progredira bem três léguas. Fazia horas que procuravam uma sombra. A folhagem dos juazeiros apareceu longe, através dos galhos pelados da caatinga rala.

Arrastaram-se para lá, devagar, Sinhá Vitória com o filho mais novo escanchado no quarto e o baú de folha na cabeça, Fabiano sombrio, **cambaio**, o **aió** a tiracolo, a cuia pendurada numa correia presa ao cinturão, a espingarda de pederneira no ombro. O menino mais velho e a cachorra Baleia iam atrás.

Os juazeiros aproximaram-se, recuaram, sumiram-se. O menino mais velho pôs-se a chorar, sentou-se no chão.

– Anda, condenado do diabo, gritou-lhe o pai.

Não obtendo resultado, fustigou-o com a bainha da faca de ponta. Mas o pequeno esperneou acuado, depois sossegou, deitou-se, fechou os olhos. Fabiano

**Cambaio:** trôpego, que anda com dificuldade.
**Aió:** espécie de bolsa, embornal.

ainda lhe deu algumas pancadas e esperou que ele se levantasse. Como isto não acontecesse, espiou os quatro cantos, zangado, praguejando baixo.

**Seixos:** cascalho, pedaço de rocha, pedregulho.

A caatinga estendia-se, de um vermelho indeciso salpicado de manchas brancas que eram ossadas. O voo negro dos urubus fazia círculos altos em redor de bichos moribundos.

– Anda, excomungado.

O pirralho não se mexeu, e Fabiano desejou matá-lo. Tinha o coração grosso, queria responsabilizar alguém pela sua desgraça. A seca aparecia-lhe como um fato necessário – e a obstinação da criança irritava-o. Certamente esse obstáculo miúdo não era culpado, mas dificultava a marcha, e o vaqueiro precisava chegar, não sabia onde.

Tinham deixado os caminhos, cheios de espinho e seixos, fazia horas que pisavam a margem do rio, a lama seca e rachada que escaldava os pés.

Pelo espírito atribulado do sertanejo passou a ideia de abandonar o filho naquele descampado. Pensou nos urubus, nas ossadas, coçou a barba ruiva e suja, irresoluto, examinou os arredores. Sinhá Vitória estirou o beiço indicando vagamente uma direção e afirmou com alguns sons guturais que estavam perto. Fabiano meteu a faca na bainha, guardou-a no cinturão, acocorou-se, pegou no pulso do menino, que se encolhia, os joelhos encostados ao estômago, frio como um defunto. Aí a cólera desapareceu e Fabiano teve pena. Impossível abandonar o anjinho aos bichos do mato. Entregou a espingarda a Sinhá Vitória, pôs o filho no cangote, levantou-se, agarrou os bracinhos que lhe caíam sobre o peito, moles, finos como cambitos. Sinhá Vitória aprovou esse arranjo, lançou de novo a interjeição gutural, designou os juazeiros invisíveis.

E a viagem prosseguiu, mais lenta, mais arrastada, num silêncio grande.

RAMOS, Graciliano. *Vidas secas*. 37. ed. Rio de Janeiro: Record, 1977. p. 9-11.

### Quem é o autor?

**Graciliano Ramos** de Oliveira (1892-1953) nasceu em Quebrangulo (AL) e faleceu no Rio de Janeiro (RJ). Além de escritor, foi jornalista, prefeito de Palmeira dos Índios (AL) e político militante. Preso, foi humilhado e torturado por pertencer ao Partido Comunista Brasileiro. Obras principais: *Caetés* (1933); *São Bernardo* (1934), *Angústia* (1936), *Vidas secas* (1938), *Infância* (1945), *Insônia* (1947); *Memórias do cárcere* (1953); *Viagem* (1954); *Viventes das Alagoas* (1962), *Alexandre e outros heróis* (1962) e o livro de crônicas *Linhas tortas* (1962).

1. Identifique o cenário e a situação dos personagens descritos nesse trecho.

2. Explique o que as seguintes passagens do texto revelam a respeito do personagem Fabiano.
   a) "Tinha o coração grosso, queria responsabilizar alguém pela sua desgraça."
   b) "A seca aparecia-lhe como um fato necessário [...]."
   c) "[...] e o vaqueiro precisava chegar, não sabia onde"; "[...] coçou a barba ruiva e suja, irresoluto, examinou os arredores."

3. Que sentimentos Fabiano apresenta diante das reações do filho mais velho?

4. Em sua opinião, é possível compreender a atitude desse pai em relação ao filho mais velho?

5. Como você interpreta a referência a "sons guturais", "interjeição gutural" para se referir à forma de se expressar de Sinhá Vitória?

6. Qual foi o papel de Sinhá Vitória na resolução do conflito entre Fabiano e o filho mais velho?

7. Identifique e explique os recursos linguísticos empregados pelo narrador em:
   a) "avermelhada", "verdes", "cansados", "famintos";
   b) "[...] frio como um defunto."; "[...] moles, finos como cambitos.";
   c) "rio seco", "planície avermelhada", "escaldava os pés", "barba ruiva e suja", "sons guturais";
   d) "ossadas", "voo negro dos urubus", "defunto", "bichos moribundos".

8. O que essa escolha lexical revela?

279

9. As narrativas, em geral, costumam apresentar relação de causa e consequência entre os fatos. Que alternativa **não** apresenta essa relação?

   a) "Os infelizes tinham caminhado o dia inteiro, estavam cansados e famintos."

   b) "[...] mas como haviam repousado bastante na areia do rio seco, a viagem progredira bem três léguas."

   c) "Não obtendo resultado, fustigou-o com a bainha da faca de ponta."

   d) "Como isto não acontecesse, espiou os quatro cantos, zangado, praguejando baixo."

   e) "A seca aparecia-lhe como um fato necessário – e a obstinação da criança irritava-o."

10. Os personagens de *Vidas secas* só são nomeados no segundo parágrafo do capítulo "Mudança". Identifique e explique o termo usado para se referir a eles no primeiro parágrafo.

11. Explique o recurso da gradação presente nos seguintes trechos:

    a) "Os juazeiros aproximaram-se, recuaram, sumiram-se."

    b) "Mas o pequeno esperneou acuado, depois sossegou, deitou-se, fechou os olhos."

# O romance de 30

Após a Semana de Arte Moderna, alguns escritores de diferentes regiões do país começaram a produzir obras em prosa que retratavam criticamente a realidade social e política do Brasil. Passaram a tematizar questões como: a desigualdade social, a vida miserável e indigna dos retirantes; o modelo econômico escravagista e o coronelismo, apoiado na posse das terras. Esses problemas, muitas vezes, eram desconhecidos do público leitor dos centros urbanos da época. Em 1926, no Recife, essa proposta estética firmou-se em um congresso, no qual escritores nordestinos tomaram a decisão de criar uma prosa regional comprometida com a participação política e a denúncia social. O chamado **romance de 30** é considerado a concretização desse Congresso de 26, e as obras produzidas são um marco na renovação do gênero romance, no Brasil. Na prosa da 2ª geração modernista destacam-se ainda os romancistas: José Lins do Rego, Jorge Amado, José Américo de Almeida e Rachel de Queiroz; Erico Verissimo e Dyonélio Machado (no Sul); Cyro dos Anjos, Marques Rebelo e Amando Fontes (no Sudeste).

## *Vidas secas*, de Graciliano Ramos

Esse romance foi publicado em 1938 e narra a vida de uma família de retirantes que era sempre obrigada a se deslocar por causa da seca, em busca de sobrevivência. Graciliano Ramos adota um estilo também seco, com vocabulário apropriado para expressar a aridez do cenário, que se reflete na vida dos personagens. A obra denuncia a condição social miserável dos retirantes em razão da ausência de políticas públicas para assegurar-lhes os mínimos direitos de cidadania.

- Você já leu alguma obra de Rachel de Queiroz? Que temática poderia sugerir um romance que tem como título *O quinze*?

Rachel de Queiroz, escritora cearense, retratou a seca e suas consequências na vida do sertanejo em seu romance *O quinze*. O título refere-se à grande seca de 1915. O enredo é centrado em dois planos: o drama do vaqueiro Chico Bento e de sua família retirante e a relação afetiva de Conceição (professora culta, de família tradicional) e Vicente, seu primo (proprietário de terras, criador de gado). O trecho que você vai ler narra a viagem do retirante Chico Bento e sua família para Fortaleza (CE), fugindo da seca.

## TEXTO 4

### O quinze

[...] E Cordulina, botando a vergonha de lado, com o Duquinha no quadril – que as privações tinham desensinado de andar, e agora mal engatinhava – dirigia-se às casas, pedindo um leitinho para dar ao filho, um restinho de farinha, ou de goma pra fazer uma papa...

A pobre da burra, que vinham sustentando Deus sabe como, com casca seca de pau e sabugos de **monturo**, foi emagrecendo, descarnando, até ficar uma dura armação de ossos, envolvida num couro sujo, esburacado de vermelho.

Chico Bento julgou melhor trocá-la por qualquer cinco mil-réis, do que ser forçado a abandoná-la por aí, meio morta, em algum pedaço de caminho. Um **bodegueiro**, em Baturité, lhe ofereceu **6$000**.

E deixaram a companheira de tantas léguas amarrada a uma estaca de cerca, a cabeça pendendo do cabresto, a cauda roída e suja batendo as moscas das pisaduras.

**Monturo:** lugar onde se depositam dejetos, lixo.
**Bodegueiro:** proprietário ou frequentador de bodega: pequeno armazém de secos e molhados; boteco.
**6$000:** 6 mil-réis. Réis era a moeda (unidade monetária) brasileira naquela época.

★

281

**Falripas** ou farripas: cabelos muito ralos, muito curtos.
**Tresvariar:** alucinar, desatinar; enlouquecer.
**Turbou-se:** o mesmo que turvou-se: embaralhou-se, embaçou-se; escureceu-se.
**Tejuaçu** ou teiuaçu: o maior lagarto da América do Sul.
**Enristadas:** o mesmo que apontadas, como lanças, contra o céu.
**Estridulou:** produziu estrídulo: som agudo e penetrante.
**Nambi:** animal sem cauda ou de orelha caída, cortada ou atrofiada.

Eles tinham saído na véspera, de manhã, da Canoa.

Eram duas horas da tarde.

Cordulina, que vinha quase cambaleando, sentou-se numa pedra e falou, numa voz quebrada e penosa:

— Chico, eu não posso mais... Acho até que vou morrer. Dá-me aquela zoeira na cabeça!

Chico Bento olhou dolorosamente a mulher. O cabelo, em **falripas** sujas, como que gasto, acabado, caía, por cima do rosto, envesgando os olhos, roçando na boca. A pele, empretecida como uma casca, preguevava nos braços e nos peitos, que o casaco e a camisa rasgada descobriam.

A saia roída se apertava na cintura em dobras sórdidas; e se enrolava nos ossos das pernas, como um pano posto a enxugar se enrola nas estacas da cerca.

Num súbito contraste, a memória do vaqueiro confusamente começou a recordar a Cordulina do tempo do casamento.

Viu-a de branco, gorda e alegre, com um ramo de cravos no cabelo oleado e argolas de ouro nas orelhas...

**Depois sua pobre cabeça dolorida entrou a tresvariar; a vista turbou-se como as ideias; confundiu as duas imagens, a real e a evocada, e seus olhos visionavam uma Cordulina fantástica, magra como a morte, coberta de grandes panos brancos, pendendo-lhe das orelhas duas argolas de ouro, que cresciam, cresciam, até atingir o tamanho do sol.**

No colo da mulher, o Duquinha, também só osso e pele, levava, com um gemido abafado, a mãozinha imunda, de dedos ressequidos, aos pobres olhos doentes.

E com a outra tateava o peito da mãe, mas num movimento tão fraco e tão triste que era mais uma tentativa do que um gesto.

Lentamente o vaqueiro voltou as costas; cabisbaixo, o Pedro o seguiu.

E foram andando à toa, devagarinho, costeando a margem da caatinga.

Às vezes, o menino parava, curvava-se, espiando debaixo dos paus, procurando ouvir a carreira de algum **tejuaçu** que parecia ter passado perto deles. Mas o silêncio fino do ar era o mesmo. E a morna correnteza que ventava, passava silenciosa como um sopro de morte; na terra desolada não havia sequer uma folha seca; e as árvores negras e agressivas eram como arestas de pedra, **enristadas** contra o céu.

Mais longe, numa volta da estrada, a telha encarnada de uma casa brilhava ao sol. Lentamente, Chico Bento moveu os passos trôpegos na sua direção.

De repente, um bé!, agudo e longo, **estridulou** na calma.

E uma cabra ruiva, **nambi**, de focinho quase preto, estendeu a cabeça por entre a orla de galhos secos do caminho, aguçando os rudimentos de orelha, evidentemente procurando ouvir, naquela distensão de sentidos, uma longínqua resposta a seu apelo.

Chico Bento, perto, olhava-a com as mãos trêmulas, a garganta áspera, os ossos afogueados.

O animal soltou novamente o seu clamor aflito.

Cauteloso, o vaqueiro avançou um passo. [...]

QUEIROZ, Rachel de. *O quinze*. 33. ed. Rio de Janeiro: José Olympio, 1984. p. 46-47.

### Quem é o autor?

**Rachel de Queiroz** (1910-2003) nasceu em Fortaleza (CE) e faleceu no Rio de Janeiro (RJ). Militante do PCB (Partido Comunista Brasileiro), foi presa política. Traduziu clássicos da literatura e escreveu peças teatrais (*Lampião e Maria do Egito*). Foi a primeira mulher eleita para a Academia Brasileira de Letras. Seu último romance, *Memorial de Maria Moura*, tornou-se bastante conhecido ao ser adaptado para a TV.

1. Qual é o tema do texto que você leu?

2. Leia e explique o trecho a seguir.

> "E a morna correnteza que ventava, passava silenciosa como um sopro de morte; na terra desolada não havia sequer uma folha seca; e as árvores negras e agressivas eram como arestas de pedra, enristadas contra o céu."

3. Que alternativa interpreta adequadamente o trecho que você leu?

    a) A descrição está centrada nos aspectos adversos da paisagem.

    b) Observa-se a presença de discurso indireto livre.

    c) O foco narrativo é de 1ª pessoa.

    d) A descrição está centrada nas personagens.

    e) A linguagem reproduz com fidelidade a fala do sertanejo.

4. Analise a representação social dos personagens, baseando-se nas ações narradas no trecho lido.

5. Explique o efeito de sentido provocado pelo emprego do *flashback* (técnica cinematográfica usada em narrativas para indicar uma volta ao tempo) em:

> "Viu-a de branco, gorda e alegre, com um ramo de cravos no cabelo oleado e argolas de ouro nas orelhas..."

6. Releia, no texto, o trecho destacado. Como você o interpreta? Explique.

7. Considerando a situação da família de retirantes, interprete a atitude do menino na cena descrita a seguir.

> "Às vezes, o menino parava, curvava-se, espiando debaixo dos paus, procurando ouvir a carreira de algum tejuaçu que parecia ter passado perto deles."

8. Releia os trechos e as expressões a seguir e relacione, em cada item, a escolha das palavras ao tema.

    a) "as privações tinham desensinado de andar", "mal engatinhava", "só osso e pele", "dedos ressequidos", "pobres olhos doentes";

    b) "cambaleando", "voz quebrada e penosa", "eu não posso mais", "Acho até que vou morrer", "zoeira na cabeça".

    c) "lentamente", "passos trôpegos".

9. Os dois trechos de obra lidos – *Vidas secas* e *O quinze* – tratam do mesmo tema e foram escritos no mesmo momento histórico por autores engajados em causas sociais. Compare a situação dos personagens de ambos e estabeleça semelhanças e diferenças.

10. Com qual estética literária anterior ao Modernismo os dois trechos dialogam?

11. Relacione *Vidas secas* e *O quinze* à imagem de abertura.

### *O quinze*, de Rachel de Queiroz

Romance regionalista de denúncia social que tematiza a seca de 1915, no Ceará. Chico Bento, a mulher e os filhos (assim como a família do romance *Vidas Secas*) estão em busca de uma vida mais digna. Migram do sertão cearense para o Recife e, por não encontrarem aí condições de sobrevivência, seguem para São Paulo. Com linguagem expressiva, a romancista concilia denúncia social e cuidadosa análise sociológica e psicológica das personagens.

# Enem e vestibulares

1. **(UFV)** Leia os versos de Drummond publicados em *Alguma poesia*, seu primeiro livro (composto de poemas escritos entre 1923-1930), e dedicados a Mário de Andrade:

### No meio do caminho

No meio do caminho tinha uma pedra
tinha uma pedra no meio do caminho
tinha uma pedra
no meio do caminho tinha uma pedra.

Nunca me esquecerei desse acontecimento
na vida de minhas retinas tão fatigadas.

Nunca me esquecerei que no meio do caminho
tinha uma pedra
tinha uma pedra no meio do caminho
no meio do caminho tinha uma pedra.

(ANDRADE, Carlos Drummond de. *Poesia completa e prosa.* Rio de Janeiro: José Aguilar, 1973. p. 61-62.)

No poema *No meio do caminho*, de Drummond, observamos algumas tendências do Modernismo. Marque as alternativas que correspondem às características modernistas evidenciadas no poema.

a) Linguagem coloquial e rejeição do verso perfeito dos parnasianos.

b) Jogo rítmico, que reflete o estado psicológico do movimento.

c) Visão dinâmica da vida expressa por uma poética de tendência exclusivamente futurista.

d) Experimentação linguística expressa no verso intencionalmente repetitivo.

e) Tom revolucionário, que expressa a preocupação do poeta com o homem e sua problemática político-social.

2. **(ENEM)** Leia estes versos de Cecília Meireles:

"Ai, palavras, ai, palavras
que estranha potência a vossa!

Todo o sentido da vida
principia a vossa porta:
o mel do amor cristaliza
seu perfume em vossa rosa;
sois o sonho e sois a audácia,
calúnia, fúria, derrota...

A liberdade das almas, ai!
Com letras se elabora...
E dos venenos humanos
sois a mais fina retorta:
frágil, frágil, como o vidro
e mais que o aço poderosa!

Reis, impérios, povos, tempos,
pelo vosso impulso rodam [...]"

(MEIRELES, Cecília. *Obra poética*. Rio de Janeiro: Nova Aguilar, 1985, fragmento)

O fragmento destacado foi transcrito do *Romanceiro da Inconfidência*, de Cecília Meireles. Centralizada no episódio histórico da Inconfidência Mineira, a obra, no entanto, elabora uma reflexão mais ampla sobre a seguinte relação entre o homem e a linguagem:

a) A força e a resistência humanas superam os danos provocados pelo poder corrosivo das palavras.

b) As relações humanas, em suas múltiplas esferas, têm seu equilíbrio vinculado ao significado das palavras.

c) O significado dos nomes não expressa de forma justa e completa a grandeza da luta do homem pela vida.

d) Renovando o significado das palavras, o tempo permite às gerações perpetuar seus valores e suas crenças.

e) Como produto da criatividade humana, a linguagem tem seu alcance limitado pelas intenções e gestos.

3. **(ENEM)** Leia:

**Texto I**

"Logo depois transferiram para o trapiche o depósito dos objetos que o trabalho do dia lhes proporcionava. Estranhas coisas entraram então para o trapiche. Não mais estranhas, porém, que aqueles meninos, moleques de todas as cores e de idades as mais variadas, desde os nove aos dezesseis anos, que à noite se estendiam pelo assoalho e por debaixo da ponte e dormiam, indiferentes ao vento que circundava o casarão uivando, indiferentes à chuva que muitas vezes os lavava, mas com os olhos puxados para as luzes dos navios, com os ouvidos presos às canções que vinham das embarcações..."

(AMADO, Jorge. *Capitães da Areia*. São Paulo: Companhia das Letras, 2008, fragmento.)

284    Capítulo 24   Modernismo no Brasil (2ª Fase): Solidariedade e compromisso social

**Texto II**

"À margem esquerda do rio Belém, nos fundos do mercado de peixe, ergue-se o velho ingazeiro – ali os bêbados são felizes. Curitiba os considera animais sagrados, provê as suas necessidades de cachaça e pirão. No trivial contentavam-se com as sobras do mercado."

(TREVISAN, Dalton. *35 noites de paixão:* contos escolhidos. Rio de Janeiro: BestBolso, 2009, fragmento.)

Sob diferentes perspectivas, os fragmentos citados são exemplos de uma abordagem literária recorrente na literatura brasileira do século XX. Em ambos os textos,

a) a linguagem afetiva aproxima os narradores dos personagens marginalizados.

b) a ironia marca o distanciamento dos narradores em relação aos personagens.

c) o detalhamento do cotidiano dos personagens revela a sua origem social.

d) o espaço onde vivem os personagens é uma das marcas de sua exclusão.

e) a crítica à indiferença da sociedade pelos marginalizados é direta.

**4. (FUVEST)**

(...) procurei adivinhar o que se passa na alma duma cachorra. Será que há mesmo alma em cachorro? Não me importo. O meu bicho morre desejando acordar num mundo cheio de preás. Exatamente o que todos nós desejamos. A diferença é que eu quero que eles apareçam antes do sono, e padre Zé Leite pretende que eles nos venham em sonhos, mas no fundo todos somos como a minha cachorra Baleia e esperamos preás. (...)

Carta de Graciliano Ramos a sua esposa.

(...) Uma angústia apertou-lhe o pequeno coração. Precisava vigiar as cabras: àquela hora cheiros de suçuarana deviam andar pelas ribanceiras, rondar as moitas afastadas. Felizmente os meninos dormiam na esteira, por baixo do caritó onde sinha Vitória guardava o cachimbo. (...)

Baleia queria dormir. Acordaria feliz, num mundo cheio de preás. E lamberia as mãos de Fabiano, um Fabiano enorme. As crianças se espojariam com ela, rolariam com ela num pátio enorme, num chiqueiro enorme. O mundo ficaria todo cheio de preás, gordos, enormes.

Graciliano Ramos, *Vidas secas*.

As declarações de Graciliano Ramos na Carta e o excerto do romance permitem afirmar que a personagem Baleia, em *Vidas secas*, representa

a) O conformismo dos sertanejos.

b) Os anseios comunitários de justiça social.

c) Os desejos incompatíveis com os de Fabiano.

d) A crença em uma vida sobrenatural.

e) O desdém por um mundo melhor.

**5. (UFSCAR)**

### Soneto de fidelidade

De tudo, ao meu amor serei atento
Antes, e com tal zelo, e sempre, e tanto
Que mesmo em face do maior encanto
Dele se encante mais meu pensamento.

Quero vivê-lo em cada vão momento
E em seu louvor hei de espalhar meu canto
E rir meu riso e derramar meu pranto
Ao seu pesar ou seu contentamento.

E assim, quando mais tarde me procure
Quem sabe a morte, angústia de quem vive
Quem sabe a solidão, fim de quem ama

Eu possa me dizer do amor (que tive):
Que não seja imortal, posto que é chama
Mas que seja infinito enquanto dure.

(Vinicius de Moraes)

Nos dois primeiros quartetos do soneto de Vinicius de Moraes, delineia-se a ideia de que o poeta:

a) não acredita no amor como entrega total entre duas pessoas.

b) acredita que, mesmo amando muito uma pessoa, é possível apaixonar-se por outra e trocar de amor.

c) entende que somente a morte é capaz de findar com o amor de duas pessoas.

d) concebe o amor como um sentimento intenso a ser compartilhado, tanto na alegria quanto na tristeza.

e) vê, na angústia causada pela ideia da morte, o impedimento para as pessoas se entregarem ao amor.

# CAPÍTULO 25

# MODERNISMO NO BRASIL (3ª FASE): POESIA – DIVERSIDADE E RIGOR FORMAL

Lasar Segall. *Bananal*, 1927. Óleo sobre tela, 87 cm × 127 cm.

## Roda de conversa

1. Descreva a pintura e seus elementos: as cores usadas pelo artista, as linhas, as figuras etc.

2. Dê sua opinião a respeito dessa pintura. Que importância ela teria, levando-se em conta sua data de criação: 1927?

## Para você...

### ... ler
- *Os melhores poemas*, Jorge de Lima.
- *Poemas para ler na escola*, Mário Quintana.
- *Os melhores poemas*, João Cabral de Melo Neto.

### ... ouvir
- *Garota de Ipanema*, Tom Jobim e Vinicius de Moraes.
- *Desafinado*, Newton Mendonça, Tom Jobim e João Gilberto.
- *Águas de março*, Tom Jobim.

### ... pesquisar/ouvir/assistir
- *As 10 músicas mais importantes da Bossa Nova*. Disponível em: https://www.culturagenial.com/musicas-bossa-nova/. Acesso em: 17 jan. 2022.

### ... assistir
- *O bem-amado*. Direção: Guel Arraes. Brasil, 2010.
- *Morte e vida severina*. Direção: Zelito Viana. Brasil, 1977.

## O que você vai...

### ... fruir
- *Função*, Mário Quintana.
- *O engenheiro*, João Cabral de Melo Neto.

### ... aprender
- Modernismo no Brasil (poesia) – Características e obras de alguns autores da 3ª fase do Modernismo brasileiro.

- Você já leu ou ouviu algum poema ou alguma crônica de Mário Quintana, poeta que tinha predileção pelos temas simples da vida e do cotidiano?

A seguir, leia o poema "Função", escrito por ele.

**TEXTO 1**

### Função

Me deixaram sozinho no meio do circo

Ou era apenas um pátio uma janela uma rua uma esquina

Pequenino mundo sem rumo

Até que descobri que todos os meus gestos

Pendiam cada um das estrelas por longos fios invisíveis

E havia súbitas e lindas aparições como aquela das longas tranças

E todas imitavam tão bem a vida

Que por um momento se chegava a esquecer a sua cruel inocência de bonecas

E eu dizia depois coisas tão lindas

E tristes

Que não sabia como tinham ido parar na minha boca

E o mais triste não era que aquilo fosse apenas um jogo cambiante de reflexos

Porque afinal um belo pião dançante

Ou zunindo imóvel

Vive uma vida mais intensa do que a mão ignorada que o arremessou

E eu danço tu danças nós dançamos

Sempre dentro de um círculo implacável de luz

Sem saber quem nos olha atenta ou distraidamente do escuro...

QUINTANA, Mário. *Antologia poética*. Rio de Janeiro: Ed. do Autor, 1966. p. 33.

1. Baseando-se no sentido da palavra **função**, no contexto, qual é a relação entre o título e o tema do poema?

2. Leia os versos a seguir e explique o que eles revelam a respeito dos sentimentos, das impressões e percepções expressas pelo eu lírico.

   a) "Me deixaram sozinho no meio do circo / Ou era apenas um pátio uma janela uma rua uma esquina / Pequenino mundo sem rumo";

   b) "Até que descobri que todos os meus gestos / Pendiam cada um das estrelas por longos fios invisíveis";

   c) "E eu danço tu danças nós dançamos / Sempre dentro de um círculo implacável de luz / Sem saber quem nos olha atenta ou distraidamente do escuro...".

3. Que sentimentos o eu poético expressa?

4. Que características da estética modernista estão presentes no poema "Função"?

**Quem é o autor?**

**Mário** de **Miranda Quintana** (1906-1994) nasceu em Alegrete (RS) e faleceu em Porto Alegre (RS). Foi redator e colaborador dos jornais *O Estado do Rio Grande* e *Correio do Povo*. O trabalho na imprensa, o contato próximo com os leitores e a incorporação de temas da vida cotidiana tornou-o um dos poetas mais conhecidos do povo brasileiro. Entre seus livros se destacam: *A rua dos cata-ventos*; *Sapato florido*; *O aprendiz de feiticeiro*; *Espelho mágico*; *Pé de pilão* etc.

# Modernismo no Brasil (3ª fase)

## Mário Quintana

Mário Quintana é um dos poetas da terceira fase do Modernismo. Ele aborda em seus poemas temas simples e sensíveis do cotidiano. Apesar de ter alguns traços do Parnasianismo e de ter composto sonetos com formas fixas, ele se inspirou no Simbolismo para compor sua obra, que é marcada também pelo humor, pelo coloquialismo e pela concisão.

## Contexto histórico

A 3ª Fase do Modernismo é marcada historicamente, no plano internacional, pela Guerra Fria entre os EUA e a União Soviética; e, no Brasil, pela saída de Getúlio Vargas do poder. Juscelino Kubitscheck inicia uma política industrial com o lema "cinquenta anos em cinco" e constrói Brasília; enquanto crescem as desigualdades sociais e a dívida externa do país. Em 1960, Jânio Quadros é eleito, renuncia, e lança o país em uma grave crise política, que termina por levar ao golpe militar de 1964.

## Contexto cultural

Na música, ganha impulso a Bossa Nova. No cinema, com a liderança de Glauber Rocha, destaca-se o movimento do Cinema Novo, que incorpora a máxima de "uma ideia na cabeça e uma câmara na mão". No teatro/dramaturgia, é criado o Teatro Brasileiro de Comédia (TBC); revelam-se novos nomes e talentos como Dias Gomes, que incorpora o "realismo mágico" em suas peças, roteiros e novelas para a TV; Plínio Marcos, que retrata o submundo, a miséria e a violência das periferias dos grandes centros urbanos, entre outros. Dramaturgos, cineastas, escritores, compositores enfrentam a censura do Governo Militar e produzem obras em que refletem questões políticas, sociais, regionais, existenciais.

Glauber Rocha, o líder do Cinema Novo.

## A poesia da Geração de 45

Também conhecida como Geração de 45, a 3ª fase do Modernismo brasileiro, segundo a maioria dos críticos, vai de 1945 a 1962. A poesia dessa geração é marcada especialmente pelo pluralismo de temas, que vão desde a retomada da **escravidão** (uma marca do Romantismo), o compromisso social e a poética das coisas simples, cotidianas, ao rigor formal da palavra exata no lugar exato, calculada, arquitetada; e a busca de uma nova linguagem poética. Entre os poetas mais importantes dessa geração estão: Jorge de Lima, Mário Quintana, João Cabral de Melo Neto, Solano Trindade e Manoel de Barros.

- O que seria tematizado em um poema com o título "O engenheiro"?
- Existe alguma relação entre "criar um poema" e "criar pontes, edifícios, estradas, viadutos"?

Leia o poema a seguir.

### O engenheiro

*A Antonio B. Baltar*

A luz, o sol, o ar livre
envolvem o sonho do engenheiro.
O engenheiro sonha coisas claras:
superfícies, tênis, um copo de água.

O lápis, o esquadro, o papel;
o desenho, o projeto, o número:
o engenheiro pensa o mundo justo,
mundo que nenhum véu encobre.

(Em certas tardes nós subíamos
ao edifício. A cidade diária,
como um jornal que todos liam,
ganhava um pulmão de cimento e vidro.)

A água, o vento, a claridade,
de um lado o rio, no alto as nuvens,
situavam na natureza o edifício
crescendo de suas forças simples.

MELO NETO, João Cabral de. O engenheiro. *In:* MELO NETO, João Cabral. *Obra completa/Poesia.* Rio de Janeiro: Aguilar, 1999. p. 69 e 70.

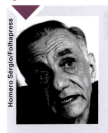

1. Que analogia é feita nesse poema? Justifique.
2. Observe as palavras destacadas:
   "O engenheiro sonha coisas **claras: / superfícies, tênis, um copo de água.**"
   - A que aspecto da criação de um poema essas palavras se referem?
3. Releia os versos da 2ª estrofe. Que características da proposta poética de João Cabral são apresentadas nessa estrofe?
4. Analise o emprego dos parênteses na 3ª estrofe.
5. A 4ª estrofe faz referência a qual elemento da construção poética?
6. A que se refere a expressão metafórica: "pulmão de cimento e vidro"? Explique.
7. Que alternativa **não** se refere ao poema?
   a) Objetividade e racionalidade.
   b) Rigor e equilíbrio na forma.
   c) Intimismo e emotividade.
   d) Evocação imagética.
8. O poema "O engenheiro" é um metapoema. Justifique essa afirmação.

### Quem é o autor?

**João Cabral de Melo Neto** (1920-1999) foi poeta, ensaísta e diplomata. Nasceu no Recife (PE) e faleceu no Rio (RJ). Destacou-se na chamada Geração de 45 pela forma e pelo rigor poéticos. Seu trabalho tornou-se mais conhecido a partir de 1965, quando foi encenada *Morte e vida severina* (peça teatral sua, musicada por Chico Buarque). Suas principais obras são: *Pedra do sono; O engenheiro; O cão sem plumas; Psicologia da composição; Duas águas; Morte e vida severina; Quaderna; A educação pela pedra; Museu de tudo; A escola das facas.*

### A poesia de João Cabral de Melo Neto

O poema "O engenheiro", compara o ofício do poeta ao de um engenheiro: profissional que exerce uma atividade racional, marcada pela precisão. Na concepção estética do autor, o poema é o resultado de um esforço mental, por meio do qual palavras e imagens são selecionadas com rigor semelhante ao do engenheiro ao fazer o projeto de uma obra. É um trabalho que busca a concisão, a precisão, a clareza na linguagem, o rigor formal.

# Enem e vestibulares

**1. (ENEM)** Leia:

### Olá! Negro

Os netos de teus mulatos e de teus cafuzos
e a quarta e a quinta gerações de teu sangue
        sofredor
tentarão apagar a tua cor!
E as gerações dessas gerações quando
        apagarem
a tua tatuagem execranda,
não apagarão de suas almas, a tua alma,
        negro!
Pai-João, Mãe-negra, Fulô, Zumbi,
negro-fujão, negro cativo, negro rebelde,
negro cabinda, negro congo, negro ioruba,
negro que foste para o algodão de USA
para os canaviais do Brasil,
para o tronco, para o colar de ferro, para a
        canga
de todos os senhores do mundo;
eu melhor compreendo agora os teus blues
nesta hora triste da raça branca, negro!
Olá, Negro! Olá. Negro!
A raça que te enforca, enforca-se de tédio,
        negro! [...]

(LIMA, J. *Obras completas*. Rio de Janeiro: Aguilar, 1985. Fragmento.)

O conflito de gerações e de grupos étnicos reproduz, na visão do eu lírico, um contexto social assinalado por:

**a)** modernização dos modos de produção e consequente enriquecimento dos brancos.

**b)** preservação da memória ancestral e resistência negra à apatia cultural dos brancos.

**c)** superação dos costumes antigos por meio da incorporação de valores dos colonizados.

**d)** nivelamento social de descendentes de escravos e de senhores pela condição de pobreza.

**e)** antagonismo entre grupos de trabalhadores e lacunas de hereditariedade.

**2. (PUC-PR)** Na seguinte narrativa curta de Mário Quintana, podemos observar algumas características da obra do escritor:

### História

"Era um desrecalcado, pensavam todos. Pois já assassinara uma bem-amada, um crítico e um amigo. Mas nunca mais encontrou amada, nem crítico, nem amigo. Ninguém mais que lhe mentisse, ninguém mais que o incompreendesse, nem nunca mais um inimigo íntimo... E vai daí ele se enforcou."

Selecione a alternativa que melhor descreve as características da obra de Mário Quintana:

**a)** A destruição indiscriminada, cega e desumana do mundo circundante.

**b)** Individualismo autêntico e generoso, mas carregado de crítica social.

**c)** Desconfiança diante das convenções sociais estabelecidas.

**d)** Visão desencantada, irônica e crítica da humanidade, materializada pela força da palavra poética.

**e)** Nostalgia e saudade dos objetos antigos e do passado.

**3. (ENEM)** Leia o que disse João Cabral de Melo Neto, poeta pernambucano, sobre a função de seus textos:

"Falo somente com o que falo: a linguagem enxuta, contato denso. Falo somente do que falo: a vida seca, áspera e clara do sertão. Falo somente por quem falo: o homem sertanejo sobrevivendo na adversidade e na míngua. Falo somente para quem falo: para os que precisam ser alertados para a situação da miséria no Nordeste."

Para João Cabral de Melo Neto, no texto literário,

**a)** A linguagem do texto deve refletir o tema, e a fala do autor deve denunciar o fato social para determinados leitores.

**b)** A linguagem do texto não deve ter relação com o tema, e o autor deve ser imparcial para que seu texto seja lido.

**c)** O escritor deve saber separar a linguagem do tema e a perspectiva pessoal da perspectiva do leitor.

**d)** A linguagem pode ser separada do tema, e o escritor deve ser o delator do fato social para todos os leitores.

**e)** A linguagem está além do tema, e o fato social deve ser a proposta do escritor para convencer o leitor.

**4. (ENEM)** Leia:

O rio que fazia uma volta atrás de nossa casa era a imagem de um vidro mole que fazia uma volta atrás de casa.

290    Capítulo 25   Modernismo no Brasil (3ª fase): Poesia – Diversidade e rigor formal

Passou um homem depois e disse: Essa volta que o rio faz por trás de sua casa se chama enseada.

Não era mais a imagem de uma cobra de vidro que fazia uma volta atrás da casa.

Era uma enseada.

Acho que o nome empobreceu a imagem.

BARROS, Manoel de. *O livro das ignorãças.*
Rio de Janeiro: Record, 2001.

Manoel de Barros desenvolve uma poética singular, marcada por "narrativas alegóricas", que transparecem nas imagens construídas ao longo do texto. No poema, essa característica aparece representada pelo uso do recurso de:

**a)** resgate de uma imagem da infância, com a cobra de vidro.

**b)** apropriação do universo poético pelo olhar objetivo.

**c)** transfiguração do rio em um vidro mole e cobra de vidro.

**d)** rejeição da imagem de vidro e de cobra no imaginário poético.

**e)** recorte de elementos como a casa e o rio no subconsciente.

**5.** **(ENEM)** Leia:

### Uma ouriça

Se o de longe esboça lhe chegar perto,
se fecha (convexo integral de esfera),
se eriça (bélica e multiespinhenta):
e, esfera e espinho, se ouriça à espera.
Mas não passiva (como ouriço na loca);
nem só defensiva (como se eriça o gato);
sim agressiva (como jamais o ouriço),
do agressivo capaz de bote, de salto
(não do salto para trás, como o gato):
daquele capaz de salto para o assalto.
Se o de longe lhe chega em (de longe),
de esfera aos espinhos, ela se desouriça.
Reconverte: o metal hermético e armado
na carne de antes (côncava e propícia),
e as molas felinas (para o assalto),
nas molas em espiral (para o abraço).

MELO NETO, J. C. *A educação pela pedra.*
Rio de Janeiro: Nova Fronteira, 1997.

Com apuro formal, o poema tece um conjunto semântico que metaforiza a atitude feminina de:

**a)** tenacidade transformada em brandura.

**b)** obstinação traduzida em isolamento.

**c)** inércia provocada pelo desejo platônico.

**d)** irreverência cultivada de forma cautelosa.

**e)** desconfiança consumada pela intolerância.

**6.** **(UNIFESP)** A verve social da poesia de João Cabral de Melo Neto mostra-se mais evidente nos versos:

**a)** A cana cortada é uma foice.
Cortada num ângulo agudo,
ganha o gume afiado da foice
que a corta em foice, um dar-se mútuo.
Menino, o gume de uma cana
cortou-me ao quase de cegar-me,
e uma cicatriz, que não guardo,
soube dentro de mim guardar-se.

**b)** Formas primitivas fecham os olhos
escafandros ocultam luzes frias;
invisíveis na superfície pálpebras
não batem.
Friorentos corremos ao sol gelado
de teu país de mina onde guardas
o alimento a química o enxofre
da noite.

**c)** No espaço jornal
a sombra come a laranja,
a laranja se atira no rio,
não é um rio, é o mar
que transborda de meu olho.
No espaço jornal nascendo do relógio
vejo mãos, não palavras,
sonho alta noite a mulher
tenho a mulher e o peixe.

**d)** Os sonhos cobrem-se de pó.
Um último esforço de concentração
morre no meu peito de homem enforcado.
Tenho no meu quarto manequins corcundas
onde me reproduzo
e me contemplo em silêncio.

**e)** O mar soprava sinos
os sinos secavam as flores
as flores eram cabeças de santos.
Minha memória cheia de palavras
meus pensamentos procurando fantasmas
meus pesadelos atrasados de muitas noites.

# CAPÍTULO 26

# MODERNISMO NO BRASIL – REGIONALISMO UNIVERSAL E INTIMISMO

Capa e orelhas da edição de 1956 do livro *Grande sertão: veredas*, de João Guimarães Rosa, ilustradas por Poty.

## Roda de conversa

1. Qual é a função de uma capa de livro? Você já se sentiu atraído a ler um livro por causa de sua capa? Costuma observar os detalhes das capas e das orelhas dos livros que lê?

2. Em sua opinião, por que capas de livros ilustradas por artistas plásticos, fotógrafos e artistas gráficos em geral podem ser consideradas obras de arte? Comente.

3. Pela imagem acima, que reproduz a capa de um livro e as orelhas, é possível prever o enredo, a época e o cenário em que se passam as ações narradas na obra? Justifique.

## Para você...

### ... ler
- *Sagarana*, Guimarães Rosa.
- *Felicidade clandestina* e *A descoberta do mundo*, Clarice Lispector.

### ... ouvir
- *Noites do sertão*, Tavinho Moura/ Toninho Horta.
- *Música para Sagarana*, Celso Adolfo. Disponível em: https://youtu.be/qoO-CMUzXOs. Acesso em: 4 mar. 2022.

### ... assistir
- *A hora da estrela*. Direção: Suzana Amaral. Brasil, 1985.
- *O bem-amado*. Direção: Guel Arraes. Brasil, 2010.

### ... visitar
- Museu Casa Guimarães Rosa/ Cordisburgo-MG. Disponível em: http://museus.cultura.gov.br/espaco/6644/. Acesso em: 21 jan. 2022.

## O que você vai...

### ... fruir
- *Grande sertão: veredas*, Guimarães Rosa.
- *Tentação*, Clarice Lispector.

### ... aprender
- O Modernismo no Brasil (Prosa) – 3ª fase (características, principais autores).

- Que temáticas e características formais estariam presentes na literatura produzida a partir da segunda metade do século XX? Você já ouviu falar na "Geração de 45"?
- Você já leu alguma obra de Guimarães Rosa? Sabe qual é a importância desse autor na Literatura brasileira até os dias de hoje?

**TEXTO 1**

*Grande sertão: veredas* é um dos principais romances da literatura brasileira. No trecho que você lerá a seguir, o personagem Riobaldo conta um caso que ouviu de um jagunço chamado Jõe Bexiguento: a história de Maria Mutema.

### Grande sertão: veredas

[...] E o Jõe contava casos. Contou. Caso que se passou no sertão jequitinhão, no arraial de São João Leão, perto da terra dele, Jõe. Caso de Maria Mutema e do Padre Ponte.

Naquele lugar existia uma mulher, por nome Maria Mutema, pessoa igual às outras, sem nenhuma diversidade. Uma noite, o marido dela morreu, amanheceu morto de madrugada. Maria Mutema chamou por socorro, reuniu todos os mais vizinhos. O arraial era pequeno, todos vieram certificar. Sinal nenhum não se viu, e ele tinha estado nos dias antes em saúde apreciável, por isso se disse que só de acesso do coração era que podia ter querido morrer. E naquela tarde mesma do dia dessa manhã, o marido foi bem enterrado.

**Jequitinhão:** referente à região do Vale do Jequitinhonha, no norte de Minas Gerais.

**Carola:** pessoa muito assídua à igreja, muito beata.

**Pecha:** defeito, falha.

**Sacudida:** forte, saudável.

**Maldar:** fazer mau juízo de uma pessoa; ter má suspeita.

**A junjo:** ir à força, ser obrigado a ir.

**Púlpito:** tribuna, palco, local para os pregadores nos templos religiosos.

**Prédica:** sermão, discurso, oração.

**Ao tresfim:** até o final de tudo.

**Demudada:** alterada, diferente.

Maria Mutema era senhora vivida, mulher em preceito sertanejo. Se sentiu, foi em si, se sofreu muito não disse, guardou a dor sem demonstração. Mas isso lá é regra, entre gente que se diga, pelo visto a ninguém chamou atenção. O que deu em nota foi outra coisa: foi a religião da Mutema, que daí pegou a ir à igreja todo santo dia, afora que de três em três agora se confessava. Dera em **carola** – se dizia – só constante na salvação de sua alma. Ela sempre de preto, conforme os costumes, mulher que não ria – esse lenho seco. E, estando na igreja, não tirava os olhos do padre.

O padre, Padre Ponte, era um sacerdote bom-homem, de meia idade, meio gordo, muito descansado nos modos e de todos bem estimado. Sem desrespeito, só por verdade no dizer, uma **pecha** ele tinha: ele relaxava. Gerara três filhos, com uma mulher, simplória e **sacudida**, que governava a casa e cozinhava para ele, e também acudia pelo nome de Maria, dita por aceita alcunha a *Maria do Padre*. Mas não vá **maldar** o senhor maior escândalo nessa situação – com a ignorância dos tempos, antigamente, essas coisas podiam, todo o mundo achava trivial. Os filhos, bem-criados e bonitinhos, eram "os meninos da Maria do Padre". E em tudo mais o Padre Ponte era um vigário de mão cheia, cumpridor e caridoso, pregando com muita virtude seu sermão e atendendo em qualquer hora do dia ou da noite, para levar aos roceiros o conforto da santa hóstia do Senhor ou dos santos-óleos.

Mas o que logo se soube, e disso se falou, era em duas partes: que a Maria Mutema tivesse tantos pecados para de três em três dias necessitar de penitência de coração e boca; e que o Padre Ponte visível tirasse desgosto de prestar a ela pai-ouvido naquele sacramento, que entre dois só dois se passa e tem de ser por ferro de tanto segredo resguardado. Contavam, mesmo, que, das primeiras vezes, povo percebia que o padre ralhava com ela, terrível, no confessionário. Mas a Maria Mutema se desajoelhava de lá, de olhos baixos, com tanta humildade serena, que uma santa padecedora mais parecia. Daí, aos três dias, retornava. E se viu, bem, que Padre Ponte todas as vezes fazia uma cara de verdadeiro sofrimento e temor, no ter de ir, **a junjo**, escutar a Mutema. Ia, porque confissão clamada não se nega. Mas ia a poder de ser padre, e não de ser só homem, como nós.

E daí mais, que, passando o tempo, como se diz: no decorrido, Padre Ponte foi adoecido ficando, de doença para morrer, se viu logo. De dia em dia, ele emagrecia, amofinava o modo, tinha dores, e em fim encaveirou, duma cor amarela de palha de milho velho; dava pena. Morreu triste. E desde por diante, mesmo quando veio outro padre para o São João Leão, aquela mulher Maria Mutema nunca mais voltou na igreja, nem por rezar nem por entrar. Coisas que são. E ela, dado que viúva soturna assim, que não se cedia em conversas, ninguém não alcançou de saber por que lei ela procedia e pensava.

Por fim, no porém, passados anos, foi tempo de missão, e chegaram no arraial os missionários. Esses eram dois padres estrangeiros, p'ra fortes e de caras coradas, bradando sermão forte, com forte voz, com fé braba. De manhã à noite, durado de três dias, eles estavam sempre na igreja, pregando, confessando, tirando rezas e aconselhando, com entusiasmados exemplos que enfileiravam o povo no bom rumo. A religião deles era alimpada e enérgica, com tanta saúde como virtude; e com eles não se brincava, pois tinham de Deus algum encoberto poder, conforme o senhor vai ver, por minha continuação. Só que no arraial foi grassando aquela boa bem-aventurança.

Aconteceu foi no derradeiro dia, isto é, véspera, pois no seguinte, que dava em domingo, ia ser festa de comunhão geral e glória santa. E foi de noite, acabada a benção, quando um dos missionários subiu no **púlpito**, para a **prédica**, e tascava de começar de joelhos, rezando a salve-rainha. E foi nessa hora que a Maria Mutema entrou. Fazia tanto tempo que não comparecia em igreja; por que foi, então, que deu de vir?

Mas aquele missionário governava com luzes outras. Maria Mutema veio entrando, e ele esbarrou. Todo o mundo levou um susto: porque a salve-rainha é oração que não se pode partir em meio – em desde que de joelhos começada, tem de ter suas palavras seguidas até **ao tresfim**. Mas o missionário retomou a fraseação, só que com a voz **demudada**, isso se viu. E, mal no amém, ele se levantou, cresceu na beira do púlpito, em brasa vermelho, debruçado, deu um soco no pau do peitoril, parecia um touro tigre. E foi de grito:

– "A pessoa que por derradeiro entrou, tem de sair! A p'ra fora, já, já, essa mulher!".

**294** Capítulo 26 Modernismo no Brasil – regionalismo universal e intimismo

Todos, no estarrecente, **caçavam de ver** a Maria Mutema.

– "Que saia, com seus maus segredos, em nome de Jesus e da Cruz! Se ainda for capaz de um arrependimento, então pode ir me esperar, agora mesmo, que vou ouvir sua confissão... Mas confissão esta ela tem de fazer é na porta do cemitério! Que vá me esperar lá, na porta do cemitério, onde estão dois defuntos enterrados!..."

Isso o missionário comandou: e os que estavam dentro da igreja sentiram o **rojo** dos exércitos de Deus, que lavoram em fundura e sumidade. Horror deu. Mulheres soltaram gritos, e meninos, outras despencavam no chão, ninguém ficou sem se ajoelhar. Muitos, muitos, daquela gente, choravam.

E Maria Mutema, sozinha em pé, torta magra de preto, deu um gemido de lágrimas e exclamação, berro de corpo que faca estraçalha. Pediu perdão! Perdão forte, perdão de fogo, que da dura bondade de Deus baixasse nela, em dores de urgência, antes de qualquer hora de nossa morte. E rompeu fala, por entre prantos, ali mesmo, a fim de perdão de todos também, se confessava. Confissão edital, consoantemente, para tremer exemplo, raio em pesadelo de quem ouvia, público, que rasgava gastura, como porque avessava a ordem das coisas e o quieto comum do viver transtornava. Ao que ela, onça monstra, tinha matado o marido – e que ela era cobra, bicho imundo, sobrado do podre de todos os estercos. Que tinha matado o marido, aquela noite, sem motivo nenhum, sem malfeito dele nenhum, causa nenhuma –; por que, nem sabia. Matou – enquanto ele estava dormindo – assim despejou no buraquinho do ouvido dele, por um funil, um terrível escorrer de chumbo derretido. O marido passou, lá o que diz – do oco para o ôcão – do sono para a morte, e lesão no buraco do ouvido dele ninguém não foi ver, não se notou. E, depois, por enjoar do Padre Ponte, também sem ter queixa nem razão, amargável mentiu, no confessionário: disse, afirmou que tinha matado o marido por causa dele, Padre Ponte – porque dele gostava em fogo de amores, e queria ser concubina amásia... Tudo era mentira, ela não queria nem gostava. Mas, com ver o padre em justa zanga, ela disso tomou gosto, e era um prazer de cão, que aumentava de cada vez, pelo que ele não estava em poder de se defender de modo nenhum, era um homem manso, pobre coitado, e padre. Todo o tempo ela vinha em igreja, confirmava o falso, mais declarava – edificar o mal. E daí, até que o Padre Ponte de desgosto adoeceu, e morreu em desespero calado... Tudo crime, e ela tinha feito! E agora implorava o perdão de Deus, aos uivos, **se esguedelhando**, torcendo as mãos, depois as mãos no alto ela levantava.

Mas o missionário, no púlpito, entoou grande o *Bendito, louvado seja!* – e, enquanto cantando mesmo, fazia os gestos para as mulheres todas saírem da igreja, deixando lá só os homens, porque a derradeira pregação de cada noite era mesmo sempre para os ouvintes senhores homens, como conforme.

E no outro dia, domingo do Senhor, o arraial ilustrado com arcos e cordas de bandeirolas, e espoco de festa, foguetes muitos, missa cantada, procissão – mas todo o mundo só pensava naquilo. Maria Mutema, recolhida provisória presa na casa de escola, não comia, não sossegava, sempre de joelhos, clamando seu remorso, pedia perdão e castigo, e que todos viessem para cuspir em sua cara e dar bordoadas. Que ela – exclamava – tudo isso merecia. No meio-tempo, desenterraram da cova os ossos do marido: se conta que a gente sacolejava a caveira, e a bola de chumbo sacudia lá dentro, até tinia! Tanto por obra de Maria Mutema. Mas ela ficou no São João Leão ainda por mais de semana, os missionários tinham ido embora. Veio autoridade, delegado e praças, levaram a Mutema para culpa e júri, na cadeia de Arassuaí. Só que, nos dias em que ainda esteve, o povo perdoou, vinham dar a ela palavras de consolo, e juntos rezarem. Trouxeram a Maria do Padre, e os meninos da Maria do Padre, para perdoarem também, tantos surtos produziam bem-estar e edificação. Mesmo, pela arrependida humildade que ela principiou, em tão pronunciado sofrer, alguns diziam que Maria Mutema estava ficando santa. [...]

GUIMARÃES ROSA, João. *Grande sertão: veredas*. 9. ed. Rio de Janeiro: José Olympio, 1974. p. 169-174.

---

**Caçavam de ver:** procuravam, buscavam ver com muita avidez e curiosidade.

**Rojo:** ritmo intenso de ação ou de trabalho; rumor, ruído, fragor, barulho.

**Se esguedelhando:** despenteando-se, descabelando-se.

---

### Quem é o autor?

**João Guimarães Rosa** (1908-1967), considerado um inovador da linguagem literária brasileira, nasceu em Cordisburgo (MG). Formou-se em Medicina e trabalhou em várias cidades do interior mineiro. Sempre se interessou pela natureza, pela cultura sertaneja e pelo estudo das línguas. Em 1934 tornou-se diplomata. Serviu na Alemanha, na Colômbia e na França. Em 1967 foi eleito para a Academia Brasileira de Letras, mas faleceu três dias após tomar posse.

1. Nesse trecho que você leu de *Grande sertão: veredas*, conta-se um **caso** ou "causo" que, geralmente, é uma narrativa oral. Identifique os elementos da narrativa que leu:

   a) personagens;
   b) foco narrativo;
   c) enredo;
   d) tempo cronológico;
   e) clímax ou momento de suspense;
   f) desfecho.

2. Conflito é qualquer elemento da narrativa que se opõe a outro e cria tensão. Pode ser uma oposição entre protagonista e antagonista ou entre o protagonista e a natureza, a sociedade, os valores morais, os próprios sentimentos etc. Qual é o principal conflito do causo de Maria Mutema?

3. Uma narrativa literária é marcada por uma sequência de situações vividas pelos personagens. Analise as mudanças de situação sinalizadas pelos termos nos itens de **a** a **h**. Observe os exemplos a seguir.

   Exemplos: "*Uma noite* [...]" → Morte do marido de Maria Mutema.

   "*O que deu em nota foi outra coisa* [...]" → Maria Mutema passou a frequentar a igreja.

   a) "Mas o que logo se soube [...]" →
   b) "E daí mais, que, passando o tempo [...]" →
   c) "Por fim, no porém, passados anos [...]" →
   d) "Aconteceu foi no derradeiro dia [...]" →
   e) "Mas aquele missionário [...]" →
   f) "E Maria Mutema, sozinha em pé [...]" →
   g) "E no outro dia, domingo do Senhor [...]" →
   h) "Só que, nos dias em que ainda esteve [...]" →

4. Registre as alternativas que analisam corretamente os dois crimes cometidos por Maria Mutema.

   **a)** A palavra foi o agente das duas mortes.

   **b)** As duas vítimas não puderam se defender.

   **c)** O mal entrou pelo aparelho auditivo.

5. Leia estas informações:

   > Em seu livro *Convite à filosofia*, a professora Marilena Chaui afirma o seguinte: "Platão dizia que a linguagem é um *pharmakon*. Esta palavra grega, que em português se traduz por *poção*, possui três sentidos principais: remédio, veneno e cosmético.

   > (São Paulo: Ática, 2002. p. 136).

   > Já na obra *As formas do falso*, a professora Walnice Nogueira Galvão comenta que "a palavra MUTEMA seria o antônimo de fonema (do grego = som de voz)"

   > (São Paulo: Perspectiva, 1986. p. 128).

   - Estabeleça uma relação entre a afirmativa de Platão, citada por Marilena Chaui, o comentário de Walnice Nogueira Galvão e a situação vivenciada por Padre Ponte e Maria Mutema.

6. Leia este outro trecho de *Grande sertão: veredas*.

   > O senhor... Mire veja: o mais importante e bonito, do mundo, é isto: que as pessoas não estão sempre iguais, ainda não foram terminadas – mas que elas vão sempre mudando. Afinam ou desafinam. Verdade maior. É o que a vida me ensinou. Isso que me alegra, montão.

   > GUIMARÃES ROSA, João. *Grande sertão: veredas*. 9. ed. Rio de Janeiro: José Olympio, 1974. p. 20-21.

   - Relacione esse trecho à história de Maria Mutema.

7. Marque a alternativa correta a respeito do trecho que conta a história de Maria Mutema.

   **a)** A experiência erótica e existencial de uma mulher constrangida pela cultura sertaneja, mas movida por desejos e instintos.

   **b)** A trajetória de uma mulher com tendências para o crime, mas que luta interiormente, com a ajuda da religião, para superar as tendências mórbidas de seu caráter.

   **c)** A história de uma mulher, apresentando mitos, lendas, a luta entre medo e pecado, em que o mal prevalece sobre o bem.

   **d)** A história de uma mulher que revela que o mal não tem face e que a palavra tem poder.

   **e)** A experiência de uma mulher, revelando uma visão maniqueísta e simplificada da realidade.

8. Explique a alternativa que <u>não</u> interpreta adequadamente o desfecho da história de Maria Mutema.

   **a)** Noção de justiça e honra, própria do sertão.

   **b)** Religiosidade: princípio cristão que oferece o perdão aos que se arrependem.

   **c)** Respeito às leis institucionalizadas pelo direito público.

   **d)** Solidariedade e compreensão do sofrimento humano.

   **e)** Reconhecimento da possibilidade de transformação do ser humano.

9. O caso de Maria Mutema e do Padre Ponte apresenta marcas de **interlocução**? Justifique com exemplos do texto.

10. Uma das marcas do estilo de Guimarães Rosa é a liberdade em relação à estrutura morfossintática do texto. Releia: "[...] *Padre Ponte foi adoecido ficando, de doença para morrer, se viu logo.*" Como você explica o uso do termo adoecido nesse trecho?

11. No contexto patriarcal e religioso da época, o que podem simbolizar as ações da personagem Maria Mutema?

12. Que valores podem ser inferidos pela leitura do trecho?

13. Uma das marcas de *Grande sertão: veredas* é o experimentalismo linguístico, a oralidade e o uso de regionalismos, neologismos e arcaísmos. Dê o sentido das expressões destacadas, de acordo com o contexto.

    a) "Mas isso lá é regra, entre **gente que se diga** [...]"
    b) "[...] e também **acudia** pelo nome de Maria [...]"
    c) "[...] no ter de ir, **a junjo**, escutar a Mutema."
    d) "[...] entusiasmados exemplos que **enfileiravam** o povo no bom rumo."
    e) "**Confissão edital**, consoantemente, para tremer exemplo [...]"

### Grande sertão: veredas

Nessa obra de João Guimarães Rosa, o personagem-narrador Riobaldo, já idoso, conta suas experiências como jagunço nos sertões dos Campos Gerais, especialmente sua amizade e encantamento por Diadorim, companheiro de lutas. Do enredo do romance fazem parte as aventuras, as tristezas, as alegrias, as descobertas e os medos; as dúvidas metafísicas a respeito do Bem e do Mal, de Deus e do Diabo; a ambiguidade do ser humano; o pacto de Riobaldo com o demônio; a perda dos companheiros; os crimes cometidos pelos bandos de jagunços etc. O espaço é o sertão, e o tempo é marcado pelas lembranças do narrador. Além de Riobaldo e Diadorim, outras personagens fazem parte da trama, como Joca Ramiro, Vaz Medeiros, Zé Bebelo, Hermógenes. O romance apresenta também elementos da *novela de cavalaria* medieval: os sentimentos de honra e lealdade, a visão da guerra como missão e o respeito à hierarquia fazem parte desse "universo feudal, sertanejo". A linguagem é dinâmica, lúdica, poética. O autor brinca com as palavras e as combina de modo inovador e sugestivo, recriando a fala do sertanejo com uso de *neologismos*, *arcaísmos*, termos eruditos; expressões regionais marcadas com ritmo, rimas, repetições de palavras e letras. Em seu relato memorialístico, Riobaldo, ao falar do sertão, fala do mundo; ao falar de si mesmo, fala de todas as pessoas.

- Você conhece algum texto de Clarice Lispector?
- Que temáticas poderiam estar presentes em um conto com o título *Tentação*? Leia, na íntegra, este conto de Clarice.

**TEXTO 2**

### Tentação

Ela estava com soluço. E como se não bastasse a claridade das duas horas, ela era ruiva.

Na rua vazia as pedras vibravam de calor – a cabeça da menina flamejava. Sentada nos degraus de sua casa, ela suportava. Ninguém na rua, só uma pessoa esperando inutilmente no ponto do bonde. E como se não bastasse seu olhar submisso e paciente, o soluço a interrompia de momento a momento, abalando o queixo que se apoiava conformado na mão. Que fazer de uma menina ruiva com soluço? Olhamo-nos sem palavras, desalento contra desalento. Na rua deserta nenhum sinal de bonde. Numa terra de morenos, ser ruivo era uma revolta involuntária. Que importava se num dia futuro sua marca ia fazê-la erguer insolente uma cabeça de mulher? Por enquanto ela estava sentada num degrau faiscante da porta, às duas horas. O que a salvava era uma bolsa velha de senhora, com alça partida. Segurava-a com um amor conjugal já habituado, apertando-a contra os joelhos.

Foi quando se aproximou a sua outra metade neste mundo, um irmão em Grajaú. A possibilidade de comunicação surgiu no ângulo quente da esquina, acompanhando uma senhora, e encarnada na figura de um cão. Era um *basset* lindo e miserável, doce sob a sua fatalidade. Era um *basset* ruivo.

Lá vinha ele trotando, à frente de sua dona, arrastando seu comprimento. Desprevenido, acostumado, cachorro.

**Desalento:** desânimo, abatimento, tristeza, preguiça.
**Insolente:** arrogante, ousada, atrevida, malcriada, petulante, inconveniente.

**Pasmada:** perplexa, espantada, surpresa, abismada.
**Fremia:** estremecia, tremia.

A menina abriu os olhos **pasmada**. Suavemente avisado, o cachorro estacou diante dela. Sua língua vibrava. Ambos se olhavam.

Entre tantos seres que estão prontos para se tornarem donos de outro ser, lá estava a menina que viera ao mundo para ter aquele cachorro. Ele **fremia** suavemente, sem latir. Ela olhava-o sob os cabelos, fascinada, séria. Quanto tempo se passava? Um grande soluço sacudiu-a desafinado. Ele nem sequer tremeu. Também ela passou por cima do soluço e continuou a fitá-lo.

Os pelos de ambos eram curtos, vermelhos.

Que foi que se disseram? Não se sabe. Sabe-se apenas que se comunicaram rapidamente, pois não havia tempo. Sabe-se também que sem falar eles se pediam. Pediam-se com urgência, com encabulamento, surpreendidos.

No meio de tanta vaga impossibilidade e de tanto sol, ali estava a solução para a criança vermelha. E no meio de tantas ruas a serem trotadas, de tantos cães maiores, de tantos esgotos secos – e lá estava uma menina, como se fora carne de sua ruiva carne. Eles se fitavam profundos, entregues, ausentes de Grajaú. Mais um instante e o suspenso sonho se quebraria, cedendo talvez à gravidade com que se pediam.

Mas ambos eram comprometidos.

Ela com sua infância impossível, o centro da inocência que só se abriria quando ela fosse uma mulher. Ele, com sua natureza aprisionada.

A dona esperava impaciente sob o guarda-sol. O *basset* ruivo afinal despregou-se da menina e saiu sonâmbulo. Ela ficou espantada, com o acontecimento nas mãos, numa mudez que nem pai nem mãe compreenderiam. Acompanhou-o com olhos pretos que mal acreditavam, debruçada sobre a bolsa e os joelhos, até vê-lo dobrar a outra esquina.

Mas ele foi mais forte que ela. Nem uma só vez olhou para trás.

LISPECTOR, Clarice. *A legião estrangeira*. Rio de Janeiro: Rocco, 1999, p. 61-2.

### Quem é o autor?

**Clarice Lispector** (1920-1977), nasceu em Chechelnyk (Ucrânia) e faleceu no Rio de Janeiro (RJ). Em 1922 imigrou com a família para o Brasil (Recife) e, depois, mudou-se para o Rio. Escreveu romances, contos, crônicas, literatura infantojuvenil; foi redatora, jornalista e fez traduções/adaptações de obras estrangeiras. Viveu na Itália, Suíça, Inglaterra e nos EUA. Entre suas obras principais: *Perto do coração selvagem*; *Laços de família*; *A paixão segundo G. H.*; *Água viva*; *A hora da estrela*; *A cidade sitiada*; *A maçã no escuro*; *Felicidade clandestina*; *A imitação da rosa*; *Onde estivestes de noite?*; *A bela e a fera*; *A legião estrangeira* e *Para não esquecer*.

1. Releia:

   Que fazer de uma menina ruiva com soluço? Olhamo-nos sem palavras, desalento contra desalento. Na rua deserta nenhum sinal de bonde.

   • Por esse trecho, analise o narrador de *Tentação*.

2. Leia:

   Na rua vazia as pedras vibravam de **calor** – a cabeça da menina **flamejava**. [...] Que fazer de uma menina ruiva com **soluço**?

   • Qual é a relação entre as sensações sensoriais (sinestesia) e os sentimentos vivenciados pela menina?

3. Leia:

> Sentada nos degraus de sua casa, ela suportava. E como se não bastasse seu olhar **submisso** e **paciente**, o soluço a interrompia de momento a momento, abalando o queixo que se apoiava conformado na mão. (...) O que a salvava era uma bolsa **velha** de **senhora**, com alça partida. Segurava-a com um amor **conjugal** já habituado, apertando-a contra os joelhos.

a) Que característica psicológica da personagem pode ser inferida pelo emprego dos adjetivos destacados?

b) Leia:

> [...] ser ruivo era uma revolta involuntária. Que importava se num dia futuro sua marca ia fazê-la erguer insolente uma cabeça de mulher?

- O que esses comentários do narrador sugerem a respeito da menina?

4. Que fato novo provoca uma mudança na situação inicial? Exemplifique.

5. Que conflito aproxima os personagens?

6. Identifique o cenário e faça uma analogia entre esse espaço e o conflito.

7. Qual é o clímax, o momento de maior suspense?

### Amor platônico

O encontro da menina ruiva com o *basset* ruivo pode ser relacionado ao conceito de **amor platônico**, que leva os seres humanos a buscar o amor por pessoas, seres e ideias, visando à essência das coisas, ao bem, à completude: "*Foi quando se aproximou a sua outra metade neste mundo, um irmão em Grajaú*". É um *amor* que nos empurra para ir além; a buscar a verdade, o espírito, o ideal. O **amor platônico** não se limita à relação dos seres apaixonados. É um amor desinteressado, que deseja o bem do ente amado. Tal conceito remete à concepção do **amor ideal** de Platão, filósofo grego da Antiguidade.

8. Qual é o anticlímax?

9. Explique a expressão de sentido figurado: "*Mas ambos eram comprometidos*".

10. Explique os recursos expressivos **personificação** e **metáfora** em:

> O que a salvava era uma bolsa velha de senhora, com alça partida. Segurava-a com um amor conjugal já habituado, apertando-a contra os joelhos.

**11.** *Tentação* é um texto ficcional alegórico e apresenta ideias em sentido figurado que representam outras. Que situações do mundo real contemporâneo esse conto pode denunciar?

**12.** Alguns críticos literários consideram *Tentação* um texto literário híbrido, ou seja, com marcas de *conto* e *crônica literária*. Usando seu repertório, explique essa análise dos estudiosos em literatura.

**13.** Relacione as características dos personagens ao título do conto.

**14.** Que sentimentos e reflexões a leitura do conto provocou em você? Comente com os colegas.

### A hora da estrela

Foi o último romance escrito por Clarice Lispector (1977) e é uma de suas obras mais conhecidas. Nela, o narrador (Rodrigo S. M.) apresenta-se como o criador de Macabéa e contador da história. Macabéa é uma moça alagoana, datilógrafa, que vai viver no Rio de Janeiro e se encontra com Olímpico de Jesus, um paraibano que, como a moça, havia fugido da seca e vive agora à margem na cidade grande. O nome Macabéa está relacionado aos *macabeus*, povo originário do sumo sacerdote Macabeu, que se rebelou contra o domínio grego na Antiguidade. Não é por acaso que o personagem masculino se chama Olímpico, nome relacionado à cultura grega e que remete a Zeus, deus do Olimpo, autoritário e onipotente. Também nordestino, Olímpico de Jesus tem com Macabéa uma relação de dominação e de rejeição, por se recusar a se identificar com ela.

**Inócua:** que não faz dano; inocente, inofensiva.

**Piegas:** ridículo; exageradamente sentimental; que se embaraça por pouca coisa.

**Cortiço:** habitação coletiva das classes pobres; favela.

**Estafa:** exaustão; cansaço, fadiga; trabalho fatigante; esforço.

**15.** Leia agora um trecho desse romance *A hora da estrela*.

> [...] Sei que há moças que vendem o corpo, única posse real, em troca de um bom jantar em vez de um sanduíche de mortadela. Mas a pessoa de quem falarei mal tem corpo para vender, ninguém a quer, ela é virgem e **inócua**, não faz falta a ninguém. Aliás – descubro eu agora – também eu não faço a menor falta, e até o que escrevo um outro escreveria. Um outro escritor, sim, mas teria que ser homem porque escritora mulher pode lacrimejar **piegas**.
>
> Como a nordestina, há milhares de moças espalhadas por **cortiços**, vagas de cama num quarto, atrás de balcões trabalhando até a **estafa**. Não notam sequer que são facilmente substituíveis e que tanto existiriam como não existiriam. Poucas se queixam e ao que eu saiba nenhuma reclama por não saber a quem. Esse quem será que existe?

LISPECTOR, Clarice. *A hora da estrela*. Rio de Janeiro: Nova Fronteira, 1984. p. 19-20.

Bianca Particheli

a) Releia algumas palavras e expressões que descrevem Macabéa: *"mal tem corpo"*; *"virgem"*; *"inócua"*; *"não faz falta a ninguém"*; *"ninguém a quer"*. O que essas palavras e expressões revelam a respeito do personagem?

b) Qual das alternativas **não** se refere ao trecho que você leu? Registre-a e justifique sua resposta.

I) Apresenta a voz do narrador sobre o processo de escrever: metalinguagem.

II) O narrador antecipa o sofrimento que a personagem Macabéa vai viver.

III) O narrador não se identifica com Macabéa.

IV) Macabéa é um símbolo das mulheres anônimas, tratadas como "coisas/objetos", sem consciência de sua situação.

V) O narrador refuta uma narradora do gênero feminino por atribuir às mulheres uma visão romântica da realidade.

c) Releia o trecho a seguir e explique-o.

[...] Sei que há moças que vendem o corpo, única posse real, em troca de um bom jantar em vez de um sanduíche de mortadela.

16. Leia um depoimento de Clarice Lispector.

Bem sei o que é o chamado verdadeiro romance. No entanto, ao lê-lo, com suas tramas de fatos e descrições, sinto-me apenas aborrecida. E quando escrevo não é o clássico romance. No entanto, é romance mesmo. Só que o que me guia ao escrevê-lo é sempre um senso de pesquisa e de descoberta.

LISPECTOR, Clarice. O "verdadeiro" romance. In: *Visão do esplendor*: impressões leves. Rio de Janeiro: Francisco Alves, 1975. p. 103-105.

- Observe, ao lado, o primeiro quadrinho da tira *Os pescoçudos/Rita Light*, de Caco Galhardo. Em seguida, relacione o depoimento de Clarice Lispector à frase da mesma autora, citada entre aspas pelo personagem da tira.

GALHARDO, Caco. Os pescoçudos/ Rita Light. *Folha de S.Paulo*, São Paulo, 20 abr. 2005. Ilustrada, p. E5

### A obra de Clarice Lispector

Estreou na literatura com o romance *Perto do coração selvagem* (1943) e logo se tornou outro nome de destaque na prosa da 3ª fase do Modernismo brasileiro. De acordo com estudiosos, o objetivo de sua obra é investigar o mundo interior dos personagens, de modo que o enredo não é o elemento central de seus romances e contos. Ela própria se dizia uma "sentidora", que buscava palavras para descrever os sentimentos dos personagens. Como vimos, o conto *Tentação* apresenta essas marcas.

Destacam-se ainda, na prosa da 3ª fase modernista, Lygia Fagundes Telles, José Cândido de Carvalho, Ariano Suassuna, entre outros.

# Enem e vestibulares

- Para responder às questões de 1 a 4, leia este trecho de *Grande sertão: veredas*, de Guimarães Rosa.

"Explico ao senhor: o diabo vige dentro do homem, os crespos do homem – ou é o homem arruinado, ou o homem dos avessos. Solto, por si, cidadão, é que não tem diabo nenhum. Nenhum! – é o que digo. O senhor aprova? Me declare tudo, franco – é alta mercê que me faz: e pedir posso, encarecido. **Este caso** – por estúrdio que me vejam – é de minha certa importância. Tomara não fosse... Mas, não diga que o senhor, assisado e instruído, que acredita na pessoa dele?! Não? Lhe agradeço! Sua alta opinião compõe minha valia. Já sabia, esperava por ela – já o campo! Ah, a gente, na velhice, carece de ter sua aragem de descanso.

Lhe agradeço. Tem diabo nenhum. Nem espírito. Nunca vi. Alguém devia de ver, então era eu mesmo, este vosso servidor. Fosse lhe contar... Bem, o diabo regula seu estado preto, nas criaturas, nas mulheres, nos homens. Até: nas crianças – eu digo. Pois não é ditado: "menino – trem do diabo"? E nos usos, nas plantas, nas águas, na terra, no vento... Estrumes... *O diabo na rua, no meio do redemunho...*"

(ROSA, João Guimarães. *Grande sertão: veredas.* 9. ed. Rio de Janeiro: José Olympio, 1974. p. 11.)

1. **(UNIFESP)** A fala expressa no texto é de Riobaldo. Marque a alternativa que se refere ao diabo, de acordo com essa fala.

   a) Vive preferencialmente nas crianças, livre e fazendo as suas traquinagens.
   b) É capaz de entrar no corpo humano e tomar posse dele, vivendo aí e perturbando a vida do homem.
   c) Só existe na mente das pessoas que nele acreditam, perturbando-as mesmo sem existir concretamente.
   d) Não existe como entidade autônoma, mas reflete os piores estados emocionais do ser humano.
   e) É uma condição humana e não está relacionado com as coisas da natureza.

2. **(UNIFESP)** A personagem Riobaldo dialoga com alguém que chama de *senhor*. Embora a fala dessa personagem não apareça, é possível recuperar, pela fala do narrador, os momentos em que seu interlocutor se manifesta verbalmente. Marque a alternativa que contém o trecho em que isso pode ser comprovado.

   a) "O senhor aprova?"
   b) "Nenhum! – é o que digo."
   c) "Não? Lhe agradeço!"
   d) "Tem diabo nenhum."

   e) "Até: nas crianças – eu digo."

3. **(UNIFESP)** O texto de Guimarães Rosa mostra uma forma peculiar de escrita, denunciada pelos recursos linguísticos empregados pelo escritor. Marque a alternativa que interpreta adequadamente a linguagem usada por Guimarães Rosa.

   a) O emprego da linguagem culta, na voz do narrador, e o da linguagem regional, na voz da personagem.
   b) A recriação da fala regional no vocabulário, na sintaxe e na melodia da frase.
   c) O emprego da linguagem regional predominantemente no campo do vocabulário.
   d) A apresentação da língua do sertão fiel à fala do sertanejo.
   e) O uso da linguagem culta, sem regionalismos, mas com novas construções sintáticas e rítmicas.

4. **(UNIFESP)** A expressão "Este caso", em destaque no texto, refere-se:

   a) à existência do diabo.
   b) ao *redemunho*, reduto do diabo.
   c) à opinião do interlocutor.
   d) à velhice do narrador.
   e) ao estado preto do diabo.

5. **(ENEM)** Leia:

"Tudo no mundo começou com um sim. Uma molécula disse sim a outra molécula e nasceu a vida. Mas antes da pré-história havia a pré-história da pré-história e havia o nunca e havia o sim. Sempre houve. Não sei o quê, mas sei que o universo jamais começou. [...]

Enquanto eu tiver perguntas e não houver resposta continuarei a escrever. Como começar pelo início, se as coisas acontecem antes de acontecer? Se antes da pré-pré-história já havia os monstros apocalípticos? Se esta história não existe, passará a existir. Pensar é um ato. Sentir é um fato. Os dois juntos – sou eu que escrevo o que estou escrevendo. [...] Felicidade? Nunca vi palavra mais doida, inventada pelas nordestinas que andam por aí aos montes.

Como eu irei dizer agora, esta história será o resultado de uma visão gradual – há dois anos e meio venho aos poucos descobrindo os porquês. É visão da iminência de. De quê? Quem sabe se mais tarde saberei. Como que estou escrevendo na hora mesma em que sou lido. Só não inicio pelo fim que justificaria o começo – como a morte parece dizer sobre a vida – porque preciso registrar os fatos antecedentes."

LISPECTOR, C. *A hora da estrela.* Rio de Janeiro: Rocco, 1998 (fragmento).

304    Capítulo 26   Modernismo no Brasil – regionalismo universal e intimismo

A elaboração de uma voz narrativa peculiar acompanha a trajetória literária de Clarice Lispector, culminada com a obra *A hora da estrela*, de 1977, ano da morte da escritora. Nesse fragmento, nota-se essa peculiaridade porque o narrador:

**a)** observa os acontecimentos que narra sob uma ótica distante, sendo indiferente aos fatos e às personagens.

**b)** relata a história sem ter tido a preocupação de investigar os motivos que levaram aos eventos que a compõem.

**c)** revela-se um sujeito que reflete sobre questões existenciais e sobre a construção do discurso.

**d)** admite a dificuldade de escrever uma história em razão da complexidade para escolher as palavras exatas.

**e)** propõe-se a discutir questões de natureza filosófica e metafísica, incomuns na narrativa de ficção.

## 6. (ENEM)

Pecador, vagância de pecados. Mas, a gente estava com Deus? Jagunço podia? Jagunço – criatura paga para crimes, impondo o sofrer no quieto arruado dos outros, matando e roupilhando. Que podia? Esmo disso, disso, queri, por pura toleima; que sensata resposta podia me assentar o Jõe, boreiro peludo do Riachão de Jequitinhonha? Que podia? A gente, nós, assim jagunços, se estava em permissão de fé para esperar de Deus perdão de proteção? Perguntei, quente.
– "Uai? Nós viv... – foi o respondido que ele me deu.

ROSA, G. *Grande sertão: veredas*. Rio de Janeiro: Nova Fronteira, 2001 (fragmento).

Guimarães Rosa destaca-se pela inovação da linguagem com marcas dos falares populares e regionais. Constrói seu vocabulário a partir de arcaísmos e da intervenção nos campos sintático-semânticos. Em *Grande sertão: veredas*, seu livro mais marcante, faz o enredo girar em torno de Riobaldo, que tece a história de sua vida e sua interlocução com o mundo-sertão.

No fragmento em referência, o narrador faz uso da linguagem para revelar:

**a)** inquietação por desconhecer se os jagunços podem ou não ser protegidos por Deus.

**b)** uma insatisfação profunda com relação à sua condição de jagunço e homem pecador.

**c)** confiança na resposta de seu amigo Jõe, que parecia ser homem estudado e entendido.

**d)** muitas dúvidas sobre a vida após a morte, a vida espiritual e sobre a fé que pode ter o jagunço.

**e)** arrependimento pelos pecados cometidos na vida errante de jagunço e medo da perdição eterna.

## 7. (ENEM)

Quem é pobre, pouco se apega, é um giro-o-giro no vago dos gerais, que nem os pássaros de rios e lagoas. O senhor vê: o Zé-Zim, o melhor meeiro meu aqui, risonho e habilidoso. Pergunto: - Zé-Zim, por que é que você não cria galinhas-d'angola, como todo o mundo faz? – Quero criar nada não... – me deu resposta: – Eu gosto muito de mudar... [...] Belo um dia, ele tora. Ninguém discrepa. Eu, tantas, mesmo digo. Eu sou proteção. [...] Essa não faltou também à minha mãe, quando eu era menino, no sertãozinho da minha terra. [...] Gente melhor do lugar eram todos dessa família Guedes, Jidião Guedes; quando saíram de lá, nos trouxeram junto, minha mãe e eu. Ficamos existindo em território baixio da Sirga, da outra banda, ali onde o de-Janeiro vai no São Francisco, o senhor sabe.

ROSA. J. G. *Grande sertão: veredas*. Rio de Janeiro: José Olympio (fragmento).

Na passagem citada, Riobaldo expõe uma situação decorrente de uma desigualdade social típica das áreas rurais brasileiras marcadas pela concentração de terras e pela relação de dependência entre agregados e fazendeiros. No texto, destaca-se essa relação porque o personagem-narrador:

**a)** relata a seu interlocutor a história de Zé-Zim, demonstrando sua pouca disposição em ajudar seus agregados, uma vez que superou essa condição graças à sua força de trabalho.

**b)** descreve o processo de transformação de um meeiro – espécie de agregado – em proprietário de terra.

**c)** denuncia a falta de compromisso e a desocupação dos moradores, que pouco se envolvem no trabalho da terra.

**d)** mostra como a condição material da vida do sertanejo é dificultada pela sua dupla condição de homem livre e, ao mesmo tempo, dependente.

**e)** mantém o distanciamento narrativo condizente com sua posição social de proprietário de terras.

305

# CAPÍTULO 27

# PÓS-MODERNISMO: CONCRETISMO E OUTRAS POÉTICAS

Aurelio Scetta/Dreamstime/Easypix

## Roda de conversa

1. Descreva a imagem. Que impressões ela lhe causa?

2. Relacione esta imagem ao título do capítulo que vamos estudar.

Edifício Copan projetado por Oscar Niemeyer na década de 1950. São Paulo (SP), 2012.

---

### Para você...

#### ... ler

- *26 poetas hoje*, Antologia (org. Heloisa Buarque de Holanda).
- *Melhores poemas de Paulo Leminski* (org. Fred Góes e Álvaro Marins).
- *A teus pés*, Ana Cristina César.
- *Poesia Marginal* (Coleção "Para gostar de ler").

#### ... ouvir

- *Alegria, Alegria*, Caetano Veloso.
- *Aquele abraço*, Gilberto Gil.
- *Panis et circenses,* Caetano Veloso e Gilberto Gil.
- *Geleia geral*, Torquato Neto e Gilberto Gil.

#### ... assistir

- *Tropicália*. Direção: Marcelo Machado. Brasil/EUA/Reino Unido, 2012
- *Hélio Oiticica* (Documentário). Direção: Cesar Oiticica Filho. Brasil, 2012.

#### ... visitar

- Visitas Educativas Virtuais – MAM. Disponível em: https://mam.org.br/visitas-educativas/. Acesso em: 21 jan. 2022

---

### O que você vai...

#### ... fruir

- *A goteira*, Denis Zanin.
- *Agiotagem*, Mário Chamie.
- *Trouxeste a chave?* Mário Alex Rosa.
- *Poema obsceno*, Ferreira Gullar.

#### ... aprender

- Conceitos relacionados ao Concretismo.
- Poema-práxis.
- Poema-objeto.
- Contracultura.
- Tropicalismo.
- Poesia marginal.
- Características, principais autores etc.

#### ... criar

- Poema-objeto.

306

- Você já ouviu ou leu um poema concreto?

A poesia concreta, que se desenvolveu a partir dos anos 1950, continua influenciando os poetas da atualidade

Leia o poema de Denis Zanin a seguir.

**TEXTO 1**

### A goteira

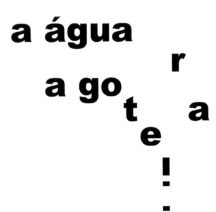

**Quem é o autor?**

**Denis Zanin** nasceu em Araraquara (SP), em 1986. Em São Paulo, cidade onde reside, é escritor, poeta e jornalista. Escreve contos publicados em parceria com outros autores, divulga poemas nas plataformas digitais e redes sociais e, como jornalista, escreve sobre temas relacionados à privacidade na internet e ao jornalismo digital.

ZANIN, Denis. "A goteira", poema concreto. *In*: MEDIUM. [*S. l.*], 2013. Disponível em: https://medium.com/@deniszanin/a-goteira-poema-poesia-concreta-59508657c53d. Acesso em: 6 mar. 2022.

1. Pela organização e disposição gráfica, como você classifica esse texto? Explique.
2. Que recursos linguísticos, visuais e sonoros são usados na construção do poema?

### Características principais da poesia concreta

- Uso de *polissemia*: diferentes sentidos da mesma palavra.
- *Paronomásia*: exploração de semelhanças sonoras e de trocadilhos.
- *Decomposição* de palavras: separação de sílabas, de letras, de prefixos, de radicais e sufixos de palavras para conseguir efeitos sonoros e/ou visuais.
- Uso de *aliterações* e *assonâncias*.
- Ausência de versos/estrofes, assim como de sinais de pontuação.
- Possibilidade de diversas leituras, por meio de diferentes ângulos.

3. Leia uma explicação do autor, publicada em seu *site* na internet, a respeito do processo de criação do poema "A goteira".

> *A goteira* é poesia concreta, um poema de minha autoria escrito em 2013 enquanto observava uma rachadura no concreto abrindo caminho para o desvio das gotas d'água.

ZANIN, Denis. "A goteira", poema concreto. *In*: MEDIUM. [*S. l.*], 2013. Disponível em: https://medium.com/@deniszanin/a-goteira-poemapoesia-concreta-59508657c53d. Acesso em: 6 mar. 2022.

- Você aprecia esse tipo de poema? Dê sua opinião.

# Concretismo: contexto histórico

Nos anos 1950, a Europa estava iniciando o processo de reconstrução do que havia sido destruído na 2ª Guerra Mundial. O mundo se dividia em dois blocos: um capitalista, outro comunista. Já o Brasil vivia um momento de desenvolvimento econômico e democratização, e iniciava-se a construção de Brasília. Em 1951 aconteceu a 1ª Bienal de São Paulo, que propunha uma forma de expressão artística que traduzisse as transformações no mundo e no país. Nesse contexto, desenvolveu-se a **poesia concreta**, que reagia à poesia tradicional, sentimental e subjetiva. A poesia concreta reflete o mundo da velocidade, do desenvolvimento, da industrialização, do processo de urbanização, propondo uma nova linguagem literária. Mas esse movimento não se restringiu apenas ao campo literário: ocorreram também manifestações na música, na arquitetura, nas artes em geral. A expressão artística do **Concretismo** é autônoma, busca formas que remetem às da realidade. Os poemas, por exemplo, procuram se aproximar das formas arquitetônicas ou esculturais. As artes visuais não figurativas começam a ser mais evidentes, a fim de mostrar que há no mundo uma realidade palpável que pode ser observada de diferentes ângulos.

Augusto de Campos (1931), Haroldo de Campos (1929-2003) e Décio Pignatari (1927-2012) destacam-se como representantes do Concretismo no Brasil. A principal produção dessa tendência poética é a obra *Plano Piloto para Poesia Concreta*, de Augusto de Campos, publicada em 1958, e faz referência direta ao Plano Piloto da Construção de Brasília, de Oscar Niemeyer e Lúcio Costa. Além do grupo formado por Haroldo, Augusto e Décio, há outros representantes, como Ferreira Gullar, Ronaldo Azeredo, José Lino Grünewald, Régis Bonvicino, Pedro Xisto, José Paulo Paes, que integram em suas obras visualidade, som e sentido das palavras. Até hoje – e ao longo de mais de sete décadas – o Concretismo vem se desdobrando em diversos meios e suportes (livro, revista, jornal, cartaz, pôster, objeto, vídeo, videotexto, CD, holografia, internet etc.) e com frequente adesão de poetas contemporâneos.

Max Bill. *Unidade tripartida*, 1948-1949. Instalação de aço inoxidável, 114 cm × 88,3 cm × 98,2 cm. Coleção MAC, São Paulo.

Literatura: da esquerda para a direita, os poetas Augusto de Campos, Décio Pignatari e Haroldo de Campos posam para foto em comemoração aos 40 anos da exposição de arte concreta em São Paulo, em 29 de novembro de 1996.

- O que seria uma poesia-práxis? Como seria um poema dessa vertente estética? A seguir, leia um poema-práxis de Mário Chamie.

### TEXTO 2

### Agiotagem

um

dois

três

o juro: o prazo

o pôr / o cento / o mês / o ágio

p o r c e n t á g i o.

dez

cem

mil

o lucro: o dízimo

o ágio / a mora / a monta em péssimo

e m p r é s t i m o.

muito

nada

tudo

a quebra: a sobra

a monta / o pé / o cento / a quota

h a j a n o t a

agiota.

CHAMIE, Mário. *Indústria*. São Paulo: Mirante das Artes, 1967.

**Quem é o autor?**

**Mário Chamie** (1933-2011) foi poeta, professor, publicitário e advogado. Nasceu em Cajobi (SP) e faleceu em São Paulo (SP). Principal poeta e teórico do movimento de vanguarda denominado Poesia-práxis, em 1962 fundou a revista *Práxis*, que contava com a colaboração do modernista Cassiano Ricardo, do crítico literário José Guilherme Merquior, do cineasta Cacá Diegues e dos críticos de cinema Jean-Claude Bernardet e Maurice Capovilla.

1. Qual é o campo semântico das palavras escolhidas para compor o poema "Agiotagem"? Exemplifique.

2. Que classe de palavras inicia e dá suporte à temática do poema?

3. Analise o efeito de sentido provocado pelos neologismos a seguir:
    - porcentágio
    - hajanota.

4. Qual é a visão de mundo expressa pelo poema? Explique.

### A poesia-práxis

Foi uma das tendências poéticas que surgiram em São Paulo por volta de 1961-1962. Como o nome sugere, a ideia central era construir poemas com base na prática da vida. O poema "Agiotagem" é um exemplo dessa tendência poética. Os poemas-práxis resultam de um levantamento de palavras dentro do campo semântico do tema escolhido, em um jogo sonoro, visual e semântico.

# Vamos comparar?

- A intervenção de um artista pode transformar um objeto utilitário em uma obra de arte? Como seria esse processo e seu propósito?

Leia esta obra do poeta contemporâneo Mário Alex Rosa.

## Trouxeste a chave?

**Quem é o autor?**

Nascido em São João Del Rei, **Mário Alex Rosa** é graduado em História e doutor em Literatura Brasileira pela Universidade de São Paulo (USP). Tem experiência na área de Letras, com ênfase em Literatura Brasileira.

Mário Alex Rosa. *Trouxeste a chave?*, 2012. Técnica mista: cadeados e Letraset.

1. Considerando seu repertório artístico de espectador e leitor, como você classifica esse texto? Justifique.

2. A obra que você observou é um **poema-objeto**. Com base nessa informação, explique o processo construtivo de "Trouxeste a chave?".

3. O título do poema-objeto "Trouxeste a chave?" estabelece um diálogo intertextual com um verso do poema "Procura da poesia", de Carlos Drummond de Andrade. Faça uma analogia entre o título da obra de Drummond, o título do poema-objeto e a metáfora visual dos cadeados.

4. Compare as semelhanças e as diferenças entre os poemas "A goteira" (de Denis Zanin), "Agiotagem" (de Mário Chamie) e "Trouxeste a chave?" (de Mário Alex Rosa).

### O poema-objeto

Nesse gênero poético, ocorre uma ruptura com os elementos do poema tradicional. No poema-objeto estudado, o poeta desloca um utensílio de uso doméstico (cadeados) de seu espaço usual e o transforma em elemento poético, fazendo uma brincadeira para lhe atribuir um novo sentido – além de manter um diálogo intertextual com o poema "Procura da poesia", de Carlos Drummond de Andrade. Vê-se, assim, uma das características mais recorrentes da arte e da literatura contemporâneas: o rompimento de fronteiras entre os gêneros – nesse caso, o poema (literatura) e o objeto (artes plásticas, escultura, instalação). Pode-se dizer que o poema-objeto tem origem no Concretismo e, também, na **arte conceitual**.

310 Capítulo 27 Pós-modernismo: Concretismo e outras poéticas

- Você já leu ou ouviu poemas de Ferreira Gullar?
- Que temáticas poderiam ser abordadas em um poema com o título "Poema obsceno"?

Leia-o a seguir.

### TEXTO 3

## Poema obsceno

Façam a festa
    cantem dancem
que eu faço o poema duro
      o poema-murro
      sujo
      como a miséria brasileira

Não se detenham:
façam a festa
    Bethânia Martinho
    Clementina
Estação Primeira de Mangueira Salgueiro
gente de Vila Isabel e Madureira
    todos
      façam
    a nossa festa
enquanto eu soco este pilão
    este surdo
      poema
que não toca no rádio
que o povo não cantará
(mas que nasce dele)
Não se prestará a análises **estruturalistas**
Não entrará nas antologias oficiais
    Obsceno
como o salário de um trabalhador aposentado
    o poema
terá o destino dos que habitam o lado escuro do país
    – e espreitam.

FERREIRA GULLAR. Poema obsceno. *In*: FERREIRA GULLAR. *Toda poesia*, (1950-1980). São Paulo: Círculo do livro, 1980. p. 441.

**Estruturalistas:** de *estruturalismo*, teoria (acadêmica, da crítica) que se propõe a analisar as estruturas de uma obra literária.

### Quem é o autor?

José Ribamar Ferreira ou **Ferreira Gullar** (1930-2016) nasceu em São Luís (MA) e faleceu no Rio de Janeiro (RJ). Foi um dos dissidentes do Concretismo, criando a vertente neoconcretista. Poeta, ensaísta, crítico de arte, teatrólogo, cronista, intelectual combativo, sempre se posicionou contra a opressão e as desigualdades sociais. Obras: *Um pouco acima do chão; A luta corporal; O vil metal; Poemas concretos/neoconcretos; Dentro da noite veloz; Poema sujo; Na vertigem do dia; Barulhos; O formigueiro; Muitas vozes; Toda poesia* etc.

1. Explique o efeito de sentido provocado pelo título "Poema obsceno".
2. Analise as funções comunicativas desse poema.
3. Que alternativa não se refere à postura do eu lírico?
   a) Assume o engajamento político e a crítica social.
   b) Identifica-se com o trabalhador brasileiro.
   c) Ele critica o Carnaval e a MPB.
   d) Ele incentiva outras formas de manifestação artística.
   e) Ele ignora o aval da academia e da crítica literária.
4. Explique os efeitos de sentido provocados pelos termos destacados nos versos:
   que eu faço o poema *duro* / o poema-*murro* / *sujo*
   enquanto eu *soco* este pilão / este *surdo* / poema
5. Redija um comentário crítico a respeito da proposta poética apresentada neste Capítulo 27, com a qual você mais se identificou. Apresente argumentos para justificar sua escolha.

## A vertente sociopolítica na poesia brasileira

Durante a ditadura militar (1964-1985), vários artistas e jornalistas foram presos, torturados e/ou exilados. Alguns poetas filiados a uma vertente mais sociopolítica da arte propuseram – a despeito das inovações formais dos concretistas e de outros movimentos de vanguarda – uma poesia que voltasse a usar versos (livres e/ou rimados) e linguagem coloquial, visando atingir um público mais amplo, e cuja temática tivesse por objetivo denunciar a miséria social e política do país. Pertencem a essa vertente poetas como Ferreira Gullar, Affonso Ávila, Thiago de Mello, Moacir Félix, Silviano Santiago, Affonso Romano de Sant'Anna entre outros.

### O movimento da Contracultura

Na década de 1960, em várias partes do mundo, os jovens da chamada *Geração hippie* negaram e questionaram os valores da sociedade. O pano de fundo era a Guerra Fria, que dividiu o mundo em dois blocos (EUA × URSS). A guerra do Vietnã levou vários jovens de todas as partes do mundo a protestar. Nesse contexto, buscavam negar os valores preestabelecidos, vivendo de forma não convencional, valorizando a vida em comunidades, negando o consumismo, o trabalho formal; protestando e contestando a guerra e o capitalismo. O lema dessa geração era "Paz e Amor". Seus representantes pregavam a não violência, a liberdade sexual e a liberação das drogas. As manifestações artísticas e culturais dessa época, como o *rock-and-roll*, refletem esses valores e comportamentos.

Família *hippie* descansa ao ar livre durante o Festival de Woodstock. Woodstock, Nova York, 1969.

## O Tropicalismo ou Tropicália

O termo "Tropicália" tem origem no nome de uma obra do artista plástico Hélio Oiticica, exposta no Museu de Arte Moderna do Rio de Janeiro (MAM/RJ) em abril de 1967.

Hélio Oiticica. *Tropicália*, 1967. Plantas, areia, pedras, araras, aparelho de televisão, tecido e madeira.

**Tropicália** ou **Tropicalismo** foi um movimento artístico-poético-musical de ruptura, que transformou o ambiente da MPB e da cultura brasileira entre 1967 e 1968. Esse movimento fundia os elementos estilísticos da cultura popular aos da literatura e da poesia de vanguarda, buscando inspiração na Semana de Arte Moderna (1922). Os músicos e compositores da *Tropicália* introduziram a guitarra elétrica na MPB, conseguindo mesclar elementos do *rock-and-roll* a ritmos tradicionais brasileiros. Destacam-se entre os tropicalistas: Tom Zé, Torquato Neto, Caetano Veloso, Gilberto Gil, Os Mutantes, Nara Leão, Gal Costa, Maria Bethânia, Jorge Benjor, o maestro Rogério Duprat; e os artistas plásticos de vanguarda: Rogério Duarte, Lygia Clark, Lygia Pape, Carlos Vergara, Hélio Oiticica, Mário Pedrosa etc.

## A Poesia Marginal

Na década de 1970, surgiu no Brasil o movimento cultural Poesia Marginal ou Marginália, cujos integrantes ficaram conhecidos também como Geração Mimeógrafo, porque os poetas tinham formas "alternativas" de divulgar sua produção. Imprimiam seus textos no mimeógrafo, instrumento usado para fazer cópias.

Esse movimento abrangeu não só a literatura mas também a música, o cinema, o teatro e as artes plásticas. Entre os representantes dessa literatura estão: Ana Cristina César, Paulo Leminski, José Agripino de Paula, Wally Salomão, Francisco Alvim, Torquato Neto, Chacal, Cacaso, Geraldo Carneiro, José Paulo Paes, entre outros. As características principais desse movimento cultural foram: a negação das formas padronizadas de cultura; a inventividade na criação literária, com o uso de estruturas não convencionais e da linguagem coloquial; o protesto contra a censura e o sistema político.

Hélio Oiticica. *Seja marginal, seja herói*, 1968. Pintura sobre tecido, 85 cm × 114,5 cm × 3 cm. Bandeira-poema que se tornou símbolo da cultura marginal.

# Oficina de criação

**Texto escrito**

### ▶ Criação de poema-objeto

Como você percebeu, o poema-objeto é uma forma de expressão que incorpora artes plásticas, poesia e *design*, propondo uma nova forma de olhar a realidade e de dar novo sentido a objetos do cotidiano.

## Preparação

1. Forme grupos com alguns colegas para produzir um poema-objeto que fará parte de uma exposição da turma.

2. Escolham o tema do poema-objeto que o grupo vai criar ou um verso dos poemas que você leu neste capítulo.

3. Escolham objetos do cotidiano que tenham alguma relação com o tema ou o verso escolhido, para ser recriado poeticamente.

4. Em dia agendado pelo professor, tragam o material que vocês escolheram para a produção: objetos do dia a dia, letras, papéis, tecido etc.

## Produção

Na produção do poema-objeto, vocês devem:

- fazer a montagem do objeto escolhido sobre uma plataforma ou suporte (de papelão, madeira, pedra ou outro material) para que ele possa ter base de sustentação;

- inserir ou colar fotos, imagens; objetos menores no objeto maior, se for o caso;

- criar uma legenda que dialogue com o tema do poema;

- recortar e colar letras, palavras ou versos no poema-objeto.

## Avaliação

A turma vai avaliar a participação de cada grupo considerando os aspectos:

- Houve diálogo entre o objeto e o tema?
- O tema foi compreendido e apreciado pela turma?
- Todos participaram da produção?

Joan Brossa. *Tributo ao livro*, 1994. Barcelona, Espanha. Fotografia feita em 31 de outubro de 2011.

# Enem e vestibulares

**1. (ENEM)** Leia:

### da sua memória

mil

e

mui

tos

out

ros

ros

tos

sol

tos

pou

coa

pou

coa

pag

amo

meu

(ANTUNES, Arnaldo. *2 ou + corpos no mesmo espaço.*
São Paulo: Perspectiva, 1998).

Trabalhando com recursos formais inspirados no Concretismo, o poema atinge uma expressividade que se caracteriza pela:

**a)** interrupção da influência verbal, para testar os limites da lógica racional.

**b)** reestruturação formal da palavra, para provocar o estranhamento no leitor.

**c)** dispersão das unidades verbais, para questionar o sentido das lembranças.

**d)** fragmentação da palavra, para representar o estreitamento das lembranças.

**e)** renovação das formas tradicionais, para propor uma nova vanguarda poética.

**2. (ENEM)** Leia:

### Primeira lição

Os gêneros de poesia são: lírico, satírico, didático, épico, ligeiro.
O gênero lírico compreende o lirismo.
Lirismo é a tradução de um sentimento subjetivo, sincero e pessoal.
É a linguagem do coração, do amor.
O lirismo é assim denominado porque em outros tempos os versos sentimentais eram declamados ao som da lira.
O lirismo pode ser:
a) Elegíaco, quando trata de assuntos tristes, quase sempre a morte.
b) Bucólico, quando versa sobre assuntos campestres.
c) Erótico, quando versa sobre o amor.
O lirismo elegíaco compreende a elegia, a nênia, a endecha, o epitáfio e o epicédio.
Elegia é uma poesia que trata de assuntos tristes.
Nênia é uma poesia em homenagem a uma pessoa morta.
Era declamada junto à fogueira onde o cadáver era incinerado.
Endecha é uma poesia que revela as dores do coração.
Epitáfio é um pequeno verso gravado em pedras tumulares.
Epicédio é uma poesia onde o poeta relata a vida de uma pessoa morta.

(CESAR, Ana Cristina. *Poética.* São Paulo: Companhia das Letras, 2013.)

No poema de Ana Cristina Cesar, a relação entre as definições apresentadas e o processo de construção do texto indica que o(a):

**a)** caráter descritivo dos versos assinala uma concepção irônica de lirismo.

**b)** tom explicativo e contido constitui uma forma peculiar de expressão poética.

**c)** seleção e o recorte do tema revelam uma visão pessimista da criação artística.

**d)** enumeração de distintas manifestações líricas produz um efeito de impessoalidade.

**e)** referência a gêneros poéticos clássicos expressa a adesão do eu lírico às tradições literárias.

**3. (ENEM)** Leia:

### Reclame

Se o mundo não vai bem
a seus olhos, use lentes
... ou transforme o mundo
ótica olho vivo
agradece a preferência

CHACAL *et al. Poesia marginal.* São Paulo: Ática, 2006.

Chacal é um dos representantes da geração poética de 1970. A produção literária dessa geração, considerada marginal e engajada, de que é representativo o poema, valoriza:

**a)** o experimentalismo em versos curtos e tom jocoso.

**b)** a sociedade de consumo, com o uso da linguagem publicitária.

**c)** a construção do poema, em detrimento do conteúdo.

**d)** a experimentação formal dos neossimbolistas.

**e)** o uso de versos curtos e uniformes quanto à métrica.

315

# CAPÍTULO 28

# LITERATURA LUSÓFONA CONTEMPORÂNEA

## Roda de conversa

1. Descreva a imagem. Que impressões ela lhe causa?
2. A imagem de abertura é de René Magritte, pintor filiado ao Surrealismo. Que características dessa obra podem ser consideradas surrealistas?
3. O que você achou dessa imagem?

René Magritte. *Sapatos vermelhos* (ou *O vermelho modelo*), 1934. Óleo sobre tela, 56 cm × 46 cm.

### Para você...

**... ler**
- *Terra sonâmbula*, Mia Couto.
- *Ensaio sobre a cegueira*, José Saramago.
- *Obra poética*, José Craveirinha.
- *Os da minha rua*, Ondjaki.

**... ouvir**
- *Podcast Ilustríssima conversa*, episódio "É preciso descolonizar o imaginário para entender literaturas africanas, reflete professora".
- *Podcast Bookster*, episódio "Mia Couto – Daria um livro (entrevista)".

**... assistir**
- *Ensaio sobre a Cegueira*. Direção: Fernando Meirelles. Brasil/Canadá/Japão/Reino Unido/Itália, 2008.

### O que você vai...

**... fruir**
- *A carteira de crocodilo*, Mia Couto.
- *A jangada de pedra*, José Saramago.
- *Grito negro*, José Craveirinha.
- *Chão*, Ondjaki.

**... aprender**
- Realismo fantástico ou realismo mágico.
- A poética de José Craveirinha e Ondjaki.
- A literatura dos países lusófonos africanos.

- Você conhece a literatura em prosa de algum escritor africano de língua portuguesa? Qual? Sabe o que é **realismo fantástico** ou **realismo mágico**? A seguir, leia um conto do escritor Mia Couto.

### TEXTO 1

### A carteira de crocodilo

A Senhora Dona Francisca Júlia Sacramento, esposa do governador-geral, excelenciava-se pelos salões, em beneficentes chás e filantrópicas **canastas**. Exibia a carteirinha que o marido lhe trouxera das outras Áfricas, toda em substância de pele de crocodilo. As amigas se raspavam de inveja, incapazes de disfarce. Até a bílis lhes escorria pelos olhos. Motivadas pela **desfaçatez**, elas comentavam: o bichonho, assim tão desfolhado, não teria sofrido imensamente? Tal dermificina não seria contra os católicos mandamentos?

— E com o problema das insolações, o bicho, assim esburacado, apanhando em cheio os ultravioletas...

— Cale-se, Clementina.

Mas o governador Sacramento também se havia contemplado a ele mesmo. Adquirira um par de sapatos feitos com pele de cobra. O casal calçava do reino animal, feitos pássaros que têm os pés cobertos de escamas. Certo dia, uma das nobres damas trouxe a catastrágica novidade. O governador-geral contraíra grave e irremediável viuvez. A esposa, coitada, fora comida inteira, incluído corpo, sapatos, colares e outros anexos.

— Foi comida, mas... pelo marido, supõe-se?

— Cale-se, Clementina.

Mas qual marido? Tinha sido o crocodilo, o monstruoso carnibal. Que horror, com aqueles dentes capazes de arrepiar tubarões.

— Um crocodilo no Palácio?

— Clemente-se, Clementina.

O monstro de onde surgira?

Imagine-se, tinha emergido da carteira, transfigurado, reencarnado, assombrado. Acontecera em instantâneo momento: a malograda ia tirar algo da mala e sentiu que ela se movia, esquiviva. Tentou assegurá-la: tarde e de mais. Foi só tempo de avistar a dentição triangulosa, língua amarela no breu da boca. No resto, os testemunhadores nem presenciaram. O sáurio se eminenciou a olhos imprevistos.

E o governador, sob o peso da desgraça? O homem ia de rota abatida. Lágrimas catarateavam pelo rosto. O dirigente recebeu o desfile das condolências. Vieram íntimos e ilustres. A todos ele cumprimentou, reservado, invisivelmente emocionado. Os visitantes se juntaram no nobre salão, aguardando palavras do dirigente. O governador avançou para o centro e anunciou não o luto, mas, espantem-se cristãos, a inadiável condecoração do crocodilo. Em nome da protecção das espécies, explicou. A bem da ecologia faunística, acrescentou.

No princípio, houve relutâncias, demoras no entendimento. Mas logo os aplausos abafaram as restantes palavras. O que sucedeu, então, foi o inacreditável. O governador Sacramento suspendeu a palavra e espreitou o chão que o sustinha. Pedindo urgentes desculpas ele se sentou no estrado e se apressou a tirar os sapatos. Entre a audiência ainda alguém **vaticinou**:

— Vai ver que os sapatos se convertem em cobra...

— Clementina!

---

**Canasta:** jogo de cartas de baralho também chamado, no Brasil, de canastra ou tranca.
**Desfaçatez:** falta de vergonha ou pudor, descaramento, cinismo.
**Vaticinar:** profetizar, adivinhar, prever, predizer.

### Quem é o autor?

António Emílio Leite Couto, **Mia Couto** – um dos escritores mais conhecidos da África e da prosa de língua portuguesa contemporânea – nasceu na Beira, em Moçambique, em 1955. Em sua obra se fundem o imaginário do autor e o imaginário do povo moçambicano. É autor de vários livros de contos, crônicas e romances como: *Contos do nascer da terra; Estórias abensonhadas; O fio das missangas; Terra sonâmbula; Um rio chamado tempo, uma casa chamada terra; O mapeador de ausências* etc.

317

Sucedeu <u>exactamente</u> o inverso. O ilustre nem teve tempo de desapertar os **atacadores**. Perante um espanto ainda mais geral que o título do governador, se viu o honroso <u>indignitário</u> a converter-se em serpente. Começou pela língua, afilada e **bífida**, em rápidas excursões da boca. Depois, se lhe extinguiram os quase totais membros, o homem, todo ele, um tronco em flor. Caiu desamparado no mármore do palácio e ainda se ouviu seu grito:

– Ajudem-me!

Ninguém, porém, avivou músculo que fosse. Porque, logo e ali, o mutante mutilado, em total mutismo, se começou a enredar pelo suporte do microfone. Enquanto serpenteava pelo ferro ele se desnudava, libertadas as vestes como se foram uma desempregada pele. O governador finalizava elegâncias de cobra. O ofídio se manteve hasteado no microfone, depois largou-se. Quando se aguardava que se desmoronasse, afinal, o governador <u>encobrado</u> desatou a caminhar. Porque de humano lhe restavam apenas os pés, esses mesmos que ele cobrira de ornamento **serpentífero**.

– Não aplauda, Clementina, por amor de Deus!

COUTO, Mia. *Contos do nascer da Terra*. 3. ed. Lisboa: Editorial Caminho, 1997. p. 101-3.

1. Que personagens do texto podem representar o colonizador português em Moçambique?

2. Leia o quadro:

   **Realismo fantástico** é um movimento artístico e literário em que uma realidade, geralmente sombria e negativa, é recriada de modo a ser atenuada por meio da incorporação ou da recorrência de episódios maravilhosos e fantásticos, por vezes surrealistas.

   a) Que elementos desse conto de Mia Couto podem ser considerados fantásticos?
   b) Como você interpreta a presença desses elementos fantásticos no conto "A carteira de crocodilo"?
   c) O que o crocodilo e a serpente simbolizam?
   d) Que sentimentos, ações humanas e fatos reais são tematizados nesse conto?

3. Releia os trechos marcados em vermelho, laranja, azul e verde, no texto, e analise as ações e os comportamentos das personagens que neles aparecem.

4. Como você observou, Mia Couto criou <u>neologismos</u>, alterando a classe gramatical de várias palavras e aglutinando-as a outras. Qual é o efeito desses neologismos no texto?

5. Nesse conto, o narrador de 3ª pessoa é neutro, ou seja, ele só narra o que presencia, ou se posiciona em relação aos fatos? Explique sua resposta.

6. O texto é <u>polifônico</u>, isto é, apresenta a voz do narrador, a do governador e a de um personagem anônima (que se dirige à personagem Clementina fazendo-lhe advertências). Pelas advertências, é possível inferir a voz da personagem Clementina.

   a) Quem Clementina pode representar?
   b) O que a voz da personagem anônima pode representar?
   c) Qual é a representação social do governador e de sua esposa?

7. Explique o sentido da **metáfora** e da **hipérbole** em:

   Até a bílis lhes escorria pelos olhos.

8. Faça uma analogia entre o conto "A carteira de crocodilo", de Mia Couto, e a imagem de abertura observada neste capítulo, *Sapatos vermelhos*, de René Magritte.

### Realismo fantástico ou realismo mágico

As estéticas literárias do Realismo/Naturalismo buscavam retratar a realidade de forma objetiva, recorrendo a teorias científicas para explicar, representar e denunciar a realidade social. Por influência das vanguardas artísticas (como o Surrealismo, por exemplo), alguns escritores buscaram romper com essa tendência e o **realismo fantástico** ou **realismo mágico** marcaram essa ruptura através de enredos e situações insólitas, surreais e oníricas, em que fatos extraordinários se misturavam a eventos reais para fazer crítica social. O conto "A carteira de crocodilo" – em que a mulher do governador é devorada por sua carteira feita com a pele desse réptil; e o marido que se transforma em cobra – é um exemplo do realismo fantástico. Nos países lusófonos, Mia Couto e José Saramago são dois nomes que se destacam nessa tendência. No Brasil, ainda no século XIX, Machado de Assis antecipou essa corrente quando criou o narrador de *Memórias póstumas de Brás Cubas* (1880), um "defunto-autor" que volta para contar ou escrever sua biografia. Na segunda metade do século XX, os escritores Murilo Rubião, José J. Veiga e o dramaturgo Dias Gomes são também representantes dessa estética.

## TEXTO 2

- Você já leu algum romance do escritor português José Saramago? Sabe que ele foi o primeiro autor de língua portuguesa a receber o Prêmio Nobel de Literatura pelo conjunto de sua obra?
- O que o título ou a metáfora "jangada de pedra" lhe sugere?

Leia um trecho desse romance a seguir.

### A jangada de pedra

[...]

Na história dos rios nunca acontecera um tal caso, estar passando a água em seu eterno passar e de repente não passa mais, como torneira que bruscamente tivesse sido fechada, por exemplo, alguém está a lavar as mãos numa bacia, retira a válvula do fundo, fechou a torneira, a água escoa-se, desce, desaparece, o que ainda ficou na concha esmaltada em pouco tempo se evaporará. Explicando por palavras mais próprias, a água do **Irati** retirou-se como onda que da praia reflui e se afasta, o leito do rio ficou à vista, pedras, lodo, limos, peixes que saltando **boquejam** e morrem, o súbito silêncio.

Os engenheiros não estavam no local quando se deu o incrível facto, mas aperceberam-se de que alguma coisa anormal acontecera, os mostradores, na bancada de observação, indicaram que o rio deixara de alimentar a grande bacia aquática. Num jipe foram três técnicos averiguar o intrigante sucesso, e, durante o caminho, pela margem do **embalse**, examinaram as diversas hipóteses possíveis, não lhes faltou tempo para isso em quase cinco quilómetros, e uma dessas hipóteses era que um desabamento ou escorregamento de terras na montanha tivesse desviado o curso do rio, outra que fosse obra dos franceses, **perfídia gaulesa**, apesar do acordo bilateral sobre águas fluviais e seus aproveitamentos hidroeléctricos, outra, ainda, e a mais radical de todas, que se tivesse exaurido o manancial, a fonte, o olho-d'água, a eternidade que parecia ser e afinal não era. Neste ponto dividiam-se as opiniões. Um dos engenheiros, homem sossegado, da espécie contemplativa, e que apreciava a vida em **Orbaiceta**, temia que o mandassem para longe, os outros esfregavam de contentamento as mãos, podia ser que viessem a transferi-los para

**Irati:** rio que nasce na França e passa pela Espanha. Em tupi-guarani, significa "rio de mel".
**Boquejam:** abocanham, bocejam.
**Embalse:** local de um rio por onde passa ou se tem acesso a uma balsa.
**Perfídia:** deslealdade; falsidade; traição.
**Gaulesa:** referente à Gália, antigo território onde hoje se situa a França.
**Orbaiceta:** povoado espanhol situado na margem do Rio Irati.

uma das barragens do Tejo, o mais perto de Madrid e da Gran Vía. Debatendo estas ansiedades pessoais chegaram à ponta extrema do embalse, onde era o desaguadouro, e o rio não estava lá, apenas um fio escasso de água que ainda ressumbrava das terras moles, um gorgolejo lodoso que nem para mover uma azenha de brincar teria força. Onde é que raio se meteu o rio, isto disse o motorista do jipe, e não se poderia ser mais expressivo e rigoroso. Perplexos, atónitos, desconcertados, inquietos também, os engenheiros voltaram a discutir entre si as já explicadas hipóteses, posto o que, verificada a inutilidade prática do prosseguimento do debate, regressaram aos escritórios da barragem, depois seguiram para Orbaiceta, onde os esperava a hierarquia, já informada do mágico desaparecimento do rio. Houve discussões ácidas, incredulidades, chamadas telefónicas para Pamplona e Madrid, e o resultado do fatigante trabalho e trato veio a exprimir-se numa ordem muito simples, disposta em três partes sucessivas e complementares. Subam o curso do rio, descubram o que aconteceu e não digam nada aos franceses.

A expedição partiu no dia seguinte, ainda antes do nascer do sol, caminho da fronteira, sempre ao lado ou à vista do rio seco, e quando os fatigados inspectores lá chegaram compreenderam que nunca mais tornaria a haver Irati. Por uma fenda que não teria mais de uns três metros de largura, as águas precipitavam-se para o interior da terra, rugindo como um pequeno Mágara. Do outro lado já havia um ajuntamento de franceses, fora sublime ingenuidade pensar que os vizinhos, astutos e cartesianos, não dariam pelo fenômeno, mas ao menos mostravam-se tão estupefactos e desorientados como os espanhóis deste lado, e todos irmãos na ignorância. Chegaram as duas partes à fala, mas a conversa não foi extensa nem profícua, pouco mais que as interjeições de um justificado espanto, um hesitante aventar de hipóteses novas pelo lado dos espanhóis, enfim, uma irritação geral que não encontrava contra quem se voltar, os franceses daí a pouco já sorriam, afinal continuavam a ser donos do rio até à fronteira, não precisariam de reformar os mapas.

Nessa tarde, helicópteros dos dois países sobrevoaram o local, fizeram fotografias, por meio de guinchos desceram observadores que, suspensos sobre a catarata, olhavam e nada viam, apenas o negro boqueirão e o dorso curvo e luzidio da água. Para se ir adiantando algum proveito, as autoridades municipais de Orbaiceta, do lado espanhol, e de Larrau, do lado francês, reuniram-se junto do rio, debaixo de um toldo armado para a ocasião e dominado pelas três bandeiras, a bicolor e tricolor nacionais, mais a de Navarra, com o propósito de estudarem as virtualidades turísticas de um fenômeno natural com certeza único no mundo e as condições da sua exploração, no interesse mútuo. [...]

SARAMAGO, José. *A jangada de pedra*. São Paulo: Companhia das Letras, 1988. p. 19-21.

**Tejo:** rio mais importante e mais extenso da Península Ibérica. Nasce na Espanha e deságua no Oceano Atlântico, banhando Lisboa.
**Gran Vía:** principal artéria/avenida e ponto turístico de Madri, capital da Espanha.
**Ressumbrava:** deixava sair ou cair líquido em pouca quantidade ou gota a gota; gotejava, destilava.
**Gorgolejo:** som parecido com o de um gargarejo.
**Azenha:** moinho de roda movido a água.
**Pamplona:** capital de Navarra, comunidade autônoma da Espanha.
**Mágara:** caverna de origem vulcânica.
**Cartesianos:** racionais; afeitos a ideias claras e procedimentos exatos, rigorosos.
**Estupefactos:** pasmados, assombrados, atônitos.
**Profícua:** útil, proveitosa, vantajosa.
**Aventar:** perceber, pressentir; ocorrer, lembrar; imaginar; supor.
**Larrau:** pequena comunidade francesa localizada na região administrativa da Aquitânia, nas montanhas dos Pirineus, que fazem divisa com a Espanha.

## Quem é o autor?

José de Sousa **Saramago** (1922-2010), oriundo de uma família de camponeses, nasceu na aldeia ribatejana de Azinhaga (Goligã), ao sul de Portugal, e faleceu em Lanzarote, nas Ilhas Canárias. Foi o primeiro autor de língua portuguesa a receber o Prêmio Nobel de Literatura. Suas obras, traduzidas em quase todo o mundo, alcançaram grande sucesso de crítica e público. Entre elas destacamos: *Levantado do chão*; *Memorial do convento*; *O ano da morte de Ricardo Reis*; *Jangada de pedra*; *História do cerco de Lisboa*; *O evangelho segundo Jesus Cristo*; *Ensaio sobre a cegueira*; *Todos os nomes*; *A caverna* etc.

## A metáfora da jangada de pedra

No período das Grandes Navegações e dos descobrimentos, os países que formam a Península Ibérica – Portugal e Espanha – dominaram as fronteiras e tiveram um passado considerado rico, heroico e glorioso. Por questões políticas e econômicas, eles perderam a hegemonia para países como a Inglaterra e a França. Para remeter à história de Portugal e Espanha e dar título ao romance, Saramago aproveita-se de um ditado popular português que compara a península Ibérica ao formato de uma jangada, embarcação rudimentar comumente usada na costa marítima e que não conseguiria ultrapassar mares ou oceanos. Na ficção, a península assume o papel metafórico de uma "jangada de pedra", que vai se afastando da Europa, navegando à deriva pelos mares do Atlântico Sul. A metáfora do título constitui um paradoxo. **Jangada** sugere dinamismo, com o movimento dos ventos; deslocamentos por meio de travessia marítima. Já a palavra **pedra** costuma ser associada à rigidez e é vista como elemento estático.

1. Com base no boxe anterior e no trecho lido de *A jangada de pedra*, responda:

    a) Qual é o foco narrativo do texto? Qual é o cenário?

    b) Qual é o elemento fantástico presente nesse trecho e o que ele desencadeia?

2. Releia:

    > [...] *obra dos franceses, perfídia gaulesa*, apesar do acordo bilateral sobre águas fluviais [...]

    > [...] e não digam nada aos *franceses*.

    > Do outro lado já havia um *ajuntamento de franceses*, fora sublime *ingenuidade pensar que os vizinhos, astutos e cartesianos*, não dariam pelo fenômeno [...]

    • O que essas passagens revelam?

3. Os escritores do realismo fantástico costumam relatar fatos sobrenaturais para criticar a realidade. Que críticas podem ser inferidas com base nos fatos narrados nesse trecho?

4. Analise a reação dos franceses no trecho:

> [...] os franceses daí a pouco já sorriem [...].

5. Releia outro trecho:

> Para se ir adiantando algum proveito, as autoridades municipais de Orbaiceta, do lado espanhol, e de Larrau, do lado francês, reuniram-se junto do rio, debaixo de um toldo armado [...]

- Qual foi o objetivo dessa reunião?

6. Leia o trecho e observe o destaque em negrito:

> [...] e o rio não estava lá, apenas um fio escasso de água que ainda ressumbrava das terras moles, um gorgolejo lodoso que nem para mover uma azenha de brincar teria força. **Onde é que raio se meteu o rio**, isto disse o motorista do jipe, e não se poderia ser mais expressivo e rigoroso.

- Que efeito de sentido o autor pretende ao alterar regras convencionadas, como a não marcação de discurso direto?

7. Você concorda com a visão de que a vida apresenta muitos aspectos absurdos e que o real e o fantástico costumam se cruzar? Registre sua opinião.

### José Saramago: a fragmentação da Europa no realismo fantástico português

As narrativas de Saramago destacam-se pela originalidade e criatividade, apresentam enredos insólitos, com tramas incomuns, surpreendentes; a linguagem é singular e, em muitos casos, transgridem as normas da modalidade escrita e da sintaxe. O romance *A jangada de pedra* foi publicado em 1986, quando Portugal e Espanha passaram a integrar o Mercado Comum Europeu e, depois, a União Europeia. O romance apresenta elementos do realismo fantástico, como a imaginária separação geográfica da Península Ibérica, causada pelo aparecimento de uma "fenda" nos Pireneus: cordilheira que forma uma fronteira natural entre Espanha e França.

*A jangada de pedra* também tem estilo próprio e usa recursos como:

- a criação de frases e parágrafos longos;
- a transgressão de determinadas regras convencionadas da modalidade escrita;
- a não marcação do discurso direto com parágrafos, travessões ou aspas etc.

A obra faz uma crítica às relações diplomáticas, sociais e aos interesses políticos dos países envolvidos nos fatos narrados. E trata também de questões individuais, existenciais, por meio das ações e reflexões dos personagens.

## TEXTO 3

- Você já leu textos de poetas lusófonos africanos como José Craveirinha?
- Qual seria o tema de um poema com o título "Grito negro"?

Leia esse poema a seguir.

### Grito negro

Eu sou carvão!
E tu arrancas-me brutalmente do chão
E fazes-me tua mina.
Patrão!
Eu sou carvão!
E tu acendes-me, patrão
Para te servir eternamente como **força motriz**
mas eternamente não
Patrão!
Eu sou carvão!
E tenho que arder, sim
E queimar tudo com a força da minha combustão.
Eu sou carvão!
Tenho que arder na exploração
Arder até às cinzas da maldição
Arder vivo como **alcatrão**, meu Irmão
Até não ser mais tua mina
Patrão!
Eu sou carvão!
Tenho que arder
E queimar tudo com o fogo da minha combustão.
Sim!
Eu serei o teu carvão
Patrão!

CRAVEIRINHA, José. *Cela 1*. Lisboa: Edições 70, 1980, p. 13-14. Disponível em: www.fflch.usp.br/dlcv/posgraduacao/ecl/pdf/via05/via05_08.pdf. Acesso em: 21 jan. 2022. (p. 81-82).

Laura Barrichello

**Força motriz:** força que produz ou transmite movimento.
**Alcatrão:** substância produzida pela destilação do carvão vegetal ou mineral.

### Quem é o autor?

**José** João **Craveirinha** (1922-2003) nasceu em Lourenço Marques (atual Maputo, capital de Moçambique) e faleceu em Joanesburgo (África do Sul). É considerado o *poeta maior* de seu país. Seus poemas têm como tema a identidade do povo moçambicano, a dominação colonial, a escravidão, a crítica aos colonizadores, a valorização da tradição negra e o culto à natureza. Em 1991, foi o vencedor do Prêmio Luís de Camões (um dos mais importantes da língua portuguesa) para sua obra completa.

1. A quem o eu lírico se dirige?

2. Para se identificar, o eu lírico usa a linguagem figurada: "Eu sou carvão!".
   a) Qual é a representação social do eu lírico?
   b) Qual é o efeito de sentido provocado pelas metáforas nos versos a seguir?
   
   Eu sou **carvão**! / E tu arrancas-me brutalmente do chão / E fazes-me tua **mina**. / Patrão! / Eu sou **carvão**! [...]

3. Qual é o tema do poema?

### A poética de José Craveirinha

Trata-se de uma poética engajada, marcada pelo combate ao racismo, pela busca da identidade do povo moçambicano, pela denúncia da exploração colonial, pela defesa da liberdade do povo e valorização da cultura e da oralidade. Ele é um dos mais referentes poetas não só de Moçambique mas de toda a literatura em língua portuguesa.

- Você já leu ou ouviu algum poema do poeta angolano Ondjaki?
- Qual seria o tema de um poema com o título "Chão"?

Leia esse poema a seguir.

## TEXTO 4

### Chão

*Palavras para Manuel de Barros*

apetece-me des-ser-me;

reatribuir-me a átomo.

cuspir castanhos grãos

mas gargantadentro;

isto seja: engolir-me para mim

**poucochinho** a cada vez.

um por mais um: areios.

assim esculpir-me a barro

e re-ser chão, muito chão.

apetece-me chãonhe-ser-me.

ONDJAKI. *Há prendisajens com o xão. (O segredo húmido da lesma & outras descoisas)*. Rio de Janeiro: Pallas.

**Poucochinho:** o mesmo que pouquinho, nadinha; pouca quantidade.

### Quem é o autor?

**Ondjaki**, que na língua umbundu significa "guerreiro", é o nome literário do poeta, romancista, contista, cineasta e sociólogo Ndalu de Almeida. Ele nasceu em 1977 em Luanda, capital de Angola.

1. O poeta brinca com as palavras e cria novas expressões. Que desejo o eu poético expressa com o uso das expressões "des-ser-me", "re-ser chão" e "chãonhe-ser-me"?

2. Considerando a dedicatória e o contexto do poema, o que podem sugerir os versos a seguir?

   a) "reatribuir-me a átomo."

   b) "assim esculpir-me a barro"

### O chão de Ondjaki

O poema "Chão" expressa o desejo do eu lírico de resgatar a origem, de comungar com a terra, com outros seres vivos e com sua cultura. Ele busca a raiz da história do povo africano, especialmente o angolano. Do ponto de vista formal, constrói e desconstrói palavras, faz jogos lúdicos, cria neologismos destacando a oralidade – tudo com a finalidade de criar uma linguagem poética autoral. Esse é um traço de união entre as obras dos poetas africanos lusófonos contemporâneos. O título do livro de Ondjaki – *Há prendisajens com o xão (O segredo húmido da lesma & outras descoisas)* – em que foi publicado o poema citado remete a uma obra do poeta brasileiro Manoel de Barros: *Gramática expositiva do chão*.

3. Explique os versos

   cuspir castanhos grãos / mas gargantadentro; / isto seja: engolir-me para mim

4. Explique o uso da conjunção "mas" e do termo explicativo "isto seja" nos versos acima.

5. Que reflexões esse poema lhe provocou? Comente.

## A literatura dos países lusófonos africanos

Os escritores africanos de língua portuguesa, em sua maioria, tematizam nas respectivas obras a riqueza cultural e as questões políticas e sociais dos seus países, como a herança colonial, os movimentos de independência e as revoluções separatistas dos colonizadores. Alguns deles permaneceram em suas regiões de origem; outros se mudaram para Portugal, Brasil e outros países. Autores como Mia Couto e José Craveirinha (Moçambique), Agostinho Neto e Ondjaki (Angola) abordaram também (além do processo de exploração colonial) a escravidão e o pertencimento ao continente africano, reafirmando a identidade literária lusófona de seus países. Outros escritores africanos de língua portuguesa que se destacam são: Manuela Margarido e Francisco José Tenreiro (São Tomé e Príncipe); Oswaldo Alcântara, Jorge Barbosa, Corsino Fortes e José Luiz Tavares (Cabo Verde); Viriato da Cruz, Arlindo Barbeitos, Gonçalo M. Tavares e Pepetela (Angola); Noémia de Sousa, Luís Carlos Patraquim e Rui Knopli (Moçambique); Vasco Cabral, Odete Semedo, José Carlos Schwarz, Tony Tcheka (pseudônimo de Antônio Soares Lopes) e Abdulai Sillá (Guiné-Bissau) etc.

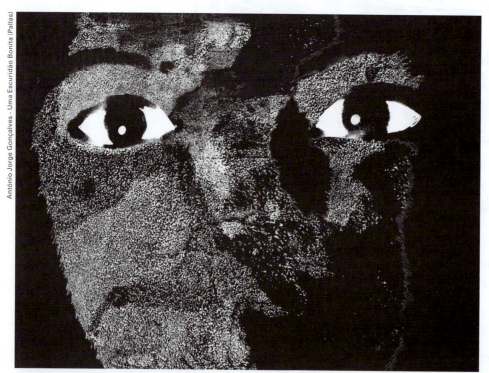

Imagem do livro *Uma escuridão bonita*, escrito por Ondjaki e ilustrado por António Jorge Gonçalves.

# Enem e vestibulares

**1. (ENEM)** Leia:

"A vida às vezes é como um jogo brincado na rua: estamos no último minuto de uma brincadeira bem quente e não sabemos que a qualquer momento pode chegar um mais velho a avisar que a brincadeira já acabou e está na hora de jantar. A vida afinal acontece muito de repente – nunca ninguém nos avisou que aquele era mesmo o último Carnaval da Vitória. O Carnaval também chegava sempre de repente. Nós, as crianças, vivíamos num tempo fora do tempo, sem nunca sabermos dos calendários de verdade. [...] O "dia da véspera do Carnaval", como dizia a avó Nhé, era dia de confusão com roupas e pinturas a serem preparadas, sonhadas e inventadas. Mas quando acontecia era um dia rápido, porque os dias mágicos passam depressa deixando marcas fundas na nossa memória, que alguns chamam também de coração."

(ONDJAKI. *Os da minha rua*. Rio de Janeiro: Língua Geral, 2007).

As significações afetivas engendradas no fragmento pressupõem o reconhecimento da:

**a)** perspectiva infantil assumida pela voz narrativa.

**b)** suspensão da linearidade temporal da narração.

**c)** tentativa de materializar lembranças da infância.

**d)** incidência da memória sobre as imagens narradas.

**e)** alternância entre impressões subjetivas e relatos factuais.

**2. (FEI)** – Segue um poema de José Craveirinha, escritor moçambicano, país africano colonizado por Portugal. Leia-o atentamente e responda a seguir:

### Reza, Maria

*(À minha mulher)*

Suam no trabalho as curvadas bestas
e não são bestas
são homens, Maria!

Corre-se a pontapés os cães na fome dos ossos
e não são cães
são seres humanos, Maria!

Feras matam velhos, mulheres e crianças
e não são feras, são homens
e os velhos, as mulheres e as crianças
são os nossos pais
nossas irmãs e nossos filhos, Maria!

Crias morrem à míngua de pão
vermes nas ruas estendem a mão à caridade
e nem crias nem vermes são
mas aleijados meninos sem casa, Maria!

Bichos espreitam nas cercas de arame farpado
Curvam cansados dorsos ao peso das cangas
E também não são bichos
Mas gente humilhada, Maria!
Do ódio e da guerra dos homens
das mães e das filhas violadas
das crianças mortas de anemia
e de todos os que apodrecem nos calabouços
cresce no mundo o girassol da esperança

Ah! Maria
põe as mãos e reza.
Pelos homens todos
e negros de toda a parte
põe as mãos
e reza, Maria!

(CRAVEIRINHA, J. *Obra poética*. Maputo: Imprensa, 2002, p.188)

É possível depreender das quatro primeiras estrofes:

**a)** a indignação crescente diante da miséria.

**b)** uma homenagem aos homens brancos.

**c)** a tentativa de consolar os homens miseráveis.

**d)** um canto de louvor aos colonizadores portugueses.

**e)** a busca de compreender as causas da miséria humana.

**3. (FEI)** A primeira estrofe sugere que o trabalho é visto como:

**a)** atividade que permite a exploração do homem.

**b)** meio de satisfação pessoal dos empregados.

**c)** meio para que a sociedade gere justiça social.

**d)** atividade gratificante para as pessoas que se dedicam.

**e)** atividade necessária para o desenvolvimento social.

**4. (FEI)** Na 5ª estrofe, o verso "cresce no mundo o girassol da esperança" ilumina:

**a)** a impossibilidade de transformação da história.

**b)** a projeção da possibilidade de transformação da história.

**c)** uma tendência do povo a aceitar a opressão e as injustiças.

**d)** a certeza de que a justiça social em breve vai superar os problemas da colonização.

**e)** um descontentamento com o que se anuncia como futuro.

# CAPÍTULO 29
# POESIA CONTEMPORÂNEA BRASILEIRA

Coleção particular

BARROS, Lenora de. "Procuro-me". Poema visual. *Folha de S.Paulo*, São Paulo, 7 out. 2001. Caderno "Mais!", p. 28.

## Roda de conversa

1. Descreva a imagem. Que impressões ela lhe causa?
2. Qual é o recurso intertextual usado nessa imagem?
3. Que relação ela teria com o título do capítulo que vamos estudar: "Poesia contemporânea brasileira"?

## Para você...

### ... ler
- *Jovem Afro* (Antologia Literária), Márcio Barbosa.
- *Ay Kakyri Tama* ("Eu moro na cidade"), Márcia Wayna Kambeba.
- *A vida submarina* e *Risque esta palavra*, Ana Martins Marques.
- *Melhores poemas de Torquato Neto*, Torquato Neto.
- *O livro dos ressignificados*, João Doederlein.
- *Cadernos Negros* (A poesia a serviço do povo).
- *Pesado demais para a ventania* (Antologia Poética), Ricardo Aleixo.

### ... pesquisar
- Literafro (Portal da Literatura Afro-Brasileira), em: Autores - Literatura Afro-Brasileira (ufmg.br).

### ... ouvir
- Álbum *AmarElo*, Emicida.

### ... assistir
- *Que horas ela volta?*. Direção: Anna Muylaert. Brasil, 2015.
- *Emicida: AmarElo/É tudo pra ontem* (Documentário). Direção: Fred Ouro Preto. Brasil, 2020.
- *Conceição Evaristo* (Documentário). Direção: Vanessa de Araújo Souza. Brasil, 2019.

## O que você vai...

### ... fruir
- *Com licença poética*, Adélia Prado.
- *Drumundana*, Alice Ruiz.
- *Vozes-Mulheres*, Conceição Evaristo.
- *Índio eu não sou*, Márcia Wayna Kambeba.

### ... aprender
- Marcas e características formais/temáticas da poesia brasileira contemporânea.

### TEXTO 1

- Que poetas se destacam na poesia brasileira contemporânea? Que temas seriam mais recorrentes em suas obras?
- Qual seria o tema de um poema intitulado "Com licença poética"?

Adélia Prado, um nome importante nesse cenário, surgiu em 1976, com o livro *Bagagem*. Leia um de seus poema a seguir.

#### Com licença poética

Quando nasci um anjo esbelto,
desses que tocam trombeta, anunciou:
vai carregar bandeira.
Cargo muito pesado pra mulher,
esta espécie ainda envergonhada.
Aceito os **subterfúgios** que me cabem,
sem precisar mentir.
Não sou tão feia que não possa casar,
acho o Rio de Janeiro uma beleza e
ora sim, ora não, creio em parto sem dor.
Mas o que sinto escrevo. Cumpro a sina.
Inauguro **linhagens**, fundo remos
– dor não é amargura.
Minha tristeza não tem *pedigree*,
já a minha vontade de alegria,
sua raiz vai ao meu mil avô.
Vai ser **coxo** na vida é maldição pra homem.
Mulher é **desdobrável**. Eu sou.

PRADO, Adélia. Com licença poética. *In: Cadernos de poesia brasileira:* poesia contemporânea. São Paulo: Instituto Cultural Itaú, 1997. p. 44.

---

**Licença poética:** liberdade tomada pelo poeta de transgredir as normas da poética ou da gramática.

**Subterfúgios:** artifícios usados com o objetivo de não cumprir uma obrigação ou livrar-se de problemas.

**Linhagens:** genealogias, gerações, estirpes, clãs, famílias; indivíduos ligados a um ancestral comum por laços de descendência.

*Pedigree:* (do inglês) registro de uma linha de ancestrais de animais (de cães e cavalos, sobretudo).

**Coxo:** que coxeia ou manca de uma perna ou de um pé; que caminha com dificuldade.

**Desdobrável:** que se divide em dois; que faz várias coisas ao mesmo tempo; que se empenha a fundo em algo.

### Quem é o autor?

**Adélia Luzia Prado** Freitas (1935-) nasceu em Divinópolis (MG). É bacharel em Filosofia, professora, atriz e, além de poeta, cronista, contista e romancista com vários prêmios. Entre suas obras de poesia destacam-se: *Bagagem; O coração disparado; Terra de Santa Cruz; O pelicano; A faca no peito; Poesia reunida; Oráculos de maio; A duração do dia; Louvação para uma cor; Miserere.* Na prosa, publicou: *Solte os cachorros; Os componentes da banda; O homem da mão seca; Cacos para um vitral; Manuscritos de Felipa; Filandras; Quero minha mãe; Quando eu era pequena; Carmela vai à escola;* entre outras obras.

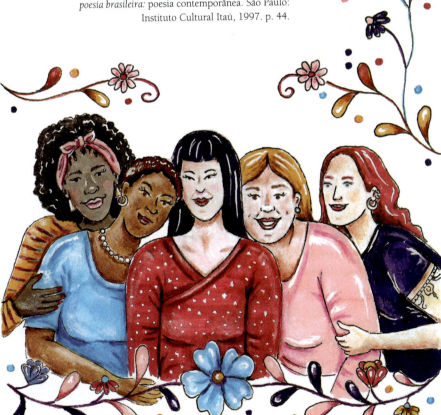

1. A poeta Adélia Prado fez uma paródia de um poema de Carlos Drummond de Andrade intitulado "Poema de sete faces", em que o eu lírico masculino exprime seus sentimentos de abandono, impotência, deslocamento no mundo:

   > Quando nasci, um anjo torto
   > desses que vivem na sombra
   > disse: Vai, Carlos! ser *gauche* na vida." [...].

   ANDRADE, Carlos Drummond de. Alguma poesia. In: *Carlos Drummond de Andrade – Poesia e prosa completa*. Rio de Janeiro: José Aguilar, 1973. p. 53.

   - O título do poema de Adélia é um jogo com as expressões "com licença" e "licença poética". Como você interpreta esse título?

2. Explique os versos a seguir:
   a) "Quando nasci um anjo esbelto, / desses que tocam trombeta, anunciou: / vai carregar bandeira. / Cargo muito pesado pra mulher, / esta espécie ainda envergonhada."
   b) "Não sou tão feia que não possa casar"
   c) "acho o Rio de Janeiro uma beleza e / ora sim, ora não, creio em parto sem dor."; "Minha tristeza não tem *pedigree*, / já a minha vontade de alegria, / sua raiz vai ao meu mil avô."
   d) "Mas o que sinto escrevo. Cumpro a sina."
   e) "Aceito os subterfúgios que me cabem, / sem precisar mentir."

   "[...] Cumpro a sina. / Inauguro linhagens, fundo reinos / – dor não é amargura."

3. No poema de Drummond, o eu lírico confessa que "um anjo torto" profetizou que ele iria ser "*gauche* na vida". A palavra "gauche" (do francês) tem o sentido de acanhado, sem aptidões, esquerdo; desajeitado, torto; ou, ainda: incompleto. Releia esses versos do poema de Adélia:

   > Vai ser coxo na vida é maldição pra homem.
   > Mulher é desdobrável. Eu sou.

   - Como você interpreta esses versos de Adélia Prado?

4. Que alternativa não se refere ao ofício poético em "Com licença poética"?
   a) metalinguagem
   b) racionalidade
   c) intertextualidade
   d) subjetividade
   e) predestinação

5. Qual é a representação social da mulher expressa pelo poema "Com licença poética"?

## Bagagem

O poema "Com licença poética" foi publicado em *Bagagem*, primeiro livro da autora mineira, editado em 1976. Essa obra foi muito bem recebida pela crítica literária. O livro é organizado em cinco partes: *O modo poético*; *Um jeito de amor*; *A sarça ardente I*; *A sarça ardente II* e *Alfândega*. Em geral, seus poemas tematizam o sentimento feminino, questões sociais que afetam a mulher e seu papel na sociedade, o cotidiano, o amor, a família, a religiosidade, a memória. Por tratar do cotidiano e empregar uma linguagem coloquial e simples, a obra de Adélia Prado conversa com o Modernismo, apresentando também um diálogo entre o sagrado e o profano. Destacam-se em sua poética o emprego da metalinguagem e da intertextualidade, uma vez que seus poemas refletem o fazer poético e dialogam com outros textos de outros autores.

- Como vimos, o poema "Com licença poética", de Adélia Prado, dialoga com o de Drummond. Em sua opinião, existe uma poesia caracteristicamente feminina?
- Que outros tipos de "diálogo" a poesia feminina poderia estabelecer com o eu poético masculino?

Leia um poema de Alice Ruiz, poeta que surge na década de 1980, com o livro *Navalhanaliga*.

## Drumundana

e agora maria?
o amor acabou
a filha casou
o filho mudou
teu homem foi pra vida
que tudo cria
a fantasia

que você sonhou
apagou
à luz do dia
e agora maria?
vai com as outras
vai viver
com a hipocondria

RUIZ, Alice. Drumundana. In: *Cadernos de poesia brasileira:* poesia contemporânea. São Paulo: Instituto Cultural Itaú, 1997. p. 56.

1. O poema "Drumundana" estabelece um diálogo com o poeta Carlos Drummond de Andrade por meio do título e da paródia dos versos E agora, José? / A festa acabou, / a luz apagou [...]
    - O que a voz do eu lírico representa?
2. A quem o eu lírico se dirige? Quem esse interlocutor representa?
3. Explique o uso da expressão "e agora [...]?".
4. Qual é a diferença entre a trajetória do homem e a da mulher, de acordo com o poema?
5. Explique os versos a seguir: "e agora maria? / vai com as outras / vai viver / com a hipocondria"?

### Quem é o autor?

**Alice Ruiz** Schneronk (1946-) nasceu em Curitiba (PR). Poeta, publicitária, artista multimídia, letrista de MPB, realizou parcerias com os músicos Arnaldo Antunes, José Miguel Wisnik e Itamar Assumpção. Participou do movimento *Arte na Rua* (poesia em *outdoor*) e fez instalações poéticas como *Arte em videotexto*, na Bienal de São Paulo, em 1983.

### A obra de Alice Ruiz

O poema "Drumundana" faz parte do primeiro livro publicado de Alice Ruiz: *Navalhanaliga*, de 1980. Sua obra caracteriza-se pela concisão, pelo experimentalismo, pelo lirismo, pela metalinguagem e por uma fina ironia. Para conferir ritmo e musicalidade ao poema, ela usa vários recursos poéticos: aliterações, rimas, jogos de palavras etc. Quanto aos temas, podem se destacar questões de gênero, defesa da liberdade social das mulheres, combate ao machismo e misoginia. Outra influência marcante na lírica de Ruiz é a arte japonesa, daí seus concisos e criativos *haicais* abrasileirados. Sua obra é marcada pelo hibridismo, mesclando poesia e prosa.

## TEXTO 3

- Quais são os papéis sociais das mulheres em nossa época? Que lutas ainda são enfrentadas por elas?
- A poética das poetas afrodescendentes brasileiras apresenta temas e dicção peculiares? Quais? Como?

O poema que você vai ler foi publicado em um dos volumes da série *Cadernos Negros* e expressa a luta de várias gerações de mulheres afrodescendentes no Brasil.

### Vozes-Mulheres

A voz de minha bisavó
ecou criança
nos porões do navio.
Ecoou lamentos
de uma infância perdida.

A voz de minha avó
ecoou obediência
aos brancos-donos de tudo.

A voz de minha mãe
ecoou baixinho revolta
no fundo das cozinhas alheias
debaixo das trouxas
roupagens sujas dos brancos
pelo caminho empoeirado
rumo à favela.

A minha voz ainda
ecoa versos perplexos
com rimas de sangue
e
fome.

A voz de minha filha
recolhe todas as nossas vozes
recolhe em si
as vozes mudas caladas
engasgadas nas gargantas.

A voz de minha filha
recolhe em si
a fala e o ato.
O ontem – o hoje – o agora.
Na voz de minha filha
se fará ouvir a ressonância
o eco da vida-liberdade.

EVARISTO, Conceição. Vozes-Mulheres. *In*: *Cadernos Negros*. São Paulo: Quilombhoje, 1990. v. 13. p. 32-33.

### Quem é o autor?

Maria da **Conceição Evaristo** de Brito (1946-), poeta, contista, romancista e uma das grandes vozes femininas da literatura afro-brasileira, surgiu na década de 1980. Nasceu numa comunidade de Belo Horizonte, trabalhou como empregada doméstica, e se fez Doutora em Literatura Comparada pela Universidade Federal Fluminense (UFF). Em 2003, publicou *Ponciá Vicêncio*, romance que narra a história de uma mulher negra, oriunda do mundo rural, e que fica sem território na comunidade em que vive: narrativa configurada como "um romance feminino e negro" ao dramatizar a busca da protagonista para recuperar e reconstituir a família, a memória, a identidade. Seu poema "Vozes-Mulheres" figura até hoje como uma espécie de manifesto-síntese de sua poética. Entre suas obras (com vários prêmios e traduções) citamos: *Becos da memória*; *Poemas da recordação e outros movimentos*; *Insubmissas lágrimas de mulheres*; *Olhos d'água*; *Histórias de leves enganos e parecenças* etc.

1. A que ou a quem se referem os versos a seguir?

   a) "A voz de minha bisavó / ecoou criança / nos porões do navio. / Ecoou lamentos / de uma infância perdida."

   b) "A voz de minha avó / ecoou obediência / aos brancos-donos de tudo."

   c) "A voz de minha mãe / ecoou baixinho revolta / no fundo das cozinhas alheias / debaixo das trouxas / roupagens sujas dos brancos / pelo caminho empoeirado / rumo à favela."

   d) "A minha voz ainda / ecoa versos perplexos / com rimas de sangue / e / fome."

   e) "A voz de minha filha / recolhe todas as nossas vozes / recolhe em si / as vozes mudas caladas / engasgadas nas gargantas. / A voz de minha filha / recolhe em si / a fala e o ato. / O ontem – o hoje – o agora. / Na voz de minha filha / se fará ouvir a ressonância / o eco da vida-liberdade."

2. Com relação ao poema "Vozes-mulheres" só não é correto afirmar:

   a) A expressão coletiva de mulheres negras revela mudanças históricas.

   b) A voz do eu lírico não expressa indignação contra a escravização.

   c) As mulheres negras das quatro gerações são vítimas da escravização.

   d) A voz da filha traz em si ecos de vozes ancestrais motivadoras.

   e) A voz da filha com sua trajetória histórica une fala e ação.

### A polifonia e a memória em "Vozes-Mulheres"

"Vozes-Mulheres" é um poema polifônico, pois expressa vozes de mulheres negras que viveram diferentes momentos cronológicos e históricos. O eu lírico feminino fala por si e por todas as mulheres negras. Sua voz é, ao mesmo tempo, individual e coletiva. Denuncia o passado e revela a crescente tomada de consciência dessas mulheres. Além disso, defende a memória como forma de resistência e de construção da identidade negra afro-brasileira, afrodescendente.

Em 2017, Conceição Evaristo foi reverenciada por sua contribuição literária e sua trajetória. Foi a vereadora Marielle Franco, um ano antes de ser assassinada, que apresentou à Conceição a maior honraria da casa legislativa do Rio de Janeiro: a Medalha Pedro Ernesto.

## TEXTO 4

- Você conhece algum poeta indígena? Qual/quais?
- A literatura brasileira produzida por autores indígenas seria diferente da produzida por poetas de outras etnias?

O poema que você vai ler foi publicado no livro *Ay Kakyri Tama* (tem o sentido de "Eu moro na cidade"), de Márcia Wayna Kambeba, jovem poeta contemporânea do povo Omágua/Kambeba, no Amazonas.

### Índio eu não sou

Não me chame de "índio" porque
Esse nome nunca me pertenceu.
Nem como apelido quero levar
Um erro que Colombo cometeu.

Por um erro de rota
Colombo em meu solo desembarcou
E no desejo de às Índias chegar
Com o nome de "índio" me apelidou.

Esse nome me traz muita dor
Uma bala em meu peito transpassou
Meu grito na mata ecoou
Meu sangue na terra jorrou.

Chegou tarde, eu já estava aqui
Caravela aportou bem ali
Eu vi "homem branco" subir
Na minha **Uka** me escondi.

Ele veio sem permissão
Com a cruz e a espada na mão
Nos seus olhos, uma missão
Dizimar para a civilização.

"Índio" eu não sou.
Sou **Kambeba**, sou **Tembé**,
Sou **Kokama**, sou **Sateré**,
Sou **Pataxó**, sou **Baré**,
Sou **Guarani**, sou **Araweté**,
Sou **Tikuna**, sou **Suruí**,
Sou **Tupinambá**, sou **Pataxó**,
Sou **Terena**, sou **Tukano**.
Resisto com raça e na fé.

KAMBEBA, Márcia Wayna. *Ay Kakyri Tama* ("Eu moro na cidade").
2. ed. São Paulo: Pólen, 2018. p. 27.

### Quem é o autor?

**Márcia Wayna Kambeba** é poeta/escritora, compositora, fotógrafa e ativista indígena da etnia Omágua/Kambeba, que vive no Alto Solimões, no estado do Amazonas. Nasceu em 1979, na aldeia Belém do Solimões, do povo Tikuna e mora em Belém (PA), onde é mestra em Geografia pela Universidade Federal do Amazonas. Márcia também viaja pelo Brasil e pela América Latina levando seu trabalho como autora e discutindo a importância da cultura dos povos indígenas, em uma luta descolonizadora e que chama para um pensar crítico-reflexivo sobre o lugar atual dos povos originários sul-americanos.

1. Pesquise e produza um pequeno glossário com as palavras destacadas no texto.

2. Em relação ao eu lírico, responda:
   a) A quem se dirige e em nome de que grupo social se manifesta?
   b) Que posicionamento o eu lírico expressa nas duas primeiras estrofes?
   c) Que sentimentos o eu lírico expressa na terceira e quarta estrofes?
   d) A quem o eu lírico se refere no verso: "Ele veio sem permissão"?
   e) O que o eu lírico expressa nas duas últimas estrofes?

3. Explique o efeito de sentido das palavras "cruz" e "espada", empregadas em sentido figurado, no verso: "Com a cruz e a espada na mão."

### Os "índios" e a literatura indígena

Os povos indígenas (que vivem não apenas em nosso país mas em todo o continente americano) costumam ser chamados de **índios**, denominação dada aos nossos povos nativos e originária de um equívoco dos primeiros colonizadores, que julgaram ter chegado à Índia (ou às Índias). Quanto à expressão **literatura indígena**, essa tem sido usada de forma ampla para designar os textos (orais ou escritos) produzidos por autores representantes ou descendentes dos povos nativos do Brasil. Tal produção literária engloba textos que versam sobre diversos temas expressivos de sua cultura e tradição. Atualmente, destacam-se entre esses autores: Márcia Kambeba, Daniel Munduruku, Kaká Werá, Eliane Potiguara, Graça Graúna e Ailton Krenak, entre outros.

Ailton Krenak: escritor e filósofo indígena contemporâneo. Paraty, RJ, 2019.

4. Leia este trecho do escritor indígena contemporâneo Ailton Krenak, em seu livro *Ideias para adiar o fim do mundo*. Ailton Krenak é considerado um dos mais relevantes pensadores brasileiros contemporâneos.

#### A humanidade que pensamos ser

[...] O simples contágio do encontro entre humanos daqui e de lá fez com que essa parte da população desaparecesse por um fenômeno que depois se chamou *epidemia*, uma mortandade de milhares e milhares de seres. Um sujeito que saía da Europa e descia numa praia tropical largava um rasto de morte por onde passava. O indivíduo não sabia que era uma peste ambulante, uma guerra bacteriológica em movimento, um fim de mundo; tampouco o sabiam as vítimas que eram contaminadas. Para os povos que receberam aquela visita e morreram, o fim do mundo foi no século XVI. Não estou liberando a responsabilidade e a gravidade de toda a máquina que moveu as conquistas coloniais, estou chamando atenção para o fato de que muitos eventos que aconteceram foram o desastre daquele tempo.

KRENAK, Ailton. *Ideias para adiar o fim do mundo*. São Paulo: Companhia das Letras, 2019. p. 71-72.

- Estabeleça uma analogia entre o poema de Márcia Wayna Kambeba e esse trecho do livro *Ideias para adiar o fim do mundo*, de Ailton Krena.

## Marcas da poesia contemporânea brasileira: a diversidade de vozes e temas

Os poetas contemporâneos brasileiros têm uma grande liberdade poética. Suas obras rompem fronteiras entre gêneros, estabelecem diálogos com diferentes manifestações artísticas (artes plásticas, dança, música, cinema, vídeo) e são veiculadas em suportes não convencionais (além do impresso), em espaços urbanos, em *outdoors*, postais, postes, cartazes, muros, camisetas, computadores, *smartphones*, internet etc. No cenário dessa poesia, destacam-se obras escritas por mulheres, representantes da comunidade **LGBTQIA+**, descendentes de povos originários brasileiros (indígenas) e afrodescendentes. Temas como questões de gênero, lutas étnicas etc., são abordadas. Outro aspecto é a poética voltada para temas que envolvem questões político-sociais e ambientais, e que dá voz às minorias, como os jovens *periféricos* (que moram em comunidades ou na periferia dos grandes centros urbanos). Nesse segmento, destacam-se jovens compositores de letras de canção (*rap*, *hip-hop*, *funk* etc.). A estética literária contemporânea também continua a ser influenciada pelo Concretismo e outras vanguardas.

# Enem e vestibulares

**1. (ENEM)** Leia:

### Texto I
### Poesia em cartaz

O caminho habitual para o trabalho, aquele em que a gente já nem repara direito, pode ficar mais belo com um poema. O projeto #UmLambePorDia nasceu desta intenção: trazer mais cor e alegria para a cidade por meio de cartazes coloridos ao estilo lambe-lambe. Quem teve a ideia foi o escritor Leonardo Beltrão, em Belo Horizonte. "Em meio a olhares cada vez mais viciados, acabamos nos esquecendo da beleza envolvida em cada esquina e no próprio poder transformador da palavra". Assim, a cada dia um cartaz é colocado por aí, para nos lembrar de reparar na cidade, na vida que corre ao redor e também em nós mesmos.

### Texto II

Disponível em: www.vidasimples.uol.com.br. Acesso em: 6 dez. 2017 (adaptado).

Considerando-se a função que os cartazes colados em postes normalmente exercem nas ruas das cidades grandes, esse texto evidencia a:

a) disseminação da arte poética em um veículo não convencional.
b) manutenção da expectativa das pessoas ao andarem pelas ruas.
c) necessidade de exposição de poemas pequenos em diferentes suportes.
d) característica corriqueira do suporte lambe-lambe, muito comum nas ruas.
e) exposição da beleza escondida das esquinas da cidade de Belo Horizonte.

**2. (ENEM)** Leia:

### Pessoal intransferível
### Torquato Neto

Escute, meu chapa: um poeta não se faz com versos. É o risco, é estar sempre a perigo sem medo, é inventar o perigo e estar sempre recriando dificuldades pelo menos maiores, é destruir a linguagem e explodir com ela. Nada no bolso e nas mãos. Sabendo: perigoso, divino, maravilhoso. Poetar é simples, como dois e dois são quatro sei que a vida vale a pena etc. Difícil é não correr com os versos debaixo do braço. Difícil é não cortar o cabelo quando a barra pesa. Difícil, pra quem não é poeta, é não trair a sua poesia, que, pensando bem, não é nada, se você está sempre pronto a temer tudo; menos o ridículo de declamar versinhos sorridentes. E sair por aí, ainda por cima sorridente mestre de cerimônias, "herdeiro" da poesia dos que levaram a coisa até o fim e continuam levando, graças a Deus. E fique sabendo: quem não se arrisca não pode berrar. Citação: leve um homem e um boi ao matadouro. O que berrar mais na hora do perigo é o homem, nem que seja o boi. Adeusão.

(NETO, Torquato. *Melhores poemas de Torquato Neto*. São Paulo: Global, 2018).

Expoente da poesia produzida no Brasil na década de 1970 e autor de composições representativas da Tropicália, Torquato Neto mobiliza, nesse texto,

a) gírias e expressões coloquiais para criticar a linguagem adornada da tradição literária então vigente.
b) intenções satíricas e humorísticas para delinear uma concepção de poesia voltada para a felicidade dos leitores.
c) frases de efeito e interpelações ao leitor para ironizar as tentativas de adequação do poema ao gosto do público.
d) recursos da escrita em prosa e noções do senso comum para enfatizar as dificuldades inerentes ao trabalho do poeta.
e) referências intertextuais e anedóticas para defender a importância de uma atitude destemida ante os riscos da criação poética.

**3. (ENEM)** Leia:

# aniversário (s.m.)

Enem, 2020

é o dia que recebo o maior número de ligações no meu celular. é sinônimo de doce. é festejar o próprio ser. é receber os abraços mais gostosos. é um bolo de chocolate vegano (*obrigado, mãe*). é quando eu esqueço o que não importa. é o dia em que eu me dou folga das folgas que a vida não me dá. é quando seus amigos se juntam para comprar a nova coleção de livros do Harry Potter pra você (*valeu, galera*)! é a felicidade fazendo visita.

é um balão imaginário que tem gosto de amor e cheirinho de infância.

DOEDERLEIN, J. *O livro dos ressignificados*. São Paulo: Parábola, 2017.

Nessa simulação de verbete de dicionário, não há a predominância da função metalinguística da linguagem, como seria de se esperar. Identificam-se elementos que subvertem o gênero por meio da incorporação marcante de características da função

a) conativa, como em "valeu, galera!".

b) referencial, como em "é festejar o próprio ser.".

c) poética, como em "é a felicidade fazendo visita.".

d) emotiva, como em "é quando eu esqueço o que não importa.".

e) fática, como em "é o dia que recebo o maior número de ligações no meu celular.".

**4. (UFBA-UFRB)** Leia:

### Passado histórico

Do açoite
da mulata erótica
da negra boa de eito
e de cama
(nenhum registro)

(FÁTIMA, Sônia. *In*: Quilombhoje (Org.).
*Cadernos negros*: os melhores poemas.
São Paulo: Quilombhoje, 1998. p. 118.).

Com base no poema, é verdadeiro o que se afirma em:

a) O discurso lírico se propõe fazer um tributo à mulher negra, ressaltando, sobretudo, a sua espiritualidade.

b) O poema registra o passado da mulher negra, considerando-o distorcido e, mesmo assim, sugere revivê-lo.

c) A condição feminina da mulher negra na atualidade é questionada, negando-lhe o seu caráter de sensualidade.

d) O sujeito poético pode ser considerado uma contravoz a favor da mulher negra e contra as instâncias históricas do poder.

e) A ingênua conduta sexual da mulher negra é focalizada pelo eu lírico como perigosa e maculadora da família no passado colonial.

f) O lugar sociocultural da mulher negra, omitido pela história oficial, é resgatado pela voz poética.

**5. (ENEM)** Leia:

Essa lua enlutada, esse desassossego

A convulsão de dentro, ilharga

Dentro da solidão, corpo morrendo

Tudo isso te devo. E eram tão vastas

As coisas planejadas, navios,

Muralhas de marfim, palavras largas

Consentimento sempre. E seria dezembro.

Um cavalo de jade sob as águas

Dupla transparência, fio suspenso

Todas essas coisas na ponta dos teus dedos

E tudo se desfez no pórtico do tempo

Em lívido silêncio. Umas manhãs de vidro

Vento, a alma esvaziada, um sol que não vejo

Também isso te devo.

(HILST. Hilda. *Júbilo, memória, noviciado da paixão*.
São Paulo: Cia. Das Letras, 2018).

No poema, o eu lírico faz um inventário de estados passados espelhados no presente. Nesse processo, aflora o:

a) cuidado em apagar da memória os restos do amor.

b) amadurecimento revestido de ironia e desapego.

c) mosaico de alegrias formado seletivamente.

d) desejo reprimido convertido em delírio.

e) arrependimento dos erros cometidos.

# CAPÍTULO 30

# PROSA CONTEMPORÂNEA BRASILEIRA

### Roda de conversa

1. Descreva a cena. O que você vê nela?
2. Leia o texto do cartaz estampado na imagem e responda:
   a) Quem narra e qual é cena narrada no texto?
   b) Qual é o tema do texto?
3. Qual é sua opinião a respeito da divulgação de textos literários em espaços públicos?

GUIMARÃES, Laura. *Microrroteiro*, 2010. Fotografia/Cartaz colado em parede urbana: Av. Faria Lima, São Paulo (SP). Disponível em: http://nopassodoroteiro.blogspot.com/. Acesso em: 6 mar. 2022.

### Para você...

#### ... ler
- *O verão tardio*, Luiz Ruffato.
- *Os ricos também morrem*, Ferréz.
- *Torto arado*, Itamar Vieira Júnior.
- *Cadernos Negros* – volume 42.

#### ... ouvir
- *Paratodos e Subúrbio*, Chico Buarque.
- *Ouro de tolo*, Raul Seixas.
- *Sampa*, Caetano Veloso.
- *Não existe amor em SP*, Criolo e Milton Nascimento.
- *Metrópole*, Renato Russo.

#### ... assistir
- *Crash: no Limite*. Direção: Paul Haggis. EUA/Alemanha/Austrália, 2004.
- *Medianeras: Buenos Aires, na Era do Amor Virtual*. Direção: Gustavo Taretto. Argentina/Espanha/Alemanha, 2011.

#### ... pesquisar/acessar
- Museu da Língua Portuguesa/São Paulo-SP. Disponível em: https://www.museudalinguaportuguesa.org.br/. Acesso em: 21 jan. 2022.

### O que você vai...

#### ... fruir
- *eles eram muitos cavalos*, Luiz Ruffato.
- *Sem título/Microrroteiro*, Laura Guimarães e Acauã Fonseca.
- *Capão pecado*, Ferréz.
- *Torto arado*, Itamar Vieira Júnior.

#### ... aprender
- Prosa contemporânea brasileira (marcas, características, retomadas e rupturas).
- Os novos gêneros literários (miniconto, microconto, nanoconto, microrroteiro).

- Em sua opinião, o que seria tematizado em um romance contemporâneo com o título de *eles eram muitos cavalos*?

Leia um trecho desse romance a seguir:

## TEXTO 1

### eles eram muitos cavalos

**1. Cabeçalho**
São Paulo, 9 de maio de 2000.
Terça-feira.

**2. O Tempo**
Hoje, na capital, o céu estará variando de nublado a parcialmente nublado.
Temperatura – Mínima: 14º. Máxima: 23º.
Qualidade do ar oscilando de regular a boa.
O sol nasce às 6h42 e se põe às 17h27.
A lua é crescente.

**3. Hagiologia**
Santa Catarina de Bolonha, nascida em Ferrara, na Itália, em 1413, foi abadessa de um mosteiro em Bolonha. No Natal de 1456 recebeu o Menino Jesus das mãos de Nossa Senhora. Dedicou sua vida à assistência aos necessitados e tinha como única preocupação cumprir a vontade de Deus. Morreu em 1463. [...]

**5. De cor**
Vêm os três, em fila, pela trilha esticada à margem da rodovia. A escuridão dissolve seus corpos, entrevistos na escassa luz dos faróis dos caminhões, dos ônibus e dos carros que adivinha a madrugada. Caminham, o mato alto e seco roça as pernas de suas calças.

São pai e filho e um rapaz, conhecido-de-vista, que, encorajado, *Pode sim. Tem dez anos que vou a pé. É uma economia danada no fim do mês*, resolveu acompanhá-los.

O homem dirige empilhadeira numa transportadora no **Limão**.

O menino tem dez-onze anos, embora, franzino, aparente bem menos. Agora, largou a escola, vende cachorro-quente – com molho de tomate ou de maionese – e coca-cola em frente à firma onde o pai trabalha. À noite, guarda o carrinho no pátio da empresa, os vigias tomam conta. Quando crescer, perder-se Brasil afora, sonha, caminhoneiro.

O rapaz, desempregado, aceita qualquer empreitada, *O negócio tá feio*!

O menino vai à frente, o homem no meio, o rapaz atrás.

– Esse aí ó, vale ouro, diz, orgulhoso, o pai, tentando vislumbrar a feição do companheiro, que ofega asmático às suas costas, pés farejadores. É de uma inteligência! Quer ver?

Vira-se, mira o letreiro do ônibus que passa velozmente, "Garanhuns", fala.

– Pernambuco, o menino replica, automaticamente.

O rapaz desdenha, "É isso?"

– Ele sabe onde ficam todas as cidades do Brasil, o pai argumenta. Tem um mapa na cabeça, o peste.

– Todas?

– Todas!

O conhecido-de-vista então para, vira-se, mira o letreiro do ônibus que passa velozmente, *Merda!*, não consegue ler, *Muito rápido... Merda!* Envergonhado, pensa, *Alagoinhas*, o nome de sua cidade, "Alagoinhas", Essa, esse não acerta.

– Bahia, o menino responde, **displicente**.

– É Bahia?, o pai indaga, **pressuroso**.

– É, o rapaz **acede**, contrariado.

Sem olhar para trás, aguarda outro ônibus que passa velozmente, "Itaberaba", nome da cidade da mulher, *Agora não é...* "Bahia, também", O **relento** acertou! **Desgramado**!

**Hagiologia:** estudo, obra ou tratado a respeito da vida dos santos ou das coisas santas.
**Limão:** bairro da periferia, na Zona Norte de São Paulo.
**Displicente:** relaxado, descuidado, desleixado, apático, desmazelado.
**Pressuroso:** impaciente, apressado.
**Acede:** aceita, concorda.
**Reliento:** o mesmo que arreliento: que causa arrelia, zanga ou provocação; implicante, provocante.
**Desgramado:** o mesmo que "desgraçado, desventurado"; mas aqui usado em sentido contrário: ótimo, bom, impressionante.

**Asselvajado:** que tem modos de selvagem; calado, grosseiro, rude, malcriado, sem educação.

**Pinica:** belisca, pica, fere, incomoda, causa coceira.

**Tyrone Power:** ator de cinema e de teatro norte-americano, entre 1950 e 1930.

**Burt Lancaster:** ator e produtor de cinema dos EUA.

**Victor Mature:** ator estadunidense.

**Maciste:** personagem do cinema que representava um homem parecido com Hércules (da mitologia grega), que usava sua força descomunal para realizar atos heroicos.

– Num falei?
– Onde é que esse raio aprendeu essas coisas?
– Sei não...
– Ele não é de falar não, né? Ô menino! Ô!
– É... Ele é mei caladão... **Asselvajado**...

Envaidecido, vira-se, mira o letreiro do ônibus que passa velozmente, "Governador Valadares".

– Minas Gerais.
– Impressionante!, o rapaz conforma-se.

Caminham, o mato alto e seco **pinica** seus braços.

– Já pensou levar ele na televisão?
– Heim?
– É... naqueles programas que as pessoas vão responder as coisas...
– Televisão?

*Televisão...*

– Dá dinheiro, né?
– Ô, se!

O homem busca o filho que marcha à frente escondido dentro de uma jaqueta puída, dois números acima do seu tamanho

os ônibus os caminhões os carros as luzes São Paulo

*Televisão...* [...]

### 7. 66
A vibração do número de hoje estimula a realização dos aspectos materiais da vida
(mais dinheiro e prestígio)
      pode contar com a ajuda de
um amigo influente
      pode receber uma promoção
ou herança:
      o momento é para ser prático
      e objetivo. [...]

### 36. Leia o Salmo 38
leia o salmo 38
durante três dias seguidos
      três vezes ao dia
faça dois pedidos difíceis
      e um impossível
anuncie no terceiro dia
observe o que acontecerá no quarto dia [...]

### 41. Táxi
O doutor tem algum itinerário de preferência? Não? Então vamos pelo caminho mais rápido. Que não é o mais curto, o senhor sabe. Aqui em São Paulo nem sempre o caminho mais curto é o mais rápido. A essa hora... cinco e quinze... a essa hora a cidade já está parando... as marginais, as ruas paralelas, as transversais, as avenidas, as alamedas, as ruas, as vielas, tudo, tudo entupido de carros e buzinas. Sabe que uma vez sonhei que a cidade parou? Parou mesmo, totalmente. Um engarrafamento imenso, um congestionamento-monstro, como nunca antes visto, e ninguém conseguia andar um centímetro que fosse... Parece coisa de cinema, não é não? Pois eu gosto. Gosto muito de assistir filme. Mas prefiro os antigos. De vez em quando reprisa um na televisão. Tinha uns atores danados de bons, **Tyrone Power**, **Burt Lancaster**... O meu preferido é o **Victor Mature**, conhece? Ele fazia o papel de **Maciste**, lembra? Era bom mesmo... Tem um retrato dele na parede da sala lá de casa. Bom, não é retrato, é uma fotografia de revista que a patroa recortou e mandou emoldurar. O senhor entende como é mulher... Ela sabia que eu era fã do Victor Mature e então pensou em me agradar... Me deu no aniversário... bastantes anos já. Pendurou na parede da sala... E eu lá tenho coragem de tirar? Tenho nada. O senhor teria? [...]

RUFFATO, Luiz. *eles eram muitos cavalos*. 2. ed. São Paulo: Boitempo Editorial, 2002. p. 11; 73; 84-5.

### Quem é o autor?

**Luiz Ruffato** (1961-) nasceu em Cataguases (MG) e vive em São Paulo (SP). É formado em Comunicação pela UFJF-MG (Universidade Federal de Juiz de Fora). Antes de dedicar-se à literatura e ao jornalismo, trabalhou como pipoqueiro, caixeiro de botequim, operário têxtil, balconista, torneiro-mecânico, gerente de lanchonete e vendedor de livros. Vencedor de vários prêmios importantes, com traduções em vários países, é autor de: *Histórias de remorsos e rancores*; *Os sobreviventes*; *eles eram muitos cavalos*; *As máscaras singulares*; *Mamma, son tanto felice*; *O mundo inimigo*; *Vista parcial da noite*; *Livro das impossibilidades*; *Domingos sem Deus*; *Flores artificiais*; *O verão tardio* etc.

1. Onde e quando se passam as ações narradas? Justifique.

2. Uma das marcas dessa obra é a apropriação de vários gêneros do discurso.

   a) Analise os intertextos dos trechos **2**, **3**, **7** e **36**. Qual efeito de sentido eles produzem?

   b) Que aspectos humanos e culturais os trechos **3**, **7** e **36** revelam?

3. Responda:

   a) Explique o intertítulo **5**. **De cor**.

   b) Que aspectos da realidade social, econômica e cultural da metrópole e do país podem ser inferidos por esse trecho?

4. Explique o efeito de sentido provocado pela linguagem figurada em:

   a) "**A escuridão dissolve seus corpos**, entrevistos na escassa luz dos faróis dos caminhões, dos ônibus e dos carros que adivinha a madrugada."

   b) "– Esse aí ó, **vale ouro**, diz, orgulhoso, o pai, tentando vislumbrar a feição do companheiro, que **ofega asmático** às suas costas, **pés farejadores**."

5. Explique o emprego do discurso indireto livre neste trecho:

   > "O conhecido-de-vista então para, vira-se, mira o letreiro do ônibus que passa velozmente, Merda!, não consegue ler, Muito rápido... Merda! Envergonhado, pensa, Alagoinhas, o nome de sua cidade, "Alagoinhas", Essa, esse não acerta."

6. Releia a cena **41. Táxi**. O que pode ser inferido pelo monólogo do taxista?

7. Com base nos trechos lidos e no que você já sabe a respeito do **zoomorfismo**, explique a relação entre cavalos e pessoas no título do livro de Ruffato.

8. A linguagem cinematográfica exerce grande influência em obras literárias contemporâneas. Analise essas marcas nos trechos lidos.

9. Quem seria o personagem central do romance *eles eram muitos cavalos*?

### Características estruturais de *eles eram muitos cavalos*

Esse romance de Luiz Ruffato é **polifônico,** isto é, apresenta várias "vozes" que vão compondo o enredo, o cenário; e cada personagem funciona como um ser autônomo, com visão de mundo, voz e posições próprias. Traz muitas marcas da contemporaneidade, rompendo com a estrutura da narrativa linear tradicional. O texto é imagético, a organização em cenas numeradas remete a um roteiro cinematográfico, indicando tomadas de câmeras, cortes rápidos, closes e *flashes*, elementos que são marcas do cinema e da teledramaturgia. É composto de fragmentos numerados de 1 a 69. Sua organização estrutural se caracteriza por:

- não seguir a dos romances tradicionais, que narram uma sequência de ações em que há relação de causa e consequência entre elas;

- não apresentar os elementos da narrativa canônica (enredo, conflito, complicações, clímax, suspense, desfecho etc.);

- não apresentar um fio condutor narrativo que conecta as ações e os personagens;

- apresentar cenas autônomas do cotidiano das pessoas, no caos urbano de São Paulo.

## TEXTO 2

Você já leu um **microrroteiro** na imagem de abertura deste capítulo.

- Que suportes e linguagens seriam utilizados nesse gênero de narrativa contemporânea? Onde seriam divulgados?

Leia esse microrroteiro impresso em um lambe-lambe, criado por Laura Guimarães em parceria com o fotógrafo Acauã Fonseca.

### Sem título (microrroteiro)

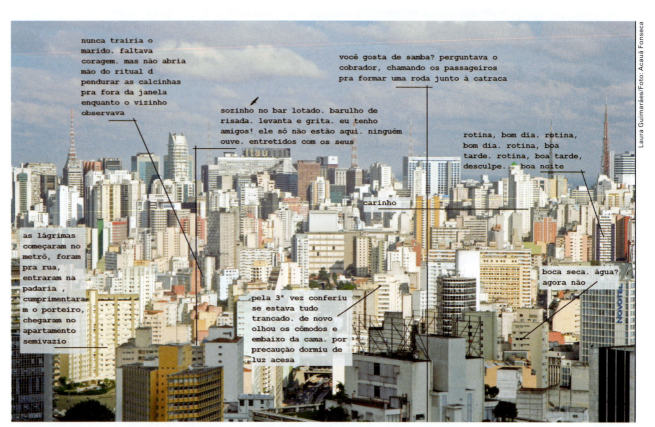

GUIMARÃES, Laura (texto). FONSECA, Acauã (fotografia). Sem título (Microrroteiro), produção independente, 2009.

### Quem é o autor?

**Laura Guimarães** (1978-), roteirista, poeta, diretora de curtas-metragens de ficção e documentário, criadora de conteúdo e artista de rua; nasceu em São Paulo (SP). Formada em Artes Cênicas e Cinema (FAAP), desde 2003 trabalha com projetos visando transformar a vida das pessoas por meio da "arte de rua". Um deles é *Microrroteiros da Cidade* (2009), que ganhou diferentes desdobramentos, como a colagem de mais de 2 mil **lambe-lambes** com 500 histórias diferentes em ruas de São Paulo, Rio, Olinda, Belo Horizonte, Bogotá, Lisboa, Florença etc.

1. Que tipos de linguagem foram usados nesse texto?
2. Que elementos das narrativas tradicionais estão presentes nos microrroteiros?
3. O texto que você leu é uma colagem de várias cenas. Responda:
   a) Onde e quando essas cenas ocorrem?
   b) O texto apresenta cenas independentes com personagens e enredos próprios. Identifique as cenas.
   c) Que temas podem ser inferidos por essas cenas?
4. O escritor modernista Mário de Andrade assim expressou a dificuldade de conceituar o gênero **conto**: "Conto é tudo o que o autor chamar de conto. Leia a seguir opiniões e comentários de Laura Guimarães a respeito da dificuldade de conceituar o gênero dos textos que ela produz.

342 Capítulo 30 Prosa Contemporânea Brasileira

[...]"isso que eu escrevo

eles já foram chamados de muita coisa: microcontos, histórias, aquelas suas frases, poesia. cada um que me falou, viu do seu jeito. gosto que seja assim. eu chamo de microrroteiros desde o começo, em 2009, porque o exercício é tentar criar pequenos textos com intenção de roteiro. longe de ser roteiro, mas que seja uma tentativa de descrever uma cena pra alguém imaginar. inspirado na cidade, no que vejo, no que vivo. limite do twitter. 140 caracteres."

"em 2010 juntei esses micros com a minha paixão por arte de rua. convidar as pessoas a imaginarem uma história de repente, no meio do seu cotidiano. colo essas histórias em papéis coloridos, em postes e pontos de ônibus desde julho de 2010. mas 2012 foi o ano que bem mais colei. [...]"

GUIMARÃES, Laura. *histórias de um ano cheio de histórias*. microrroteiros da cidade (laura guimarães) *[S. l: s. n.]*, [20--]. Disponível em: http://nopassodoroteiro.blogspot.com/2012/12/historias-de-um-ano-cheio-de-historias.html. Acesso em: 6 mar. 2022.

- Qual é a sua opinião a respeito dos comentários e opiniões de Laura Guimarães?

### Microrroteiro

O **microrroteiro** é um texto literário **multimodal** e **polifônico**, pois capta várias vozes que circulam em um cenário urbano. Narra ações independentes que ocorrem simultaneamente. É influenciado pela linguagem dos quadrinhos, do cinema, da fotografia; das fotonovelas, das cenas de novela de TV etc. Reflete a tendência atual da **arte multimídia**.

## TEXTO 3

**Caixinha:** gorjeta; dinheiro (além do devido) com que se gratifica pequeno serviço prestado por alguém.

- Você conhece o sentido e a origem da palavra **capão**? Sabe onde fica Capão Redondo?

- Que temáticas poderiam estar presentes em um romance intitulado *Capão pecado*?

Leia agora um trecho desse romance.

### Capão pecado

#### Capítulo um

[...] Rael acordava sempre às cinco da manhã, horário que presenciava seu pai já arrumado e sentado na cadeira, tomando café, esperando alguns minutos para ir trabalhar. Sua mãe sempre lhe trazia café com leite na cama, e ele não sabia que essa era a época mais feliz da sua vida.

Era véspera de Natal, os três em volta da árvore brilhante, se é que se pode chamar um cabo de vassoura em um pote de margarina com cimento e quatro varetas de bambu com pedaços de algodão na ponta de árvore de Natal. Rael perguntou por que Natal tem árvore de Natal e Papai Noel.

– É porque com o passar do tempo, o homem foi esquecendo o espírito real do Natal, então fez essa invenção toda, meu fio.

– Ah! sei. Foi mais um suspiro que uma demonstração de entendimento.

E eram já vinte horas.

O lugar dos presentes estava vazio. E era quase Natal.

– Ó, Zé, tem alguém no portão! exclamou Dona Maria.

Zé Pedro correu seguido por seu filho, por seu gato Raul e por seu cachorro Renato e mais algumas sombras.

O carteiro, com a carta na mão, esperava pacientemente, imaginando mais uma caixinha. Zé não deu, Zé não tinha, pegou a carta rapidamente e entrou.

– O que que é veio? Perguntou Dona Maria, abalada.

– É da Metalco! Respondeu Seu Zé, reconhecendo o símbolo da empresa onde trabalhava.

– Abre veio, abre.

– Abre, abre, abre, gritavam mãe e filho em coro com o latido do cachorro. O gato estava atento.

O conteúdo do envelope era um cartão de Natal.

Todos pensaram juntos, a firma se importa com o Zé, com certeza ele é muito especial.

Seu Zé colocou o cartão na árvore e foi dormir, acompanhado de toda a família. A cama de solteiro era apertada para os três, mas eles sempre davam um jeito, o problema mesmo era a coberta, que não dava pra cobrir os pés e a cabeça.

Mas Rael era muito curioso, e não conseguia dormir. Algo o incomodava. Levantou-se lentamente, acendeu a luz, foi até à árvore, pegou o cartão e resolveu ler, pois quando seu pai olhava o cartão, ele só estava fingindo entender o escrito, pois tinha vergonha de ficar dizendo que era analfabeto.

Rael leu o cartão:

"Um Feliz Natal e que seja feliz, você e toda a família, é o que nós da METALCO desejamos a todos nossos funcionários, Amor & Paz!"

E Rael continuou a observar o cartão, notou que atrás havia letrinhas minúsculas, e, curioso, as leu.

344    Capítulo 30   Prosa Contemporânea Brasileira

"Cartão comprado de associações beneficentes com efeito de abate no Imposto de Renda".

Era Rael sábio e entendeu aquilo.

Era Zé Pedro humilde e dormia tranquilo.

Era mais uma família comum.

Era um Natal de paz.

Rael carregou aquilo consigo, mas com o tempo isso se tornou algo insignificante. Suas perdas eram constantes e aparentemente intermináveis: o primeiro amigo a morrer lhe causou um baque e tanto, mas a morte dos outros dois fora menos desgastante, afinal Rael estava crescendo. A necessidade de roupas e de um material melhor para a escola o fez começar a trabalhar numa padaria. Nos finais de semana, ele fazia curso de datilografia no mutirão cultural.

Naquele quinto dia do mês foi seu pagamento, seu primeiro pagamento. Ele chegou em casa todo orgulhoso, e já havia separado a parte de sua mãe, mas ela não se encontrava na cozinha, isso era sinal de que já estava dormindo. Rael foi conferir, e estava certo, Dona Maria dormia, enrolada na única coberta da casa. Também, o descanso naquela hora era mais do que merecido, pois trabalhava em casa de família como diarista e ainda realizava o serviço de casa. Rael voltou para a cozinha, pegou a chaleira, pegou um copo e derramou o pouco de café que tinha em seu interior. Bebeu o café meio enojado, pois o líquido negro estava gelado; procurou fósforo para acender o fogão, mas não achou, e se lembrou que seu pai sempre esquecia as caixas de fósforo nos bares quando já estava de fogo. Ficou nervoso com a lembrança das bebedeiras de seu pai e foi dormir.

FERRÉZ. *Capão pecado*. 2. ed. São Paulo: Labortexto Editorial, 2000. p. 27-30.

### Quem é o autor?

**Ferréz** (1975-), nome literário do *rapper* e escritor Reginaldo Ferreira da Silva, nasceu no distrito do Capão Redondo, Zona Sul de São Paulo, onde vive. São temas de suas obras as questões sociais e culturais das regiões periféricas e metropolitanas brasileiras. Antes de se dedicar exclusivamente à escrita, trabalhou como balconista, vendedor de vassouras, auxiliar-geral e arquivista. Criou a revista *Literatura Marginal*, que deu origem à antologia *Literatura marginal: talentos da escrita periférica* e lançou o documentário: *Literatura e resistência*, que conta parte de sua história.

1. Nesse primeiro capítulo, o narrador apresenta o protagonista Rael. Baseando-se nos fatos, nas ações narradas, nos sentimentos e nas falas desse personagem, trace o seu perfil.

2. As ações, a sequência dos fatos e dos acontecimentos são elementos que compõem as narrativas. Os personagens estão sempre envolvidos em algum acontecimento.

   **a)** Qual é a situação vivida inicialmente pelo personagem?

   **b)** O que podemos inferir pelo trecho: "e ele não sabia que essa era a época mais feliz da sua vida."?

   **c)** Que sequência de fatos gerou mudanças na vida do personagem?

3. Qual é a relação entre os trechos a seguir?

   Todos pensaram juntos, a firma se importa com o Zé, com certeza ele é muito especial.

   [...] notou que atrás havia letrinhas minúsculas, e, curioso, as leu: "Cartão comprado de associações beneficentes com efeito de abate no imposto de renda". Era Rael sábio e entendeu aquilo.

4. É possível determinar com precisão o tempo cronológico? Explique.

**5.** Releia:

> [...] o primeiro amigo a morrer lhe causou um baque e tanto, mas a morte dos outros dois fora menos desgastante, afinal Rael estava crescendo.

Relacione esse trecho à *teoria determinista*, do Naturalismo, que não acredita no acaso e afirma que todos os acontecimentos estão ligados entre si por rígidas relações de causalidade.

**6.** Que aspectos da realidade social e econômica das periferias os fatos narrados revelam?

**7.** Leia a informação do boxe:

> **Prefácio** é um texto introdutório para apresentar um livro, comentando aspectos da obra e/ou a vida do autor. Pode ser escrito pelo próprio autor, por um crítico ou especialista.

Leia agora o "Prefácio" de *Capão pecado*.

### Prefácio

Há uma pequena árvore na porta de um bar, todos passam e dão uma beliscada na desprotegida árvore. Alguns arrancam folhas, alguns só puxam e outros, às vezes, até arrancam um galho. O homem que vive na periferia é igual a essa pequena árvore, todos passam por ele e arrancam-lhe algo de valor. A pequena árvore é protegida pelo dono do bar, que põe em sua volta uma armação de madeira; assim, ela fica segura, mas sua beleza é escondida. O homem que vive na periferia, quando resolve buscar o que lhe roubaram, é posto atrás das grades pelo sistema. Tentam proteger a sociedade dele, mas também escondem sua beleza.

FERRÉZ. *Capão pecado*. 2. ed. São Paulo: Labortexto, 2000.

**a)** A que se referem as expressões metafóricas destacadas no trecho:

> Há uma **pequena árvore** na porta de um bar, todos passam e **dão uma beliscada na desprotegida árvore**.

**b)** Explique o recurso da ironia e da ambiguidade presentes neste trecho:

> Tentam proteger a sociedade dele, mas também escondem sua beleza.

**c)** O que simboliza a expressão metafórica destacada em:

> A pequena árvore é protegida pelo dono do bar, que põe em sua volta uma **armação de madeira**.

**d)** Que sentimentos e reflexões a leitura desses trechos de *Capão pecado* lhe provocaram?

---

#### *Capão pecado*, de Ferréz

Ferréz é autor e *rapper* que escreve, compõe e canta em nome dos moradores das periferias das grandes cidades que enfrentam a desigualdade social, a violência, a insegurança, entre outros problemas. Essa obra foi lançada em 2000 e conta a história de Rael e sua turma, personagens que vivem no Capão Redondo: periferia paulistana. É uma narrativa híbrida que mistura fatos ficcionalizados e reais, compondo um mosaico sensível da vulnerabilidade e humanidade dessa comunidade, privada de seus direitos humanos essenciais.

- Você leu três narrativas literárias que têm como cenário grandes centros urbanos. Agora, vai ler o capítulo de um romance cujo cenário é a Chapada Diamantina, no sertão baiano, que narra a vida de personagens que enfrentam situações análogas à escravidão. Que situações seriam essas?

Leia:

## TEXTO 4

### Torto arado

**Capítulo 21**

Um dia meu irmão Zezé perguntou ao nosso pai o que era viver de morada. Por que não éramos também donos daquela terra, se lá havíamos nascido e trabalhado desde sempre. Por que a família Peixoto, que não morava na fazenda, era dita dona. Por que não fazíamos daquela terra nossa, já que dela vivíamos, plantávamos as sementes, colhíamos o pão. Se dali retirávamos nosso sustento.

Esse dia vive em minha memória. Não se apaga nem se afasta ainda que envelheça. **O sol era tão forte que quase tudo ao alcance de minha visão estava branco, refletindo a luz intensa do céu sem nuvens. Meu pai retirou o chapéu, o calor fazia minar de seu corpo um suor grosso que lhe lavava o rosto, escorrendo pela fronte e pelas têmporas. Escorria pelo lado anterior de seus braços, formando grandes manchas em sua camisa surrada. O barro cobria sua calça, sua enxada, seus braços, o chapéu largo em suas mãos. Eu atirava milho e restos de comida para as galinhas. "Pedir morada é quando você não sabe para onde ir, porque não tem trabalho de onde vem. Não tem de onde tirar o sustento",** apertou os olhos, olhando para a cova diante de seus pés, "aí você pergunta pra quem tem e quem precisa de gente para trabalho: 'Moço, o senhor me dá morada?'". De pronto seu olho se ergueu para meu irmão: "Trabalhe mais e pense menos. Seu olho não deve crescer para o que não é seu". Apoiou a enxada em pé no solo, segurando a ponta do seu cabo com um dos braços. "O documento da terra não vai lhe dar mais milho, nem feijão. Não vai botar comida na nossa mesa." Retirou papel e fumo do bolso e começou a fazer um cigarro. "Está vendo este mundão de terra aí? O olho cresce. O homem quer mais. Mas suas mãos não dão conta de trabalhar ela toda, dão? Você sozinho consegue trabalhar essa tarefa que a gente trabalha. Esta terra que cresce mato, que cresce caatinga, o **buriti**, o **dendê**, não é nada sem trabalho. Não vale nada. Pode valer até para essa gente que não trabalha. Que não abre uma cova, que não sabe semear e colher. Mas para gente como a gente a terra só tem valor se tem trabalho. Sem ele a terra é nada."

Zezé voltou à lida, sem entender a conversa. Meu pai não falou o nome de Severo, mas sabia que ele andava de conversa com o povo da fazenda contando história de sindicato, de direitos, de lei. Estava levando essas conversas para os campos de trabalho. Sabia também que o assunto já devia estar no ouvido do

**Arado:** instrumento agrícola usado no preparo da terra que vai ser plantada, puxado por animal ou pelo homem para revolver a terra. Tem ainda os sentidos de: cultivado, lavrado; ferido, cortado.

**Buriti:** palmeira com folhas em leque, usadas como telhado e para retirada de óleo e fibras.

**Dendê:** fruto do dendezeiro, palmeira cujo óleo extraído do fruto é muito usado na culinária.

Simone Matias

**Pioneiro:** o que primeiro abre/descobre uma região, e nela estabelece colonização; desbravador.

**Quilombola:** pessoa que, escravizada, se refugiava no Quilombo, local que a abrigava do regime escravagista; descendentes dessa pessoa; o que mora em um (antigo) Quilombo.

Sutério. Zezé deixou de falar na frente de nosso pai, em respeito, mas voltou ao assunto vez ou outra, desconsiderando seu pensamento. Ele não comentava, mas continuou a indagar sobre as mesmas questões, continuava a expor suas ideias. Dos mais velhos ouviu os mesmos argumentos defendidos por Zeca. Dos mais novos ouviu que seus questionamentos faziam sentido, que seus pais, avós, morreram sem possuir nada. Que o único pedaço de terra a que tinham direito, de onde ninguém os tiraria, era a pequena cova da Viração. Que para aposentar era uma humilhação, pedir documento de imposto ou da terra para os donos da fazenda. Os homens se "amarravam" para entregar alguma coisa, além de explorar o trabalho sem pagamento dos que iam se aposentar. Às vezes chegava o dia de ir para a Previdência e o povo não havia conseguido reunir os documentos de que precisava.

Além da dívida de trabalho para com os senhores da fazenda, não havia nada para deixar para os filhos e netos. O que era transmitido de um para outro era a casa, quase sempre em estado ruim e que logo teria que ser refeita. Os **pioneiros** não pensavam assim, ou seus pensamentos eram abafados pela urgência de se manter a paz entre os trabalhadores e seus senhores. Ou porque havia uma gratidão pela acolhida que as gerações seguintes já não tinham, talvez por terem nascido e crescido neste lugar. Os mais jovens começavam a se considerar mais donos da terra do que qualquer um daqueles que tinham seus nomes transcritos no documento, que tinha sua cópia disputada e negociada pelos gerentes de forma desvantajosa para eles.

Meu irmão insistiu no assunto, apesar de evitar falar na frente de nosso pai. Vivia com Severo para cima e para baixo, entre um trabalho e outro, para ganhar a atenção dos moradores. "Não podemos mais viver assim. Temos direito à terra. Somos **quilombolas**." Era um desejo de liberdade que crescia e ocupava quase tudo o que fazíamos. Com o passar dos anos esse desejo começou a colocar em oposição pais e filhos numa mesma casa. Alguns jovens já não queriam permanecer na fazenda. Desejavam a vida na cidade. Os deslocamentos se tornaram mais intensos que no passado, quando nos transportávamos em animais para outros lugares, cidade e os povoados vizinhos. A vida na cidade, entre viajantes e comerciantes, era atraente. Pesava na decisão justamente o trabalho para os fazendeiros, que foi mantido entre nós e atravessou gerações. Zezé queria dizer ao nosso pai que não nos interessava apenas a morada. Que não havia ingratidão. "Eles que não nos foram gratos, corre boato que querem vender a fazenda sem se preocupar com a gente", dizia para mim e Domingas. "Queremos ser donos de nosso próprio trabalho, queremos decidir sobre o que plantar e colher além de nossos quintais. Queremos cuidar da terra onde nascemos, da terra que cresceu com o trabalho de nossas famílias", completou Severo, numa roda de prosa debaixo da jaqueira na beira da estrada.

Mas o desejo de nos libertar terminou por envenenar nossas casas.

VIEIRA JÚNIOR, Itamar. *Torto arado*. São Paulo: Todavia, 2019, p. 186-87.

### Quem é o autor?

**Itamar Vieira Junior** é baiano, nasceu em Salvador (1979). É mestre em Geografia e doutor em Estudos Étnicos e Africanos pela Universidade Federal da Bahia (UFBA), com estudos sobre a formação de comunidades quilombolas no interior do Nordeste brasileiro. Publicou os livros de contos: *Dias* e *A oração do carrasco*, além de diversos textos ficcionais em publicações nacionais e estrangeiras. *Torto arado*, seu primeiro romance, foi vencedor dos prêmios Leya, Jabuti e Oceanos.

### O enredo de *Torto arado*

*Torto arado* é um romance cujo cenário é a fazenda ficcional Água Negra, na Chapada Diamantina, no sertão baiano, onde vivem, numa comunidade quilombola, a família de Zeca Chapéu Grande e Salustiana; suas filhas Bibiana, Belonísia, Domingas e o filho Zezé; além de Donana (mãe de Zeca Chapéu Grande) e de outras famílias de trabalhadores rurais. A história é narrada por três vozes que se alternam, mostrando diferentes pontos de vista: Bibiana, Belonísia e um ente encantado. Tal estratégia é comum na prosa contemporânea. O capítulo 21 (que você leu) é narrado por Belonísia.

1. Releia: "Um dia meu irmão Zezé perguntou ao nosso pai o que era viver de morada."

   a) O que gerou esse questionamento?

   b) Qual é o sentido da expressão "viver de morada"?

2. A narradora Belonísia afirma: "Esse dia vive em minha memória. Não se apaga nem se afasta ainda que envelheça". Que acontecimento tornou esse dia memorável?

3. Analise a visão de mundo do pai e do filho, baseando-se no diálogo entre eles.

4. Analise o objetivo e o sentido desta fala: "Trabalhe mais e pense menos. Seu olho não deve crescer para o que não é seu".

5. Releia a descrição destacada no 2º parágrafo e estabeleça sua relação com o tema.

6. A quem a narradora atribui a visão de mundo do irmão? Justifique.

7. Leia este trecho e o relacione à fala do pai:

> Os **pioneiros** não pensavam assim, ou seus pensamentos eram abafados pela urgência de se manter a paz entre os trabalhadores e seus senhores.

8. Leia, a seguir, um trecho do Código Penal Brasileiro.

(Decreto-lei nº 2 848, de 7 de dezembro de 1940)

**PARTE ESPECIAL**

**CAPÍTULO VI – DOS CRIMES CONTRA A LIBERDADE INDIVIDUAL**

- Artigo 149: Reduzir alguém a condição análoga à de escravo, quer submetendo-o a trabalhos forçados ou à jornada exaustiva, quer sujeitando-o a condições degradantes de trabalho, quer restringindo, por qualquer meio, sua locomoção em razão de dívida contraída com o empregador ou seu preposto:

Pena – Reclusão, de dois a oito anos, e multa, além da pena correspondente à violência.

Disponível em: Artigo 149 – Redução a condição análoga à de escravo | Código Penal Comentado (codigopenalcomentado.com.br)

- Baseando-se no capítulo do Código Penal Brasileiro, que fatos narrados configuram que a comunidade quilombola trabalha em situação análoga à de **trabalho escravo**?

9. Leia e explique o sentido desta fala da narradora:

> Mas o desejo de nos libertar terminou por envenenar nossas casas.

10. Como você sabe, mesmo os textos literários podem ter carga <u>argumentativa</u>. Que ideias e valores podem ser inferidos por essa narrativa?

11. Como você se posiciona em relação aos fatos narrados?

12. Leia outro trecho do romance *Torto arado*.

> [...] Quando deram a liberdade aos negros, nosso abandono continuou. O povo vagou de terra em terra pedindo abrigo, passando fome, se sujeitando a trabalhar por nada. Se sujeitando a trabalhar por morada. A mesma escravidão de antes fantasiada de liberdade. Mas que liberdade? Não podíamos construir casa de alvenaria, não podíamos botar a roça que queríamos. Levavam o que podiam do nosso trabalho. Trabalhávamos de domingo a domingo sem receber um centavo. O tempo que sobrava era para cuidar das nossas roças, porque senão não comíamos. Era homem na roça do senhor e mulher e filhos na roça de casa, nos quintais, para não morrerem de fome. [...]

VIEIRA JÚNIOR, Itamar. *Torto arado*. São Paulo: Todavia, 2019. p. 220.

**a)** Baseando-se no seu repertório, relacione esse trecho aos fatos narrados no Capítulo 21.

**b)** Explique a expressão metafórica:

> A mesma escravidão de antes **fantasiada de liberdade**.

### A estrutura de *Torto arado*

*Torto arado* apresenta capítulos curtos, com linguagem simples e o momento histórico em que os fatos ocorrem não é determinado com precisão. Isso porque o trabalho análogo ao do escravo ainda persiste (na segunda década do século XXI, quando o livro foi publicado), mesmo com o fim (oficial, mas não de fato) do regime escravagista. No capítulo 21, o personagem Zeca do Chapéu Grande representa os trabalhadores rurais que se calaram, forçados pela repressão dos patrões e pela necessidade de sobrevivência. Zezé e Severo representam os trabalhadores do campo, os sem-terra, que conhecem e defendem seus direitos.

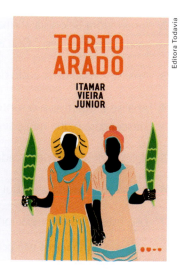

## A prosa contemporânea brasileira: multiplicidade, hibridismos e novos gêneros

Ao escrever um texto literário, o autor não está dissociado da realidade que o circunda. Dessa forma, a produção literária se configura, muitas vezes, como um retrato subjetivo do contexto histórico-social. A produção literária brasileira contemporânea caracteriza-se pela **pluralidade de tendências** e é marcada pela **diversidade** nas **temáticas** e nas características **formais**. Dentre essas vertentes, destacamos a busca pelo entendimento dos processos históricos e sociais que construíram a identidade e a cultura do nosso país, propondo reflexões sobre questões *étnico-raciais* e de *gênero*, por exemplo.

Assim, na **prosa atual** pode-se perceber: *o conto e o romance urbano*, que problematizam questões existenciais (relações amorosas, solidão, drogas etc.); as *narrativas experimentais*; o *romance-reportagem* (que mescla ficção e reportagem jornalística); a *prosa* de caráter *regionalista* (com ênfase no Brasil rural); o *romance biográfico* ou de *memórias*; o *romance histórico*; a *prosa poética*; a *literatura infantojuvenil*; as narrativas literárias marcadas pela *oralidade*; as obras de *autoria e temática feminina e LGBTQIA+*; as *narrativas curtas* (minicontos, microcontos, nanocontos, microrroteiros); a presença de personagens anônimos e anti-heróis. A *crônica literária* também tem lugar de destaque na produção literária contemporânea e circula tanto na mídia impressa como na digital.

Literatura brasileira contemporânea: um retrato da nossa realidade diversa, polifônica, múltipla, híbrida e plural. Na foto, moradias do Quilombo da Barra, comunidade quilombola remanescente no sul da Chapada Diamantina, Rio de Contas, BA, 2012.

Quanto à forma, a prosa contemporânea é marcada pela **polifonia**; pelo **hibridismo**, pelo diálogo e rompimento de fronteiras entre gêneros (criação de novos gêneros); pelo cruzamento da literatura com a linguagem da mídia; pelo uso da linguagem coloquial; pelas narrativas fragmentadas, com frases curtas, e o uso de metalinguagem. Suportes impressos e digitais passaram também a veicular a produção artística contemporânea.

# Enem e vestibulares

**1. (ENEM)** Leia:

"Os subúrbios do Rio de Janeiro foram a primeira coisa a aparecer no mundo, antes mesmo dos vulcões e dos cachalotes, antes de Portugal invadir, antes do Getúlio Vargas mandar construir casas populares. O bairro do Queím, onde nasci e cresci, é um deles, aconchegado entre o Engenho Novo e Andaraí, foi feito daquela argila primordial, que se aglutinou em diversos formatos: cães soltos, moscas e morros, uma estação de trem, amendoeiras e barracos e sobrados, botecos e arsenais de guerra, armarinhos e bancas de jogo do bicho e um terreno enorme reservado para o cemitério. Mas tudo ainda estava vazio: faltava gente.

Não demorou, as ruas juntaram tanta poeira que o homem não teve escolha a não ser passar a existir, para varrê-las à tardinha, sentar na varanda das casas e reclamar da pobreza, falar mal dos outros e olhar para as calçadas encardidas de sol, os ônibus da volta do trabalho sujando tudo de novo."

(HERINGER, V. *O amor dos homens avulsos*. São Paulo: Cia. das Letras, 2016).

Traçando a gênese simbólica de sua cidade, o narrador imprime ao texto um sentido estético fundamentado na:

a) excentricidade dos bairros cariocas de sua infância.

b) perspectiva caricata da paisagem de traços deteriorados.

c) importância dos fatos relacionados à história dos subúrbios.

d) diversidade dos tipos humanos identificados por seus hábitos.

e) experiência do cotidiano marcado pelas necessidades e urgências.

**2. (ENEM)** Leia:

"Eu tenho empresas e sou digno do visto para ir a Nova York. O dinheiro que chove em Nova York é para pessoas com poder de compra. Pessoas que tenham um visto do consulado americano. O dinheiro que chove em Nova York também é para os nova-iorquinos. São milhares de dólares. [...] Estou indo para Nova York, onde está chovendo dinheiro. Sou um grande administrador. Sim, está chovendo dinheiro em Nova York. Deu no rádio. Vejo que há pedestres invadindo a via onde trafega o meu carro vermelho, importado da Alemanha. Vejo que há carros nacionais trafegando pela via onde trafega o meu carro vermelho, importado da Alemanha. Ao chegar em Nova York, tomarei providências."

(SANT'ANNA, André. *O importado vermelho de Noé. In*: MORICONI, I. (org.). "Os cem melhores contos". Rio de Janeiro: Objetiva, 2001).

As repetições e as frases curtas constituem procedimentos linguísticos importantes para a compreensão da temática do texto, pois:

a) expressam a futilidade do discurso de poder e de distinção do narrador.

b) disfarçam a falta de densidade das angústias existenciais narradas.

c) ironizam a valorização da cultura norte-americana pelos brasileiros.

d) explicitam a ganância financeira do capitalismo contemporâneo.

e) criticam os estereótipos sociais das visões de mundo elitistas.

**3. (ENEM)** Leia:

"Primeiro surgiu o homem nu de cabeça baixa. Deus veio num raio. Então apareceram os bichos que comiam os homens. E se fez o fogo, as especiarias, a roupa, a espada e o dever. Em seguida se criou a filosofia, que explicava como não fazer o que não devia ser feito. Então surgiram os números racionais e a História, organizando os eventos sem sentido. A fome desde sempre, das coisas e das pessoas. Foram inventados o calmante e o estimulante. E alguém apagou a luz. E cada um se vira como pode, arrancando as cascas das feridas que alcança."

(BONASSI, Fernando. *15 cenas do descobrimento de Brasil. In*: MORICONI, Í. (org.). "Os cem melhores contos do século". Rio de Janeiro: Objetiva, 2001).

A narrativa enxuta e dinâmica de Fernando Bonassi configura um painel evolutivo da história da humanidade. Nele, a projeção do olhar contemporâneo manifesta uma percepção que:

a) recorre à tradição bíblica como fonte de inspiração para a humanidade.

b) desconstrói o discurso da filosofia a fim de questionar o conceito de dever.

c) resgata a metodologia da história para denunciar as atitudes irracionais.

d) transita entre o humor e a ironia para celebrar o caos da vida cotidiana.

e) satiriza a matemática e a medicina para desmistificar o saber científico.

351

# Referências

ABREU, Márcia. *Cultura letrada*: literaturas e leitura. São Paulo: Unesp, 2006.

ARGAN, G. C. *Arte moderna*. São Paulo: Companhia das Letras, 1993.

ASSIS BRASIL, Luiz Antonio de. *Escrever ficção*: um manual de criação literária. São Paulo: Companhia das Letras, 2019.

AUERBACH, E. *Introdução aos estudos literários*. São Paulo: Cosac & Naify, 2015.

BAKHTIN, Mikhail. *Estética da criação verbal*. 3. ed. São Paulo: Martins Fontes, 2000.

BARBOSA, Ana Mae; GUINSBURG, J. (org.). *O Pós-Modernismo*. São Paulo: Perspectiva, 2005.

BAUMAN, Zygmunt. *Ensaios sobre o conceito de cultura*. Rio de Janeiro: Zahar, 2012.

BAUMAN, Zygmunt. *Modernidade líquida*. Rio de Janeiro: Zahar, 1999.

BONDÍA, Jorge Larrosa (org.). *Elogio da escola. Belo Horizonte*: Autêntica, 2018.

BOSI, Alfredo. *História concisa da literatura brasileira*. 52. ed. São Paulo: Cultrix, 2017.

BRASIL. Ministério da Educação. *Base Nacional Comum Curricular*. Brasília, DF: MEC, 2018.

CAMPOS, Haroldo de. Uma poética da radicalidade. *In*: ANDRADE, Oswald de. *Obras completas de Oswald de Andrade*. São Paulo: Globo, 2003.

CANDIDO, Antonio. *Ficção e confissão*: ensaio sobre Graciliano Ramos. São Paulo: Editora 34, 1992.

CANDIDO, Antonio. *Formação da literatura brasileira*. São Paulo: Ouro sobre Azul, 2014.

CANDIDO, Antonio. *Iniciação à literatura brasileira*. 7. ed. Rio de Janeiro: Ouro sobre Azul, 2015.

CANDIDO, Antonio. *Literatura e sociedade*. São Paulo: T. A. Queiroz/Publifolha, 2000.

CANDIDO, Antonio. *Vários escritos*. 3. ed. São Paulo: Duas Cidades, 1995.

CANDIDO, Antonio; ROSENFELD, Anatol; PRADO, Décio de Almeida; GOMES, Paulo Emilio Salles. *A personagem de ficção*. 11. ed. São Paulo: Perspectiva, 2005.

CASTELLO, José Aderaldo. *A literatura brasileira*: origens e unidade. São Paulo: Edusp, 2004. v. 1; São Paulo: Contexto, 2008, 2009.

CÉ SOARES, Andrey Felipe. *A arte e a cultura na escola e outras histórias*. Curitiba: Appris, 2017.

CHARAUDEAU, Patrick; MAINGUENEAU, Dominique. *Dicionário de análise do discurso*. 2. ed. São Paulo: Contexto, 2008.

CHARLES, Sebastién. *Cartas sobre a hipermodernidade*. Tradução Xerzes Gusmão. São Paulo: Barcarolla, 2009.

CITELLI, Adilson. *Romantismo*. 4. ed. São Paulo: Ática, 2007. (Série Princípios, 78).

COSSON, Rildo. *Letramento literário*: teoria e prática. São Paulo: Contexto, 2014.

COSTA, Horácio. Formação do cânone da poesia portuguesa moderna. *In:* FERNANDES, Annie Gisele; SILVEIRA, Francisco Maciel (org.). *A literatura portuguesa*: visões e revisões. São Paulo: Ateliê Editorial, 2009.

COSTA PINTO, Manuel da. *Literatura brasileira hoje*. São Paulo: Publifolha, 2004. (Folha Explica).

COUTINHO, Afrânio. *Introdução à literatura no Brasil*. 16. ed. Rio de Janeiro: Bertrand Brasil, 1995.

FAZENDA, Ivani C. A. Interdisciplinaridade e transdisciplinaridade na formação de professores. *In: Revista do Centro de Educação e Letras da Unioeste*, Foz do Iguaçu, v. 10, n. 1, p. 93-103, 2008.

FAZENDA, Ivani C. A. *A interdisciplinaridade*: um projeto em parceria. 5. ed. São Paulo: Loyola, 2002. (Coleção Educar).

FISCHER, Luís Augusto. *Duas formações, uma história*: das ideias fora do lugar ao perspectivismo ameríndio. Porto Alegre: Arquipélago, 2021.

FISCHER, Luís Augusto. *Literatura brasileira*: modos de usar. Porto Alegre: L&PM, 2013.

FISCHER, Luís Augusto; FISCHER, Sérgio Luís. *Poesia brasileira*: do Barroco ao Pré-Modernismo. Porto Alegre: Novo Século, 2001.

GALVÃO, Walnice Nogueira. *Guimarães Rosa*. São Paulo: Publifolha, 2000. (Folha Explica).

GANCHO, Cândida Vilares. *Como analisar narrativas*. 9. ed. São Paulo: Ática, 2006. (Série Princípios, 207).

GEERTZ, Clifford. *A interpretação das culturas*. Rio de Janeiro: LTC, 1981.

GOTLIB, Nádia B. *Clarice*: uma vida que se conta. 2. ed. São Paulo: Ática, 1995.

GOTLIB, Nádia Battella. *Teoria do conto*. 11. ed. São Paulo: Ática, 2006. (Série Princípios, 2).

GONÇALVES, M. A. *1922*: a semana que não terminou. São Paulo: Companhia das Letras, 2012.

HAUSER, A. *História social da literatura e da arte*. 2. ed. São Paulo: Martins, 2000.

HERNÁNDEZ, Fernando; MONTSERRAT, Ventura. *Cultura visual, mudança educativa e projeto de trabalho*. Porto Alegre: Artmed, 2000.

JAUSS, Hans R. *A história da literatura como provocação à teoria literária*. Tradução Sérgio Tellaroli. São Paulo: Ática, 1994.

JAUSS, Hans R. O prazer estético e as experiências fundamentais da *poiesis, aesthesis* e *katharsis*. *In*: LIMA, Luís (org.). *A literatura e o leitor*: textos de estética da recepção. Rio de Janeiro: Paz e Terra, 1979.

JENKINS, Henry. *Cultura da convergência*. São Paulo: Aleph, 2009.

JOUVE, Vincent. *A leitura*. Tradução Brigitte Hervot. São Paulo: Unesp, 2002.

KOCH, I. V. *Desvendando os segredos do texto*. 8. ed. São Paulo: Cortez, 2015.

LÉVY, Pierre. *As tecnologias da inteligência*. São Paulo: Editora 34, 2001.

LÉVY, Pierre. *Cibercultura*. 3. ed. São Paulo: Editora 34, 2011.

MEIRA, Marly Ribeiro. *Filosofia da criação*: reflexões sobre o sentido do sensível. Porto Alegre: Mediação, 2007.

MOISÉS, Massaud. *A literatura portuguesa através dos textos*. 28. ed. São Paulo: Cultrix, 2002.

NUNES, Benedito. *O drama da linguagem:* uma leitura de Clarice Lispector. 2. ed. São Paulo: Ática, 1989.

O LIVRO da arte. Tradução: Mônica Stahel. São Paulo: Martins Fontes, 1999.

PENNAC, Daniel. *Como um romance*. Rio de Janeiro: Rocco, 1993.

PERRONE-MOISÉS, Leyla. Literatura comparada, intertexto e antropofagia. *In*: PERRONE-MOISÉS, Leyla. *Flores da escrivaninha*: ensaios. São Paulo: Companhia das Letras, 1990.

PROENÇA, M. Cavalcanti. *Estudos literários*. 2. ed. Rio de Janeiro: José Olympio, 1974.

PROSE, Francine. *Para ler como um escritor*: um guia para quem gosta de livros e para quem quer escrevê-los. Tradução: Maria Luísa X. de A. Borges. Rio de Janeiro: Zahar, 2008.

RIBEIRO, Djamila. *Lugar de fala*. São Paulo: Jandaíra, 2020. (Coleção Feminismos Plurais).

ROJO, Roxane (org.). *Escol@ conectada:* os multiletramentos e as TICs. São Paulo: Parábola, 2013.

ROJO, Roxane. Materiais didáticos no ensino de línguas. *In*: MOITA LOPES L. P. (org.). *Linguística aplicada na modernidade recente*. São Paulo: Parábola, 2013.

ROJO, Roxane. Pedagogia dos multiletramentos. *In*: ROJO, Roxane; MOURA, Eduardo (org.). *Multile-tramentos na escola*. São Paulo: Parábola, 2015.

ROJO, Roxane; BARBOSA, Jacqueline P. *Hipermodernidade, multiletramentos e gêneros discursivos*. São Paulo: Parábola, 2015.

RUSH, Michael. *Novas mídias na arte contemporânea*. São Paulo: WMF Martins Fontes, 2013.

SALLES, Cecília Almeida. *Redes de criação*: construção da obra de arte. 2. ed. São Paulo: Horizonte, 2008.

SAMOYAULT, Tiphaine. *A intertextualidade*. Tradução Sandra Nitrini. São Paulo: Hucitec: Aderaldo & Rothschild, 2008. (Coleção Linguagem e Cultura, 40).

SANTAELLA, Lúcia. *A percepção*: uma teoria semiótica. 2. ed. São Paulo: Experimento, 1988.

SANTOMÉ, Jurjo T. *Globalização e interdisciplinaridade*: o currículo integrado. Porto Alegre: Artes Médicas, 1998.

SARAIVA, A. J.; LOPES O. *História da literatura portuguesa*. 17. ed. Porto, Portugal: Porto Editora, 1996.

SCHWARTZ, Jorge. *Vanguardas latino-americanas*: polêmicas, manifestos e textos críticos. 2. ed. rev. ampl. São Paulo: Edusp, 2008.

SIBILIA, Paula. *Redes ou paredes*: a escola em tempos de dispersão. Rio de Janeiro: Contraponto, 2012.

SOUZA, Roberto A. (org.). *Uma ideia moderna de literatura*. São Paulo: Argos, 2011.

TELES, Gilberto Mendonça. *Vanguarda europeia e modernismo brasileiro*: apresentação e crítica dos principais manifestos vanguardistas, de 1857 a 1972. 20. ed. Rio de Janeiro: José Olympio, 2012.

VENTURA, Roberto. *Os sertões*. São Paulo: Publifolha, 2002.

VILLA-FORTE, Leonardo. *Escrever sem escrever*: literatura e apropriação no século XXI. Rio de Janeiro: Editora PUC-Rio; Belo Horizonte: Relicário, 2019.

WALDMAN, Berta. *Clarice Lispector*: a paixão segundo C.L. 2. ed. São Paulo: Escuta, 1992 (Coleção Ensaios: Literatura).